Quality Intelligence

AF866602

Sven Herzberg

Quality Intelligence

IT-basierte Entscheidungsunterstützung für die präventive Qualitätsabsicherung in den frühen Phasen des Fahrzeugentwicklungsprozesses

Springer Gabler

Sven Herzberg
Stuttgart, Deutschland

D93 (Dissertation, Universität Stuttgart, 2022)

ISBN 978-3-658-41344-6 ISBN 978-3-658-41345-3 (eBook)
https://doi.org/10.1007/978-3-658-41345-3

Die Deutsche Nationalbibliothek verzeichnet diese Publikation in der Deutschen Nationalbibliografie; detaillierte bibliografische Daten sind im Internet über http://dnb.d-nb.de abrufbar.

© Der/die Herausgeber bzw. der/die Autor(en), exklusiv lizenziert an Springer Fachmedien Wiesbaden GmbH, ein Teil von Springer Nature 2023
Das Werk einschließlich aller seiner Teile ist urheberrechtlich geschützt. Jede Verwertung, die nicht ausdrücklich vom Urheberrechtsgesetz zugelassen ist, bedarf der vorherigen Zustimmung des Verlags. Das gilt insbesondere für Vervielfältigungen, Bearbeitungen, Übersetzungen, Mikroverfilmungen und die Einspeicherung und Verarbeitung in elektronischen Systemen.
Die Wiedergabe von allgemein beschreibenden Bezeichnungen, Marken, Unternehmensnamen etc. in diesem Werk bedeutet nicht, dass diese frei durch jedermann benutzt werden dürfen. Die Berechtigung zur Benutzung unterliegt, auch ohne gesonderten Hinweis hierzu, den Regeln des Markenrechts. Die Rechte des jeweiligen Zeicheninhabers sind zu beachten.
Der Verlag, die Autoren und die Herausgeber gehen davon aus, dass die Angaben und Informationen in diesem Werk zum Zeitpunkt der Veröffentlichung vollständig und korrekt sind. Weder der Verlag, noch die Autoren oder die Herausgeber übernehmen, ausdrücklich oder implizit, Gewähr für den Inhalt des Werkes, etwaige Fehler oder Äußerungen. Der Verlag bleibt im Hinblick auf geografische Zuordnungen und Gebietsbezeichnungen in veröffentlichten Karten und Institutionsadressen neutral.

Planung/Lektorat: Marija Kojic
Springer Gabler ist ein Imprint der eingetragenen Gesellschaft Springer Fachmedien Wiesbaden GmbH und ist ein Teil von Springer Nature.
Die Anschrift der Gesellschaft ist: Abraham-Lincoln-Str. 46, 65189 Wiesbaden, Germany

Geleitwort

Die Sicherstellung der Produktqualität stellt in der Automobilbranche einen der wichtigsten wettbewerbsrelevanten Erfolgsfaktoren dar. Hierbei werden die Unternehmen insbesondere aufgrund des dynamischen technologischen Wandels, der steigenden Produktkomplexität sowie der zunehmenden Varianten- und Modellvielfalt mit neuen Herausforderungen konfrontiert, deren Bewältigung durch die Verkürzung der Innovations- und Produktlebenszyklen zusätzlich erschwert wird. Daher ist zurzeit bei vielen Automobilherstellern festzustellen, dass die früher dominierenden, reaktiv ausgerichteten Qualitätssicherungsmaßnahmen um präventive Ansätze der Qualitätssicherung ergänzt werden, um produktbezogene Mängel bereits in frühen Phasen der Produktentwicklung eliminieren zu können.

Diesem Themenbereich ist das Werk von Herrn Herzberg gewidmet. Im Mittelpunkt seiner Arbeit stehen die Entwicklung, die prototypische Umsetzung und die Evaluation eines tool-basierten Ansatzes zur Unterstützung komplexer Entscheidungen zur präventiven Absicherung der Produktqualität bei der Entwicklung von Kraftfahrzeugen. Hierbei ist hervorzuheben, dass im Rahmen dieser Forschung eine umfangreiche Exploration bei einem international führenden Automobilhersteller möglich wurde. Im Rahmen dieser Fallstudie konnten sämtliche Anspruchsgruppen identifiziert und relevante Themenfelder auf der Basis von Dokumentenanalysen, Beobachtungsstudien, Workshops und Interviews intensiv erfasst werden. Die auf diesen Informationen beruhende Entwicklung des Fachkonzepts konnte anschließend mit Hilfe des vertikalen und horizontalen Prototypings unter Verwendung von Realdaten des Unternehmens umgesetzt werden und auf Basis mehrerer Workshops evaluiert werden. Das Ergebnis ist eine fundierte Konzeptevaluation auf der Basis der Kriterien Machbarkeit, Verständlichkeit, Nutzen, Originalität, Abstraktion und Vollständigkeit. Mit einer

Diskussion der Verwertungsfähigkeit der fallbasierten Erkenntnisse für andere Automobilhersteller, der Würdigung der Erkenntnisse und der Identifikation zukünftiger Herausforderungen endet die gelungene Arbeit, die zweifellos neue Akzente für die Gestaltung entscheidungsunterstützender Systeme der präventiven Qualitätssicherung setzt.

Stuttgart
im Januar 2023

Prof. Dr. Hans-Georg Kemper

Vorwort

Die vorliegende Dissertation ist während meiner Tätigkeit als wissenschaftlicher Mitarbeiter am Lehrstuhl für ABWL und Wirtschaftsinformatik 1 des Betriebswirtschaftlichen Instituts der Universität Stuttgart entstanden. An dieser Stelle möchte ich mich bei allen bedanken, die zur Entstehung der vorliegenden Arbeit beigetragen haben.

Zuallererst danke ich meinem Doktorvater, Herrn Prof. Dr. Hans-Georg Kemper. Sein Vertrauen in mich, die von ihm gegebenen akademischen Freiräume sowie seine wohlwollende Unterstützung haben diese Arbeit erst ermöglicht. Mein weiterer Dank gilt Herrn Prof. Dr. Peter Gluchowski für das Interesse an meiner Arbeit und die Übernahme des Zweitgutachtens sowie Herrn Prof. Dr. Georg Herzwurm für die Übernahme des Prüfungsvorsitzes.

Ebenfalls ein herzlicher Dank gebührt allen Kolleginnen und Kollegen sowie den studentischen Hilfskräften des Lehrstuhls für die freundschaftliche Zusammenarbeit. Namentlich hervorheben möchte ich hier Herrn Dr. Henning Baars, Herrn Julian Ereth, Herrn Clemens Haussmann, Frau Viola Koppetzki, Herrn Dr. Jens Lachenmaier, Herrn Prof. Dr. Heiner Lasi, Frau Dr. Michelle Moisa, Herrn Dr. Dominik Morar und Frau Dr. Kathrin Schumacher. Herrn Dr. Baars gilt dabei mein ganz besonderer Dank. Er hat diese Arbeit durchgängig begleitet und mit seinen wertvollen Anregungen wesentlich zu ihrem Gelingen beigetragen. Gleichfalls möchte ich mich bei Herrn Prof. Dr. Lasi für die zahlreichen kritischen Diskussionen bedanken.

Die Case Study der vorliegenden Arbeit wäre in dieser Form nicht ohne die Beteiligung zahlreicher Experten und Vertreter des betrachteten Automobilherstellers möglich gewesen. Ihnen sei an dieser Stelle herzlich für das Interesse an meiner Arbeit, das entgegengebrachte Vertrauen, die Unterstützung und ihre geopferte wertvolle Zeit gedankt.

Frau Ilse Trieba, einer Freundin der Familie, danke ich für das unermüdliche Korrekturlesen. Kein Komma hatte die Chance, am falschen Platz zu überleben.

Mein persönlicher Dank richtet sich schließlich an meine Familie. Meinen Eltern, Hagen und Sieghilde, bin ich für ihre immerwährende Unterstützung in allen Lebenslagen sehr dankbar. Meiner Frau Conny danke ich für ihren bedingungslosen Rückhalt und für das Verständnis, das sie mir und dieser Arbeit entgegengebracht hat. Ihr und unserem Sohn Levi widme ich diese Arbeit.

Stuttgart
im Januar 2023

Sven Herzberg

Zusammenfassung

Aufgrund der hohen Dynamik und Komplexität im Kontext der Fahrzeugentstehung stellt die Produktqualität eine wesentliche Herausforderung für die langfristige Wettbewerbsfähigkeit von Automobilherstellern dar. Die Produktqualität wird dabei insbesondere durch Entscheidungen beeinflusst, die bereits in den frühen Phasen der automobilen Produktentwicklung mit Blick auf die Produktkonzepte getroffen werden. Vor diesem Hintergrund zeigen Untersuchungen, dass die Verfügbarkeit relevanter qualitätsbezogener Informationen einen erheblichen Beitrag zur Entscheidungsfindung in den frühen Phasen der Fahrzeugentwicklung leisten kann. Aktuelle Studien legen dabei den Schluss nahe, dass sich die entscheidungsorientierte Rückkopplung qualitätsrelevanter Informationen oftmals nur unzureichend an den Informationsbedarfen der Entscheidungsträger in den frühen Phasen der Automobilentwicklung orientiert.

Das Ziel der Arbeit liegt daher in der Erarbeitung eines IT-basierten Ansatzes zur Entscheidungsunterstützung zugunsten der präventiven Absicherung von Produktkonzepten in den frühen Phasen des automobilen Produktentwicklungsprozesses.

Der Lösungsweg der vorliegenden Arbeit umfasst hierzu eine Exploration der präventiven Absicherung von Produktkonzepten in den frühen Fahrzeugentwicklungsphasen. Diese wird auf Grundlage eines Case Study Approach bei einem international aufgestellten Automobilhersteller durchgeführt. Für die Datenerhebung wird dabei ein multimethodisches Vorgehen gewählt, das sich unter anderem aus Interviews, Gruppendiskussionen und Beobachtungen zusammensetzt. Auf Basis der erhobenen Daten werden Potentiale analysiert sowie Anforderungen an die Informationsversorgung der Aufgabenträger im Rahmen der präventiven Konzeptabsicherung identifiziert. Aufbauend auf den Erkenntnissen der Untersuchung wird als Hauptbestandteil der Arbeit ein fachliches

Konzept zur Entscheidungsunterstützung der präventiven Absicherung von Produktkonzepten entwickelt, das multidimensionale Analysen, verbauquoten- und Hot-Spot-basierte Prognosen entscheidungsrelevanter Qualitätskennzahlen, kombinationsbasierte Abgleiche sowie die Szenariobildung umfasst.

Die konzeptionellen Schwerpunktbereiche werden anschließend unter Verwendung von Realdaten des untersuchten Automobilherstellers prototypisch implementiert und die Anwendbarkeit sowie Relevanz des entwickelten Ansatzes im Rahmen mehrerer Workshops mit unterschiedlichen Fachanwendern evaluiert. Abschließend werden die Übertragbarkeit sowie die Limitationen der gewonnenen Erkenntnisse diskutiert und der weitere Forschungsbedarf ausgewiesen.

Abstract

Due to the high dynamics and complexity in the context of vehicle development product quality represents a major challenge for the long-term competitiveness of automobile manufacturers. Product quality is particularly influenced by decisions made in the early phases of automotive product development with a view to the product concepts. Given this background studies show that the availability of relevant quality-related information can make a significant contribution to decision-making in the early phases of vehicle development. Current research in this context suggests that the decision-oriented feedback of quality-relevant information has so far often been insufficiently oriented to the information needs of the decision-makers in the early phases of automobile development.

The aim of this thesis is therefore to develop an IT-based concept to decision support in favor of preventive quality assurance of product concepts in the early phases of the automotive product development process.

The approach of the work includes an exploration of the preventive quality assurance of product concepts in the early stages of vehicle development. For this purpose a case study approach with an international automobile manufacturer is being conducted. A multi-method design is chosen for data collection, which comprises interviews, group discussions and observations. The findings of the study include potentials for improvement as well as requirements for the information supply of the relevant decision-makers. Based on the findings of this research, a concept for decision support of the preventive quality assurance of product concepts is developed, which consists of multidimensional analyses, take rate and hot spot-based forecasts of decision-relevant quality indicators, combination-based comparisons and the formation of scenarios.

In order to evaluate the applicability and relevance of the developed approach the conceptual focus areas are then implemented as a prototype. For this purpose real data from the automobile manufacturer is used. The prototypical implementation was presented and discussed in several evaluation workshops with various domain experts. Finally the transferability and the limitations of the findings are discussed and future research needs are identified.

Inhaltsverzeichnis

Abkürzungsverzeichnis

ADAPT	Application Design for Analytical Processing Technologies
ANP	Analytischer Netzwerkprozess
BI	Business Intelligence
BIA	Business Intelligence und Analytics
BNF	Backus-Naur-Formalismus
BR	Baureihe
C-DWH	Core Data Warehouse
CAD	Computer-aided Design
CAE	Computer-aided Engineering
CAM	Center of Automotive Management
CAQ	Computer-aided Quality Assurance
CFAT	Crossfunktional besetztes Fehlerabstellteam
CFD	Computer-Fluid Dynamics
CKM	Customer Knowledge Management
CRM	Customer Relationship Management
DGQ	Deutsche Gesellschaft für Qualität
DIN	Deutsches Institut für Normung
DSS	Decision Support Systems
DWH	Data Warehouse
ETL	Extraktions-, Transformations- und Ladeprozesse
EUS	Entscheidungsunterstützung
FIN	Fahrzeugidentifikationsnummer
FMEA	Fehlermöglichkeit- und Einflussanalyse
GI	Gesellschaft für Informatik
GuK	Garantie- und Kulanz
IAFT	International Automotive Task Force

ID	Identifikationsnummer
IS	Informationssystem
IT	Informationstechnologie
KBA	Kraftfahrt-Bundesamt
MIS	Management Information Systems
MKS	Mehrkörpersysteme
NPP	Neuproduktprojekt
OEM	Original Equipment Manufacturer
OLAP	Online Analytical Processing
PDM	Produktdatenmanagement
PKA	Präventive Konzeptabsicherung
PKW	Personenkraftwagen
PLM	Produktlebenszyklusmanagement
PW	Prognosewert
QG	Quality Gate
RPZ	Risikoprioritätszahl
SSBIA	Self-Service Business Intelligence and Analytics
SOP	Start of Production
SSL	Schadensschlüssel
TCO	Total Cost of Ownership
TK	Themenkategorie
UML	Unified Modeling Language
VDA	Verband der Automobilindustrie

Abbildungsverzeichnis

Tabellenverzeichnis

Einleitung 1

1.1 Problemstellung und Motivation

Die Anzahl der durch das Kraftfahrt-Bundesamt (KBA) veranlassten qualitätsbedingten Rückrufaktionen hat sich in den Jahren 2010 bis 2020 in Deutschland mehr als verdreifacht.[1] Nach Berechnungen des Center of Automotive Management (CAM) wurden 2019 allein in den USA 37,5 Millionen Automobile aufgrund von Qualitätsmängeln zurückgerufen. Die Summe der Rückrufe überstieg in den USA damit sogar die der Neuzulassungen desselben Jahres.[2] Neben den teilweise gravierenden monetären Folgen einer Rückrufaktion können bereits geringe Abweichungen von der geforderten Produktqualität Reputationsschäden und damit verbunden nachhaltig unzufriedene Kunden[3] verursachen, die im ungünstigsten Fall zu Wettbewerbern abwandern.[4]

Vor dem Hintergrund überregionaler Märkte und steigender Kundenansprüche stellt die Produktqualität daher für viele, insbesondere deutsche Unternehmen,

[1] Vgl. Kraftfahrt-Bundesamt (2021), S. 22 und Kraftfahrt-Bundesamt (2020), S. 27.

[2] Vgl. Böbber und Bratzel (2021), S. 70.

[3] Zur besseren Lesbarkeit wird in der vorliegenden Arbeit das generische Maskulin verwendet. Dabei sind unabhängig von der genutzten Sprachform grundsätzlich Männer und Frauen gleichermaßen gemeint.

[4] Vgl. Feldhusen und Grote (2021), S. 883, Kuhrt und Neußmann (2020), S. 563 sowie Brüggemann und Bremer (2020), S. 2.

Ergänzende Information Die elektronische Version dieses Kapitels enthält Zusatzmaterial, auf das über folgenden Link zugegriffen werden kann https://doi.org/10.1007/978-3-658-41345-3_1.

© Der/die Autor(en), exklusiv lizenziert an Springer Fachmedien Wiesbaden GmbH, ein Teil von Springer Nature 2023
S. Herzberg, *Quality Intelligence*,
https://doi.org/10.1007/978-3-658-41345-3_1

einen wettbewerbskritischen Erfolgsfaktor dar.[5] Dies trifft in besonderem Maße auf die Automobilbranche zu, die eine der tragenden Säulen der deutschen Wirtschaft bildet.[6] Der rasche technologische Wandel sowie die Zunahme der Produktkomplexität durch die Ausweitung der Varianten- und Modellvielfalt bei gleichzeitiger Verkürzung der Innovations- und Produktlebenszyklen stellt die Automobilhersteller hierbei weiterhin vor wachsende Herausforderungen.[7] Bereits in der Produktentwicklung gilt es, im Spannungsdreieck aus Qualität, Kosten und Zeit Entscheidungen zu treffen, deren qualitätsbezogenen Auswirkungen oftmals erst in den nachgelagerten Phasen des Produktlebenszyklus entdeckt und in der Folge häufig nur noch mit hohem Zeitaufwand sowie zusätzlichen Kosten revidierbar sind.[8]

In diesem Kontext hat sich bei den Unternehmen ein Wandel von einem überwiegend reaktiv geprägten hin zu einem präventiven Qualitätsverständnis vollzogen, das schon mit Beginn der Produktentwicklung einsetzt, um produktbezogene Fehler und die daraus resultierenden Konsequenzen bereits im Ansatz zu vermeiden.[9] Insbesondere im Rahmen der sogenannten *frühen Phasen* der Produktentwicklung lassen sich die Eigenschaften eines Produkts relativ einfach beeinflussen, und Änderungen an den Produktkonzepten verursachen in der Regel lediglich einen geringen Aufwand. Allerdings ist es gerade in den frühen Phasen besonders schwierig, das spätere Verhalten der Produktkonzepte vorherzusagen.[10] Die frühen Phasen der Produktentwicklung sind daher:

- durch eine hohe Unsicherheit in Bezug auf die technologische Realisierbarkeit sowie die Marktakzeptanz des zukünftigen Produkts geprägt,[11]
- die durch die zumeist divergierenden Zielsetzungen und unklaren Verantwortlichkeiten zwischen den zahlreichen beteiligten Fachfunktionen überdies intensiviert wird[12]

[5] Vgl. Brüggemann und Bremer (2020), S. 1 f., Weißbrich u. a. (2008), S. 7 sowie Ehrlenspiel und Meerkamm (2017), S. 292.

[6] Vgl. Hess (2019), S. 14, Goicoechea und Fenollera (2012), S. 620 und Barthel u. a. (2010), S. 6.

[7] Vgl. Jahn und Binz (2009), S. 119 f. und Schröder u. a. (2016), S. 116.

[8] Vgl. Müller (2020), S. 252 sowie Schulze und Mohr (2008), S. 97.

[9] Vgl. Kirchner (2020), S. 191 f., Töpfer und Günther (2007), S. 100 ff., Jahn und Binz (2009), S. 119 f. sowie Weißbrich u. a. (2008), S. 6.

[10] Vgl. Ehrlenspiel und Meerkamm (2017), S. 244.

[11] Vgl. Verworn und Herstatt (2007), S. 14.

[12] Vgl. Verworn und Herstatt (2007), S. 13.

- und zur Entstehung komplexer Informationsprozesse beiträgt, die vielfach nur auf semi- sowie unstrukturierten Informationen basieren und die Entscheidungsfindung durch die daraus resultierenden Intransparenzen zusätzlich beeinträchtigen.[13]

Eine Möglichkeit, die Unsicherheit in den frühen Phasen der Produktentwicklung zu verringern und die Transparenz für qualitätswirksame Entscheidungen zu erhöhen, liegt in der Rückkopplung von produktbezogenen Qualitätsbeiträgen ähnlicher Vorläuferprodukte.[14] In diesem Kontext wird insbesondere qualitätsrelevanten Kundenrückmeldungen aus der Serienphase von Fahrzeugen, wie sie beispielsweise über das Beschwerdemanagement gewonnen werden können, eine hoher Informationsnutzen beigemessen.[15] Auf Grundlage von Kundenfeedback lassen sich unter anderem latente und bisher unberücksichtigte Marktforderungen identifizieren sowie im Hinblick auf potentielle Fehler- und Risikoquellen wertvolle Erkenntnisse für die präventive Absicherung von Produktkonzepten erzielen.[16]

Thematische Teilaspekte der vorliegenden Arbeit

Um die adressatengerechte Bereitstellung und Nutzung entsprechender Qualitätsinformationen bereits zu Beginn der Produktentwicklung zu ermöglichen, ist daher *der Aufbau einer systematischen Informationsversorgung (A)* notwendig, die sich *an den Informationsbedarfen der relevanten Aufgabenträger und Entscheider in den frühen Phasen ausrichtet (B)*. Die vorliegende Arbeit widmet sich aus diesem Grund der Entwicklung eines informationstechnischen Konzepts, um *qualitätsrelevante Informationen (C)* sowie deren komplexen Beziehungen aus der *Nutzungsphase (D)* in den frühen Phasen des automobilen Produktentwicklungsprozesses *entscheidungsorientiert verfügbar zu machen (E)*.

Tabelle 1.1 fasst die thematischen Teilaspekte dieser Arbeit zusammen und ordnet diesen Kurztitel zu, die der besseren Übersicht in den nachfolgenden Abschnitten dienen.

---

[13] Vgl. Kim und Wilemon (2002), S. 270 und Verworn und Herstatt (2007), S. 14.

[14] Vgl. Schmitt und Pfeifer (2015), S. 140 sowie Ehrlenspiel und Meerkamm (2017), S. 244.

[15] Vgl. Stauss und Seidel (2014), S. 437 f. sowie Stauss und Schöler (2003), S. 97.

[16] Vgl. Schmitt und Pfeifer (2015), S. 122 f.

Tabelle 1.1 Zusammenfassung der thematischen Teilaspekte

	Thematische Teilaspekte	Kurztitel
A	Aufbau einer systematischen Informationsversorgung	IT-Unterstützung
B	Ausrichtung an den Informationsbedarfen der relevanten Aufgabenträger und Entscheider in den frühen Phasen	Informationsbedarf frühe Phase
C	Schwerpunktsetzung auf qualitätsrelevanten Informationen	Qualitätsdaten
D	Rückkopplung von Informationen aus der Nutzungsphase eines Produkts	Rückkopplung
E	Entscheidungsorientierte Verfügbarmachung der Informationen in den frühen Phasen der Produktentwicklung	Entscheidungsorientierung

1.2 Stand der Forschung und Forschungslücke

Vor dem Hintergrund der im vorangegangenen Abschnitt vorgestellten thematischen Teilaspekte wird nachfolgend der aktuelle Stand der Forschung auf Grundlage einer Literaturanalyse aufbereitet und daraus die Forschungslücke abgeleitet. In einem ersten Schritt wird hierzu die Vorgehensweise der Literaturanalyse dargestellt. Daran anschließend erfolgt basierend auf den Erkenntnissen aus der Literaturanalyse eine Auswertung und ein Clustering der relevanten Forschungsbeiträge. Abschließend findet entlang der thematischen Teilaspekte dieser Arbeit eine Einzelbetrachtung verwandter Forschungsbeiträge statt.

Vorgehensweise bei der Literaturanalyse

Die Literaturanalyse besteht aus insgesamt sechs Schritten, die sich auf die Literatursuche und die Literaturauswertung verteilen (siehe Abbildung 1.1). Die Literatursuche umfasst dabei die Auswahl der Literaturdatenbanken, die Stichwortsuche, die Reduktion und eine Backward-Suche, während sich die Literaturauswertung aus der Analyse und dem Clustering sowie der Einzelbetrachtung zusammensetzt:[17]

- **Schritt 1:** *Die Auswahl der Literaturdatenbanken* erfolgt unter Berücksichtigung der für die Problemstellung der Arbeit relevanten Forschungsbereiche.[18] Die

[17] Die Vorgehensweise der Literaturanalyse in dieser Arbeit orientiert sich an vom Brocke u. a. (2009), S. 2213 und Lindner (2020), S. 21 ff.

[18] Die Problemstellung kann in der Schnittmenge aus Betriebswirtschaftslehre, Ingenieurswissenschaften, Wirtschaftsinformatik und Informatik verortet werden.

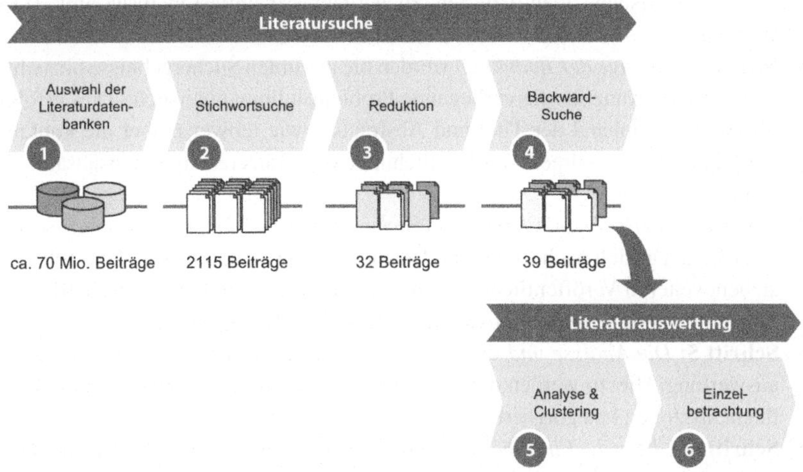

Abbildung 1.1 Vorgehensweise der Literaturanalyse[19]

durchgeführte Suche schließt dabei insbesondere Journals, Konferenzbeiträge, Bücher und Hochschulschriften ein, die über die Online-Literaturdatenbanken ACM Digital Library, ECONBIZ, ScienceDirect, Springerlink sowie den Online-Katalog des Südwestdeutschen Bibliothekverbunds abgerufen werden.[20]

- **Schritt 2:** *Über eine Stichwortsuche* werden die in den Literaturdatenbanken verfügbaren Beiträge auf die für die vorliegende Untersuchung relevanten Inhalte eingegrenzt. Hierzu wird ein deutsch- und ein englischsprachiger Such-String erstellt und genutzt, der sich aus einer Kombination zentraler Schlagwörter zusammensetzt, die auf die Bereiche der Entscheidungsunterstützung, der Absicherung der Produktqualität in der Entwicklungsphase sowie der Rückführung von Informationen aus der Nutzungsphase referenzieren.[21] Die auf Grundlage

[19] Eigene Darstellung in Anlehnung an vom Brocke u. a. (2009), S. 2213 sowie Webster und Watson (2002), S. xvi.

[20] Die ausgewählten Literaturdatenbanken umfassen gemeinsam circa 70 Millionen Literaturquellen. Vgl. ACM Digital Library (2021), URL siehe Literaturverzeichnis, ECONBIZ (2021), URL siehe Literaturverzeichnis, ScienceDirect (2021), URL siehe Literaturverzeichnis, Springerlink (2021), URL siehe Literaturverzeichnis und Südwestdeutscher Bibliotheksverbund (SWB) (2021), URL siehe Literaturverzeichnis.

[21] Die im Rahmen der Literaturanalyse eingesetzten Such-Strings sind in Anhang A im elektronischen Zusatzmaterial dieser Arbeit einsehbar.

der Stichwortsuche identifizierten Suchergebnisse umfassen insgesamt 2115 Beiträge.

- **Schritt 3:** *Im Zuge der Reduktion* werden die gesamten Suchergebnisse hinsichtlich ihrer Relevanz für die vorliegende Problemstellung untersucht. Dies erfolgt überwiegend anhand der Titel und Abstracts sowie teilweise über die konkreten Inhalte der jeweiligen Veröffentlichungen. Hieraus resultieren insgesamt 32 Beiträge.
- **Schritt 4:** *Auf Basis einer Backward-Suche* werden die Literaturverzeichnisse der 32 Arbeiten gezielt nach weiteren relevanten Beiträgen durchsucht. Dies führt zu sieben weiteren Veröffentlichungen und somit insgesamt 39 wissenschaftlichen Arbeiten, die im Zuge der Auswertung Berücksichtigung finden.
- **Schritt 5:** *Die Analyse und* das *Clustering* bilden die erste Stufe der Literaturauswertung. Hierzu werden die 39 Beiträge zunächst gelesen und anschließend themenbezogen kategorisiert.
- **Schritt 6:** *Über eine Einzelbetrachtung* werden die in Abgleich mit der Themenstellung dieser Arbeit als besonders relevant eingestuften Forschungsbeiträge ausgewählt, mit Blick auf die zentralen Inhalte zusammengefasst und schließlich entlang der in Abschnitt 1.1 vorgestellten thematischen Teilaspekte der Arbeit bewertet, um offene Forschungsbedarfe zu identifizieren.

Auswertung und Clustering relevanter Forschungsbeiträge

Die insgesamt 39 Beiträge, deren Schwerpunktsetzung in der qualitätsbezogenen Informationsversorgung der Produktentwicklung liegt, lassen sich auf vier Themenkategorien verteilen.[22] Die Themenkategorien (TK) werden in Tabelle 1.2 dargestellt und ausgeführt. Die Zuordnung der identifizierten Beiträge zu den Themenkategorien ist über die jeweilige Fußnote der Spalte „Themenkategorie“ ersichtlich.

Sofern die jeweilige Literaturdatenbank eine Zeichenbegrenzung erforderlich macht, wird der Such-String entsprechend angepasst.

[22] Die Forschungskategorien wurden induktiv anhand der untersuchten Forschungsbeiträge gebildet. Vgl. hierzu unter anderem Kuckartz (2018), S. 72 ff. und Mayring (2015), S. 68.

Sollten sich die Inhalte einer Forschungsarbeit mehreren Themenkategorien zuordnen lassen, entscheidet die inhaltliche Schwerpunktsetzung über die Zuordnung zu einer spezifischen Kategorie.

Tabelle 1.2 Thematisch kategorisierte Übersicht relevanter Forschungsbeiträge

TK	Themenkategorie	Inhalte der Themenkategorie
I	Customer Knowledge Management[23]	*Customer Knowledge Management (CKM)* kann als Bindeglied zwischen den Ansätzen des Customer Relationship Management (CRM)[24] und Innovationsmanagements beschrieben werden. Zielstellung ist es Kundenwissen aus den kundenorientierten Prozessen in den Prozessen der Produktentwicklung und des Qualitätsmanagements verfügbar zu machen.[25]
II	Product Lifecycle Management[26]	Unter *Product Lifecycle Management (PLM)* können Lösungen verstanden werden, die den gesamten Lebenslauf eines Produkts im Blick haben. Produktbezogene Daten werden hierzu von der Entwicklung bis hin zur Außerbetriebnahme erfasst, in eine gemeinsame Datenverwaltung überführt und funktionsorientiert bereitgestellt.[27]
III	Assistenzsysteme[28]	*Assistenzsysteme* können als ein entscheidungsorientierter Teilaspekt des PLM aufgefasst werden. Hierzu wird entscheidungsrelevantes Wissen auf Grundlage eines Assistenzsystems in der Produktentwicklung bereitgestellt.

(Fortsetzung)

[23] Vgl. Böckermann (2013), S. 182 ff., Jiao u. a. (2017), S. 72 ff., Lasi (2009), S. 129 ff., Lasi und Kemper (2011), S. 94 ff., Maletič u. a. (2012), S. 7 ff., Mavridou u. a. (2013), S. 251 ff., Olszak und Kisiołek (2019), S. 244 ff., Sua u. a. (2006), S. 784 ff., Wang und Tseng (2015), S. 501 ff., Xia und Wang (2010), S. 198 ff. sowie Zhan u. a. (2016), S. 577 ff.

[24] Vgl. Abschnitt 2.4.3.

[25] Vgl. Rath (2008), S. 11.

[26] Vgl. Abramovici und Aidi (2013), S. 143 ff., Abramovici u. a. (2008), S. 531 ff., Abramovici u. a. (2013), S. 171 ff., Cassina u. a. (2007), S. 153 ff., Hellebrandt u. a. (2018), S. 173 ff., Jun und Kiritsis (2012), S. 14 ff., Jun u. a. (2007), S. 855 ff., Kadiri u. a. (2013), S. 460 ff., Karakoyun und Kiritsis (2013), S. 192 ff, Kassner u. a. (2015), S. 35 ff., Kiritsis (2011), S. 479 ff., Li u. a. (2015), S. 667 ff., Linder und Schmitt (2015), S. 591 ff. und Pal u. a. (2014), S. 165 ff.

[27] Vgl. Mertens u. a. (2017), S. 89 f. und Abschnitt 2.4.2.

[28] Vgl. Abramovici u. a. (2013), S. 171 ff., Bracke u. a. (2016), S. 179 ff., Dienst (2014), S. 29 ff., Edler (2001), S. 44 ff., Fathi u. a. (2011), S. 295 ff., Keller u. a. (2000), S. 464 ff., Klamma (2000), S. 162 ff., Küstner (2020), S. 83 ff., Nyffenegger (2006), S. 70 ff., Plach u. a. (2012), S. 3 ff., Schulte (2006), S. 95 ff. und Vertommen u. a. (2007), S. 629 ff.

Tabelle 1.2 (Fortsetzung)

TK	Themenkategorie	Inhalte der Themenkategorie
IV	Systems Engineering[29]	*Systems Engineering* bezeichnet einen ganzheitlichen und interdisziplinären Ansatz zur erfolgreichen Entwicklung komplexer Systeme. Der Fokus liegt dabei auf der frühzeitigen Definition und Dokumentation von kundenorientierten Anforderungen sowie auf der anschließenden Synthese und Absicherung der Systeme.[30]

Einzelbetrachtung verwandter Forschungsbeiträge

Aus den 39 Forschungsbeiträgen lassen sich insgesamt sieben Arbeiten, die eine Rückversorgung der Produktentwicklung mit Qualitätsinformationen aus der Produktnutzungsphase fokussieren, als thematisch besonders relevant für diese Arbeit einstufen. Die entsprechenden Beiträge werden in Tabelle 1.3 zusammengefasst und mit Blick auf die Abdeckung der thematischen Teilaspekte der vorliegenden Arbeit analysiert und bewertet.

Die Einzelbetrachtung der Beiträge zeigt, dass die systematische Rückführung qualitätsrelevanter Informationen aus der Nutzungsphase in die Produktentwicklung bereits Gegenstand unterschiedlicher wissenschaftlicher Arbeiten ist. Einige der entwickelten Konzepte umfassen darüber hinaus konkrete Lösungsansätze zur IT-basierten Entscheidungsunterstützung in der Produktentwicklung, von denen sich jedoch nur vereinzelt Inhalte auf die Automobilentwicklung übertragen lassen.

Die identifizierten Forschungsbeiträge zur entscheidungsorientierten Rückkopplung qualitätsrelevanter Informationen orientieren sich zudem bislang kaum an den Informationsbedarfen der Aufgabenträger und Entscheider in den frühen Phasen der Produktentwicklung oder berücksichtigen diese häufig nur unzureichend. Somit lassen sich insbesondere für die Gestaltung einer IT-basierten Informationsrückkopplung, die sich an den qualitätsbezogenen Entscheidungsbedarfen der frühen Phasen der automobilen Produktentwicklung ausrichtet, erhebliche Lücken feststellen.

---

[29] Vgl. Mamrot (2014), S. 51 ff. und Winzer (2016), S. 75 ff.

[30] Vgl. Walden u. a. (2015), S. 11.

Tabelle 1.3 Übersicht und Bewertung verwandter Forschungsbeiträge

Nr.	Autor/en	Inhaltliche Schwerpunkte	Thematische Teilaspekte: IT-Unterstützung	Informationsbedarf frühe Phase	Qualitätsdaten	Rückkopplung	Entscheidungs-orientierung
1	Abramovici u.a. (2008)[a]	Ansatz zur Einbindung der Daten der Produktnutzungsphase in das PLM. Hierzu wird das bisherige Produktmodell des PLM um die Verwaltung von Produktinstanzen ergänzt, über die ein Rückfluss kundenbezogener Nutzungsdaten in die Produktentwicklung von Folgegenerationen des entsprechenden Produkts ermöglicht wird.	X		X	X	
2	Dienst (2014)[b]	Entwicklung eines Feedback-Assistenz-Systems, das Daten aus verschiedenen Quellen zusammenfasst und in eine einheitliche Datenhaltung überführt, die es erlaubt darauf aufbauend unterschiedliche wissensbasierte Methoden (beispielsweise Data-Mining-Verfahren) einzusetzen, um Verbesserungspotentiale für bereits vorhandene Produktgenerationen zu ermitteln. Der Ansatz umfasst dabei die Überprüfung von Kundenanforderungen, die Fehlerdiagnose und den Vergleich von Verbesserungsalternativen.	X		X	X	X
3	Edler (2001)[c]	IT-basiertes Konzept zur Erfassung von Felddaten sowie zur IT-basierten Nutzung der daraus gewonnenen Erkenntnisse für Teilaufgaben in der Produktentwicklung und des Service. Hierzu wird eine Fallbasis aufgebaut, die Ursache-Wirkungs-Zusammenhänge für Fehler in Verbindung mit Produktstrukturelementen enthält. Dies erlaubt es Rückschlüsse auf ähnliche Problemkonstellationen im Rahmen des Service zu ziehen. Der Rückfluss und die Nutzung in der Produktentwicklung von felddatenbasierten Erkenntnissen erfolgt über die methodische Erweiterung der Fehlermöglichkeits- und Einflussanalyse.	X		X	X	X
4	Hellebrandt u.a. (2018)[d]	Entwicklung eines methodischen Rahmens, der auf einem analytischen Netzwerkprozess (ANP) basiert und unterschiedliche Verfahren des Wissensmanagements anwendet, um Erfahrungen aus dem Beschwerdemanagement für die langfristige Nutzung in der Produktentwicklung verfügbar zu machen.	X		X	X	X
5	Lasi (2009)[e]	Aufbau eines IT-basierten Konzepts zur Schließung der Informationslücken zwischen den kunden- und produktorientierten Unternehmensbereichen. Dieses umfasst unter anderem die strukturierte Aufnahme und Bereitstellung von Wissensobjekten, die auf Grundlage der Feature-Technologie als semantische Features umgesetzt werden.	X		X	X	X

(Fortsetzung)

Tabelle 1.3 (Fortsetzung)

6	Mamrot (2014)[f]	Erarbeitung eines Konzepts zur anforderungsbezogenen Rückführung von Felddaten vorangegangener Produkte in die Produktentwicklung auf Basis eines Systems-Engineering-Ansatzes. Hierzu werden aus Felddaten abgeleitete Erkenntnisse auf Grundlage eines Denkmodells und iterativ spezifizierten Systemmodells zur strukturierten Verbesserung von Produktsystemen verfügbar gemacht.			X	X	X
7	Plach u.a. (2012)[g]	Verbindung zwischen einer Fehlerbeschreibung und der Identifikation vergangenheitsbezogener Fehlerursachen wird hergestellt. Mehrere ineinandergreifende Softwarelösungen unterstützen den Prozess von der textuellen Fehlererfassung über eine festgelegte Eingabestruktur bis hin zur Auflistung potentieller Fehlerursachen und der Anzeige damit verbundener Maßnahmen. Der Schwerpunkt liegt auf bereits identifizierten Fehlern.	X		X	X	

[a] Vgl. Abramovici u. a. (2008), S. 531 ff.
[b] Vgl. Dienst (2014), S. 29 ff.
[c] Vgl. Edler (2001), S. 44 ff.
[d] Vgl. Hellebrandt u. a. (2018), S. 173 ff.
[e] Vgl. Lasi (2009), S. 129 ff.
[f] Vgl. Mamrot (2014), S. 51 ff.
[g] Vgl. Plach u.a. (2012), S. 3 ff.

1.3 Zielstellung, Forschungsfrage und Bezugsrahmen der Arbeit

Dies bildet den Aufsatzpunkt für die vorliegende Arbeit, die in diesem Zusammenhang Lösungsansätze untersucht und Anforderungen erhebt mit dem Ziel:

> Ein IT-basiertes Informationsversorgungskonzept zu entwickeln und prototypisch umzusetzen, das bereits in den frühen Phasen der Fahrzeugentwicklung eine integrierte Entscheidungsfindung auf Grundlage relevanter Qualitätsdaten unterstützt.

Hierzu erfolgt eine literaturbasierte sowie empirische Untersuchung der Aufgabenstellungen und Prozesse der präventiven Konzeptabsicherung (PKA) in den frühen Phasen der Fahrzeugentwicklung. Zudem werden relevante Methoden und

Ansätze der Informationsgewinnung im Rahmen der reaktiven Qualitätsabsicherung betrachtet.

Während ersteres der Identifikation der entscheidungsrelevanten Informationsbedarfe dient, bildet letzteres die Grundlage, um die für eine Deckung der Informationsbedarfe in Frage kommenden Inhalte zu ermitteln. Auf Basis der Erkenntnisse aus der Untersuchung soll ein IT-basiertes Konzept erarbeitet werden, das einen strukturierten und zielorientierten Rückfluss der entsprechenden Informationen gewährleistet und Aufgabenträger und Entscheider unter anderem durch die:

- Aufdeckung qualitätsbezogener Zusammenhänge, die Vorhersage zentraler Qualitätskennzahlen sowie die zielgerichtete Integration erfahrungsbasierter Informationsquellen dabei unterstützt,
- qualitätsrelevante Handlungsbedarfe für geplante Produktkonzepte bereits in den frühen Phasen der Fahrzeugentwicklung identifizieren, bewerten und priorisieren zu können und somit einen Beitrag leistet,
- die Grundlage für qualitätsorientierte Entscheidungen in den frühen Phasen der automobilen Produktentwicklung zu verbessern.

Anhand der festgelegten Zielstellung lässt sich die für das vorliegende Forschungsvorhaben zentrale Fragestellung ableiten und wie folgt zusammenfassen:

> Wie ist ein IT-basiertes Konzept zu gestalten, das Aufgaben- und Entscheidungsträger in den frühen Phasen der Automobilentwicklung zieladäquat mit qualitätsrelevanten Informationen unterstützt?

Da der Forschungsgegenstand der vorliegenden Arbeit verschiedene Untersuchungsbereiche umfasst, wird nachfolgend ein heuristischer Bezugsrahmen aufgespannt.[31] In Anlehnung an GLÄSER UND LAUDEL stellt der Bezugsrahmen dabei ein *„Suchraster"* dar, das die theoretischen Vorüberlegungen in Form von Annahmen akkumuliert und somit den Forschungsgegenstand strukturiert und konkretisiert, ohne diesen jedoch durch ein geschlossenes System von Grundsätzen vorzeitig einzugrenzen.[32] Es handelt sich daher um einen „atmenden" Bezugsrahmen, der bis zur abschließenden Bewertung der Ergebnisse

[31] Für eine vertiefende Betrachtung der Merkmale heuristischer Bezugsrahmen und heuristisch angelegter Forschungsdesigns vgl. Kubicek (1977), S. 15 ff.

[32] Vgl. Gläser und Laudel (2010), S. 77 ff.

ein Kontinuum darstellt. Erkenntnisse, die im Verlauf des Forschungsprozesses dazugewonnen werden, können in der Folge explorativ den initial gebildeten Bezugsrahmen erweitern.[33] Aus den vorangegangenen Ausführungen lässt sich der in Abbildung 1.2 dargestellte Bezugsrahmen für die vorliegenden Arbeit ableiten.

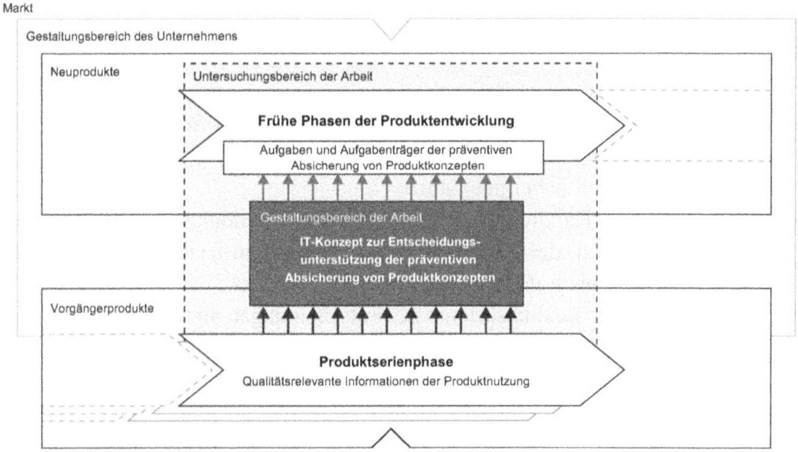

Abbildung 1.2 Bezugsrahmen der Arbeit[34]

Der Gestaltungsbereich der vorliegenden Arbeit steht im Zentrum des Bezugsrahmens und umfasst das zu erarbeitende *IT-Konzept zur Entscheidungsunterstützung der präventiven Absicherung von Produktkonzepten.* Aus informationstechnischer Sicht bildet das Konzept zur Entscheidungsunterstützung dabei eine Brückenfunktion zwischen den *frühen Phasen der Produktentwicklung* eines *Neuprodukts* und der *Produktserienphase* eines oder mehrerer *Vorgängerprodukte.*

Der Untersuchungsbereich des Forschungsvorhabens konzentriert sich daher insbesondere auf die *Aufgaben und Aufgabenträger im Rahmen der präventiven Absicherung von Produktkonzepten in den frühen Phasen der Produktentwicklung,* um die Informationsbedarfe und Anforderungen für das IT-Konzept zu identifizieren sowie darüber hinaus auf die verfügbaren *qualitätsrelevanten Informationen aus der Produktnutzung,* die zur Deckung der Informationsbedarfe geeignet sind.

[33] Vgl. Kubicek (1977), S. 16.

[34] Eigene Darstellung.

Der *Gestaltungsbereich des Unternehmens* umfasst die Einflusssphäre der qualitätsbezogenen Aktivitäten eines Fahrzeugherstellers auf das Produkt. Den äußersten Bereich bildet der *Markt*, der im Kontext der frühen Phasen der Produktentwicklung indirekt sowie während der Produktserienphase direkt auf das Produkt einwirkt.

Auf Basis des Bezugsrahmens und der bisherigen Ausführungen lässt sich die Forschungsfrage durch mehrere Teilforschungsfragen (TF) operationalisieren:

TF1: Welche Aufgaben muss die präventive Absicherung von Produktkonzepten in den frühen Phasen des Fahrzeugentwicklungsprozesses erfüllen?
TF2: Welche Informationen sind für die Entscheidungsfindung der Aufgabenträger im Rahmen der präventiven Absicherung von Produktkonzepten relevant?
TF3: Welche Anforderungen ergeben sich hieraus für eine die Entscheidungsfindung unterstützende IT-Lösung?
TF4: Aus welchen Komponenten kann sich ein IT-basiertes Konzept zur Erfüllung der identifizierten Aufgaben und Anforderungen zusammensetzen?

Die zentrale Forschungsfrage wird über die Bearbeitung der Teilforschungsfragen untersucht und beantwortet. Die ersten beiden Teilforschungsfragen werden zunächst literaturbezogen behandelt und darauf aufbauend über eine empirische Untersuchung auf Grundlage eines Case Study Approach durch praxisorientierte Erkenntnisse ergänzt. Während die dritte Teilforschungsfrage den Schwerpunkt der empirischen Untersuchung bildet, ist die letzte Gegenstand der Konzeptgestaltung und dessen prototypischer Implementierung.

1.4 Wissenschaftliche Einordnung und Forschungsdesign

Das vorliegende Forschungsvorhaben kann der Wirtschaftsinformatik als interdisziplinäre Forschungsdisziplin zwischen Wirtschaftswissenschaften, Informatik und Technik zugeordnet werden.[35] Als Wissenschaft befasst sich die Wirtschaftsinformatik mit der Gestaltung und dem Einsatz von Informationssystemen (IS) zur Unterstützung betriebswirtschaftlicher Aufgaben sowie der damit verbundenen Entscheidungsprozesse.[36] Informationssysteme können daher als

[35] Vgl. Mertens u. a. (2017), S. 5.

[36] Vgl. Stahlknecht und Hasenkamp (2006), S. 4.

soziotechnische Konstrukte beschrieben werden, die sich aus den drei Komponententypen Mensch, Maschine und Organisation sowie aus deren Beziehungen zusammensetzen.[37]

Das Forschungsziel der Wirtschaftsinformatik lässt sich in Erkenntnis- und Gestaltungsziele separieren. Während das Erkenntnisziel das Verständnis über die Anwendungsbereiche und Konstruktion von Informationssystemen fokussiert, verfolgt das Gestaltungsziel die Erstellung von Methoden und Techniken für die Informationssystemgestaltung.[38]

Das Forschungsdesign der vorliegenden Arbeit ist in Abbildung 1.3 dargestellt und folgt dem Memorandum der gestaltungsorientierten Wirtschaftsinformatik, das den Erkenntnisprozess in die Phasen Analyse, Entwurf, Evaluation und Diffusion unterteilt:[39]

- Die **Analysephase** umfasst die Formulierung der Problemstellung sowie die Abgrenzung und Untersuchung des Forschungsgegenstands der vorliegenden Arbeit. Während für die Abgrenzung bestehende Lösungsansätze aus der Wissenschaft literaturbezogen analysiert werden, erfolgt die Untersuchung des Forschungsgegenstands auf Grundlage einer Literaturrecherche.
- Im Zuge der **Entwurfsphase** werden die Erkenntnisse aus der Analysephase auf Basis eines Case Study Approach bei einem Automobilhersteller hinsichtlich praxisrelevanter Inhalte abgeglichen und erweitert. Für die Erhebung von Anforderungen werden im Rahmen der Case Study unterschiedliche Methoden der qualitativen Sozialforschung angewendet. Auf Grundlage der ermittelten Anforderungen werden anschließend verschiedene Methoden des Softwaredesigns, wie beispielsweise die Datenmodellierung, genutzt, um ein Konzept zur IT-basierten Entscheidungsunterstützung zu entwickeln.
- Die Resultate der Entwurfsphase bilden in der **Evaluationsphase** das Fundament für die Durchführung mehrerer Evaluations-Workshops, in denen das Konzept mit potentiellen Anwendern anhand der prototypischen Umsetzung diskutiert wird. Die Diffusion wird über die Veröffentlichung des Forschungsvorhabens sichergestellt.

---

[37] Vgl. Österle u. a. (2010), S. 3 und Sinz (2010), S. 29.

[38] Vgl. Becker (2010), S. 13, Becker u. a. (2003), S. 11 und Laudon u. a. (2016), S. 63.

[39] Neben den beschriebenen Phasen des Erkenntnisprozesses gilt dies auch für die grundlegenden Prinzipien, die sich aus Abstraktion, Originalität, Begründung und Nutzen zusammensetzen. Vgl. hierzu Österle u. a. (2010), S. 4 ff.

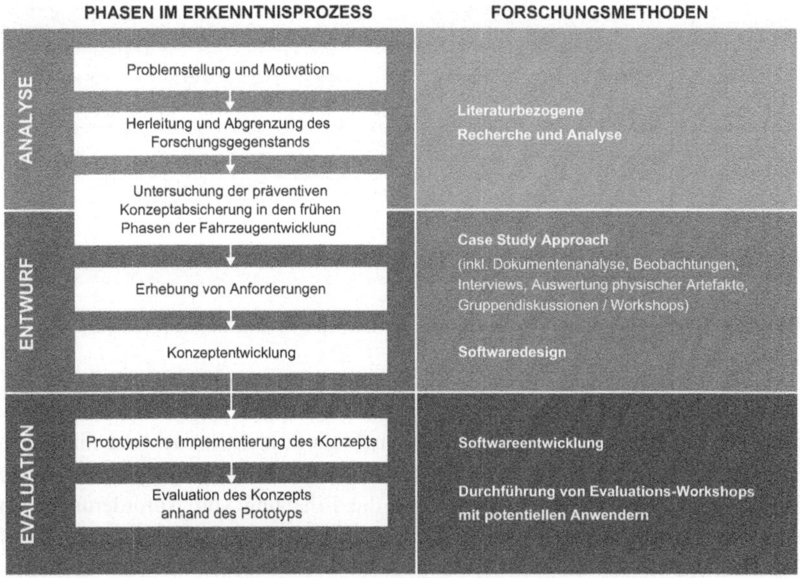

Abbildung 1.3 Forschungsdesign der Arbeit[40]

1.5 Gang der Arbeit

Der Aufbau der Arbeit ist in Abbildung 1.4 dargestellt und verbindet die einzelnen Kapitel mit den im vorangegangenen Abschnitt vorgestellten Phasen des Erkenntnisprozesses der gestaltungsorientierten Wirtschaftsinformatik.

Nachdem in diesem Kapitel bereits die Identifikation der Problemstellung, die Abgrenzung der Forschungslücke sowie die Vorstellung des Forschungsdesigns für die vorliegende Arbeit erfolgt ist, widmet sich **Kapitel 2** der Untersuchung des Forschungsgegenstands. Nach einer terminologischen Einordnung und Abgrenzung der für diese Arbeit zentralen Begriffe werden hierzu die betriebswirtschaftlichen und technischen Grundlagen literaturbezogen erarbeitet. Diese beinhalten unter anderem die präventive Konzeptabsicherung als Gegenstand der frühen Phasen der Fahrzeugentwicklung und die damit verbundenen Methoden und Ansätze zur Informationsgewinnung sowie relevante Anwendungssysteme. Darauf aufbauend wird in **Kapitel 3** eine empirische Untersuchung auf Basis

[40] Eigene Darstellung.

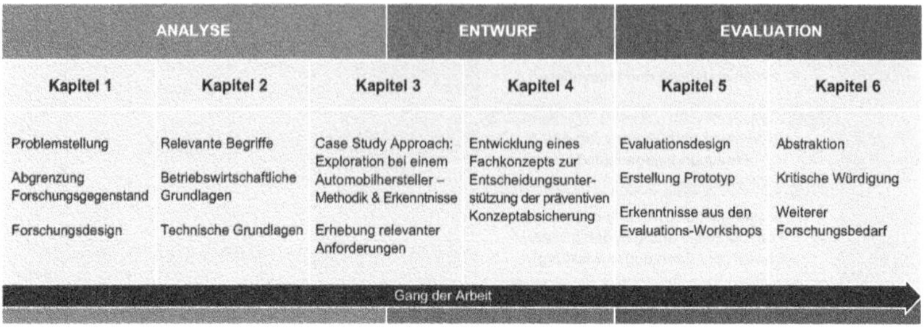

Abbildung 1.4 Aufbau der Arbeit entlang der Phasen des Erkenntnisprozesses[41]

einer Case Study bei einem Automobilhersteller durchgeführt. Diese umfasst die Untersuchung der frühen Phasen der automobilen Produktentwicklung mit einem Schwerpunkt auf der präventiven Absicherung von Produktkonzepten sowie die Durchführung einer Potentialanalyse für die Erhebung von Anforderungen an ein IT-basiertes Konzept. Die Erkenntnisse aus der Empirie bilden in **Kapitel 4** den Grundstock für die Entwicklung eines Fachkonzepts, das der Entscheidungsunterstützung der präventiven Absicherung von Produktkonzepten dient. Die Kernelemente des erarbeiteten IT-Konzepts werden daran anschließend in **Kapitel 5** prototypisch implementiert und im Rahmen mehrerer Workshops mit Fachanwendern evaluiert. Die Arbeit schließt mit **Kapitel 6**, das die zentralen Erkenntnisse abschließend diskutiert und den weiteren Forschungsbedarf aufzeigt.

[41] Eigene Darstellung.

2 Betriebswirtschaftliche und technische Grundlagen

In diesem Kapitel wird das betriebswirtschaftliche und technische Fundament für die vorliegende Arbeit gelegt. Dies erfolgt in drei Schritten. Zunächst werden im Rahmen der terminologischen Einordnung und Abgrenzung (Abschnitt 2.1) die für das Verständnis dieser Arbeit grundlegenden Begriffe anwendungsbezogen definiert. Anschließend werden im Zuge der betriebswirtschaftlichen Grundlagen die präventive Konzeptabsicherung als Gegenstand der frühen Phasen der Fahrzeugentwicklung (Abschnitt 2.2) sowie damit verbundene Methoden und Ansätze zur Informationsgewinnung (Abschnitt 2.3) untersucht und vorgestellt. Der dritte Schritt bezieht sich auf die technischen Grundlagen, die sich aus einer Aufbereitung der relevanten Anwendungssysteme im Kontext der präventiven Konzeptabsicherung (Abschnitt 2.4) sowie der Grundlagen zu Business Intelligence und Analytics (Abschnitt 2.5) zusammensetzen. Abbildung 2.1 ordnet die Aufbereitung der betriebswirtschaftlichen und technischen Grundlagen als Gegenstand dieses Kapitels in den Gang der Arbeit ein.

© Der/die Autor(en), exklusiv lizenziert an Springer Fachmedien Wiesbaden GmbH, ein Teil von Springer Nature 2023
S. Herzberg, *Quality Intelligence*,
https://doi.org/10.1007/978-3-658-41345-3_2

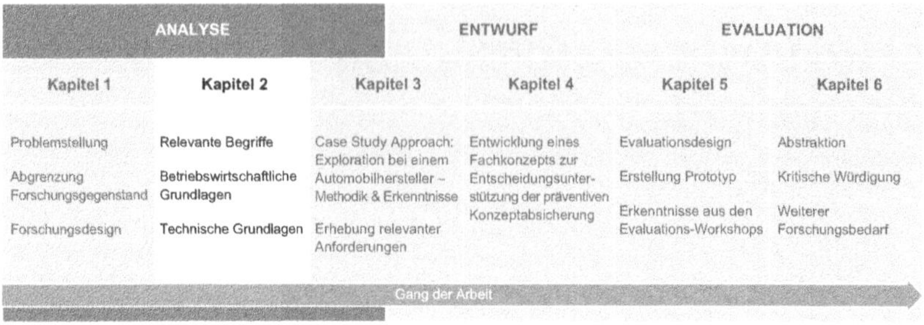

Abbildung 2.1 Einordnung von Kapitel 2 in den Gang der Arbeit[1]

2.1 Terminologische Einordnung und Abgrenzung

Im Folgenden werden die für diese Arbeit zentralen Begrifflichkeiten definiert und abgegrenzt. Neben allgemeinen Begriffsabgrenzung werden zudem spezifische Ausprägungen des jeweiligen Begriffs im Anwendungskontext der Automobilherstellung betrachtet und festgelegt. Eine detaillierte Auseinandersetzung mit den dahinter liegenden Ansätzen und Konzepten erfolgt in den darauffolgenden Abschnitten.

2.1.1 Industriebetrieb

Die Automobilherstellung lässt sich nach KILGER als ein typisches Beispiel für einen Industriebetrieb auffassen.[2] Ein *Industriebetrieb* kann in Abgrenzung zum Handwerk und zu anderen Betriebsformen als ein Produktionsbetrieb verstanden werden, dessen Ziel in der Gewinnung beziehungsweise Verarbeitung von Stoffen und / oder Produkten liegt, die auf Basis einer Produktionsfunktion sowie über einen hohen Grad an Arbeitsteilung, mit kapitalintensiven Produktionsverfahren (beispielsweise in maschineller oder automatisierter Fertigung), für einen „großen Markt", das heißt in Massenproduktion, erstellt werden.[3]

[1] Eigene Darstellung.

[2] Vgl. Kilger (1986), S. 24.

[3] Vgl. Budäus (1990), S. 5. Für eine weitergehende Detaillierung des Begriffs Industriebetrieb wird an dieser Stelle unter anderem auf Schweitzer (1994), S. 19 ff. und Weber (1999), S. 24 verwiesen.

Als *Automobilhersteller* synonym auch *Fahrzeughersteller* oder *Original Equipment Manufacturer* (OEM) werden vor diesem Hintergrund in dieser Arbeit Industriebetriebe bezeichnet, die selbst hergestellte oder fremdbezogene Bauteile und Gewerke zu Gesamtfahrzeugen zusammensetzen und diese am Markt an die Endverbraucher verkaufen.[4] Nach GUSIG U. A., lassen sich Automobilhersteller von anderen Industriebereichen maßgeblich über drei wesentliche Merkmale abgrenzen. Hierzu zählen neben der Produktion in Massenfertigung die ausgeprägte Modellvielfalt im Hinblick auf die angebotene Fahrzeugpalette sowie die hohen Aufwendungen im Rahmen der Forschung und Entwicklung.[5] Weiterhin können Automobilhersteller in Premium- und Volumenhersteller unterteilt werden. Während sich ein Premiumhersteller auf das obere Preissegment konzentriert und sich vom Wettbewerb über die Technik und Qualität seiner Fahrzeuge abzuheben versucht, fokussieren Volumenhersteller das untere Preissegment und versuchen über hohe Absatzzahlen die in der Regel geringen Margen zu kompensieren.[6]

---

[4] Vgl. Wallentowitz u. a. (2009), S. 1 und Heneric u. a. (2005), S. 191.

Im Hinblick auf die Tiefe der Wertschöpfungsaktivitäten lassen sich von den Automobilherstellern zudem die *Automobilzulieferer* abgrenzen. Automobilzulieferer produzieren und liefern infolge einer zwischenbetrieblichen Arbeitsteilung automobilspezifische Vorerzeugnisse sowie ggf. die damit verbundenen Dienstleistungen, die relevante Bestandteile des Gesamtfahrzeugs bilden können und durch den Automobilhersteller selbst nicht hergestellt werden. Vgl. hierzu Tietze (2003), S. 19.

[5] Vgl. Gusig u. a. (2010), S. 11.

Allein die Volkswagen AG lieferte im Jahr 2019 weltweit rund elf Millionen Fahrzeuge aus. Volkswagen AG (2020), S. 100. Die starke Ausdifferenzierung der Modellpalette lässt sich unter anderem an der Zunahme der angebotenen Modelle ablesen. Während Volkswagen als Kernmarke der Volkswagen AG im Jahr 1979 lediglich sechs Modelle im Angebot hatte, stieg die Zahl bis 2021 auf insgesamt 18 Modelle an. Vgl. Gusig u. a. (2010), S. 42 und Volkswagen AG (2021), URL siehe Literaturverzeichnis. Die Investitionen für die Entwicklung neuer Modelle können dabei jährlich 4 bis 5 % des Umsatzes eines Automobilherstellers entsprechen. Vgl. Gusig u. a. (2010), S. 11 f.

[6] Vgl. Diehlmann und Häcker (2010), S. 6 und Rosengarten und Stürmer (2005), S. 19 ff.

Für eine Gegenüberstellung der Erfolgsfaktoren zwischen Premium- und Volumenherstellern in der Automobilindustrie vgl. Diez (2005), S. 135.

Zusätzlich zur Differenzierung in Premium- und Volumenhersteller existieren in der Literatur weitere Segmentierungsansätze. Neben einer erweiterten Unterscheidung nach Luxus-, Premium-, Volumen- und Low-Cost-Marken, lassen sich Automobilhersteller beispielsweise auch nach produktbezogenen, kundenbezogenen oder nutzenbezogenen Kriterien kategorisieren. Vgl. Tietze (2003), S. 18 und Diez (2015), S. 11 ff.

2.1.2 Produkt

Für die Festlegung des Produktbegriffs lassen sich in der wissenschaftlichen Literatur zahlreiche Definitionen finden, die grundsätzlich einem engen sowie einem weitergefassten Begriffsverständnis zugeordnet werden können. Die enge Begriffsfassung[7] bezieht Produkte, dem allgemeinen Sprachgebrauch folgend, zumeist auf materielle Güter und Sachleistungen, die sich von immateriellen Gütern, wie beispielsweise Dienstleistungen, klar abgrenzen lassen.[8] Demgegenüber steht das weitergefasste Begriffsverständnis, das Produkte als mehr oder weniger komplexe Leistungsbündel auffasst, die sowohl Sachleistungen als auch Dienstleistungen umfassen können.[9] In diesem Sinne definiert beispielsweise BROCKHOFF ein Produkt als

> *„[...] eine im Hinblick auf eine erwartete Bedürfnisbefriedigung beim bekannten oder unbekannten Verwender von einem Anbieter gebündelte Menge von Eigenschaften, die zum Gegenstand eines Tauschs werden soll, um mit der im Tausch erlangten Gegenleistung zur Erfüllung der Anbieterziele beizutragen“.*[10]

Als Betrachtungsgegenstand der vorliegenden Arbeit stehen *Personenkraftwagen (PKW),* die nachfolgend synonym auch als *Fahrzeug* oder *Automobil* bezeichnet werden, als gesamtheitliches Kernprodukt sowie als Ergebnis der Betriebstätigkeit von Automobilherstellern im Vordergrund. Die DIN 70010:2001–04 versteht unter einem PKW in Abgrenzung zu anderen Verkehrsmitteln einen Kraftwagen,

> *„[...] der nach seiner Bauart und Einrichtung hauptsächlich zur Beförderung von Personen, deren Gepäck und/oder von Gütern bestimmt ist und max. 9 Sitzplätze hat“.*[11]

Fahrzeuge lassen sich darüber hinaus sowohl unterschiedlichen Antriebsarten, wie beispielsweise den Ottomotoren oder den elektrischen Antrieben, zuordnen[12] als auch nach Fahrzeugarten, wie beispielsweise in Limousinen, Kombis, Cabrios etc., einteilen.[13] Ein Automobil kann dabei aus bis zu 12.500 Einzelteilen

---

[7] Synonym lässt sich das enge Begriffsverständnis auch als „substantieller Produktbegriff“ bezeichnen. Vgl. hierzu Corsten (1990), S. 97.

[8] Vgl. Kotler u. a. (2007), S. 492 und Gutenberg (1983), S. 1.

[9] Vgl. Filip (1997), S. 18 ff.

[10] Brockhoff (1999), S. 13.

[11] DIN 70010:2001–04 (2001), S. 5.

[12] Vgl. Braess u. a. (2016), S. 12.

[13] Vgl. Becker (2007), S. 29.

bestehen,[14] die sich neben mechanischen auch aus elektronischen Bestandteilen zusammensetzen.[15] Die wachsende Bedeutung von automobilen Diensten, wie beispielsweise von Software in den Bereichen des Infotainments und der Sicherheitsassistenzsysteme im Fahrzeug, lässt sich unter anderem anhand der Zunahme der Anzahl von verbauten Elektronikbestandteilen in Relation zu den mechanischen Bestandteilen eines PKW sowie anhand der Anzahl der je Fahrzeug vorhandenen Programmzeilen (Lines of Code) ableiten.[16]

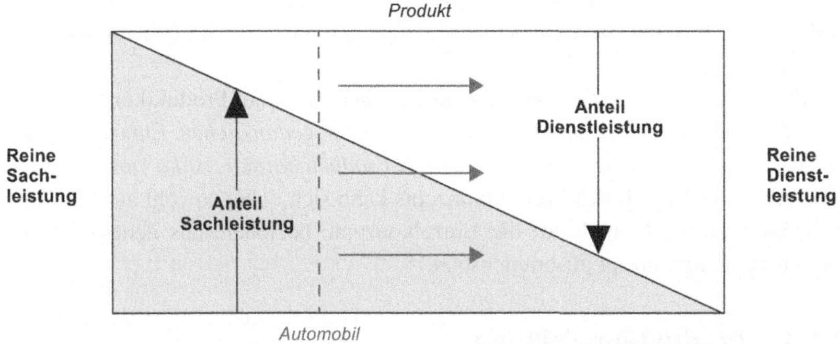

Abbildung 2.2 Einordnung des Automobils als Verbund von Sachleistungen und Diensten[17]

Abbildung 2.2 ordnet das Automobil als ein Produkt innerhalb des Kontinuums aus reinen Sachleistungen und reinen Dienstleistungen ein.

Im Hinblick auf das Fahrzeug als Betrachtungsobjekt wird in dieser Arbeit ein Produkt daher als ein im Schwerpunkt physisches Leistungsbündel verstanden,

---

[14] Vgl. Barthel u. a. (2010), S. 16.

[15] Vgl. Wallentowitz u. a. (2009), S. 19.

[16] Bernhart und Alexander erwarten für den Wertanteil elektronischer Komponenten am Gesamtfahrzeug bis 2025 eine Verdopplung von aktuell 16 % auf 35 %. Vgl. Bernhart und Alexander (2020), S. 10. Während die eingebettete Software eines Fahrzeugs in den 1970er-Jahren gerade einmal aus 100 Programmzeilen bestand, umfasste die durchschnittliche Anzahl an Codezeilen eines Premiumautomobils im Jahr 2008 bereits bis zu zehn Millionen. Vgl. Bernard u. a. (2011), S. 18.

[17] Eigene Darstellung in Anlehnung an Filip (1997), S. 20 und Verband der Automobilindustrie (VDA) (2012), S. 7 ff. Die horizontalen Pfeile repräsentieren die zunehmende Bedeutung der fahrzeugbezogenen Dienste.

das jedoch unterschiedliche Eigenschaften verbindet, die sowohl auf Sachleistungen als auch auf Dienstleistungen sowie auf deren Kombination basieren können.[18]

2.1.3 Produktkonzept

Unter einem Konzept für ein Produkt oder auch *Produktkonzept* kann nach SCHUBERT die kundenorientierte Beschreibung eines potentiellen Produkts verstanden werden.[19] Ein Produktkonzept bezeichnet daher nach GÖPFERT kein final entwickeltes Produkt, sondern bildet vielmehr die ausführliche Darstellung einer Produktidee ab.[20]

Mit Blick auf die Automobilindustrie definiert DIEZ ein Produktkonzept daher als *„[...] einen ersten, noch relativ allgemeinen gedanklichen Entwurf für ein neues Fahrzeug [...], der die wesentlichen Produktcharakteristika zum Ausdruck bringt.“*[21] Der Begriff des Produktkonzepts kann sich dabei sowohl auf das Fahrzeug im Ganzen als auch auf die Einzelkonzepte beziehen, aus denen sich das Gesamtfahrzeugkonzept zusammensetzt.[22]

2.1.4 Produktentwicklung

Die Produktentwicklung und ihr Umfeld werden in der Literatur teilweise recht unterschiedlich abgegrenzt.[23] In Abhängigkeit der Reichweite und Inhalte sowie der daraus resultierenden Aufgabenumfänge lassen sich grundsätzlich drei Sichtarten für die Produktentwicklung unterscheiden:

---

[18] Um das Zusammenspiel von mechanischen, elektronischen und informationstechnischen Komponenten in einem Fahrzeug zu unterstreichen, spricht ISERMANN beispielsweise vom „mechatronischen Kraftfahrzeug“. Vgl. Isermann (2006), S. 1.

Auch wenn die Bedeutung insbesondere von softwarebezogenen Aspekten in PKWs stetig zunimmt, wird in der vorliegenden Arbeit die Annahme getroffen, dass aus Sicht eines Automobilherstellers das Fahrzeug als materielles Erzeugnis immer noch im Vordergrund steht, da es die Ausgangsbasis und damit die Bedingung für die Verbindung aus Sach- und Dienstleistungen bildet.

[19] Vgl. Schubert (1991), S. 98.

[20] Vgl. Göpfert (1998), S. 72.

[21] Diez (2015), S. 123. Mit Fokus auf die Zielsetzung lässt sich ein Fahrzeugkonzept alternativ als *„[...] der konstruktive Entwurf einer Produktidee mit dem die grundsätzliche Realisierbarkeit abgesichert wird“* definieren. Wolff u. a. (2021), S. 135.

[22] Vgl. Widmann u. a. (2021), S. 1293.

[23] Vgl. Göpfert (1998), S. 61.

1. Eine weitergefasste Begriffsauffassung vertreten unter anderem BERNDES UND STANKE, die die Produktentwicklung als einen Prozess begreifen, der sich auf den gesamten *Produktlebenszyklus* bezieht.[24] Nach diesem Begriffsverständnis umfasst die Produktentwicklung sämtliche Aktivitäten, die von der Erarbeitung einer Produktidee über die Konstruktion, die Produktion bis hin zum Markteintritt, Absatz, Service und der Außerbetriebnahme eines Produkts reichen.[25]
2. Daneben wird der Begriff der Produktentwicklung teilweise auch synonym mit dem Begriff der *Produktentstehung* verwendet.[26] Im Rahmen der Produktentstehung werden nach dieser Sichtweise ebenfalls die zentralen Produktmerkmale entworfen und technisch umgesetzt. Die Produktentstehung und damit auch die Produktentwicklung schließen allerdings bereits mit dem Produktionsbeginn des serienreifen und abgesicherten Produkts ab.[27] Die Tätigkeiten, die im Zuge der Produktentstehung verrichtet werden, sind nach ULRICH UND EPPINGER dabei überwiegend intellektueller und organisatorischer anstatt physischer Natur. Dieser Auffassung folgend bezeichnen EIGNER UND STELZER das Ergebnis der Produktentstehung als intellektuelles Produkt, das sämtliche für die Produktion erforderlichen Informationen enthält, während das Ergebnis der Produktherstellung letztlich das physische Produkt darstellt.[28] Nach CLARK U. A. kann die Produktentwicklung in diesem Begriffszusammenhang daher auch mit einem informationsverarbeitenden Prozess gleichgesetzt werden, da die wesentlichen Tätigkeiten im Kontext der Entwicklung eines Produkts darauf ausgerichtet sind, marktbezogenes Wissen und technologische Möglichkeiten in produktionsrelevante Informationen zu übersetzen. Diese Informationen können sich zum Beispiel aus Zeichnungen, Produktkonzepten, Spezifikationen oder Ähnlichem zusammensetzen.[29]
3. Alternativ kann die Produktentwicklung auch als ein abgrenzbarer Bestandteil der Produktentstehung aufgefasst werden. Hiernach lässt sich die Produktentstehung auf die beiden Teildisziplinen der Produktentwicklung und der *Prozess- sowie Produktionsplanung* aufteilen und darüber hinaus von der *Produktherstellung,* deren Schwerpunkt auf der eigentlichen Produktion liegt,

[24] Vgl. Berndes und Stanke (1996), S. 16.

[25] Vgl. Gericke u. a. (2021), S. 58, Arnold u. a. (2011), S. 9 sowie Berndes und Stanke (1996), S. 16.

[26] Vgl. hierzu exemplarisch Ehrlenspiel und Meerkamm (2017), S. 2.

[27] Vgl. Prefi (2021), S. 385 und Danzer (2016), S. 53.

[28] Vgl. Eigner und Stelzer (2009), S. 2.

[29] Vgl. Clark u. a. (1987), S. 733.

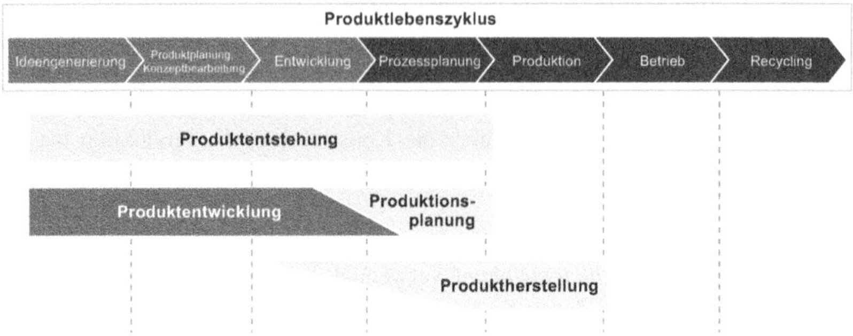

Abbildung 2.3 Abgrenzung der Produktentwicklung im Rahmen der Arbeit[30]

abgrenzen.[31] Im Zuge der Prozess- und Produktionsplanung wird im Zusammenspiel mit der Produktentwicklung der Produktionsprozess vorbereitet.[32] Der Fokus der Prozess- und Produktionsplanung liegt im Unterschied zur Produktentwicklung allerdings auf der Herstellbarkeit und Montage des Produkts unter Berücksichtigung der unternehmensinternen und -externen Ressourcen sowie der Fertigungsmöglichkeiten und -systeme.[33]

Die vorliegende Arbeit bezieht sich auf das letztgenannte Begriffsverständnis, da sie der Auffassung folgt, dass sich die Produktentwicklung als Gegenstand der Produktentstehung abgrenzen lässt. Abbildung 2.3 visualisiert hierzu den Begriffszusammenhang zwischen dem Produktlebenszyklus, der Produktentstehung, der Produktentwicklung, der Produktionsplanung und der Produktherstellung.[34]

Um eine inhaltliche Unterscheidung zwischen den entwicklungsspezifischen und prozess- und produktionsplanungsbezogenen Tätigkeiten zu ermöglichen,

[30] Eigene Darstellung in Anlehnung an Eigner und Stelzer (2009), S. 2 sowie Herstatt und Verworn (2007), S. 9.

[31] Vgl. Eigner und Stelzer (2009), S. 1 sowie Göpfert (1998), S. 62.

[32] Vgl. Göpfert (1998), S. 65.

[33] Vgl. Vajna (2014), S. 19 und 79 f. und Schuh (2006), S. 21.

[34] Die Überlappung der Produktherstellung lässt sich auf den Umstand zurückführen, dass nicht nur digitale, sondern in der Regel bereits materielle Entwürfe und Prototypen im Zuge der Produktentwicklung erzeugt werden. Vgl. hierzu Eigner und Stelzer (2009), S. 2.

wird die Produktentwicklung in der vorliegenden Arbeit als abgrenzbare Teildisziplin der Produktentstehung verstanden. Vor diesem Hintergrund definiert VAJNA die Produktentwicklung als eine Phase

> *„[…] in der alle relevanten Eigenschaften und Daten eines Produkts für alle anderen Bereiche des Unternehmens und für die spätere Nutzung und Verwertung festgelegt werden.“*[35]

Den Aufsatzpunkt hierfür bildet nach LINDEMANN eine konsequente Ausrichtung an den Marktanforderungen[36], auf deren Basis innerhalb eines eng bemessenen Qualitäts-, Zeit- und Kostenrahmens, neue respektive verbesserte Lösungen zu erarbeiten und bereitzustellen sind.[37] EHRLENSPIEL UND MEERKAMM unterstreichen darüber hinaus den interdisziplinären Charakter der Zusammenarbeit im Rahmen der Produktentwicklung, der bei den beteiligten Personen eine ganzheitliche Denkweise voraussetzt.[38] Unter Einbeziehung der Marktorientierung sowie der interdisziplinären und integrativen Aspekte fasst LÜHRIG die Produktentwicklung zusammen als

> *„[…] die von einer oder mehreren Personen (Organisation) durchgeführte zielgerichtete Transformation einer Idee in eine Waren- oder Dienstleistungskombination für kommerzielle Zwecke. Dies setzt voraus, dass die zu transformierende Idee technisch realisierbar ist und hinreichend Vermarktungschancen für das zu entwickelnde Produkt bestehen.*[39]

[35] Vajna (2014), S. 586.

[36] Eine *Anforderung* kann nach DIN EN ISO 9000:2015 definiert werden als „Erfordernis oder Erwartung, das oder die festgelegt, üblicherweise vorausgesetzt oder verpflichtend ist“. DIN EN ISO 9000:2015–11 (2015), S. 39.

Als *Marktanforderungen* oder auch „market pull“ kann die Gesamtheit der Anforderungen bezeichnet werden, die von potentiellen Kunden und anderen Stakeholdern an das zu entwickelnde Produkt und damit die Produktentwicklung gestellt werden. Vgl. hierzu Schmitt und Pfeifer (2015), S. 108 f. und Vahs und Brem (2015), S. 248.

Die *Stakeholder* können sich in Abhängigkeit des Produkts aus einzelnen Kunden oder ganzen Kundenmärkten sowie anderen relevanten Märkten wie unter anderem der Zulieferer- sowie der Finanzmarkt zusammensetzen. Zu den weiteren Stakeholdern, die Einfluss auf die Anforderungen besitzen können, lassen sich darüber hinaus beispielsweise der Wettbewerb, die Politik oder auch die Gesellschaft zählen. Vgl. Lindemann (2009), S. 7.

[37] Vgl. Lindemann (2009), S. 7 und S. 16.

[38] Vgl. Ehrlenspiel und Meerkamm (2017), S. 234 f.

[39] Lührig (2006), S. 26.

2.1.5 Produktqualität

Nach DANZER besitzt ein Produkt Qualität, sofern es aus der Sicht des Kunden so attraktiv wirkt, dass dieser es im Rahmen seiner Kaufentscheidung in Relation zu Alternativprodukten präferiert.[40] Die Bedeutung des Qualitätsbegriffs kann hierbei allerdings sowohl in Abhängigkeit kultureller Einflüsse als auch in Bezug auf unterschiedliche Anwendungsfelder variieren.[41] In der wissenschaftlichen Literatur entzieht sich der Qualitätsbegriff bis heute einer allgemein akzeptierten Definition, wodurch verschiedene Ansätze zur Abgrenzung des Begriffs der Qualität existieren.[42]

Der etymologische Ursprung für den Terminus Qualität lässt sich zurückführen auf seinen lateinischen Wortstamm „qualis" respektive „qualitas", der mit *Beschaffenheit eines Gegenstands* übersetzt werden kann.[43] Hieraus lässt sich in einem ersten Schritt ableiten, dass der Qualitätsbegriff, im Gegensatz zu der im allgemeinem Sprachgebrauch häufig anzufindenden positiven Konnotation, stets einer wertneutralen Aussage entspricht.[44] Mit dem Ziel, eine international allgemeingültigen Begriffsbestimmung zu etablieren definiert die DIN EN ISO 9000:2015 Qualität als

> *„Grad, in dem ein Satz inhärenter Merkmale Forderungen erfüllt."*[45]

Dies lässt sich nach BARRANTES verstehen als die tatsächlich umgesetzte Beschaffenheit einer Einheit mit Blick auf die Qualitätsforderung.[46] Aufgrund der Abhängigkeit zu den Anforderungen und Erwartungen kann Qualität nach

---

[40] Vgl. Danzer (2016), S. 7.

[41] Vgl. Oess (1991), S. 31 sowie Barrantes (2008), S. 12.
Während nach Barrantes beispielsweise in Italien der Stil oder in Frankreich die Eleganz mit dem Qualitätsbegriff in Verbindung gebracht werden, wird in Deutschland Qualität häufig mit Funktionalität und Produktsicherheit gleichgesetzt. Vgl. hierzu ebenfalls Barrantes (2008), S. 12.

[42] Vgl. Winz (2016), S. 5.

[43] Vgl. Schloske und Thieme (2017), S. 173 sowie Pischon (1999), S. 11.

[44] Vgl. Brüggemann und Bremer (2020), S. 3 sowie Bliemel und Fillip (1996), S. 70.

[45] DIN EN ISO 9000:2015–11 (2015), S. 39.
Der Begriff „inhärent" wird dabei in der DIN EN ISO 9000:2015 als „einem Objekt innewohnend" beschrieben. Ein Objekt kann hierbei sowohl eine „Einheit", ein „Gegenstand" oder „etwas Wahrnehmbares oder Vorstellbares" wie beispielsweise ein Produkt oder eine Dienstleistung darstellen.

[46] Vgl. Barrantes (2008), S. 12.

MASING zudem nichts Absolutes sein.[47] In der Folge lässt sich Qualität auch als eine fortlaufende Größe ansehen, deren Funktion stetig ist.[48] Um eine an den jeweiligen Kontext gebundene und hiermit verbundene teilweise zu eng gefasste Begriffsprägung zu vermeiden, können nach BRÜGGEMANN für den Qualitätsbegriff zunächst folgende Aussagen festgehalten werden:[49]

- Qualität stellt eine Menge von Eigenschaften dar, die produktimmanent sind.
- Qualität bildet einen zentralen Gradmesser, an dem Kunden ihre Kaufentscheidung ausrichten.
- Qualität korreliert mit der Wettbewerbssituation sowie der Leistungsfähigkeit von Unternehmen.

Vor diesem Hintergrund identifiziert und unterscheidet GARVIN für die Abgrenzung des Qualitätsbegriffs fünf unterschiedliche Richtungen in der Fachliteratur:[50]

- *Transzendenter Ansatz*
  Qualität wird in diesem Zusammenhang als etwas Einzigartiges und Universelles wahrgenommen, das sich durch kompromisslose Standards und extrem hohe Anforderungen auszeichnet und somit sowohl einer präzisen Definition als auch einer Messung entzieht.
- *Produktbezogener Ansatz*
  Im Unterschied zum transzendenten Begriffsverständnis wird Qualität hierbei als messbare Größe aufgefasst. Qualitätsunterschiede ergeben sich dabei aus den Abweichungen der für ein Produkt als typisch angesehenen Eigenschaften.
- *Anwenderbezogener Ansatz*
  Die Beurteilung der Qualität liegt nach dieser Sichtweise „im Auge des Betrachters“. Je besser die Eigenschaften eines Produkts die unterschiedlichen Bedürfnisse und Anforderungen der Verbraucher befriedigen, als desto höher wird die Qualität wahrgenommen.
- *Fertigungsbezogener Ansatz*

---

47 Vgl. Masing (1995), S. 241.

48 Vgl. Barrantes (2008), S. 11.

49 Vgl. Brüggemann und Bremer (2020), S. 3.

50 Vgl. Garvin (1984), S. 25 ff.
Für die Festlegung des Qualitätsbegriffs bildet die Einordnung der unterschiedlichen Sichten auf die Qualität nach GARVIN einen anerkannten Bezugsrahmen. Vgl. Fields u. a. (2014), S. 406.

Für das fertigungsbezogene Qualitätsverständnis steht die Anbieterperspektive im Sinne der „conformance to requirements“[51] also die Einhaltung der maßgeblich *technischen* Spezifikationen im Mittelpunkt.

- *Wertbezogener Ansatz*
  Das Qualitätsniveau wird im Rahmen der wertbezogenen Begriffsabgrenzung durch den Kunden auf Basis eines Kosten-Nutzen-Vergleichs bestimmt. In diesem Kontext besitzt ein Produkt Qualität, sofern es eine bestimmte Leistung zu einem adäquaten Preis bietet.

Da für diese Arbeit sowohl das Fahrzeug als Produkt als auch die sich darauf beziehenden Kundenrückmeldungen Relevanz besitzen, wird den weiteren Ausführungen ein *produkt-anwenderbezogenes Qualitätsverständnis* zugrunde gelegt. Dies bedeutet, dass Produktqualität als die Konvergenz aus der Beschaffenheit eines Produkts mit den Anforderungen verstanden werden kann, die durch die Kunden stets im Vergleich zu Wettbewerbsprodukten beurteilt wird.[52] Dabei werden für die vorliegende Arbeit ausdrücklich sowohl *objektive Qualitätskriterien* als technisch messbare Übereinstimmung der durch das Unternehmen für ein Produkt festgelegten Spezifikation und deren Umsetzung berücksichtigt[53], als auch *subjektive Qualitätskriterien*, die durch die Wahrnehmung beziehungsweise Erwartungen des Kunden in Bezug auf das Produkt bestimmt werden[54] und, unter anderem in Abhängigkeit unterschiedlicher Ziel- und Kundengruppen, variieren können[55].[56]

---

[51] Crosby (1995), S. 59.

[52] Vgl. Masing (2021), S. 4.

[53] Mit Blick auf die Messbarkeit der Qualität definieren Bliemel und Fillip *objektiv* als „intersubjektiv nachprüfbar“. Bliemel und Fillip (1996), S. 70.

Im Rahmen der objektiven Kriterien unterscheidet Winz zudem zwischen quantitativen und qualitativen Merkmalen einer zu prüfenden Einheit. Dabei können *quantitative Merkmale* Werten zugeordnet werden, die sich anschließend auf einer Skala darstellen lassen, wie beispielsweise Durchmesser oder Temperaturen. Im Gegensatz dazu haben *qualitative Merkmale* eine kennzeichnende respektive klassifizierende Eigenschaften und können auf einer Skala ohne festgelegte Teilung abgebildet werden, wie beispielsweise Kratzer oder Bauteilbeschädigungen. Vgl. Winz (2016), S. 6.

[54] Schmitt und Pfeifer bezeichnen die subjektive Qualität auch als *Perceived Quality* beziehungsweise *wahrgenommene Qualität*. Diese umfasst die von den Verbrauchern bewusst oder unbewusst wahrgenommene Umsetzung von Produkteigenschaften. Hierbei liegt der Fokus auf der Produktbeschaffenheit, Nutzbarkeit und der Verarbeitung. Vgl. Schmitt und Pfeifer (2015), S. 2 und 98.

[55] Vgl. Freter (2009), S. 399 und Rizk-Antonious (2002), S. 32.

[56] Vgl. Clark u. a. (1987), S. 734 und Schömann (2012), S. 65.

Eine ähnliche Abgrenzung findet sich bei MASING, der allerdings begrifflich zwischen internen und externen Aspekten des Qualitätsbegriffs unterscheidet. Der interne Aspekt bezieht sich dabei auf die Übereinstimmung von Vorhaben und Umsetzung innerhalb eines Betriebs, während der externe Aspekt auf die Erfüllung der Kundenanforderung Bezug nimmt.[57] VAHS UND BREM heben vor diesem Hintergrund zudem die zentrale Rolle der unternehmensintern spezifizierten Anforderungen hervor, da diese im Wesentlichen die Grundlage für die Einhaltung der externen Qualität bilden.[58]

Da der Begriff der subjektiven Qualität die Unterschiede in der kundenbezogenen Wahrnehmung der Produktqualität betont, wird dieser Arbeit eine begriffliche Differenzierung in objektive und subjektive anstatt in interne und externe Qualitätskriterien zugrunde gelegt. Unter Berücksichtigung der vorausgegangenen Ausführungen, lässt sich für das Begriffsverständnis der Arbeit festhalten:

> *„Qualität einer Einheit ist ihre Beschaffenheit, gemessen an den Bedürfnissen der relevanten Anspruchsgruppen."*[59]

Durch die Ergänzung der Anspruchsgruppen berücksichtigt die Definition mit Blick auf die Produktqualität sowohl die Kundenperspektive (subjektive Qualitätskriterien) als auch die Unternehmens- / Anbieterperspektive (objektive Qualitätskriterien) in Bezug auf die Erfüllung der Qualitäts- und Marktanforderungen.[60]

2.1.6 Produktfehler

Im Rahmen des vorangegangenen Abschnitts wurde die Produktqualität über die Realisierung von Bedürfnissen und Umsetzung von Erwartungen festgelegt und bewertet. Der Realisierungsgrad kann dabei gleichzeitig als Maßstab für den Kundennutzen verstanden werden. In Analogie zu einer Münze besitzt die Qualität allerdings zwei Seiten, die sich sowohl aus dem Nutzen als auch aus dem Komplement der *Fehler* zusammensetzen.[61] Fehler zeichnen sich unter anderem

---

[57] Vgl. Masing (1995), S. 242.

[58] Vgl. Vahs und Brem (2015), S. 44 f.

[59] Seghezzi u. a. (2013), S. 35.

[60] Unter Anspruchsgruppen subsumieren SEGHEZZI U. A. neben Kunden und Anbietern zusätzlich die Öffentlichkeit, Mitarbeiter und Lieferanten als Stakeholder. Diese bilden in der Summe die Marktanforderungen an das Produkt. Vgl. Seghezzi u. a. (2013), S. 45.

[61] Vgl. Seghezzi u. a. (2013) S. 41.

dadurch aus, dass sie zumeist nicht durch die Übererfüllung anderer Bedürfnisse und Erwartungen ausgeglichen werden können. Somit führt bereits ein einzelner Fehler zu einem insgesamt fehlerhaften Produkt.[62] Gemäß der DIN EN ISO 9000:2015 wird ein Fehler als *„Nichterfüllung einer Anforderung"*[63] definiert und darauf aufbauend mit dem Begriff der *Nichtkonformität* gleichgesetzt. Die Nichtkonformität bildet nach SEGHEZZI u. a. die einfachste Ausprägung eines Fehlers, da sie sich anhand definierter Spezifikationen relativ einfach ermitteln sowie objektiv beurteilten lässt.[64]

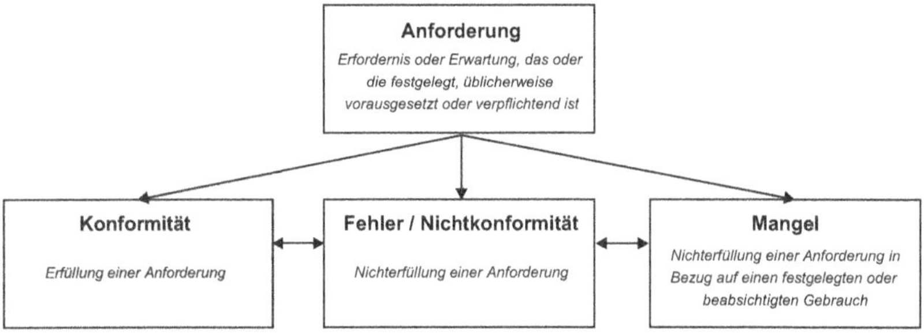

Abbildung 2.4 Fehlerbezogene Begriffe[65]

Eine weitere Fehlerausprägung stellt der *Mangel* dar, der nach der DIN EN ISO 9000:2015 als Nichtkonformität *„in Bezug auf einen beabsichtigten oder festgelegten Gebrauch"*[66] definiert ist. Die Abgrenzung zwischen den Begriffen Mangel und Nichtkonformität ist insbesondere im rechtlichen Kontext mit Bezug zur Produkthaftung von Relevanz.[67] In diesem Zusammenhang fällt dem sogenannten Stand der Technik eine zentrale Bedeutung zu, da dieser im Rahmen einer Bewertung in der Regel als Vergleichsmaßstab herangezogen wird. Auch wenn es beispielsweise in keiner Spezifikation definiert sein sollte, dass ein Fahrzeug ohne Kratzer an den Kunden auszuliefern ist, so entspricht ein kratzerfreies Neufahrzeug doch dem Stand der Technik und ein Kratzer stellt folglich einen Mangel dar. Da die Grundlage für die Bewertung von Mängeln

[62] Vgl. Masing (2021), S. 6.
[63] DIN EN ISO 9000:2015–11 (2015), S. 46.
[64] Vgl. Seghezzi u. a. (2013), S. 41.
[65] Eigene Darstellung in Anlehnung an DIN EN ISO 9000:2015–11 (2015), S. 39 ff.
[66] DIN EN ISO 9000:2015–11 (2015), S. 40.
[67] Vgl. Seghezzi u. a. (2013), S. 43 sowie DIN EN ISO 9000:2015–11 (2015), S. 40.

allerdings häufig unklar ist, lassen sich Mängel oftmals nur vage festlegen und sind daher aus Unternehmenssicht schwierig abzubilden.[68] Abbildung 2.4 bildet die Begriffszusammenhang zwischen Anforderung, Konformität, Fehler und Mangel ab.

Neben der Ausprägung lassen sich Fehler anhand ihrer Kritikalität insbesondere im Hinblick auf die voraussichtlich zu erwartenden Fehlerfolgen einstufen und gewichten. Grundsätzlich können Fehler dabei in kritische Fehler, Hauptfehler und Nebenfehler eingeteilt werden.[69]

- *Kritische Fehler* sind dadurch gekennzeichnet, dass sie große Probleme verursachen können, die in der Regel für den Hersteller mit sehr hohen Kosten verbunden sind und durch die schlimmstenfalls auch Personen zu Schaden kommen können.
- *Hauptfehler* führen im Unterschied zu kritischen Fehlern zu einer wesentlichen Einschränkung des Verwendungszwecks eines Produkts und können zudem hohe Kosten verursachen.
- *Nebenfehler* stellen eine Abweichung von den festgelegten Anforderungen dar, die zu einer Einschränkung des vorgesehenen Verwendungszwecks führt, jedoch weiterhin zumindest eine, obgleich beeinträchtigte, Funktionserfüllung ermöglicht.

Äußert ein Kunde aufgrund eines entsprechenden Fehlers gegenüber Herstellern oder Drittinstitutionen seine Unzufriedenheit, kann dies nach SEIDEL UND STAUSS als *Beschwerde* bezeichnet werden.[70] Beschwerden erfolgen in der Regel intentional, das heißt, Kunden verfolgen durch die Artikulation ihrer Unzufriedenheit mit der Leistung eines Produkts ein eindeutiges Ziel. Tritt ein Fehler in der Nachkaufphase auf, erhofft sich der Kunde aufgrund seiner Beschwerde, dass das Unternehmen, beispielsweise durch Nachbesserung, die erwartete respektive vereinbarte Leistung (wieder-)herstellt. Handelt es sich bei der Beschwerde aus Kundensicht um einen Anspruch an den Hersteller, der gegebenenfalls auch rechtlich eingefordert werden kann, stellt dies eine *Reklamation* dar.[71]

---

[68] Vgl. Seghezzi u. a. (2013), S. 43.

[69] Vgl. Schmitt und Pfeifer (2015), S. 182 sowie Seghezzi u. a. (2013), S. 42.

[70] Unter Drittinstitutionen fallen beispielsweise Schlichtungsstellen, Behörden, Verbraucherverbände oder auch die Presse. Vgl. hierzu Stauss und Seidel (2014), S. 28.

[71] Vgl. Stauss und Seidel (2014), S. 28 f. sowie Wimmer und Roleff (1998), S. 269 f.

Mit Blick auf die Automobilbranche erhalten Fahrzeughersteller insbesondere über Garantie- und Kulanzfälle (GuK)[72] eine direkte Rückmeldung zu aufgetretenen Fehlern, da Kunden gemeinhin eine Werkstatt aufsuchen, um bestehende Mängel am Fahrzeug gegenüber dem Hersteller zu reklamieren und geltend zu machen.[73]

Da Reklamationen während der Garantiezeit für die betroffenen Unternehmen in der Regel mit Kosten verbunden sind, findet eine Analyse und Dokumentation der entsprechenden Fehlerrückmeldungen im Rahmen des Reklamationsmanagements[74] statt.

Reklamationen bilden somit insbesondere für Beurteilung der Produktqualität nach objektiven Qualitätsaspekten eine zentrale Informationsquelle.[75] Für die Erfassung von Beschwerden, deren Fokus vorwiegend auf subjektiv wahrgenommenen Fehlern basiert, können Automobilhersteller sowohl eigene Untersuchungen durchführen als auch auf die Studienergebnisse branchenspezifischer Marktforschungsinstitute zurückgreifen, die herstellerunabhängige Kundenrückmeldungen auf nationaler sowie internationaler Ebene erheben.[76]

Die Vermeidung von Fehlern sowie die rechtzeitige Identifikation von Risiken ist eine der zentralen Aufgabenstellungen des Qualitätsmanagements, das hierzu wirksame Instrumente anbieten kann.[77]

---

[72] Während die *Gewährleistung* keiner zusätzlichen Erwähnung im Rahmen eines Vertrags bedarf, da sie bereits gesetzlich geregelt ist, stellt die *Garantie* eine vertraglich vereinbarte, freiwillige Leistung des Herstellers gegenüber dem Kunden dar. Für eine weitergehende Detaillierung und Abgrenzung vgl. Bohnstedt (2018), S. 203 ff.

Fahrzeughersteller sichern ihren Kunden eine Vielzahl von Garantiearten zu, die sich mit Blick auf die gewährten Garantiefristen und Garantiebedingungen unterscheiden und zudem zwischen den einzelnen Herstellern variieren können. Vgl. hierzu Lehnert (2014), S. 24 f.

Im Gegensatz zur Gewährleistung und zu Garantien stellen *Kulanzen* grundsätzlich freiwillige Leistungen eines Automobilherstellers dar. Kulanzen werden in der Regel bei außergewöhnlichen Fehlern gewährt und können durch den Kunden nicht rechtlich eingefordert werden. Für weitergehende Informationen hierzu vgl. Diez (2009), S. 175 f.

[73] Vgl. Braess u. a. (2016), S. 1350.

[74] Unter dem Begriff des *Beschwerde- oder auch Reklamationsmanagements* fallen sämtliche Aktivitäten, die ein Unternehmen bei kundenbezogenen Fehlerrückmeldungen durchführt, um die Kundenzufriedenheit wiederherzustellen und die gegebenenfalls bedrohten Kundenbeziehungen zu stärken. Vgl. Schmitt und Pfeifer (2015), S. 437.

Für eine vergleichende Übersicht unterschiedlicher Modelle und Systeme des Reklamationsmanagements vgl. Kristes (2012), S. 69 ff.

[75] Vgl. Eversheim u. a. (1997), S. 130.

[76] Vgl. Diez (2009), S. 73, Schwarze (2003), S. 262 f. und Schömann (2012), S. 65.

[77] Vgl. Seghezzi u. a. (2013), S. 31.

2.1.7 Qualitätsmanagement

Der Begriff des Qualitätsmanagements stellt eine Komposition dar, die aus den Teilwörtern Qualität[78] und Management gebildet wird.[79] Unter Management können *„aufeinander abgestimmte Tätigkeiten zum Führen und Steuern einer Organisation"*[80] verstanden werden. Hierbei handelt es sich zunächst um eine breit gefasste Abgrenzung des Management-Begriffs. Ist das Management auf die Umsetzung spezifischer Ziele respektive Forderungen ausgerichtet, lassen sich das bereichsspezifische, das projektspezifische sowie das aufgabenspezifische Management voneinander abgrenzen.[81] Das aufgabenspezifische Management für die aufgabenspezifischen Forderungen[82] der Qualität lässt sich dabei der DIN EN ISO 9000:2015–11 folgend definieren als *„aufeinander abgestimmte Tätigkeiten zum Führen und Steuern einer Organisation [...] bezüglich Qualität"*[83] Entgegen der in der Vergangenheit weitverbreitenden Auffassung, dass eine hohe Qualität alleine mit einem hohen Prüfaufwand zu erreichen sei, hat sich inzwischen mehrheitlich bei Unternehmen die Überzeugung durchgesetzt, dass die Qualität eines Produkts nur *„hineinentwickelt und nicht mehr hineingeprüft"*[84] werden kann.[85] Diese Erkenntnis spiegelt sich auch in den zentralen Aufgabenbereichen des Qualitätsmanagements wider, die sich aus der Qualitätsplanung, der Qualitätslenkung, der Qualitätssicherung und der Qualitätsverbesserung zusammensetzen lassen.[86]

---

[78] Für die Abgrenzung des Begriffs Qualität vgl. Abschnitt 2.1.5.

[79] Vgl. Linß (2018), S. 38 f.

[80] DIN EN ISO 9000:2015–11 (2015), S. 31.

[81] Vgl. Geiger und Kotte (2008), S. 8 f. Während sich das aufgabenspezifische Management auf aufgabenspezifische Forderungen bezieht, bilden die Bezugspunkte des bereichsspezifischen Managements die angegebenen Teilbereiche der Organisation sowie für das projektspezifische Management dementsprechend die angegebenen Projekte der Organisation.

[82] Aufgabenspezifische Forderungen können sich neben der Qualität beispielsweise auf Termine, Kosten, die Umwelt oder den Arbeitsschutz beziehen. Vgl. Geiger und Kotte (2008), S. 9.

[83] DIN EN ISO 9000:2015–11 (2015), S. 31.

[84] Widmann u. a. (2021), S. 1375.

[85] Vgl. Schmitt und Pfeifer (2015), S. 5 f.

[86] Vgl. DIN EN ISO 9000:2015–11 (2015), S. 31. Bei einigen Autoren werden anstatt der Begriffe der Qualitätslenkung und der Qualitätssicherung die Begriffe Qualitätslenkung und Qualitätsprüfung verwendet. Vgl. hierzu Schmitt und Pfeifer (2015), S. 144 sowie Geiger und Kotte (2008), S. 5.

Die Aufgabenbereiche können dabei als integraler Bestandteil der Produktentstehung aufgefasst werden.[87] Abbildung 2.5 zeigt die Zusammenhänge und Abhängigkeiten zwischen den Aufgabenbereichen des Qualitätsmanagements, die nachfolgend ausgeführt und detailliert werden.

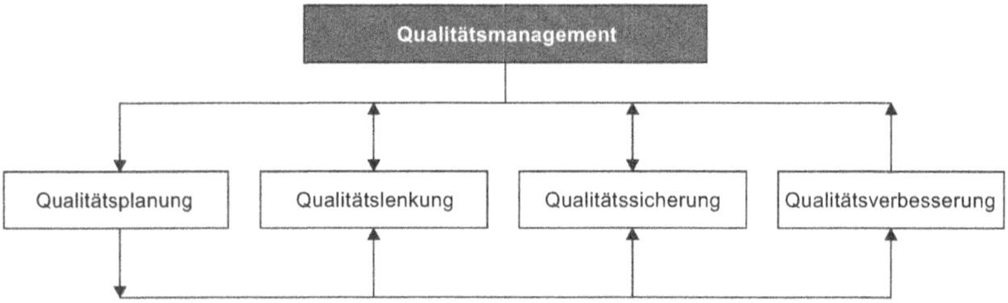

Abbildung 2.5 Zusammenhänge zwischen den Aufgabenbereichen des Qualitätsmanagements[88]

- Nach BENZ kann der Begriff der Planung mit der Entwicklung eines Modells der Zukunft gleichgesetzt werden. Die **Qualitätsplanung** kann dabei als der Gegenstand dieses Modells gesehen werden, durch das sich simulieren lässt, welchen Einfluss der Umsetzungsgrad der Qualitätsforderungen auf die Realisierung der gesamten Unternehmensziele besitzt. Um eine erfolgreiche Qualitätsplanung zu gewährleisten, ist es daher notwendig sowohl die Art der Leistungen als auch die entsprechenden Kundengruppen zu bestimmen.[89] Hierauf aufbauend können Qualitätsziele beschrieben und festgelegt werden, deren Schwerpunkt auf der geforderten Beschaffenheit der jeweiligen Produkte liegt.[90] Vor diesem Hintergrund kann die Qualitätsplanung als der Teil des Qualitätsmanagements beschrieben werden, *„[...] der auf das Festlegen der Qualitätsziele und der notwendigen Ausführungsprozesse sowie der zugehörigen Ressourcen zum Erreichen der Qualitätsziele gerichtet ist.“*[91]

---

[87] Vgl. Bäsler (2010), S. 96.

[88] Eigene Darstellung in Anlehnung an Schwarze (2003), S. 10.

[89] Vgl. Benz (2015), S. 49.

[90] Vgl. Herrmann und Fritz (2016), S. 16.

[91] DIN EN ISO 9000:2015–11 (2015), S. 31.

- Im Rahmen der **Qualitätslenkung** erfolgt die Vorbeugung, das Monitoring und die Korrektur während der Umsetzung eines Produkts.[92] Die Qualitätslenkung ist somit *„auf die Erfüllung von Qualitätsanforderungen gerichtet"*[93]. Die hierzu notwendigen Tätigkeiten lassen sich in die unmittelbare sowie die mittelbare Qualitätslenkung untergliedern. Die *unmittelbare Qualitätslenkung* nimmt unter anderem während der Produktentwicklung auf die im Zuge der Leistungserbringung laufenden Tätigkeiten Einfluss. Dabei bezieht sie sich insbesondere auch auf die für das aktuelle Projekt bereits erreichten Ergebnisse, wie beispielsweise die Produktkonzepte. Im Gegensatz dazu liegt der Schwerpunkt der *mittelbaren Qualitätslenkung* weniger auf der Verhinderung von Fehlern des aktuellen Projekts als vielmehr auf der Dokumentation von Projekterfahrungen, um die Fehlerentstehung in zukünftigen Projekten zu unterbinden.[94]
- Mit der **Qualitätssicherung** erfolgt die Feststellung, ob die unterschiedlichen Maßnahmen des Qualitätsmanagements wirksam waren. Dies lässt sich nur durch die Überprüfung der entsprechenden Produkte und Prozesse ermitteln und belegen. Die Qualitätssicherung deckt daher die Messung sowie die Analyse der Resultate sämtlicher systematischer Tätigkeiten ab, die als Bestandteile des Qualitätsmanagementsystems realisiert wurden, um das Vertrauen zu erzeugen, dass ein Produkt die Qualitätsanforderungen erfüllen wird.[95] Zu den etablierten Ansätzen und Lösungen lassen sich beispielsweise die regelmäßige Durchführung interner sowie externer Audits zählen.[96]
- Die **Qualitätsverbesserung** umfasst schließlich sämtliche Tätigkeiten und Maßnahmen, die darauf ausgerichtet sind, eine *„Erhöhung der Eignung zur Erfüllung der Qualitätsanforderungen"*[97] herbeizuführen. Hierbei liegt der Fokus nicht auf der unmittelbaren Verbesserung der Produktqualität, sondern vielmehr auf der Verbesserung der Unternehmensprozesse, deren Abläufe es so auszuarbeiten gilt, dass diese nur fehlerfreie Erzeugnisse hervorbringen. Die Qualitätsverbesserung kann sich hierzu auf sämtliche Prozesse beziehen, die einen Einfluss auf die Produktqualität besitzen.[98]

---

[92] Vgl. Geiger und Kotte (2008), S. 107.

[93] DIN EN ISO 9000:2015–11 (2015), S. 31.

[94] Vgl. Benes und Groh (2017), S. 147 f. und Bäsler (2010), S. 109.

[95] Vgl. Kamiske (2015b), S. 1 und 4.

[96] Vgl. Geiger und Kotte (2008), S. 183 und 204 ff.

[97] DIN EN ISO 9000:2015–11 (2015), S. 32.

[98] Vgl. Herrmann und Fritz (2016), S. 17.

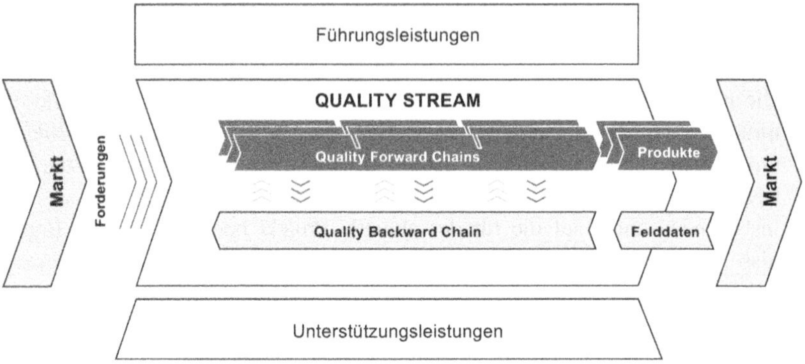

Abbildung 2.6 Aachener Qualitätsmanagement-Modell[99]

Für das Qualitätsmanagement existieren zahlreiche Ordnungsrahmen.[100] Als ein etablierter Ordnungsrahmen, der sämtliche qualitätsbezogenen Aufgabenfelder im Kontext eines multiperspektivischen[101] Ansatzes miteinander verbindet und daher dieser Arbeit zugrunde gelegt wird, lässt sich das *Aachener Qualitätsmanagement-Modell* (Abbildung 2.6) nach SCHMITT UND PFEIFER hervorheben. Hierbei werden die vier vorgestellten Aufgabenbereiche der Qualitätsplanung, -steuerung, -sicherung und -verbesserung über den sogenannten Quality Stream abgebildet, der jeweils durch Führungsleistungen (Management) und Unterstützungsleistungen (Ressourcen und Dienste) flankiert wird.[102]

Der *Quality Stream* bildet das zentrale Kernelement des Modells und verbindet im Sinne eines qualitätsbezogenen Wertstroms die qualitätsschöpfenden Tätigkeiten, ausgehend von den Kundenanforderungen durch das Unternehmen laufend bis hin zu den Kundenrückmeldungen aus dem Feld. Dabei folgt der Aufbau des Quality Streams dem Produktlebenszyklus und berücksichtigt die unterschiedlichen Anforderungen an das Qualitätsmanagement, beginnend mit den frühen

[99] Eigene Darstellung in Anlehnung an Schmitt und Pfeifer (2015), S. 125.

[100] Für eine Übersicht unterschiedlicher aufgabenbezogener Ordnungsrahmen des Qualitätsmanagements vgl. Bäsler (2010), S. 93 ff.

[101] Multiperspektivisch bedeutet in diesem Begriffszusammenhang, die Möglichkeit in Abhängigkeit vom gewählten Blickwinkel den Schwerpunkt auf verschiedene Betrachtungsobjekte, Stakeholder-Interessen oder Zielstellungen legen zu können. Vgl. hierzu Schmitt und Pfeifer (2015), S. 6.

[102] Vgl. Schmitt und Pfeifer (2015), S. 118 ff.

Phasen der Produktentwicklung bis hin zur Produktbeobachtung im Zuge des Beschwerde- und Reklamationsmanagements.

Hierzu teilt sich der Quality Stream in die *Quality Forward Chains* und in die *Quality Backward Chain* auf. Die Quality Forward Chains decken proaktive sowie präventive Tätigkeiten, Instrumente und Methoden ab, die zur qualitätsorientierten Umsetzung und Absicherung von Produkten erforderlich sind. Demgegenüber erfüllt das Element der Quality Backward Chain die Funktion der Informationsrückkopplung, indem es rückwärtsgerichtete Qualitätsbeiträge, wie beispielsweise Fehler der verkauften Produkte, auf Basis unternehmensintern sowie -extern erhobener Daten aufbereitet und in den unterschiedlichen Phasen des Produktlebenszyklus verfügbar macht.[103]

In Tabelle 2.1 ist der Überdeckungsgrad für die in diesem Abschnitt betrachteten Aufgabenbereiche des Qualitätsmanagements mit dem Quality Stream als Kernelement des Aachener Qualitätsmanagement-Modells dargestellt.

Tabelle 2.1 Gegenüberstellung der Aufgabengliederung des Qualitätsmanagements[104]

Aachener Qualitätsmanagement-Modell	**Quality Forward Chains**		**Quality Backward Chain**	
Aufgabenbereiche des Qualitätsmanagements	**Qualitätsplanung**	**Qualitätslenkung**	**Qualitätssicherung**	**Qualitätsverbesserung**

Für den weiteren Verlauf dieser Arbeit sind insbesondere die Quality Forward Chains und die damit korrespondierenden Aufgabenbereiche der Qualitätsplanung sowie der Qualitätslenkung von Interesse, da sie vor dem Hintergrund der Zielstellung dieser Arbeit, qualitätsbezogene Entscheidungen in den frühen Produktentwicklungsphasen zu unterstützen, den Aufsatzpunkt für die präventive Konzeptabsicherung bilden.

Obgleich der Fokus dieser Arbeit daher auf den Tätigkeiten der frühen Phasen liegt, unterstreicht die Unterteilung in Quality Forward Chains und Quality Backward Chain die grundsätzliche Relevanz des Informationsrückflusses für die qualitätsbezogenen Aufgaben des frühen Produktentwicklungsstadiums, da diese auf entscheidungsrelevante Rückmeldungen aus dem Feld angewiesen sind.

[103] Vgl. Schmitt und Pfeifer (2015), S. 121 f.

[104] Eigene Darstellung in Anlehnung an Bäsler (2010), S. 98.

2.2 Präventive Konzeptabsicherung als Gegenstand der frühen Phasen der Fahrzeugentwicklung

In diesem Abschnitt werden die Grundlagen für den Anwendungskontext der präventiven Absicherung von Produktkonzepten im Rahmen der frühen Phasen der automobilen Produktentwicklung untersucht. Hierzu werden zunächst der automobile Fahrzeugentstehungsprozess im Allgemeinen sowie die frühen Phasen der Fahrzeugentwicklung inklusive ihrer Bedeutung für die Produktqualität im Speziellen betrachtet. Anschließend wird die präventive Absicherung von Produktkonzepten begrifflich abgegrenzt sowie die damit verbundenen Aufgaben und Aufgabenträger literaturbasiert ermittelt und aufbereitet.

2.2.1 Typische Struktur des automobilen Produktentstehungsprozesses

Mit Blick auf die Fahrzeugentwicklung gilt es nach GUSIG U. A. zu berücksichtigen, dass ein Produkt und ein Projekt[105], das heißt somit auch die Produktentwicklung und die Projektabwicklung, typischerweise parallel auftreten. Die Aufgaben und Zuständigkeiten der Projektbeteiligten bei der Produktentwicklung werden hierzu in der Regel durch die Automobilhersteller über einen Produktentstehungsprozess[106] festgelegt und beschrieben. Hieraus resultieren standardisierte Prozessmodelle, die sämtliche Tätigkeiten von der Produktidee bis zum Beginn der Serienproduktion, der im automobilen Umfeld auch als *Start of Production* (SOP) bezeichnet wird, ablauforientiert abbilden.[107]

---

[105] Vgl. Gusig u. a. (2010), S. 16.

Ein *Projekt* kann in diesem Begriffszusammenhang als ein zielorientiertes Vorhaben zur Entwicklung und Herstellung eines Produkts verstanden werden. Die DIN definiert ein Projekt entsprechend als „Vorhaben, das im Wesentlichen durch Einmaligkeit der Bedingungen in ihrer Gesamtheit gekennzeichnet ist". DIN 69901-5:2009-01 (2009), S. 11.

Der Projektcharakter der Fahrzeugentwicklung kann nach GÖPFERT auch auf die Produktentwicklung im Allgemeinen übertragen werden. Dies lässt sich dadurch begründen, dass Entwicklungsprozesse in der Regel ein Sach-, Termin- und ein Kostenziel besitzen sowie auf neuartige Lösungen ausgerichtet sind, die für das entsprechende Unternehmen als „außergewöhnlich" eingestuft werden können. Vgl. hierzu Göpfert (1998), S. 79.

[106] Ein *Prozess* kann als „eine Folge von aufeinander aufbauenden Tätigkeiten […], die Inputs in Outputs umwandeln" beschrieben werden. Brückner (2011), S. 27.

[107] Vgl. Gusig u. a. (2010), S. 16.

Sowohl in der wissenschaftlichen Literatur als auch in der Praxis lassen sich unterschiedliche formalisierte Modelle für Produktentstehungsprozesse finden.[108] Die verschiedenen Prozessmodelle verbindet, dass sie den Produktentstehungsprozess in seiner zeitlichen Reihenfolge betrachten und in separate Phasen unterteilen, während sich die Anzahl sowie die Ausdifferenzierung der einzelnen Phasen zwischen den verschiedenen Prozessmodellen in Abhängigkeit von der konkreten Ausgestaltung unterscheiden kann.[109]

Stage-Gate-Methodik

In der vorliegenden Arbeit wird das *Stage-Gate-Modell*[110] vertieft, da sich aufgrund des hohen Komplexitätsgrads sowie der in Relation zu anderen Industriebranchen betrachtet hohen Herstellungsvolumina der Produkte, vorrangig Modelle für den Produktentstehungsprozess in der Automobilindustrie etabliert haben, die sich einerseits durch eine ausgeprägte Parallelität der einzelnen Phasen auszeichnen und die andererseits in Anlehnung an das Stage-Gate-Modell durch eine einheitliche Struktur von Synchronisationspunkten gestützt werden. Bei der Stage-Gate-Methodik handelt es sich um ein sequentielles Entscheidungsverfahren, das eine Folgestufe lediglich nach einer zu den Synchronisationspunkten erfolgenden Kontrolle von im Voraus definierten Qualitätsmerkmalen freigibt.[111] Hierdurch können sowohl projektbezogene Terminvorgaben und die Inhalte des Produktentstehungsprozesses aufeinander ausgerichtet als auch die verschiedenen Aktivitäten des Prozesses für die jeweiligen Produktprojekte individuell spezifiziert werden.[112]

Potentielle Synchronisationspunkte im Rahmen des Stage-Gate-Ansatzes können nach SCHMITT UND PFEIFER unterschieden werden in:[113]

---

[108] Für eine Übersicht unterschiedlicher formalisierter Prozessmodelle vgl. beispielsweise Seidel (2005), S. 10, Cooper (1994), S. 4 ff. und Gusig u. a. (2010), S. 17 f.

[109] Vgl. Filip (1997), S. 60 f.

Für eine Synopsis der einzelnen Phasen automobiler Produktentstehungsprozesse vgl. Tietze (2003), S. 49.

[110] Das Stage-Gate-Modell wurde seit seiner erstmaligen Beschreibung in den 1980ern kontinuierlich weiterentwickelt. Vgl. hierzu unter anderem Cooper (1990), S. 44–54, Cooper (1994), S. 3–14, Cooper (2008), S. 213–232 und Cooper (2014), S. 20–31.

[111] Vgl. Gusig u. a. (2010), S. 17, Brüggemann und Bremer (2020), S. 174 und Widmann u. a. (2021), S. 1276 f.

[112] Vgl. Schmitt und Pfeifer (2015), S. 142.

[113] Vgl. Schmitt und Pfeifer (2015), S. 143 f.

- *Meilensteine,* die als terminbezogene Kontrollpunkte, von festgelegten Arbeitsergebnissen der unterschiedlichen Aktivitäten, die Erfüllung der im Produktentstehungsprozess abgestimmten Ziele unterstützen und somit eine rückblickende Ausrichtung (Review) aufweisen sowie
- *Quality Gates,* die eine zusammenfassende und integrierte Beurteilung unterschiedlicher Meilensteinergebnisse darstellen und eine vorausschauende Ausrichtung aufweisen, da sie das Fundament und die Voraussetzung zur Planung der nachfolgenden Entwicklungsaktivitäten des jeweiligen Produktprojekts bilden. An jedem Quality Gate wird anhand der Resultate entschieden, ob die definierten Projektziele erreicht wurden und somit die nächste Phase im Produktentwicklungsprozess freigegeben wird, oder ob eine Aktualisierung der Projektziele notwendig ist. Ein Quality Gate kann in der Regel nicht durchlaufen werden, solange noch offene Maßnahmen bestehen.

Abbildung 2.7 zeigt exemplarisch das Zusammenspiel aus Quality Gates und Meilensteinen im Rahmen des Produktentstehungsprozesses.

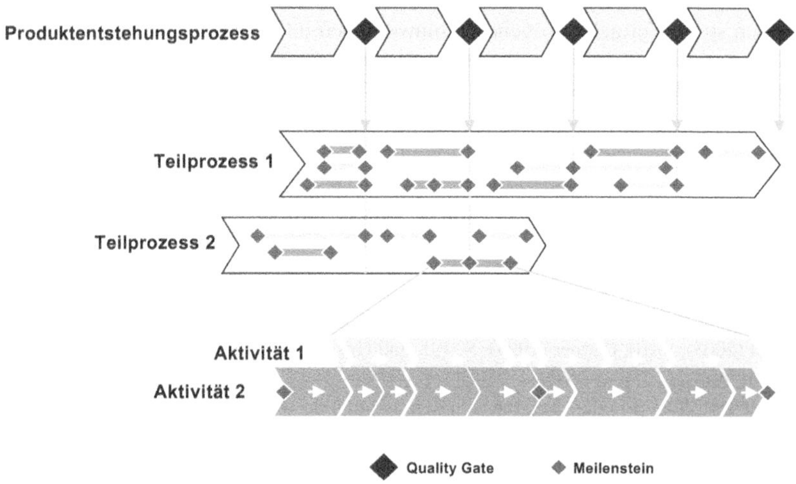

Abbildung 2.7 Synchronisationspunkte im Produktentstehungsprozess[114]

[114] Eigene Darstellung in Anlehnung an Schmitt und Pfeifer (2015), S. 143.

Typischer Prozess der automobilen Produktentstehung

Die Produktentstehungsprozess eines Fahrzeugs lässt sich grundsätzlich in drei Hauptphasen unterteilen. Diese setzen sich zusammen aus:[115]

- der **Konzeptphase,** in der neben der strategischen Produktpositionierung, insbesondere die Definition und Erarbeitung von Produktkonzepten sowie die Beurteilung und Entscheidung bezüglich alternativer Produktkonzepte erfolgt
- der **Serienentwicklungsphase**, deren Schwerpunkt auf den Aufgabenfeldern der Konstruktion und der Erprobung und somit auf der technischen Produktentwicklung eines Fahrzeugs liegt, sowie
- der **Markteinführungsphase,** die schließlich die Anlaufphase der Produktion, die Vorstellung der Fahrzeuge im Handel sowie die kundenorientierte Kommunikationspolitik beinhaltet

Simultan zum fahrzeugprojektspezifischen Produktentstehungsprozess erfolgt bei Automobilherstellern in der Regel eine *durchgängige und projektunabhängige Forschung und Vorentwicklung* (Abbildung 2.8) mit dem Ziel, die Konzeptphase der Fahrzeugentwicklung mit Innovationsangeboten, beispielsweise in Form von neuen Technologien und produktbezogenen Ideen, zu versorgen.[116]

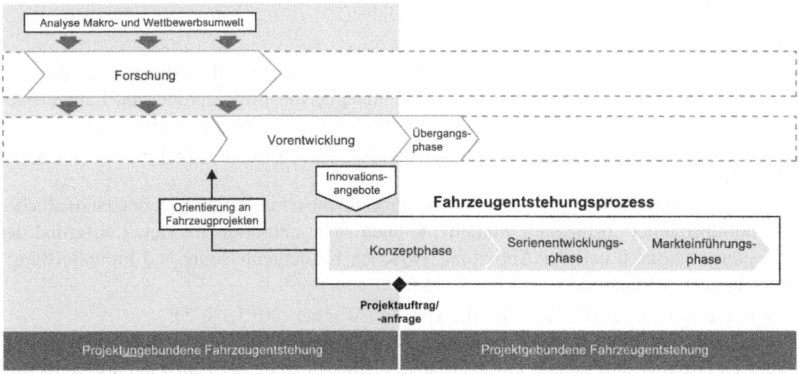

Abbildung 2.8 Übergang von Forschung und Vorentwicklung auf den Fahrzeugentstehungsprozess[117]

[115] Vgl. Widmann u. a. (2021), S. 1292 und Diez (2009), S. 120 f.

[116] Vgl. Schaaf (1999), S. 27 ff. und Diez (2009), S. 121.

[117] Eigene Darstellung in Anlehnung an Schaaf (1999), S. 31, Widmann u. a. (2021), S. 1292 und Diez (2009), S. 120 f.

In der Absicht, die Kommunikation und die Zusammenarbeit zwischen den Automobilherstellern und ihren Zulieferern auf Basis einer einheitlichen Grundlage zu vereinfachen, hat der Verband der Automobilindustrie (VDA) ein detailliertes Quality-Gate-Konzept für die Fahrzeugentstehung erstellt. Das Konzept berücksichtigt die bei unterschiedlichen Fahrzeugherstellern etablierten Prozesse[118] und stellt eine Empfehlung für die grundsätzliche Ablaufplanung des automobilen Produktentstehungsprozesses dar.[119] Die Quality Gates des Projektablaufplans beziehen sich dabei auf die dargestellten Entwicklungsphasen und umgekehrt. Die Bezeichnungen der einzelnen Quality Gates sind in Bezug auf das jeweils zentrale Ereignis gewählt. Weiterhin sind sämtlichen Quality Gates unterschiedliche Checklisten zugeordnet, die sich aus den zum entsprechenden Gate geforderten Ergebnissen der einzelnen Teilprozesse zusammensetzen. Die Checklisten dienen dabei einerseits als Hilfestellung bei der Planung des gesamten Fahrzeugprojekts, können aber auch als Instrument zur aggregierten Beurteilung der Resultate vorausgegangener Aktivitäten herangezogen werden.[120]

In Abbildung 2.9 werden die drei Hauptphasen gemeinsam mit dem Ablaufplan nach *VDA Band 4* für den automobilen Produktentstehungsprozess zusammengefasst.[121] Mit dem „Quality Gate B – Freigabe zur Grobentwicklung“ und der damit einhergehenden Entscheidung, welche Produktkonzepte respektive Konzeptvarianten im Zuge der Serienentwicklung weiterverfolgt und technisch ausgearbeitet

---

[118] Nach HAB UND WAGNER lässt sich die Produktentstehung vor dem Hintergrund der „Art der Vorgehensweise bzw. Systematik [...] unabhängig von Projektgröße und Laufzeit auf einen gemeinsamen Nenner bringen“ da sie „unabhängig vom jeweiligen Hersteller und Systemlieferanten nach gewissen einheitlichen Gesetzmäßigkeiten“ ablaufen. Hab und Wagner (2017), S. 26.

Auch für WIDMANN U. A. sind die Produktentstehungsprozesse unterschiedlicher Automobilhersteller „prinzipiell ähnlich“, können sich „allerdings im Detail aufgrund der Kompetenzstrukturen und der Aufteilung zwischen Kerneigenleistung und Fremdleistung“ unterscheiden. Widmann u. a. (2021), S. 1276.

[119] Vgl. Gusig u. a. (2010), S. 17 ff. und Hab und Wagner (2017), S. 24.

Aufgrund seiner Praxisrelevanz wird der vorliegenden Arbeit der Produktentstehungsprozess des VDA zugrunde gelegt. Für alternative Prozessmodelle der Fahrzeugentstehung vgl. unter anderem Widmann u. a. (2021), S. 1272 ff., Heindorf (2010), S. 12 ff., Tietze (2003), S. 48 ff. und Schömann (2012), S. 84 ff.

[120] Vgl. Verband der Automobilindustrie (VDA) (1998), S. 17.

[121] Die Bezeichnungen der sich überschneidenden Entwicklungsphasen wurde zur besseren Lesbarkeit an die in der vorliegenden Arbeit genutzten Terminologie angepasst. Daher werden beispielsweise die Phasen „Entwicklung“ mit „Produktentwicklung“, „Fertigungsvorbereitung“ mit „Produktionsplanung“ und „Fertigung“ mit „Produktion“ bezeichnet. Vgl. hierzu Verband der Automobilindustrie (VDA) (2003), S. 4.

werden, endet die Konzeptphase und somit auch die frühen Phasen der automobilen Produktentwicklung.[122]

2.2.2 Ablauf und Inhalte der frühen Phasen der Fahrzeugentwicklung

In Abhängigkeit vom Strukturierungsgrad der unterschiedlichen Aufgaben lässt sich die Produktentwicklung branchenunabhängig unterteilen in die formalisierte und gut strukturierte Phase der Serienentwicklung, deren Schwerpunkt unter anderem auf der technischen Entwicklung liegt, die beispielsweise die Anfertigung der Konstruktionsentwürfe sowie deren Ausarbeitung umfasst, sowie in die entwicklungsbezogenen Vorphasen, die auch als die *frühen Phasen der Produktentwicklung* bezeichnet werden können und deren Aktivitäten häufig vergleichsweise unstrukturiert und weniger vorhersehbar sind.[123] Für die frühen Phasen der Produktentwicklung existieren zahlreiche Bezeichnungen, wie beispielsweise die Vorentwicklung, Produktplanung, Produktkonzeption oder auch Projektvorbereitung. Unabhängig von der spezifischen Begriffsfassung lassen sich den frühen Phasen grundsätzlich sämtliche Tätigkeiten zuordnen, die zeitlich noch vor der Entscheidung zugunsten der Realisierung eines bestimmten Produktkonzepts sowie der Bewilligung der damit verbunden Ressourcen im Zuge der weiteren Entwicklungstätigkeiten liegen. Während sich anhand der entscheidungsbasierten Freigabe zur Serienentwicklung somit eine Abgrenzung des Endzeitpunkts für die frühen Phasen ableiten lässt, gestaltet sich eine eindeutige Bestimmung des Startzeitpunkts häufig schwieriger. Dies liegt darin begründet, dass dieser oftmals durch einen Impuls oder eine Gelegenheit, die sich beispielsweise als Resultat des technischen Fortschritts oder veränderter Marktanforderungen ergeben können, initiiert wird.[124] Nach VERGANTI können die frühen Phasen der Produktentwicklung entsprechend zusammengefasst werden als

> *„[...] the phases where the product concept is generated, the product specifications are defined and basic project decisions are taken, concerning the product architecture, the major components, the process technology and the project organisation.“*[125]

---

[122] Vgl. Verband der Automobilindustrie (VDA) (1998), S. 22.

[123] Vgl. Koen u. a. (2001), S. 49 und Wildemann (2004), S. 391.

[124] Vgl. Herstatt und Verworn (2007), S. 8.

[125] Verganti (1997), S. 377.

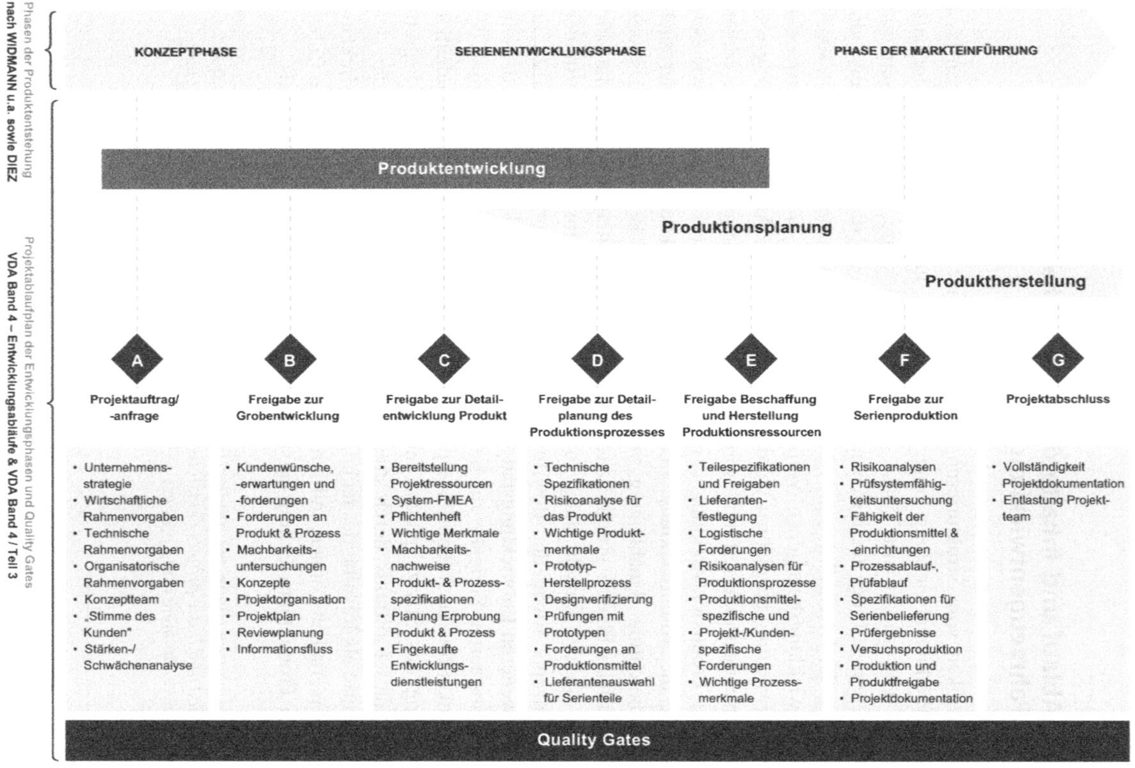

Abbildung 2.9 Projektablauf entlang der Hauptphasen des Fahrzeugentstehungsprozesses[126]

[126] Eigene Darstellung in Anlehnung an Widmann u. a. (2021), S. 1292, Diez (2009), S. 120, Verband der Automobilindustrie (VDA)

Im Folgenden wird zunächst der *Aufbau und die Struktur des automobilen Produktentwicklungsprozesses* behandelt, um darauf aufbauend den *Ablauf und die Zielstellung der frühen Phasen im Zuge der Fahrzeugentwicklung* zu betrachten. Anschließend werden sowohl die *Herausforderungen im Kontext der frühen Phasen* beleuchtet als auch die *Bedeutung der frühen Phasen für die Produktqualität* bewertet.

Unter dem Begriff der Konzeptphase kann eine gemeinsame Klammer um die frühen Phasen der automobilen Produktentwicklung verstanden werden. Das vorrangige Ziel der Konzeptphase besteht nach WIDMANN U. A. in der Erstellung eines Lösungsangebots an unterschiedlichen Konzeptvorschlägen für das zu entwickelnde Fahrzeugprojekt. Die Konzeptalternativen müssen hierzu den im Zuge der Produktvision definierten Vorgaben sowie den damit verbunden wirtschaftlichen Prämissen entsprechen.[127] Die zur Erreichung dieser Zielsetzung notwendigen Aktivitäten im Rahmen der Konzeptphase lassen sich nach SCHAAF auf die beiden Phasen der Zieldefinition sowie der Konzeptdefinition aufteilen (Abbildung 2.10).[128]

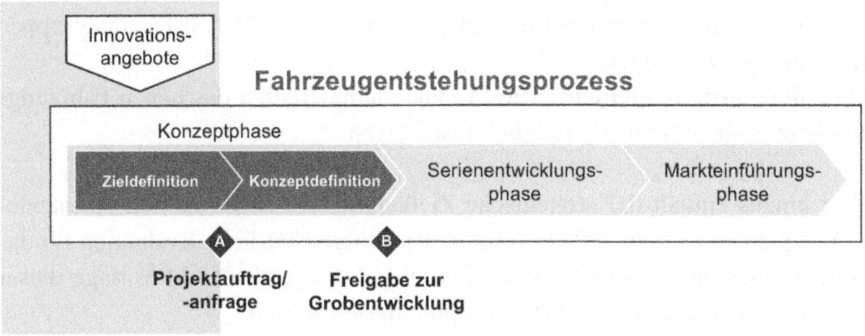

Abbildung 2.10 Einordnung der frühen Phasen im Rahmen der Konzeptphase[129]

[127] Vgl. Widmann u. a. (2021), S. 1292.

[128] Vgl. Schaaf (1999), S. 26.

[129] Eigene Darstellung in Anlehnung an Schaaf (1999), S. 31, Diez (2009), S. 1276 und Verband der Automobilindustrie (VDA) (1998), S. 18.

Phase der Zieldefinition

Im Verlauf Zieldefinition wird das inhaltliche Fundament für alle nachgelagerten Phasen der Fahrzeugentwicklung erarbeitet.[130] Die Zieldefinition stellt darüber hinaus den Übergang von den fahrzeugprojektunabhängigen Tätigkeiten der Forschung und Vorentwicklung zu den fahrzeugprojektspezifischen Tätigkeiten des Produktentstehungsprozesses dar und schließt mit der Freigabe des Projektauftrags ab. Das Ergebnis dieser Phase besteht aus einem strategischen Zielkatalog, der als Produktvision funktionsübergreifend die wesentlichen Aspekte mit Blick auf die Neuentwicklung eines Fahrzeugs erfasst.[131] Vor diesem Hintergrund lassen sich drei zentrale Bereiche identifizieren, die es im Kontext der Zieldefinition für die Erstellung des strategischen Zielkatalogs zu berücksichtigen gilt:[132]

- **Produktpositionierung und strategisches Management:** Das zukünftige Modell muss auf dem bestehenden Markt mit Blick auf die Wettbewerbsdifferenzierung (über Alleinstellungsmerkmale), Kundenakzeptanz (bei der definierten Zielgruppe) und Markenadäquanz[133] (unter Abgrenzung des bestehenden Produktportfolios) eindeutig platziert werden.
- **Interkulturelles Management:** Bei einer globalen Vermarktung des neuen Fahrzeugs gilt es die kulturellen Eigenarten der unterschiedlichen Kundengruppen frühzeitig einzubeziehen.
- **Anforderungsmanagement:** Die Produktcharakteristika des neuen Fahrzeugs sind bereits so konkret wie möglich festzulegen.

Darüber hinaus enthält der strategische Zielkatalog Aussagen zu den Absatzzielen, den geplanten Preisen und eine erste betriebswirtschaftliche Evaluation für das zukünftige Fahrzeug sowie potentielle Sourcing-Strategien.[134] Mit Vorlage dieser Informationen kann die Phase der Konzeptdefinition starten.

Phase der Konzeptdefinition

Mit der Konzeptdefinition erfolgt die Erarbeitung und Kombination von alternativen Produktkonzepten mit dem Ziel, eine konsistente Festlegung für das Gesamtfahrzeugkonzept zu beschreiben. Für die Zusammenstellung der erforderlichen

---

[130] Vgl. Gusig u. a. (2010), S. 39.

[131] Vgl. Schaaf (1999), S. 32.

[132] Vgl. Gusig u. a. (2010), S. 39 und Diez (2009), S. 121.

[133] Unter Markenadäquanz kann die Übereinstimmung zwischen Produkt und Marke verstanden werden. Vgl. Diez (2009), S. 121.

[134] Vgl. Schaaf (1999), S. 32 f.

Einzelkonzepte zu einem Gesamtfahrzeugkonzept greifen Automobilhersteller in der Regel sowohl auf bestehende Komponenten[135] zurück, die direkt übernommen werden können, als auch auf bewährte Standardkonzepte, die für das neue Fahrzeugprojekt lediglich modifiziert werden. Diese Basiskonzepte werden durch neue Technologien und Produktinnovationen erweitert, um sowohl einer gegebenenfalls veränderten Gesetzeslage Rechnung zu tragen als auch die Attraktivität des Fahrzeugs aus Kundensicht weiterhin zu gewährleisten. Im Zuge dieses Auswahl- und Kombinationsprozesses erfolgt ein kontinuierlicher und wechselseitiger Abgleich zwischen den technischen, absatzbezogenen sowie betriebswirtschaftlichen Forderungen des strategischen Zielkatalogs einerseits und den verfügbaren Lösungsoptionen andererseits, um eine größtmögliche Übereinstimmung zu erreichen.[136]

Hierdurch entstehen Zielkonflikte, die sich sowohl als Folge divergierender Zielstellungen zwischen den beteiligten Funktionalbereichen als auch in Bezug auf technische Fragestellungen ergeben können und die es bereits frühzeitig zu berücksichtigen gilt.[137] Eine zentrale Voraussetzung hierfür kann in der Erstellung von Konzeptalternativen gesehen werden, die mit Blick auf die definierten Produktziele mit ausreichender Vorhersagesicherheit bewertet werden können.[138]

Vor diesem Hintergrund sind bereits in der Phase der Konzeptdefinition zahlreiche Unternehmensbereiche involviert.[139] Dies führt zu hohen Anforderungen im Hinblick auf die interdisziplinäre Zusammenarbeit.[140]

Das Ergebnis des für die Phase der Konzeptdefinition typischen Iterations- und Verdichtungsprozesses bildet in einem ersten Schritt das Konzeptheft und mit weiterer Ausarbeitung die Freigabe zur Grobentwicklung auf Basis eines (Grob-) Lastenhefts.[141] Hierfür sind sämtliche Produktmerkmale so weit zu detaillieren und

---

[135] Als Komponente kann *„ein Element eines Gesamtprodukts verstanden [werden], welches ein in sich abgeschlossenes Teil-System darstellt, definierte Schnittstellen nach außen besitzt und eine eindeutige Funktion erfüllt, die für den Anwender auf Ebene des Gesamtprodukts direkt erlebbar und mit einem speziellen Nutzen verbunden ist.“* Venter (2006), S. 14.

[136] Vgl. Widmann u. a. (2021), S. 1292 f.

[137] Während beispielsweise der Entwicklungsbereich dazu tendiert, möglichst viele Innovationen für das zukünftige Fahrzeug zu realisieren, steht dies in Konkurrenz zu den Preis- und Kostenzielen des Produktcontrollings. Mit Blick auf technische Fragestellung kann sich unter anderem ein Konflikt zwischen dem Komfort und dem Verbrauch ergeben. Vgl. Diez (2009), S. 124.

[138] Vgl. Widmann u. a. (2021), S. 1292 f.

[139] Hierzu können insbesondere die Entwicklung, der Vertrieb der Einkauf sowie die Produktion gezählt werden. Vgl. Diez (2009), S. 124.

[140] Vgl. Schwarze (2003), S. 84 und Verworn (2005), S. 32.

[141] Vgl. Widmann u. a. (2021), S. 1292 f.

auszuarbeiten, dass die Aktivitäten, die im Zuge Serienentwicklungsphase daran anschließen, darauf aufbauen können.[142]

2.2.3 Bedeutung der frühen Phasen für die Produktqualität

Im Zuge der frühen Phasen der Fahrzeugentwicklung werden unter anderem über die Auswahl, Bewertung und Synthese der Produktkonzepte die inhaltlichen Grundlagen für sämtliche Aktivitäten der daran anschließenden Phasen gelegt.[143] Damit bestimmen die in der Konzeptphase getroffenen Entscheidungen maßgeblich die Qualität eines zukünftigen Fahrzeugs.[144] Werden in dieser Phase Fehler gemacht und erst zu einem späteren Zeitpunkt entdeckt, können hieraus oftmals hohe Kosten mit Blick auf deren Beseitigung in den nachfolgenden Phasen resultieren. Zudem können Gewährleistungs- und Kulanzansprüche entstehen, falls die Fehler erst im Feld entdeckt werden und somit direkt bei den Kunden auftreten.[145] Dabei haben insbesondere kostentreibende Qualitätsthemen vielfach ihren Ursprung in den frühen Entwicklungsphasen.[146]

Die Notwendigkeit, Fehler bereits in den frühen Phasen der Fahrzeugentwicklung zu vermeiden, lässt sich anhand der sogenannten *rule of ten* (Zehnerregel) nachvollziehen (Abbildung 2.11). Diesem Modell folgend, liegen die Kosten der Behebung eines Fehlers, der im Zuge der frühen Phasen verursacht wird, beispielsweise bei 10 EUR. Bereits in der Serienentwicklung kostet die Beseitigung auf Basis einer Entwurfsanpassung 100 EUR. Mit jeder nachfolgenden Phase verzehnfachen sich die Kosten jeweils. Tritt der Fehler aus der frühen Phase schließlich im Feld auf, würde dessen Eliminierung beispielsweise durch die daraus resultierende Rückrufaktion der fehlerbehafteten Fahrzeuge 100.000 EUR kosten.[147] Der Hebel zur Verbesserung der Produktqualität und zur Verringerung der dafür zu leistenden Qualitätskosten sollte daher bereits in den frühen Phasen

---

[142] Vgl. Gusig u. a. (2010), S. 89.

[143] Vgl. Gusig u. a. (2010), S. 39 und Widmann u. a. (2021), S. 1294.

[144] Vgl. Filip (1997), S. 71.

[145] Vgl. Hummel und Malorny (2015), S. 5 sowie Gusig u. a. (2010), S. 39.

[146] Vgl. Schmitt und Pfeifer (2015), S. 6.
Nach Linß haben circa 80 % der Fehler, die in der Marktphase auftreten zu 75 % ihren Ursprung in der Produktentwicklung. Vgl. Linß (2018), S. 24.

[147] Vgl. Ehrlenspiel und Meerkamm (2017), S. 168.
Das Modell geht von einem exponentiellen Wachstum der Fehlerbeseitigungskosten aus und wird von zahlreichen Autoren mit teilweise abweichenden Phasenbezeichnungen und Ausgangswerten aufgegriffen. Vgl. hierzu exemplarisch Schmitt und Pfeifer (2015), S. 3,

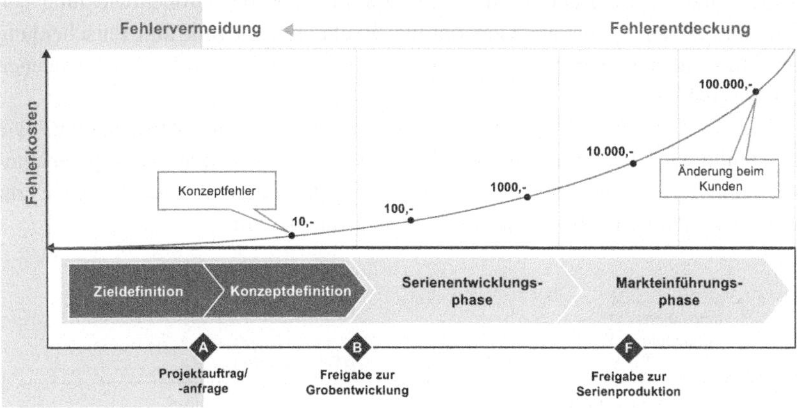

Abbildung 2.11 Zehnerregel der Fehlerbeseitigungskosten[148]

der Produktentwicklung, über den Aufbau eines effektiven Systems für das präventive Qualitätsmanagement, angesetzt werden.[149] Hierzu lassen sich auch die Aufgaben der präventiven Konzeptabsicherung zählen.

2.2.4 Begriff und Zielstellung der präventiven Konzeptabsicherung

Unter der Konzeptabsicherung wird teilweise ein eigener Abschnitt im Zuge der frühen Phasen der Produktentwicklung verstanden, der im Anschluss an die Konzeptdefinition beginnt und eine Übergangsphase zur Serienentwicklung bildet.[150] Die vorliegende Arbeit fasst die Tätigkeiten der Konzeptabsicherung hingegen als kontinuierlichen Bestandteil des im Rahmen der frühen Phasen der Produktentwicklung ablaufenden, konzeptbezogenen Iterations- und Integrationsprozesses auf.[151] Die Konzeptabsicherung unterstützt diesem Verständnis folgend somit

Brüggemann und Bremer (2020), S. 29, Benes und Groh (2017), S. 33 sowie Winz (2016), S. 8.

[148] Eigene Darstellung in Anlehnung an Brunner und Wagner (2016), S. 291, Schaaf (1999), S. 31, Diez (2009), S. 1276 und Verband der Automobilindustrie (VDA) (1998), S. 18.

[149] Vgl. Schmitt und Pfeifer (2015), S. 142.

[150] Vgl. Maune (2002), S. 210 f. und Bund (2000), S. 329.

[151] Vgl. Widmann u. a. (2021), S. 1292.

ab der Phase der Zieldefinition bis hin zur Freigabe der Grobentwicklung den kontinuierlichen Zyklus aus Generierung, Evaluierung, Kritik und Entscheidung mit Blick auf die Absicherung der zur Disposition stehenden konzeptbezogenen Lösungsalternativen.[152]

Hieraus lässt sich ableiten, dass die präventive Konzeptabsicherung, wie in Abbildung 2.12 dargestellt, mit Vorlage der ersten Produktkonzepte beginnen kann und analog zur Phase der Konzeptdefinition mit der Freigabe zur Grobentwicklung auf Basis eines (Grob-)Lastenhefts endet.

Abbildung 2.12 Einordnung der präventiven Konzeptabsicherung innerhalb der frühen Phasen[153]

Die Zielstellung der präventiven Konzeptabsicherung liegt dabei in der Vermeidung von konzeptbezogenen Fehlern durch die Identifikation qualitätsrelevanter Handlungsbedarfe, deren Bewertung sowie der Anwendung präventiver Maßnahmen, um eine konstant hohe Produktqualität sicherzustellen.[154] Für die Begriffsbestimmung der *präventiven Konzeptabsicherung* werden in einem ersten Schritt die begriffsbildenden Teilwörter mit Blick auf ihre jeweilige Bedeutung betrachtet, um in einem zweiten Schritt darauf aufbauend eine Definition des Gesamtbegriffs für die vorliegende Arbeit abzuleiten.

Das Adjektiv *präventiv* geht zurück auf das lateinische Verb *praevenire* und kann wortgetreu übersetzt werden mit *„künftig erwartbaren, als problematisch definierten Ereignissen durch gegenwärtiges Handeln zuvor zu kommen."*[155] Im

[152] Vgl. Göpfert (1998), S. 77.

[153] Eigene Darstellung in Anlehnung an Schaaf (1999), S. 31, Diez (2009), S. 1276, Verband der Automobilindustrie (VDA) (1998), S. 18 und Göpfert (1998), S. 77.

[154] Vgl. Hummel und Malorny (2015), S. 34.

[155] Dietscher und Pelikan (2016), S. 418.

Kontext des Qualitätsmanagements bezieht sich der Begriff der Prävention in der Regel auf Tätigkeiten, Maßnahmen, Werkzeuge und Methoden, die bereits im frühen Entwicklungsstadium der Produktentstehung auf die *Vermeidung von Fehlern* hinwirken.[156] Bereits zu Beginn der Quality Forward Chains sollen somit potentielle Entwicklungsrisiken identifiziert werden, um unter anderem zeit- und inhaltsbezogene Rücksprünge sowie die nach der Zehnerregel steigenden Fehlerbeseitigungskosten in späteren Phasen der Produktentstehung zu verhindern.[157] Der Begriff des (Produkt-)Konzepts beschreibt einen ersten Entwurf mit Bezug auf konkrete Produktcharakteristika und kann sich sowohl auf einzelne Komponenten als auch auf deren Zusammenspiel beziehen.[158] Der Terminus Absicherung wird in dieser Arbeit synonym zu dem im vorausgegangenen Abschnitt abgegrenzten Begriff der Qualitätslenkung verwendet.[159] Die *präventive Konzeptabsicherung* kann somit in Anlehnung an die vorangegangenen Ausführungen definiert werden, als

> *die Analyse und, falls notwendig, Korrektur der künftig erwartbaren qualitätsbezogenen Resultate geplanter Produktkonzepte, mit dem Ziel, der Fehlerentstehung bereits in den frühen Phasen der Produktentwicklung vorzubeugen.*

2.2.5 Aufgaben der präventiven Konzeptabsicherung

Zur Abgrenzung und Identifikation für die im Rahmen der vorliegenden Untersuchung relevanten Aufgaben der präventiven Konzeptabsicherung werden in einem ersten Schritt die in Abschnitt 2.1.7 vorgestellten Aufgabenbereiche des Qualitätsmanagements nach unterschiedlichen Filterkriterien geprüft, bewertet und ausgewählt. Ein Aufgabenbereich kann dabei der präventiven Konzeptabsicherung zugeordnet werden, sofern er Aufgaben enthält, die alle Filterkriterien erfüllen. Für die als relevant identifizierten Aufgabenbereiche wird in einem zweiten Schritt eine Einzelprüfung entlang der aus der Literatur entnommenen Einzelaufgaben des jeweiligen Aufgabenbereichs durchgeführt. Diese erfolgt auf Basis derselben Filterkriterien. Die Filterkriterien resultieren aus den vorangegangenen Ausführungen und beinhalten:

---

[156] Vgl. Winz (2016), S. 10.

[157] Vgl. Prefi (2021), S. 405 f.

[158] Vgl. Abschnitt 2.1.3.

[159] Vgl. Abschnitt 2.1.7.

- den *Projektbezug*, da die Aufgaben der präventiven Konzeptabsicherung sich mit Blick auf die Ergebniswirkung auf die frühen Entwicklungsphasen eines aktuellen Produktprojekts beziehungsweise einer Gruppe von Produktprojekten beziehen und nicht auf die Absicherung nachfolgender Produktgenerationen
- den *Konzeptbezug*, da der Einfluss einer Aufgabe auf die Konzeptauswahl und -gestaltung eine zentrale Voraussetzung für die Identifikation als Aufgabe der präventiven Konzeptabsicherung darstellt
- den *Zeitbezug*, da die Aufgaben der präventiven Konzeptabsicherung erst mit Vorlage der ersten Produktkonzepte beginnen können und mit der Freigabe zur Grobentwicklung auf Basis eines (Grob-)Lastenhefts enden
- den *Entscheidungsbezug*, der sich aus der Zielstellung der vorliegenden Arbeit ergibt, den Entscheidungsfindungsprozess im Rahmen der präventiven Absicherung von Produktkonzepten zu unterstützen. Dies schließt Aufgaben ein, die der Entscheidungsvorbereitung dienen

In Abbildung 2.13 wird die Vorgehensweise zur Ermittlung der für die präventive Absicherung von Produktkonzepten relevanten Aufgaben dargestellt.

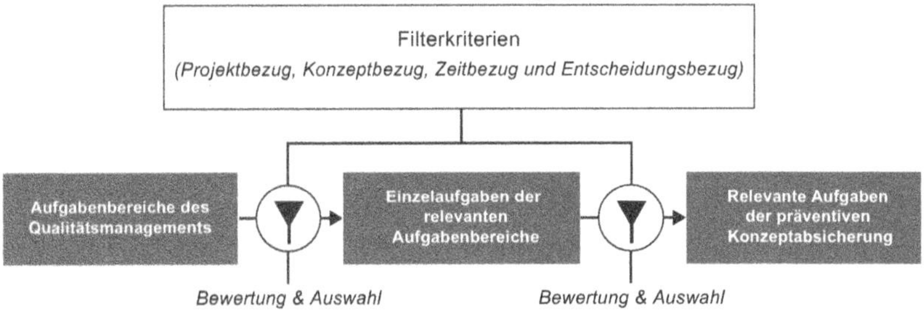

Abbildung 2.13 Ermittlung der relevanten Aufgaben der präventiven Konzeptabsicherung anhand festgelegter Filterkriterien[160]

Das Ergebnis der Bewertung der einzelnen Aufgabenbereiche nach den Auswahlkriterien wird nachfolgend vorgestellt.

Für die **Qualitätsplanung** können sowohl Aufgaben identifiziert werden, die sämtliche Kriterien erfüllen, als auch Aufgaben, auf die dies, beispielsweise mit Blick auf das Filterkriterium des Zeitbezugs, nicht zutrifft. Daher werden die

[160] Eigene Darstellung.

Aufgaben der Qualitätsplanung einer Einzelbewertung unterzogen. Der Aufgabenbereich der **Qualitätslenkung** kann in mittelbare und unmittelbare Aufgaben unterteilt werden. Während die Aufgaben der mittelbaren Qualitätslenkung insbesondere auf die Verbesserung zukünftiger Produktprojekte gerichtet sind und somit aufgrund des Kriteriums Projektbezug auszuschließen sind, fokussieren sich die unmittelbaren auf das aktuelle Produktprojekt. Daher erfolgt für die Aufgaben der unmittelbaren Qualitätslenkung ebenfalls eine Einzelbewertung. Der Aufgabenbereich der **Qualitätssicherung** umfasst keine unmittelbaren, sondern lediglich unterstützende Aufgaben im Zuge der Produktentwicklung.[161] Daher erfolgt keine weitere Betrachtung der Aufgaben der Qualitätssicherung im Rahmen des Auswahlprozesses. Die Aufgaben der **Qualitätsverbesserung** zielen insbesondere auf die systematische Verbesserung von Unternehmensprozessen ab. Analog zur Qualitätssicherung besitzen die Aufgaben der Qualitätsverbesserung somit keinen unmittelbaren Projektbezug und bilden daher keinen Bestandteil des weiteren Auswahlprozesses.

Nach Ausschluss der Qualitätssicherung und Qualitätsverbesserung zeigt Tabelle 2.2 für die Aufgabenbereiche der Qualitätsplanung und der unmittelbaren Qualitätslenkung die Bewertung der Einzelaufgaben anhand der festgelegten Auswahlkriterien.

Die Aufgaben *Auswertung von Kundenrückinformationen, Ermittlung des aktuellen Qualitätsstands, Beurteilung des aktuellen Qualitätsstands* und *Ableitung von Handlungsbedarfen und Maßnahmen zur Sicherstellung der Erfüllung der Qualitätsziele* erfüllen jeweils alle Filterkriterien und werden daher nachfolgend weiter betrachtet. Abbildung 2.14 stellt die Aufgaben in einer idealtypischen Reihenfolge dar. Die Aufgaben werden dabei bis Erreichung des Konzepthefts kontinuierlich durchlaufen.

Auswertung von Kundenrückinformationen

Im Rahmen der Kundenrückinformation sind sämtliche Informationen für die Produktnutzung relevanter Vorgängerprodukte auf Basis definierter Verfahren auszuwerten, kritisch zu vergleichen und verfügbar zu machen. Auf dieser Grundlage werden Rückschlüsse von der Art und dem Umfang produktbezogener Fehler auf die Reaktionen und Anforderungen des Kunden ermöglicht. Hieraus können potentielle Maßnahmen abgeleitet werden, die zu einer Anpassung eines geplanten Produktkonzepts oder dessen Substitution durch eine Konzeptalternative führen.[162]

[161] Vgl. Bäsler (2010), S. 99.

[162] Vgl. DIN EN ISO 9004–1:1994–08 (1994), S. 23 f.

Tabelle 2.2 Übersicht der anhand der Filterkriterien bewerteten Aufgaben der Qualitätsplanung und Qualitätslenkung[163]

Aufgabenbereich des Qualitätsmanagements	Einzelaufgabe	Projektbezug	Konzeptbezug	Zeitbezug	Entscheidungsbezug
Qualitätsplanung	Ermittlung Marktnachfrage, Menge, Preis und Zeitplan	x			x
Qualitätsplanung	Festlegung der Anspruchsklasse	x			x
Qualitätsplanung	Ermittlung der qualitätsbezogenen Einzelforderungen	x	x		x
Qualitätsplanung	Festlegung der Qualitätsmerkmale	x	x		x
Qualitätsplanung	Auswertung von Kundenrückinformationen	x	x	x	x
Qualitätslenkung	Ermittlung des aktuellen Qualitätsstands	x	x	x	x
Qualitätslenkung	Beurteilung des aktuellen Qualitätsstands	x	x	x	x
Qualitätslenkung	Ableitung von Handlungsbedarfen und Maßnahmen zur Sicherstellung der Erfüllung der Qualitätsziele	x	x	x	x

[163] Ein „x" markiert, dass die Aufgabe das entsprechende Kriterium erfüllt.
Zu den Einzelaufgaben vgl. Bäsler (2010), S. 103 ff., Juran (1993), S. 28, Seghezzi u. a. (2013), S. 150 ff. DIN EN ISO 9004–1:1994–08 (1994), S. 14 ff. und DIN EN ISO 8402:1995–08 (1995), S. 18 ff.

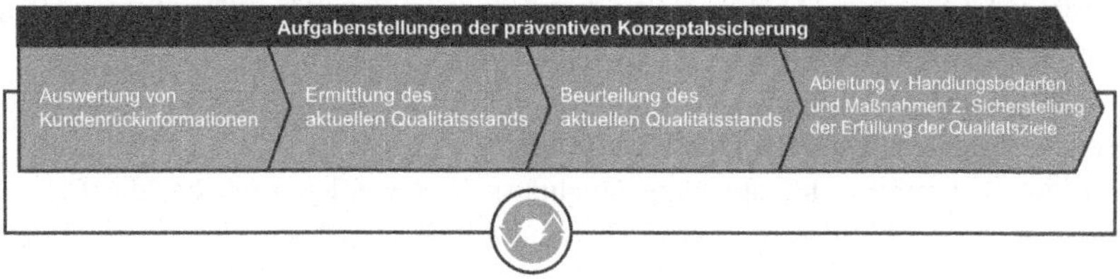

Abbildung 2.14 Aufgabenübersicht der präventiven Konzeptabsicherung[164]

In diesem Zusammenhang ist es notwendig, eine möglichst ganzheitliche Strukturierung und Evaluierung der vergangenheitsbezogenen Qualitätsprobleme und Fehler aufzubereiten. Hierzu gilt es auch die mit den identifizierten Fehlern verbundenen Fehlerursachen und Fehlerfolgen adäquat einzubeziehen.[165]

Ermittlung des aktuellen Qualitätsstands

Der Begriff der Ermittlung bezeichnet Aktivitäten, die durchgeführt werden, um potentielle Probleme und Fehlerbilder aufzudecken. Die Ermittlungsaktivitäten können dabei sowohl auf die Ermittlung konkreter Merkmale respektive Merkmalswerte als auch auf die Aufdeckung von gegenseitigen Abhängigkeiten ausgerichtet sein.[166] Für die Erfüllung der Ermittlungsaufgabe existieren unterschiedliche Gestaltungsmöglichkeiten, die sich nach der Deutschen Gesellschaft für Qualität (DGQ) in die Beobachtung, Erprobung, Prüfung, Zählung, Überwachung und Messung einteilen lassen.[167]

Die Durchführung der Ermittlung kann in den frühen Phasen der Fahrzeugentwicklung über mehrere Ansätze und Tools erfolgen. So werden in der Regel wesentliche Fahrzeugfunktionen, wie unter anderem die Fahrsicherheit, die Betriebsfestigkeit oder die Aerodynamik auf Basis eines digitalen Fahrzeugprototyps, der alle Simulations- und Berechnungsdisziplinen in sich vereint, virtuell erprobt und geprüft.[168] Zudem können die im Rahmen der Auswertung von Kundenrückinformationen gewonnenen Erkenntnisse als Grundlage für die Ermittlung des aktuellen Qualitätsstands der Produktkonzepte herangezogen werden. Hierzu gilt

164 Eigene Darstellung.

165 Vgl. Schmitt und Pfeifer (2015), S. 142. Für eine weitergehende Betrachtung der qualitätsbezogenen Kundenrückinformationen siehe auch Abschnitt 2.1.6, 2.3.2, 2.3.3 und 2.3.4.

166 Vgl. Bäsler (2010), S. 112.

167 Vgl. Deutsche Gesellschaft für Qualität (DGQ) (2009), S. 193.

168 Vgl. Widmann u. a. (2021), S. 1294 ff. und Zimmer (2015), S. 43 ff.

es, die Erfahrungen und Erkenntnisse der rückgekoppelten Qualitätsinformationen auf die aktuellen Produktkonzepte zu applizieren.[169]

Beurteilung des aktuellen Qualitätsstands
Für die Beurteilung des aktuellen Qualitätsstands werden zunächst die Ergebnisse aus der Ermittlung des aktuellen Qualitätsstands mit den konzeptbezogenen Qualitätsforderungen abgeglichen. Für identifizierte Abweichungen gilt es einzuschätzen, in welchem Ausmaß potentielle Fehler die Erreichung der durch die Qualitätsplanung festgelegten Qualitätsziele gefährden können. Die Bewertung findet beispielsweise im Zuge sogenannter Design Reviews statt, in denen eine systematische Untersuchung der entsprechenden Entwicklungsergebnisse durchgeführt wird. Die Beurteilungsergebnisse bilden die Grundlage für die Entscheidung, ob dem aktuellen Qualitätsstand eine Freigabe erteilt werden kann und somit in die nächste Stufe des Entwicklungsprozesses erreicht ist, oder ob eine Freigabe nur unter der Bedingung erteilt wird, dass die potentiellen Fehler respektive Abweichungen behoben werden, oder ob eine Sonderfreigabe erteilt werden kann, die es gestattet das Produktkonzept trotz der nicht erreichten Qualitätsforderungen freizugeben.[170]

Ableitung von Handlungsbedarfen und Maßnahmen zur Sicherstellung der Erfüllung der Qualitätsziele
Falls die Bewertung einer Abweichung dazu führt, dass eine Freigabe zur weiteren Entwicklung voraussichtlich nicht, oder nur unter der Auflage der Eliminierung des entsprechenden Fehlers, erfolgen kann, sind Handlungsbedarfe sowie Maßnahmen zu bestimmen, die eine Erfüllung der Qualitätsforderungen sicherstellen.[171]

Dabei kann grundsätzlich zwischen korrektiven und vorbeugenden Maßnahmen unterschieden werden. Während sich Korrekturmaßnahmen auf den Ist-Zustand beziehen, das heißt eine bereits eingetretene negative Auswirkung beseitigen und deren erneutes Auftreten verhindern sollen, zielen vorbeugende Maßnahmen auf die Vermeidung zukünftiger Negativ-Ereignisse ab.[172] In den frühen Phasen, und somit auch in der präventiven Konzeptabsicherung, liegt der Schwerpunkt auf vorbeugenden Maßnahmen, da die negativen Effekte eines fehlerhaften Konzepts in der Regel erst zu einem späteren Zeitpunkt auftreten.

---

[169] Vgl. Schmitt und Pfeifer (2015), S. 444 ff.

[170] Vgl. Bäsler (2010), S. 112 f. und Deutsche Gesellschaft für Qualität (DGQ) (2009), S. 174.

[171] Vgl. Bäsler (2010), S. 114.

[172] Vgl. Danzer (2016), S. 39 und 61 und DIN EN ISO 9000:2015–11 (2015), S. 57.

Vorbeugende Maßnahmen können beispielsweise von der Durchführung einer vertiefenden Methode der Risikoabsicherung, wie der Fehlermöglichkeit- und Einflussanalyse (FMEA)[173] bis hin zur Modifikation und Verbesserung der betroffenen Produktkonzepte, sämtliche Tätigkeiten umfassen, die einen Beitrag zur Beseitigung der Ursache des Fehlers leisten.[174]

2.2.6 Aufgabenträger der präventiven Konzeptabsicherung

Als Aufgabenträger können Personen bezeichnet werden, die betriebliche Aufgaben, beispielsweise das Vorbereiten sowie das Treffen von Entscheidungen, planen und durchführen.[175] Aufgrund des hohen Maßes an Interdisziplinarität in den frühen Phasen des automobilen Entwicklungsprozesses setzen sich die beteiligten Aufgabenträger in der Regel aus zahlreichen betrieblichen Funktionalbereichen projektbezogen zusammen.[176] Sogenannte Konzeptteams umfassen daher neben Mitarbeitern der Entwicklung und des Qualitätsmanagements auch Vertreter aus dem Vertrieb, der Fertigung sowie der Logistik.[177] Im Hinblick auf die für die präventive Konzeptabsicherung relevanten Aufgabenbereiche des Qualitätsmanagements lassen sich die relevanten Aufgabenträger für die vorliegende Untersuchung im Schwerpunkt auf Vertreter der Produktentwicklung und des Qualitätswesens eingrenzen.

2.3 Relevante Methoden und Ansätze der Informationsgewinnung im Rahmen der präventiven Konzeptabsicherung

Für die Aufgabenerfüllung der präventiven Konzeptabsicherung kann auf Erkenntnisse zurückgegriffen werden, die aus den Methoden und Ansätzen der

[173] Vgl. hierzu Abschnitt 2.3.1.

[174] Vgl. Danzer (2016), S. 39, Widmann u. a. (2021), S. 1293 und DIN EN ISO 9000:2015–11 (2015), S. 88.

[175] Vgl. Heinrich u. a. (2011), S. 17 und 20.

[176] Vgl. Abschnitt 2.2.2.

[177] Vgl. Boutellier und Biedermann (2021), S. 563 und Schmitt und Pfeifer (2015), S. 539.

reaktiven sowie der vorbeugenden Aktivitäten des Qualitätsmanagements resultieren.[178] Hierfür existieren im Rahmen des Qualitätsmanagements eine Vielzahl unterschiedlicher Methoden.[179] Für die vorliegende Arbeit wird nachfolgend daher eine Auswahl an Methoden und Ansätzen fokussiert, die bei Automobilherstellern als weitverbreitet gelten und infolgedessen, beispielsweise durch den Verband der Automobilindustrie, standardisiert vorliegen.

Hierzu sind mit Blick auf die vorbeugenden Tätigkeiten entlang der Quality Forward Chains insbesondere die Produkt-FMEA und in Bezug auf die reaktiven Tätigkeiten in erster Linie das Felddatenmanagement, die 8-D-Methodik sowie der Lessons-Learned-Prozess entlang der Quality Backward Chain als etablierte, standardisierte Ansätze hervorzuheben.

Die reaktiven Methoden sind in einer idealtypischen Reihenfolge gedacht jeweils Bestandteile des sogenannten Fehlerabstellprozesses, der mit der Markteinführung eines Fahrzeugs startet. Der *Fehlerabstellprozess* beschreibt dabei den Ablauf von der Fehlerdetektion und -dokumentation bis hin zur Ableitung von wirksamen Maßnahmen und deren Bewertung zur Korrektur und Beseitigung von Reklamationen.[180] Für den Fehlerabstellprozess lassen sich drei Phasen unterscheiden, die sich aus der Fehleranalyse *(am Beispiel Felddatenmanagement)*, der eigentlichen Fehlerabstellung *(am Beispiel 8-D-Methodik)* sowie der Dokumentation des Erfahrungswissens *(am Beispiel Lessons Learned)* zusammensetzen.[181]

Auf Grundlage von festgelegten Prozessen und Messzahlensystemen wird zunächst die Fehlererfassung und -detektion durchgeführt. Über die Auswertung der erhobenen Fehler können diese in einem weiteren Schritt klassifiziert und priorisiert werden. Daran anschließend lassen sich erforderliche Sofortmaßnahmen ableiten, die eine zeitnahe Eliminierung der negativen Fehlerfolgen gewährleisten sollen. Nach der Abstellung der Fehlerfolgen durch die Sofortmaßnahmen folgt die Analyse der Fehlerursachen mit dem Ziel, diese über Abstellmaßnahmen nachhaltig zu beseitigen und somit ein wiederholtes und fortlaufendes Auftreten der entsprechenden Fehler zu unterbinden. Nach Einführung der Abstellmaßnahmen, sind diese abschließend hinsichtlich ihrer Wirksamkeit zu beurteilen.[182]

[178] Vgl. Kristes (2012), S. 51 f.

[179] Für eine Übersicht unterschiedlicher Methoden vgl. Schmitt und Pfeifer (2015), S. 513, Kamiske (2015a), S. 699 ff. sowie Ehrlenspiel und Meerkamm (2017), S. 290.

[180] Vgl. Ellouze (2010), S. 10.

[181] Vgl. Kristes (2012), S. 122.

[182] Vgl. Ellouze (2010), S. 10.

Abbildung 2.15 zeigt eine Übersicht der nachfolgend betrachteten Ansätze sowie Methoden und ordnet diese anhand der Quality Forward Chains und Quality Backward Chain entsprechend ein.

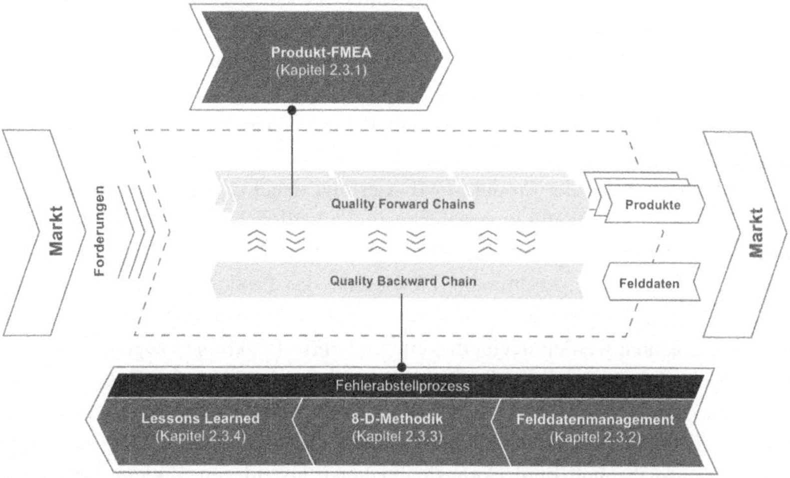

Abbildung 2.15 Relevante Methoden und Ansätze der Informationsgewinnung[183]

2.3.1 Fehlermöglichkeits- und Einflussanalyse

Die produktbezogene Fehlermöglichkeits- und Einflussanalyse (Produkt-FMEA)[184] dient als Planungsinstrument während der frühen Phasen der Produktentwicklung, um potentielle Produktrisiken auf Basis einer strukturierten Vorgehensweise auszuwerten, zu beurteilen und dadurch beeinflussen zu können. Die Produkt-FMEA ist Gegenstand dieser Arbeit, da die Akzeptanz und

[183] Eigene Darstellung in Anlehnung an Kristes (2012), S. 186 sowie Schmitt und Pfeifer (2015), S. 513.

[184] Im Hinblick auf den Einsatzzweck und -umfang kann zwischen der Produkt-FMEA (häufig auch Design-FMEA oder mit Bezug auf die Planung des Gesamtprodukts oftmals auch als System-FMEA bezeichnet) und der Prozess-FMEA unterschieden werden. Bei der Prozess-FMEA liegt die Zielstellung in Abgrenzung zur Produkt-FMEA auf der Absicherung der Herstellungsprozesse des Produkts. Vgl. Ehrlenspiel und Meerkamm (2017), S. 622.

daher auch der Einsatz der Produkt-FMEA als präventives Absicherungswerkzeug für die Vermeidung von Fehlern weit verbreitet ist, insbesondere da dieser präventiven Methodik mit Blick auf Produkthaftungsrisiken eine hohe Relevanz beigemessen wird.[185]

Der Ablauf einer Produkt-FMEA wurde bereits auf Basis verschiedener Ansätze standardisiert.[186] Für die Automobilindustrie definiert der Surface Vehicle Standard (SAE J 1739)[187] international die aktuell gültige Vorgehensweise zur Durchführung der Produkt-FMEA im automobilen Kontext.[188] Dieser ist verpflichtend für Unternehmen, die Produkte an europäische und nordamerikanische Automobilhersteller liefern.[189]

Die Durchführung der Produkt-FMEA erfolgt dabei in der Regel mithilfe von Formblättern,[190] die häufig unternehmensindividuellen Anpassungen unterliegen. Grundsätzlich setzt sich eine Produkt-FMEA hierzu aus einer aufeinander aufbauenden Schrittfolge zusammen. Zu Beginn der Produkt-FMEA werden die Produktelemente identifiziert, um daraus eine Produktstruktur abzuleiten. Den Produktelementen werden in einem weiteren Schritt Funktionen zugeordnet sowie Funktionsbeziehungen ermittelt. Daran anschließend werden im Zuge der Fehleranalyse potentielle Fehlfunktionen identifiziert und eine Fehlfunktionsstruktur entwickelt. Im Zuge der darauf aufbauenden Risikobewertung gilt es, sowohl Vermeidungs- als auch Entdeckungsmaßnahmen festzulegen. Zudem werden die Relevanz des Fehlers aus der Kundenperspektive sowie die Auftretens- und Entdeckungswahrscheinlichkeit des Fehlers vor der Aushändigung an den Käufer definiert. Zuletzt werden Verbesserungsmaßnahmen entwickelt und eine erneute Risikobeurteilung durchgeführt.[191]

Für die Priorisierung von Produktrisiken wird in der Regel eine sogenannte Risikoprioritätszahl (RPZ) gebildet. Diese stellt das Ergebnis einer Multiplikation,

---

[185] Vgl. Benz (2015), S. 71.

[186] Vgl. Dittmann (2007), S. 36.

[187] Der Terminus „Surface" unterstreicht die Abgrenzung zwischen den Automobil- und Luftfahrtstandards der SAE International. Das Akronym SAE steht für *Society of Automotive Engineers* und verweist auf den ursprünglichen Gründungsnamen der gemeinnützigen Organisation. SAE International (2021), URL siehe Literaturverzeichnis.

[188] Vgl. SAE J 1739 (2009), S. 3–32.

Für eine detaillierte Erläuterung zur technischen Erstellung einer FMEA basierend auf dem Standard der SAE J 1739 vgl. AIAG & VDA (2019), S. 15 ff.

[189] Vgl. AIAG & VDA (2019), S. 17.

[190] Für den exemplarischen Aufbau eines Formblattes vgl. unter anderem Ehrlenspiel und Meerkamm (2017), S. 623 sowie AIAG & VDA (2019), S. 155 f.

[191] Vgl. Dittmann (2007), S. 36 ff.

der auf einer Skala von 0–10 bewerteten Dimensionen dar, die sich aus der Relevanz, der Auftretenswahrscheinlichkeit und der Entdeckungswahrscheinlichkeit des jeweiligen Fehlers zusammensetzen.[192] Handlungsbedarfe für die präventive Absicherung von Produktkonzepten können somit insbesondere aus einer hohen RPZ sowie aus einer hohen Bewertung einer einzelnen Dimension resultieren.[193]

2.3.2 Felddatenmanagement

Aus dem umfangreichen Fundus der reaktiven Methoden des Qualitätsmanagements ist das Felddatenmanagement besonders hervorzuheben, da die Erfassung und Auswertung von Felddaten eine Möglichkeit bieten, wertvolle Erkenntnisse hinsichtlich der tatsächlichen Verwendung eines Produkts durch den Kunden in der Produktnutzungsphase zu gewinnen.[194] Das Felddatenmanagement wird daher nachfolgend für diese Arbeit vertiefend betrachtet.

Unter Felddaten können sämtliche Daten zusammengefasst werden, die im Zuge der Nutzung eines Fahrzeugs respektive einer damit verbundenen Dienstleistung im Feldeinsatz durch den Kunden entstehen. Hierunter fallen sowohl Fehler und Mängel als auch aus der Nutzung des Fahrzeugs resultierende Informationen, wie beispielsweise laufzeit- und verbrauchsbezogene Daten oder Kundenfeedback mit Blick auf Erfahrungen, Verbesserungen und neue Anforderungen an zukünftige Fahrzeuggenerationen. Felddaten lassen sich auf unterschiedliche Art und Weise gewinnen. Grundsätzlich können hierbei drei wesentliche Datenquellen unterschieden werden. Hierzu zählen der *Kunde,* der *Service* sowie *automatische Erfassungseinrichtungen.*[195]

Kundenbezogene Felddaten werden in der Regel sowohl über das Reklamations- und Beschwerdemanagement auf Basis von Garantie- und Kulanzfällen erfasst als auch über Kundenstudien und -befragungen erhoben. Letztere können zudem auch von externen Marktforschungsinstituten durchgeführt werden.[196] Die über den Servicebereich erfassten Felddaten weisen häufig einen im Vergleich höheren Detaillierungsgrad und darüber hinaus einen höheren Kontextbezug auf. Die entsprechenden Informationen können beispielsweise auf Basis

[192] Vgl. Prefi (2021), S. 417 f.

[193] Vgl. Dittmann (2007), S. 38.

[194] Vgl. Schmitt und Pfeifer (2015), S. 249 ff.

[195] Vgl. Edler (2001), S. 5 ff.

[196] Vgl. Abschnitt 2.1.7 und J.D. Power (2020), URL siehe Literaturverzeichnis.

von Serviceberichten, Abnahmeprotokollen oder Ersatzteilanfragen in einem Berichtsformat festgehalten werden.

Auf der Grundlage von automatischen Erfassungseinrichtungen wie zum Beispiel Sensoren, Steuergeräten oder Fahrtenschreibern können Felddaten außerdem durch das Fahrzeug selbst generiert werden.[197] Voraussetzung für eine eindeutige und vergleichbare Beschreibung von Produktfehlern bildet eine einheitliche Vorgehensweise im Zuge der Erfassung der Felddaten. Dies lässt sich unter anderem über festgelegte Erfassungsformulare und Standardkataloge erreichen, die alle relevanten Fehlerdaten, wie beispielsweise die fahrzeugbezogene Seriennummer, den Fahrzeugtyp, die Fehlerart, den Fehlerort oder das Beanstandungsdatum, strukturiert abfragen und festhalten. Der Standardkatalog stellt darüber hinaus sicher, dass gleiche Ereignisse, wie beispielsweise das Auftreten einer bestimmten Fehlerart, mit der gleichen Bezeichnung dokumentiert werden.[198]

Zur Verbesserung der Vergleichbarkeit können Kennzahlen[199] gebildet werden. Diese können sich sowohl auf technische und betriebswirtschaftliche als auch auf marktorientierte Inhalte beziehen. Während im Rahmen der technischen Fragestellungen beispielsweise die Anzahl einer bestimmten Fehlerart im Fokus der Analyse steht, können für den betriebswirtschaftlichen Bereich Statistiken hinsichtlich der Höhe und des Verlaufs der Garantie- und Kulanzkosten sowie für den marktorientierten Bereich die Zufriedenheit der Käufer im Zentrum des Interesses stehen. Für die Bildung von Kennzahlen, die auf Felddaten basieren, sind zudem Bezugsgrößen erforderlich. Diese setzen sich in der Regel aus den Produktions- und Absatzzahlen der jeweils betrachteten Fahrzeuge innerhalb eines bestimmten Berichtszeitraums zusammen. In Abhängigkeit der jeweiligen Fragestellung können darüber hinaus zusätzliche Bezugsgrößen definiert werden.[200] Vor diesem Hintergrund umfassen typische Analysen von Automobilherstellern auf Basis von Felddaten unter anderem:[201]

- Fehlerbezogene Schwerpunktauswertungen in Bezug auf Fehlerarten, Fehlerorte und Fehlerursachen

---

[197] Vgl. Edler (2001), S. 8 f.

[198] Vgl. Schmitt und Pfeifer (2015), S. 252 f.

[199] Kennzahlen *„sollen relevante Zusammenhänge in verdichteter, quantitativ messbarer Form wiedergeben.“* Horváth u. a. (2020), S. 307.

[200] Vgl. Schmitt und Pfeifer (2015), S. 253.

[201] Vgl. Brückner (2011), S. 300.
Für eine detaillierte Übersicht unterschiedlicher Metriken von Kennzahlen mit einer Schwerpunktsetzung auf der Produktqualität, den Reklamationskosten und der Kundenzufriedenheit vgl. Deutsche Gesellschaft für Qualität (DGQ) (2016), S. 21 ff.

- Reklamationen je Fahrzeug
- Garantie- und Kulanzkostenauswertungen
- Reklamationsanzahl der verbauten Komponenten

Abbildung 2.16 stellt exemplarisch die Struktur und Vorgehensweise im Rahmen der Verarbeitung von Felddaten dar.

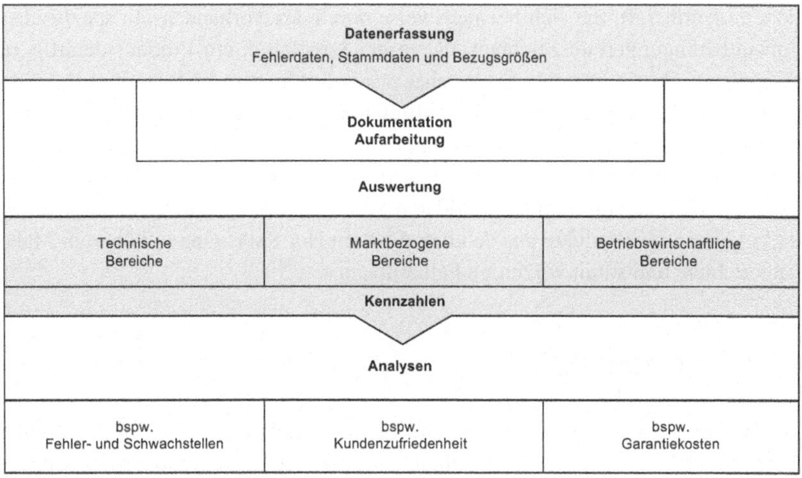

Abbildung 2.16 Struktur des Felddatenmanagements[202]

Felddaten dienen in der Hauptsache als Informationslieferant für den After-Sales-Bereich sowie das reaktive Qualitätsmanagement. Im Rahmen der präventiven Konzeptabsicherung können sie allerdings ebenfalls sowohl direkt als auch indirekt genutzt werden, um anhand der erhobenen Produkt- und Fehlerdaten aus dem Kundenumfeld Verbesserungspotentiale für die Produktqualität abzuleiten.[203] Dies umfasst insbesondere die Verwendung von Felddaten im Zuge der Festlegung von Kunden- und Marktanforderungen sowie für die Eliminierung von konzeptbezogenen Fehlern und Schwachstellen.[204]

[202] Eigene Darstellung in Anlehnung an Schmitt und Pfeifer (2015), S. 254.
[203] Vgl. Rančak (2013), S. 21.
[204] Vgl. Widmann u. a. (2021), S. 1375 und Edler (2001), S. 11.

Hot-Spot-Konzept

Mit Blick auf die Auswertung potentieller Fehler existieren zahlreiche statistikbezogene Instrumente, die auf Grundlage von Felddaten durchgeführt werden können und denen auch das sogenannte Hot-Spot-Konzept zugeordnet wird.[205] Da der Hot-Spot-Ansatz insbesondere der Früherkennung von Fehlern auf Grundlage von Felddaten dient, ist er im Folgenden Gegenstand der Betrachtung.

Im Rahmen einer Hot-Spot-Analyse werden in einem ersten Schritt Marktregionen identifiziert, die sich beispielsweise durch das Vorhandensein spezifischer Umweltbedingungen auszeichnen, die in der Lage sind, ein Produkt derartig zu strapazieren, dass bestimmte Fehler eher provoziert werden und damit in Relation zu anderen Marktregionen vorzeitig auftreten. Die entsprechenden Marktregionen werden anschließend als Hot Spots für die typischerweise vorhandenen Umfeld- und / oder Umweltbedingungen definiert. Im Gegensatz zu einer umfassenden Analyse aller marktübergreifenden Felddaten ermöglicht die gesonderte Auswertung der Felddaten für Produkte aus den betreffenden Hot Spots eine in höherem Maße zielgerichtete und somit vorzeitige Fehlerdiagnose.[206]

2.3.3 8-D-Methodik

Für die operative Fehlerabstellung gibt es verschiedene Ansätze und Modelle. Hiervon wird der vorliegenden Arbeit der 8-D-Report zugrunde gelegt, da er sich in der Automobilindustrie als strukturierter und standardisierter Ablauf auf Grundlage eines Formblattes etablieren konnte.

Die Methode verdankt dabei ihren Namen dem Umstand, dass sie sich aus insgesamt acht Schritten (Disziplinen) zusammensetzt.[207] Die Normung der 8-D-Methodik wurde maßgeblich durch mehrere Automobilhersteller mit dem Ziel, einen Standard für das Zusammenspiel mit den unterschiedlichen Lieferanten festzulegen, getrieben und schließlich durch den Verband der Automobilindustrie als umfassende Vorgehensweise standardisiert.[208] Die acht Disziplinen, die nicht zwingend sequentiell abgearbeitet werden müssen, setzen sich zusammen aus:[209]

---

[205] Für eine Übersicht statistischer Instrumente im Kontext der Qualitätsabsicherung vgl. Wälder und Wälder (2013), S. 19 ff.

[206] Vgl. Schmitt und Pfeifer (2015), S. 443.

[207] Vgl. Brückner (2011), S. 295.

[208] Vgl. Kristes (2012), S. 97 sowie Herrmann und Fritz (2016), S. 126.

[209] Vgl. Verband der Automobilindustrie (VDA) (2009), S. 26 ff. und Kristes (2012), S. 98.

- **D1: Team bestimmen:** Zu Beginn wird ein interdisziplinäres Team aus Fachexperten zusammengestellt sowie ein Teamleiter / Pate benannt, der die Verantwortung für die Fehlerabstellung des Teams übernimmt.
- **D2: Fehler beschreiben:** Die Beschreibung des Fehlers sollte so exakt wie möglich erfolgen. Im Ergebnis sollte sowohl eine qualitative als auch eine quantitative Beschreibung des Fehlers vorliegen.
- **D3: Sofortmaßnahmen festlegen und veranlassen:** Damit der Kunde ein fehlerfreies Produkt erhält, sind zunächst auswirkungsminimierende Maßnahmen durch das Team festzulegen und umzusetzen. Dies kann beispielsweise über eine zeitlich begrenzte 100 %-Kontrolle des Warenausgangs erreicht werden.
- **D4: Fehlerursachen ermitteln:** In diesem Schritt liegt der Schwerpunkt auf der Analyse der potentiellen Fehlerursachen, die zur Fehlerentstehung beitragen. Hierbei werden Ursache-Wirkungs-Zusammenhänge betrachtet, um die Ursprungsursache zu ermitteln.
- **D5: Potentielle Abstellmaßnahmen ermitteln:** Das Ziel dieses Arbeitsschritts liegt in der Erarbeitung und Definition von Maßnahmen, die eine Eliminierung der Fehlerursache erlauben.
- **D6: Abstellmaßnahmen umsetzen:** Dieser Schritt umfasst die Einführung der im vorangegangenen Schritt definierten Abstellmaßnahmen. Sollten sich die umgesetzten Maßnahmen als unwirksam herausstellen, gilt es, gegebenenfalls D4 und D5 zu wiederholen.
- **D7: Fehlerwiederholung unterbinden:** Um eine nachhaltige Beseitigung des Fehlers sicherzustellen, werden in diesem Schritt Management- und Steuerungssysteme, Vorgaben und bisherige Vorgehensweisen angepasst. Dies beinhaltet auch den Transfer der gewonnenen Erkenntnisse auf Neuentwicklungen und Modifikationen, um einen erneuten Fehlerauftritt zu vermeiden.
- **D8: 8-D-Methode abschließen:** Im letzten Schritt wird eine Abschlussdurchsprache abgehalten, der Prozess selbst abgeschlossen und die Teamarbeit bewertet sowie angemessen gewürdigt.

Das reaktive Ziel des Fehlerabstellprozesses liegt in der zeitnahen und ressourceneffizienten Eliminierung von Fehlern, aus denen Reklamationen resultieren. Für die präventive Konzeptabsicherung gilt es, die relevanten, im Zuge der Fehlerabstellphase gewonnenen Erkenntnisse in die frühen Phasen nachfolgender Neuproduktentwicklungen zu transferieren, um entsprechende oder vergleichbare Fehlerereignisse zu vermeiden.[210] Hierzu sind insbesondere die im Rahmen der Fehleranalyse gewonnenen Informationen hinsichtlich der Fehlerursache (D4)

[210] Vgl. Schmitt und Pfeifer (2015), S. 444.

sowie zur Unterbindung der Fehlerwiederholung (D7) hervorzuheben. Diese Informationen können als Grundlage für die Formulierung und Dokumentation wirksamer Lessons Learned herangezogen werden.

2.3.4 Lessons Learned

Für die Unterbindung von Fehlerwiederholungen sollten die relevanten Erfahrungen zunächst dokumentiert und anschließend verfügbar gemacht werden. Über einen Lessons-Learned-Prozess können Erkenntnisse sowohl für bestehende als auch für zukünftige Produkte genutzt und eingesetzt werden.[211] Der Begriff der *Lessons Learned* beschreibt dabei die gesteuerten Tätigkeiten, die auf Grundlage von gewonnenen Erkenntnissen das Ziel verfolgen, die Qualität von Produkten, Prozessen und Systemen nachhaltig zu erhöhen. Unter gesteuerten Tätigkeiten können das Sammeln, Dokumentieren, Beurteilen, Verfügbarmachen und die zielgerichtete Weitergabe von Erfahrungen und Erkenntnissen sowie den daraus abgeleiteten Maßnahmen zusammengefasst werden.[212] Aufgrund der hohen Bedeutung einer fortlaufenden und zielgerichteten Handhabung von Erfahrungswissen ist der Lessons-Learned-Prozess in der Automobilindustrie durch verschiedene Standards (unter anderem VDA Band 6, Teil 3 und IATF 16949) beschrieben und gefordert.[213]

Abbildung 2.17 zeigt den schematischen Lessons-Learned-Prozess nach VDA, der sich bei den Automobilherstellern auch an bereits bestehenden Prozessen, sofern diese wirksam sind, orientieren sollte.

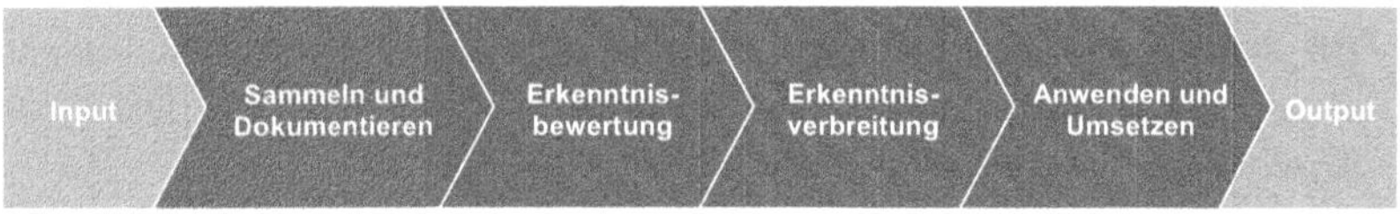

Abbildung 2.17 Schematischer Lessons-Learned-Prozess[214]

---

[211] Vgl. Wappis und Jung (2016), S. 295 ff.

[212] Vgl. Verband der Automobilindustrie (VDA) (2018), S. 11.

[213] Vgl. Verband der Automobilindustrie (VDA) (2016), S. 117 und 182 sowie International Automotive Task Force (IATF) (2016), S. 24 und 27.

[214] Eigene Darstellung in Anlehnung an Verband der Automobilindustrie (VDA) (2018), S. 12.

Den Ausgangspunkt des Lessons-Learned-Prozesses bilden *Inputs (Eingänge)*, die beispielsweise ihren Ursprung im Rahmen der Produkt- und Feldbeobachtung oder des Fehlerabstellprozesses nach der 8-D-Methode haben. Diese Inputs werden zunächst *gesammelt* und ausgewertet, um Erkenntnisse daraus ableiten zu können. Nachfolgend sollte eine an formalisierten Kriterien ausgerichtete und zentralisierte *Dokumentation* der Inhalte erfolgen. Daran anschließend sind die erfassten Erkenntnisse (Lessons) im Rahmen der *Erkenntnisbewertung* hinsichtlich ihrer Relevanz, das heißt mit Blick auf das Potenzial (unter anderem Verständlichkeit, Vollständigkeit, Umsetzbarkeit, etc.) und das Risiko, bezogen auf die Produktsicherheit, durch Fachexperten zu beurteilen. Bei einer positiven Beurteilung ist im Zuge der *Erkenntnisverbreitung* über die zu beschließenden Maßnahmen zu entscheiden und die Inhalte sind an einen festgelegten Adressatenkreis weiterzuleiten. Der Adressatenkreis setzt sich in der Regel aus den Maßnahmenverantwortlichen sowie weiteren interessierten Fachbereichen zusammen. Abschließend folgen die *Anwendung und Umsetzung* der konkreten Maßnahmen. Den Output des Lessons-Learned-Prozesses bilden unter anderem Modifikationen und Verbesserungen an den Produkten sowie ein Lessons-Learned-Speicher, der die Dokumentation sämtlicher Erkenntnisse enthält, die für nachfolgende Fahrzeugprojekte selbst als Grundlage für die Verbesserungen der Produktqualität genutzt werden können.[215]

[215] Vgl. Verband der Automobilindustrie (VDA) (2018), S. 15.

2.4 Anwendungssysteme im Kontext der präventiven Konzeptabsicherung

Mit den im vorangegangenen Abschnitt vorgestellten Methoden und Vorgehensweisen lassen sich Inhalte gewinnen, die den Begriffen Qualitätsdaten und -informationen zugeordnet werden können. Qualitätsdaten lassen sich abgrenzen als

> *„Daten über die Qualität von Einheiten, über die bei der Ermittlung der Qualität angewendeten Qualitätsprüfungen und über die dabei herrschenden Randbedingungen sowie ggf. über die jeweiligen Einzelforderungen an die Qualitätsmerkmale."*[216]

Durch die Arbeit mit Qualitätsdaten erhalten diese eine Bedeutung, so dass eine Qualitätsinformation entsteht. Die Bedeutung kann sich beispielsweise als Ergebnis eines Soll- / Ist-Vergleichs bezogen auf die Anforderungserfüllung eines bestimmten Qualitätsmerkmals ergeben. Qualitätsinformationen weisen somit grundsätzlich einen Zweckbezug auf und sind an der Erreichung spezifischer Qualitätsziele ausgerichtet.[217] Um eine wirtschaftliche Verarbeitung der Qualitätsdaten im Kontext weiter zunehmender Datenvolumina sowie heterogener Datenformate zu gewährleisten, ist der Einsatz von Qualitätsinformationssystemen notwendig.[218] Diese umfassen gemeinhin

> *„[...] die Informationslogistik (sammeln, speichern, verarbeiten, verdichten, archivieren) zum Erreichen und Bewerten der Produkt- und Prozesskonformität."*[219]

Qualitätsinformationssysteme unterstützen somit dabei die zahlreichen Qualitätsdaten produktbezogen transparent und nutzbar zu machen, um darauf aufbauend qualitätsorientierte Entscheidungen während des Produktentwicklungsprozesses zu planen, vorzubereiten und einzuleiten.[220] Hierzu sind Qualitätsinformationssysteme in der Regel auch auf die Daten aus anderen Applikationen der Produktentstehung angewiesen.[221]

---

[216] Geiger (2007), S. 12.

[217] Vgl. Brüggemann und Bremer (2020), S. 223.

[218] Vgl. Linß (2018), S. 693, Hering u. a. (2003), S. 396 und Czaja (2009), S. 303 und Reinhart (2017), S. 156.

[219] Gerber (2007), S. 4.

[220] Vgl. Mertens u. a. (2017), S. 95.

[221] Vgl. Schmitt und Pfeifer (2015), S. 418.

Einen Überblick der in Produktentstehungsprozessen eingesetzten Anwendungssysteme[222] gibt Abbildung 2.18. In der Übersicht sind die aus Sicht der präventiven Konzeptabsicherung relevanten Anwendungssysteme in dunkel hervorgehoben. Als relevant werden dabei Anwendungssysteme eingestuft, die geeignet sind, die Aufgabenstellungen der präventiven Konzeptabsicherung vor dem Hintergrund der Zielsetzung dieser Arbeit unmittelbar oder mittelbar (beispielsweise durch die Bereitstellung qualitätsrelevanter Daten) zu unterstützen. Die entsprechenden Anwendungssysteme werden daher nachfolgend betrachtet.

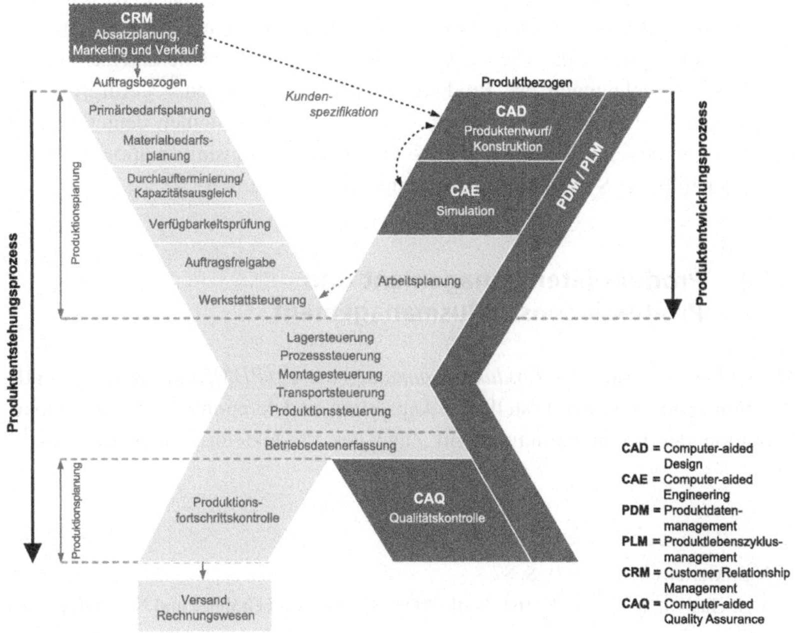

Abbildung 2.18 Anwendungssysteme im Produktentstehungsprozess[223]

[222] Unter einem Anwendungssystem kann ein System verstanden werden, das sämtliche Programme, Datensätze sowie die notwendige Technik umfasst, die zur Unterstützung eines betrieblichen Aufgabengebiets entwickelt beziehungsweise eingesetzt werden. Vgl. Laudon u. a. (2016), S. 15.

[223] Eigene Darstellung in Anlehnung an Scheer u. a. (2006), S. 5, Mertens u. a. (2017), S. 97 und Lasi (2009), S. 81.

2.4.1 Computer-aided Design und Computer-aided Engineering

Unter *Computer-aided Design (CAD)* können die rechnergestützten Entwicklungsaktivitäten im Rahmen des Produktentwurfs verstanden werden.[224] In der Automobilentwicklung unterstützen CAD-Systeme von der Konzeptplanung und der Geometrieerstellung bis hin zur Dokumentation eine Vielzahl an entwicklungsbezogenen Tätigkeiten.[225] Zu den Ergebnissen der CAD-Prozedur gehören neben dreidimensionalen Produktmodellen zum Beispiel auch produktbezogene Stücklisten und Zeichnungen.[226] Eine relevante Erweiterung des CAD bildet das *Computer-aided Engineering (CAE).*[227] CAE stellt eine Sammelbezeichnung für Software und Systeme dar, die auf Grundlage der CAD-Modelle unterschiedliche Simulationsberechnungen des Produktverhaltens ermöglichen.[228] Aufgrund der inhaltlichen Schnittmengen zwischen CAD- und CAE-Systemen deutet sich ein Trend zu umfassenden Entwicklungs- und Konstruktionsinformationssystemen an, in denen beide Systemklassen zusammengeführt werden.[229]

2.4.2 Produktdatenmanagement und Produktlebenszyklusmanagement

Anwendungssysteme des *Produktdatenmanagements (PDM)* unterstützen sämtliche Tätigkeiten von der Erstellung, Anpassung und Versionierung sowie Dokumentation der Produktstrukturen im Zuge des Produktentstehungsprozesses.[230]

---

[224] Vgl. Mertens u. a. (2017), S. 87.

[225] Vgl. Gusig u. a. (2010), S. 164, Brill (2007), S. 15 ff. und Grabner und Nothhaft (2006), S. 41 ff.

[226] Vgl. Meyer u. a. (2014), S. 417 und Mertens u. a. (2017), S. 87.

[227] Vgl. Mertens u. a. (2017), S. 88.

[228] Vgl. Eigner und Stelzer (2009), S. 51.
Zu den Simulationen, die über CAE-Systeme berechnet und durchgeführt werden können, gehören beispielsweise die Finite-Element-Modellierung (FEM) für strukturmechanische Simulationen, Computer-Fluid Dynamics (CFD) für strömungstechnische Fragestellungen oder Mehrkörpersysteme (MKS) für die Berechnung des dynamischen Verhaltens. Vgl. Meyer u. a. (2014), S. 13 f.

[229] Vgl. Mertens u. a. (2017), S. 88 und Louhichi u. a. (2015), S. 391.

[230] Vgl. Scheer u. a. (2006), S. 8 f. und Meyer u. a. (2014), S. 432.

Der Anspruch des PDM liegt in der Erzeugung und Bereitstellung einer eindeutigen und reproduzierbaren Produktstruktur.[231] Hierzu fassen PDM-Systeme alle Daten und Dokumente, die sich auf die Produktkonfiguration beziehen, aus den unterschiedlichen, mehrheitlich isolierten Quellsystemen zusammen und stellen diese zentralisiert zur Verfügung.[232] Die Erweiterung von PDM-Systemen um Prozessfunktionalitäten wird als *Produktlebenszyklusmanagement (PLM)* bezeichnet.[233] Der PLM-Ansatz verfolgt das Ziel, eine Sicht auf den vollständigen Lebenslauf von Produkten sowie Produktdaten zu ermöglichen.[234]

2.4.3 Customer Relationship Management

Mit *Customer Relationship Management (CRM)* kann der strategische Prozess zur Auswahl und Interaktion mit den aus Unternehmenssicht profitablen Kunden bezeichnet werden. Das Hauptziel liegt dabei in der dauerhaften Bindung wertvoller Kunden an das Unternehmen.[235] CRM-Systeme können in diesem Zusammenhang als technologische Grundlage für die unternehmensspezifischen CRM-Strategien aufgefasst werden.[236] Eine der Hauptfunktionen von CRM-Systemen umfasst die Integration der unterschiedlichen Anwendungssysteme der Vorverkaufs-, Verkaufs- und Nachkaufphase (unter anderem auch des GuK-Managements[237]).[238]

Neben den Inhalten des GuK-Managements (wie beispielsweise den Reklamationsdaten) besitzen CRM-Systeme für die präventive Konzeptabsicherung und damit für die vorliegende Arbeit zudem Relevanz, da sich in den frühen

---

[231] Vgl. Eigner und Stelzer (2009), S. 34.

[232] Vgl. Meyer u. a. (2014), S. 432 und Scheer u. a. (2006), S. 8 f.

[233] Vgl. Scheer u. a. (2006), S. 8 f.
Nach SENDLER stellen PLM-Systeme einen elementaren Paradigmenwechsel des industriellen IT-Einsatzes dar, da sich durch PLM der Fokus *„von der Orientierung aller Arbeiten auf die zu erzeugenden Daten hin zur Orientierung aller Daten auf den Prozess"* verschiebt. Sendler (2009), S. 24.

[234] Vgl. Westkämper (2013), S. 148, Mertens u. a. (2017), S. 89 sowie Eigner und Stelzer (2009), S. 37.

[235] Vgl. Kumar und Reinartz (2018), S. 15 sowie Hippner und Wilde (2017), S. 143.

[236] Vgl. Rentzmann u. a. (2011), S. 131.

[237] Vgl. Abschnitt 2.1.6.

[238] Vgl. Mertens u. a. (2017), S. 126.

Phasen der Produktentwicklung, auf Grundlage kundenbezogener Informationen, Rückschlüsse auf die Kundenanforderungen ziehen lassen.[239]

2.4.4 Computer-aided Quality Assurance

Die softwarebasierte Unterstützung des Qualitätsmanagements wird allgemein als *Computer-aided Quality Assurance (CAQ)* bezeichnet.[240] Der CAQ-Begriff lässt sich grundsätzlich in Funktionen, Module und Systeme aufgliedern. Hierbei bezeichnet eine CAQ-Funktion die Abfolge unterschiedlicher qualitätsbezogener Aktivitäten, wie beispielsweise die Erstellung eines Prüfplans. Über ein CAQ-Modul lassen sich mehrere CAQ-Funktionen zu einer Anwendungseinheit verbinden. Hierzu können sowohl mehrere Abteilungsbereiche als auch verschiedene Funktionalbereiche miteinander verbunden werden, um qualitätsrelevante Querschnittsaufgaben, wie beispielsweise die Qualitätsdatenanalyse, abzubilden und zu unterstützen. Ein CAQ-System beinhaltet schließlich die Gesamtheit der eingebundenen CAQ-Module.[241] Vor diesem Hintergrund definiert LINSS ein CAQ-System als

> *„Software mit einem bestimmten Umfang an implementierten CAQ-Funktionen auf der Basis* ***konsistenter*** *Daten."*[242]

In der Literatur wird der Aufgabenumfang von CAQ-Systemen oftmals auf die Absicherung der Qualität im Kontext der Produktion reduziert.[243] Einem weitergefassten Begriffsverständnis folgend können CAQ-Systeme allerdings von der Sicherstellung der Produktqualität im Entwurfsstadium bis hin zum Reklamationsmanagement, sämtliche Phasen des Produktlebenszyklus abdecken und unterstützen.[244] Abbildung 2.19 zeigt exemplarisch verschiedene CAQ-Module entlang des Produktlebenszyklus.

---

[239] Vgl. Böckermann (2013), S. 39 f. und 192.

[240] Vgl. Brüggemann und Bremer (2020), S. 224 und Mertens u. a. (2017), S. 95.

[241] Vgl. Schmitt und Pfeifer (2015), S. 418 f.

[242] Linß (2018), S. 693.

[243] Vgl. hierzu auch Abbildung 2.18.

[244] Vgl. Mertens u. a. (2017), S. 95 und Reinhart (2017), S. 156.
Im Rahmen der Produktentwicklung sollten CAQ-Systeme zudem Schnittstellen zu den entwicklungsbezogenen Softwarelösungen des CAD/CAE und des PDM/PLM besitzen, um Medienbrüche und Inkonsistenzen zu verhindern. Vgl. Brüggemann und Bremer (2020), S. 225.

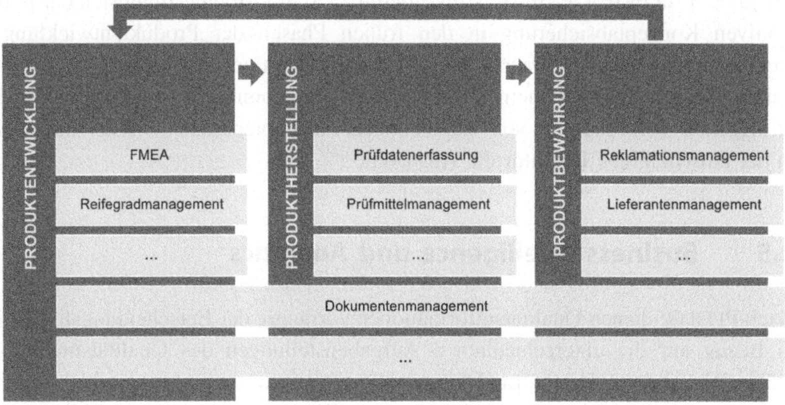

Abbildung 2.19 Übersicht exemplarischer Module von CAQ-Systemen[245]

Als eine der zentralen Aufgaben von CAQ-Systemen kann in diesem Zusammenhang die Information von sämtlichen Beteiligten in Bezug auf das Qualitätsgeschehen innerhalb des Unternehmens aufgefasst werden. Je nach Führungsebene gilt es, unterschiedliche Anforderungen an die Berichtsform, die Aktualität sowie den Detaillierungsgrad der Qualitätsinformationen zu berücksichtigen.[246] CAQ-Systeme sollten weiterhin eine zeitnahe und hochfrequentierte Übermittlung von eindeutigen Informationen gewährleisten, um beispielsweise einerseits eine genaue Fehlerisolation und -auswertung sowie andererseits eine systematische Fehlerbeseitigung unterstützen zu können. Außerdem sollten Qualitätsinformation über längere Zeithorizonte erfasst und vorgehalten werden.[247]

Die CAQ-Funktionen in den frühen Phasen des Produktentwicklungsprozesses konzentrieren sich zumeist auf die Festlegung qualitätsbezogener Produktanforderungen. Da sich die überwiegend kreativen und bewertenden Aktivitäten einer Standardisierung weitestgehend entziehen, liegen die Schwerpunkte aktueller CAQ-Module häufig auf der methodischen Unterstützung, indem sie

[245] Eigene Darstellung in Anlehnung an Schmitt und Pfeifer (2015), S. 419 sowie Niehues u. a. (2017), S. 156.

[246] Vgl. Hering u. a. (2003), S. 403.

[247] Vgl. Czaja (2009), S. 304. Für eine Übersicht der Nutzenpotentiale, die durch den Einsatz von CAQ-Systemen erreicht werden können vgl. Linß (2018), S. 394.

beispielsweise FMEA-Prozesse strukturieren.[248] CAQ-Module zugunsten der präventiven Konzeptabsicherung in den frühen Phasen der Produktentwicklung, die Entscheidungen unter anderem über eine frühzeitige Identifikation von produktbezogenen Qualitätsthemen fokussieren und somit eine rechtzeitige und erfolgreiche Einsteuerung von Gegenmaßnahmen unterstützen, bilden dagegen in der einschlägigen Literatur die Ausnahme.[249]

2.5 Business Intelligence und Analytics

Nach PFEIFER dienen Qualitätsinformationen vorrangig der Entscheidungsfindung in Bezug auf die unterschiedlichen Aufgabenstellungen des Qualitätsmanagements. Vor diesem Hintergrund können Qualitätsinformationen sowohl bei der Strukturierung von Entscheidungsräumen, der Erfassung von Abhängigkeiten und der Identifikation von Handlungsoptionen als auch bei der Beurteilung und Auswahl von Handlungsoptionen bis hin zur konkreten Entscheidung unterstützen.[250] Hierbei gilt es allerdings, die relevanten Qualitätsinformationen rechtzeitig zu erkennen und entscheidungsadäquat aufzubereiten.[251]

Sowohl in der Literatur als auch in der Praxis lassen sich hierfür verschiedene technische Lösungskonzepte auffinden. Als ein sowohl etablierter als auch weit verbreiteter Lösungsansatz zur IT-basierten Entscheidungsunterstützung lässt sich in diesem Zusammenhang *Business Intelligence und Analytics* hervorheben, das aus diesem Grund im Folgenden untersucht wird.

2.5.1 Begriffsabgrenzung

Unter den Begriffen Decision Support Systems (DSS) und Management Information Systems (MIS) wurden verschiedene informationstechnische Ansätze erarbeitet und bereits eingesetzt, die gleichwohl als Ausgangspunkt für die moderne, integrierte, IT-basierte Management- und Entscheidungsunterstützung aufgefasst werden können.[252] Die hiermit verbundenen Themen werden sowohl in

[248] Vgl. Schmitt und Pfeifer (2015), S. 418 f.

[249] Vgl. Czaja (2009), S. 304.

[250] Vgl. Pfeifer (1996), S. 4.

[251] Vgl. Brüggemann und Bremer (2020), S. 224.

[252] Vgl. Baars u. a. (2014), S. 13 und Schieder (2016), S. 15.

der Forschung und als auch in der Wirtschaft unter dem Terminus *Business Intelligence (BI)* zusammengefasst und diskutiert.[253] Allerdings zeigt sich, dass für den Begriff Business Intelligence ein weit gefasstes Begriffsverständnis vorliegt, das sich sowohl auf den Prozess der zur Informationsgewinnung eingesetzten Abläufe und Tools, als auch auf das Produkt (Information), das der Entscheidungsunterstützung dient, beziehen kann.[254] Die Vielfalt der unter dem Begriff vereinten und thematisierten Konzepte spiegelt sich daher nicht nur in der Anzahl, sondern auch in der teilweise vorhandenen Heterogenität der für Business Intelligence bestehenden Definitionsansätze wider.[255]

In der Diskussion unterschiedlicher Ansätze zur Begriffsabgrenzung von Business Intelligence lässt sich in den letzten Jahren zudem eine wachsende Bedeutung unterschiedlicher hochentwickelter Methoden zur Datenanalyse beobachten, die unter dem Begriff *Analytics* subsumiert werden können.[256] Der Terminus Analytics umfasst dabei nach Bose weniger eine Technologie als vielmehr eine Gruppe von Werkzeugen und Methoden, deren kombinierte Anwendung der Gewinnung und Auswertung von Informationen dient sowie die Generierung von Vorhersagen in Bezug auf den Erfolg bestimmter Problemlösungsstrategien ermöglicht.[257] Nach Qamar und Raza lassen sich Analytics und Business Intelligence insbesondere mit Blick auf den Zeitbezug abgrenzen. Während Business Intelligence im Schwerpunkt die Beantwortung von Fragestellungen auf Grundlage vergangenheitsbezogener Daten verfolgt, zielt Analytics durch die Identifikation von Zusammenhängen und Mustern zwischen den Datensätzen darauf ab, potentielle Entscheidungsfolgen sowie zukünftige Ereignisse zu antizipieren.[258] Davenport sowie Chen u. a. sehen Analytics in diesem Zusammenhang als eine weitere Evolutionsstufe der bisherigen Business

[253] Vgl. Schieder (2016), S. 15, Luftman und Ben-Zvi (2010), S. 268, Steininger u. a. (2009), S. 491 f. sowie Alpar u. a. (2019), S. 277.

[254] Vgl. Sidorova und Torres (2014), S. 2.

[255] Vgl. Mertens (2002), S. 4, Knauer (2015), S. 13 und Schön (2018), S. 405.
Einen Überblick der gängigen Begriffsauffassungen hat die Fachgruppe Business Intelligence der Gesellschaft für Informatik (GI) im Rahmen eines Positionspapiers zusammengestellt. Vgl. hierzu Baars u. a. (2011), S. 2 f.

[256] „Analytics" wird oftmals auch unter den Termini „Business Analytics" und „Advanced Analytics" diskutiert. Vgl. Gluchowski (2016), S. 276, Boobier (2018), S. 20, Chahal u. a. (2019), S. 2 und Lin (2015), S. 4.

[257] Vgl. Bose (2009), S. 156.

[258] Für eine detaillierte Gegenüberstellung zwischen Analytics und Business Intelligence vgl. Qamar und Raza (2020), S. 15.

Intelligence.[259] Die unter Analytics vereinten Themen können daher auch als komplementäre Teilmenge der bestehenden Konzepte und Methoden der Business Intelligence gesehen werden.[260] Dies zeigt sich auch darin, dass die beiden Begriffe häufig sowohl synonym als auch im Verbund – als *Business Intelligence und Analytics (BIA)* – thematisiert werden.[261]

Um der wachsenden Bedeutung des Analytics-Bereichs für die Business Intelligence Rechnung zu tragen, wird In der vorliegenden Arbeit nachfolgend der Ausdruck BIA verwendet. Business Intelligence und Analytics beinhaltet somit ein weit gefasstes Spektrum unterschiedlicher Teilaspekte, die es über eine adäquate Begriffsfassung ganzheitlich abzubilden gilt. Die vorliegende Arbeit folgt daher dem Begriffsverständnis von BAARS UND KEMPER. Diese definieren Business Intelligence und Analytics als

> *„[...] einen integrierten, unternehmensspezifischen, IT-basierten Gesamtansatz zur betrieblichen Entscheidungsunterstützung."*[262]

Dieser Begriffsauffassung folgend, dienen BIA-Werkzeuge allein dem Aufbau von BIA-Anwendungen und BIA-Anwendungssysteme repräsentieren Komponenten des BIA-Gesamtansatzes. Die Strukturierung des unternehmensspezifischen Gestaltungsraums kann dabei anhand eines Ordnungsrahmens (Abbildung 2.20) erfolgen. Dieser unterteilt Business Intelligence und Analytics in insgesamt drei Ebenen, die aus der *Datenbereitstellung*, der *Informationsgenerierung* sowie der *Informationsbereitstellung* bestehen.[263]

Die nachfolgende Betrachtung der Schichten des BIA-Ordnungsrahmens konzentriert und begrenzt sich auf die für das Grundlagenverständnis dieser Arbeit notwendigen Inhalte.[264]

Dem eigentlichen Ordnungsrahmen vorgelagert sind die *operativen und externen Quellsysteme*. Diese Vorsysteme bilden die operative Datenbasis, die sich

---

[259] Vgl. Davenport (2013), S. 66 f. und Chen u. a. (2012), S. 1165 ff.

[260] Vgl. Baars u. a. (2014), S. 337 und Wixom u. a. (2011), S. 300.

[261] Vgl. Lim u. a. (2013), S. 17:2, Chen u. a. (2012), S. 1166 sowie Dupin-Bryant und Olsen (2014), S. 185.

[262] Baars und Kemper (2021), S. 8.

[263] Vgl. Baars und Kemper (2021), S. 8.

[264] Für eine umfassende Betrachtung sämtlicher Inhalte des BIA-Ordnungsrahmens vgl. Baars und Kemper (2021), S. 10 ff. und 19 ff.

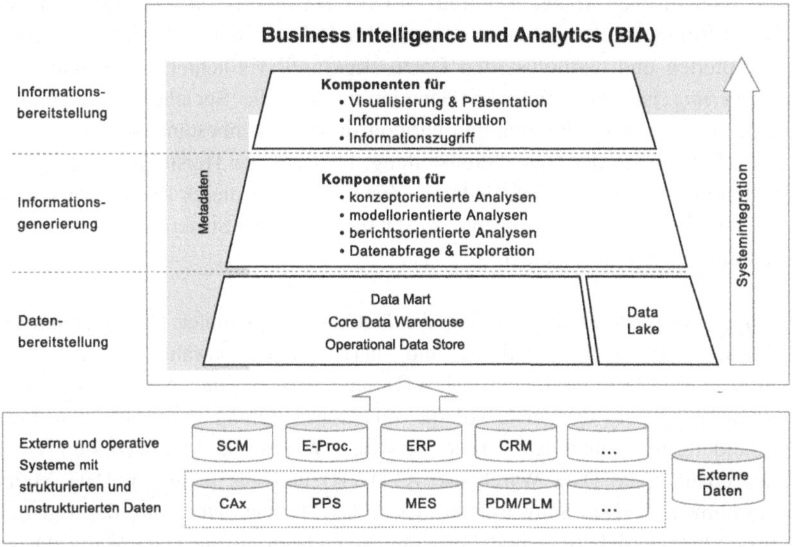

Abbildung 2.20 BIA-Ordnungsrahmen[265]

sowohl aus der konventionellen IT-Umgebung eines Unternehmens (beispielsweise CAx, CRM und PDM/PLM)[266] als auch aus externen Datenquellen (beispielsweise von externen Marktpartnern, Social-Media-Inhalten und Behörden) zusammensetzen kann.[267]

2.5.2 Datenbereitstellung

Die Überführung operativer Daten in die erste Schicht des BIA-Ordnungsrahmens, der Datenbereitstellung, erfordert einen Transformationsprozess. Dieser dient der Umwandlung der operativen in fachlich interpretierbare Datenbestände und setzt sich hierzu aus den Phasen der Filterung, der Harmonisierung, der Aggregation sowie der Anreicherung zusammen. Im Zuge der *Filterung* werden die operativen Datensätze extrahiert und von syntaktischen

[265] Eigene Darstellung in Anlehnung an Baars und Kemper (2021), S. 10.

[266] Vgl. hierzu auch Abschnitt 2.4.1 sowie 2.4.2.

[267] Vgl. Krcmar (2015), S. 151 sowie Baars und Kemper (2021), S. 10.

sowie semantischen Mängeln befreit. Mit der *Harmonisierung* erfolgt die fachliche Abstimmung der gefilterten Daten. Im Rahmen der *Aggregation* werden die gefilterten und harmonisierten Daten strukturell verdichtet. Gegenstand der *Anreicherung* ist schließlich die Generierung und die Speicherung fachlicher Kennzahlen aus den gefilterten und harmonisierten Datenbeständen.[268]

Die Zielstellung der Datenbereitstellung, liegt auf der Herstellung einer konsistenten und geeigneten Datenhaltung. Zur Erreichung dieses Ziels können sich die Vorgehensweisen und Konzepte in Abhängigkeit vom Strukturierungsgrad der Daten allerdings unterscheiden.[269]

- Für *strukturierte Daten* hat sich die Nutzung sogenannter Data-Warehouse-Ansätze für die Datenhaltung und -bereitstellung bewährt. Nach INMON umfasst ein Data Warehouse (DWH) eine themen- und zeitraumbezogene sowie integrierte und nicht-volatile Zusammenstellung von Daten zur Entscheidungsunterstützung.[270] Eine typische DWH-Architektur setzt sich dabei aus einem Core Data Warehouse (C-DWH) und aus mehreren Data Marts zusammen.[271] Der Schwerpunkt des C-DWH liegt dabei auf der Integration, Qualitätssicherung und Verteilung der Daten an die Data Marts. Diese zeichnen sich in Abgrenzung zum C-DWH durch einen hohen Grad an Themenorientierung sowie vorab festgelegte betriebswirtschaftliche Anreicherungen und Aggregationen aus, die auf bestimmte, in der Regel fach- und bereichsspezifische Nutzergruppen zugeschnitten werden.[272]
- Für die Verarbeitung *unstrukturierter Daten* bietet sich der Aufbau sogenannter Data Lakes an. Unter einem Data Lake kann ein massiv-skalierbares Datenhaltungskonzept verstanden werden, das in der Lage ist, große Mengen an

---

[268] Vgl. Kemper und Finger (2016), S. 129 ff.

[269] Vgl. Baars und Kemper (2021), S. 11.
In Abgrenzung zu strukturierten Daten (beispielsweise Transaktionsdaten, wie Rechnungen oder Lieferscheine), die einer semantischen und syntaktischen Struktur folgen, besitzen unstrukturierte Daten (beispielsweise Text-, Video- und Audiodateien) in der Regel eine semantische allerdings keine eindeutig identifizierbare Datenstruktur. Vgl. Krcmar (2015), S. 179 und 682.

[270] Vgl. Inmon (2005), S. 29.

[271] Vgl. Kemper und Finger (2016), S. 130. Neben dieser auch als Hub-and-Spoke bezeichneten Architektur lassen sich in der Praxis die verschiedenste Architekturvarianten von DWH-/Data-Mart-Lösungen finden. Für eine Übersicht gängiger Kombinationen vgl. unter anderem Ariyachandra und Watson (2010), S. 200 ff. sowie Baars und Kemper (2021), S. 21.

[272] Vgl. Hahne (2016), S. 154.

Rohdaten in den jeweiligen Ausgangsformaten zu erfassen, dauerhaft vorzuhalten und für dynamische Analyseanwendungen bei Bedarf in Echtzeit bereitzustellen.[273]

2.5.3 Informationsgenerierung

Während auf der Ebene der Datenbereitstellung die Datentransformation und -ablage im Mittelpunkt stehen, fokussiert die Ebene der Informationsgenerierung deren Aufbereitung und Bereitstellung mithilfe unterschiedlicher Analyseverfahren. Hierzu zählen unter anderem auch berichtsorientierte sowie modellgestützte Analysen:[274]

Die Zielstellung *berichtsorientierter Analysen* liegt in der adressatengerechten Aufbereitung entscheidungsrelevanter Informationen. Hierbei lassen sich das Standard- und das Ad-Hoc-Reporting voneinander unterscheiden. Während das Standard-Reporting in vordefinierten Zeitabständen erstellt wird und sich an dem früher ermittelten Informationsbedarf der Berichtsempfänger orientiert, bietet das Ad-Hoc-Reporting dem Endanwender die Möglichkeit, selbstständig den Zeitpunkt und die Inhalte des Berichts zu bestimmen.[275] Die technische Realisierung des Ad-Hoc-Reportings erfolgt dabei häufig auf Grundlage des Online Analytical Processing (OLAP). Mit OLAP wird der Ansatz einer flexiblen und interaktiven Informationsbereitstellung verfolgt, der es Anwendern erlaubt, multidimensionale und dynamische Auswertungen auf vergangenheitsbezogenen und konsistenten Datenbeständen durchzuführen. Der Begriff der Multidimensionalität bezeichnet die logische Anordnung quantitativer, betriebswirtschaftlicher Messgrößen, die simultan nach verschiedenen Klassen logisch verbundener Informationsobjekte unterteilt werden. Relevante Dimensionen können beispielsweise Kunden, Produkte oder Regionen umfassen, entlang derer sich Kennzahlen, wie beispielsweise der Umsatz, nach unterschiedlichen Zeithorizonten auswerten lassen.[276]

---

[273] Vgl. Miloslavskaya und Tolstoy (2016), S. 302 f. sowie O'Leary (2014), S. 70 f.

[274] Vgl. Baars und Kemper (2021), S. 11 und 91 sowie S. 92 für einen Überblick relevanter Analyseverfahren und -komponenten im Rahmen der Informationsgenerierung.

[275] Vgl. Küpper u. a. (2013), S. 232 f. und Bange (2016), S. 114 ff.

[276] Vgl. Gluchowski u. a. (2008), S. 143 f.

Im Vergleich zu berichtsorientierten Auswertungen bilden *modellorientierte Analysen* häufig einen höheren Komplexitätsgrad für die erforderlichen Berechnungen ab. Dieser spiegelt sich auch in der stärkeren Anwendung mathematisch-statistischer Verfahren wider. Eine der Kerndisziplinen im Rahmen der modellorientierten Analysen stellt das *Data Mining* dar. Dem Begriff Data Mining lassen sich zahlreiche statistische Verfahren zuordnen, deren gemeinsames Ziel in der automatischen Identifikation von Mustern innerhalb komplex strukturierter Datenbestände liegt.[277] Tabelle 2.3 gibt eine Übersicht unterschiedlicher Methoden des Data Mining.[278]

Als thematisch eng verwandt mit dem Data Mining gilt das *Machine Learning* (maschinelles Lernen). Die Hauptaufgabe des Machine Learning besteht in der Generierung von Modellen auf Grundlage von erfahrungsbasierten Datensätzen.[279] Die Modelle werden dabei nicht direkt von Menschen vorgegeben, sondern algorithmisch aus den verfügbaren Daten gebildet.[280]

[277] Vgl. Baars und Kemper (2021), S. 124 und 127 sowie Bissantz und Hagedorn (2009), S. 139.

[278] Für eine weitergehende Betrachtung der unterschiedlichen Data-Mining-Verfahren vgl. unter anderem Boobier (2018), S. 21 f., Olson (2017), S. 29 ff. und Petersohn (2005), S. 73 ff.

[279] Vgl. Zhou (2021), S. 2.

[280] Vgl. Baars und Kemper (2021), S. 124.

Tabelle 2.3 Übersicht gängiger Data-Mining-Methoden

Methode	Aufgabe
Abweichungsanalyse	Automatische Identifikation relevanter Abweichungen der Merkmalsentwicklung von vergangenheitsbezogenen Entwicklungsmustern und von Plan- oder Referenzwerten.[281]
Klassifikation	Im Rahmen der Klassifikation werden Datensätze auf Basis ihrer Merkmale zunächst einer Klasse zugeordnet. Die Zuordnung erfolgt auf Grundlage von Entscheidungsregeln. Anschließend lassen sich neue Datensätze den bestehenden Gruppen zuordnen.[282]
Gruppenbildung/ Clustering	Die Aufgabe der Gruppenbildung (häufig auch als Segmentierung bezeichnet) liegt in der Ermittlung von inhaltlich relevanten Gruppen, die gleichartige Objekte (beispielsweise Kunden) auf Basis gemeinsamer Merkmalsausprägungen besitzen.[283]
Wirkungsprognosen	Bei einer Wirkungsprognose werden numerische Werte auf Grundlage historischer Werte vorhergesagt.[284]
Assoziationsanalyse	Assoziationen beschreiben in diesem Begriffszusammenhang interessante Beziehungen zwischen Datenobjekten.[285] Auf Grundlage von Assoziationsanalysen lassen sich Regeln ermitteln, die Abhängigkeiten zwischen den Merkmalen einer Transaktionsmenge abbilden. Der Fokus liegt dabei auf der Identifikation von Merkmalen, die häufig gemeinsam innerhalb bestimmter Transaktionen, wie beispielsweise im Rahmen zusammenhängender Einkaufsvorgänge, auftreten.[286] Die auf der Grundlage von Assoziationsanalysen identifizierten Regeln können nach einer Operationalisierung unter anderem in berichtsorientierten Analysen weiterverarbeitet werden.[287]

281 Vgl. Hippner und Wilde (2017), S. 148.

282 Vgl. Abts und Mülder (2017), S. 287.

283 Vgl. Baars und Kemper (2021), S. 128 sowie Hippner und Wilde (2017), S. 148.

284 Vgl. Abts und Mülder (2017), S. 287.

285 Vgl. Hippner und Wilde (2017), S. 148.

286 Vgl. Hippner u. a. (2011a), S. 797 f. Ein bekanntes Beispiel stellt die Warenkorbanalyse dar, bei der die Auswahlwahrscheinlichkeit für mehrere Items im Zuge eines Einkaufvorgangs prognostiziert wird. Vgl. Russell und Petersen (2000), S. 367 ff.

287 Vgl. Baars und Kemper (2021), S. 217.

2.5.4 Informationsbereitstellung

Die Informationsbereitstellungschicht bildet die Schnittstelle zwischen Endanwender und den Funktionen sowie Ergebnissen, die auf Ebene der Informationsgenerierung erzielt werden. Dies umfasst neben Ansätzen zur Personalisierung und Berechtigung im Rahmen des Informationszugriffs insbesondere auch die Informationsvisualisierung und -präsentation[288] über adäquate Diagrammtypen sowie Dashboards.[289] Vor diesem Hintergrund wird aktuell auch das Konzept des Self-Service-BIA (SSBIA) diskutiert. Ein Kernelement des SSBIA liegt dabei in der Befähigung von Fachanwendern, um selbstständig, das heißt ohne die zusätzliche Einbindung von technischen BIA-Experten, an den individuellen Entscheidungsbedarfen orientierte Analysen und Reports generieren zu können.[290] Prinzipiell besitzt SSBIA daher einen hohen Überdeckungsgrad mit den im Vorangegangen betrachteten OLAP-Lösungen. Auf Basis umfangreicherer Ansätze kann Fachanwendern sogar der Zugriff auf die unteren Schichten des Ordnungsrahmens ermöglicht werden, um beispielsweise eigenständig Data Marts zu modifizieren oder weitere Datenquellen zu integrieren.[291]

[288] Für eine Gegenüberstellung der unterschiedlichen Zielstellungen und Anwendungskomponenten im Rahmen der Informationsvisualisierung und -präsentation vgl. Eckerson (2011), S. 11 f.

[289] Vgl. Baars und Kemper (2021), S. 287 und 313 f.

[290] Vgl. Lennerholt u. a. (2020), S. 1 f. sowie Alpar und Schulz (2016), S. 151 f.

[291] Vgl. Baars und Kemper (2021), S. 123.

3 Case Study zur Exploration der präventiven Konzeptabsicherung – Methodik und Erkenntnisse

Die Zielsetzung der vorliegenden Forschungsarbeit liegt in der Entwicklung eines IT-basierten Entscheidungsunterstützungsansatzes für die präventive Absicherung von Produktkonzepten in den frühen Phasen der Fahrzeugentwicklung. Insbesondere für den Anwendungskontext der frühen Entwicklungsphasen liegen hierzu bisher kaum empirische Erkenntnisse vor, die eine adäquate Beantwortung der dieser Arbeit zugrunde gelegten zentralen Fragestellung ermöglichen. Daher wird im Rahmen der vorliegenden Arbeit eine empirische Erhebung auf Basis eines Case Study Approach durchgeführt, der Gegenstand dieses Kapitels ist (Abbildung 3.1).

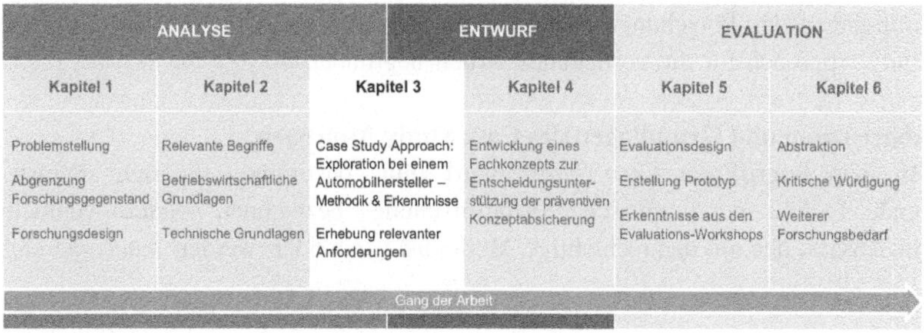

Abbildung 3.1 Einordnung von Kapitel 3 in den Gang der Arbeit[1]

[1] Eigene Darstellung.

Ergänzende Information Die elektronische Version dieses Kapitels enthält Zusatzmaterial, auf das über folgenden Link zugegriffen werden kann https://doi.org/10.1007/978-3-658-41345-3_3.

© Der/die Autor(en), exklusiv lizenziert an Springer Fachmedien Wiesbaden GmbH, ein Teil von Springer Nature 2023
S. Herzberg, *Quality Intelligence*,
https://doi.org/10.1007/978-3-658-41345-3_3

Zunächst werden die Methodik und das Forschungsdesign des Case Study Approach vorgestellt und begründet (Abschnitt 3.1). Daran anschließend erfolgt die nach Teilzielen strukturiere Präsentation der Case-Study-Erkenntnisse (Abschnitt 3.2, 3.3 und 3.4).

3.1 Methodik und Forschungsdesign

Dieser Abschnitt widmet sich der methodischen Fundierung des für diese Arbeit verfolgten Case-Study-Ansatzes. Dazu wird in einem ersten Schritt die Literatur zur Case-Study-Methodik aufbereitet und die Auswahl geeigneter Erhebungsverfahren für die vorliegende Arbeit begründet. Darauf aufbauend werden das Case-Study-Design sowie die praktische Durchführung für diese Arbeit vorgestellt.

3.1.1 Abgrenzung und Begründung des Case Study Approach

Dieser Abschnitt grenzt zunächst die Case Study als einen Ansatz der empirischen Sozialforschung begrifflich ab und beleuchtet darauf aufbauend die zentralen Grundlagen des Forschungsansatzes. Anschließend wird die Auswahl des Case Study Approach für die vorliegende Arbeit begründet.

Abgrenzung und Grundlagen des Case Study Approach

Mit dem Begriff der *Case Study*[2] wird keine bestimmte, für sich alleinstehende Technik der empirische Sozialforschung[3] bezeichnet, sondern vielmehr ein Ansatz, der als mehrschichtige Methodik verstanden werden kann, die sich

---

[2] Neben der deutschen Übersetzung als Einzelfallstudie, werden In der Literatur für die Case Study zahlreiche weitere Begriffe teilweise synonym genutzt. Hierzu gehören unter anderem die Bezeichnungen Fallstudie, Fallbericht, Fallanalyse, Fallmethode, Falldarstellung, Fallgeschichte, Fallbeschreibung sowie Kasuistik. Vgl. Häder (2015), S. 357 sowie Lamnek und Krell (2016), S. 285.

[3] Nach ATTESLANDER lässt sich die empirische Sozialforschung beschreiben als *„die systematische Erfassung und Deutung sozialer Erscheinungen. Empirisch bedeutet, dass theoretisch formulierte Annahmen an spezifischen Wirklichkeiten überprüft werden. »Systematisch« weist darauf hin, dass dies nach Regeln vor sich gehen muss.“* Atteslander (2010), S. 5.

aus der gesamten Bandbreite sozialwissenschaftlicher Erhebungsverfahren zusammensetzt.[4] Ein Case (Fall) kann sich unter anderem auf Einzelpersonen, soziale Aggregate (Personengruppen, Organisationen, Projekte), soziale Prozesse oder Entscheidungsverfahren beziehen.[5] Entsprechend definiert YIN die Case Study als eine umfassende Forschungsstrategie

> *„[...] that investigates a contemporary phenomenon (the "case") in depth and within its real-world context, especially when the boundaries between phenomenon and context may not be clearly evident.*"[6]

Aus der Definition lässt sich ableiten, dass der Fokus der Case Study auf einer ganzheitlichen und realitätsgerechten Erfassung und Auswertung als besonders interessant eingestufter Untersuchungseinheiten liegt.[7] Die Untersuchungseinheiten sind im Rahmen eines Case Study Approach so zu wählen, dass sie mit Blick auf eine vergleichbar strukturierte und größere Anzahl an Phänomenen als repräsentative, das heißt *typische Fälle*, oder besonders aussagekräftige Beispiele aufgefasst werden können.[8]

In diesem Kontext kann ein Single-Case Design, das heißt eine Case Study, die sich auf die Untersuchung eines einzelnen Falls fokussiert, einen signifikanten Beitrag zur Wissens- und Theoriebildung leisten, indem sie bestehende Theorie(n) bestätigt, herausfordert oder erweitert. Eine weitere Begründung für die Auswahl einer Single-Case Study liegt nach YIN in der Möglichkeit, Zugriff auf einen Untersuchungsbereich zu erhalten, der bis dato für empirische Studien kaum verfügbar war.[9] Für die Durchführung einer Case Study lassen sich, wie in

---

[4] Vgl. Lamnek und Krell (2016), S. 285 sowie Witzel (1982), S. 78.

Die Begriffsauffassung der Case Study als ein empirischer Forschungsansatz ist zudem strikt zu trennen von der Begriffsnutzung in andersartigen Einsatzgebieten (beispielsweise bei der Personalauswahl), die sich außerhalb des wissenschaftlichen Kontextes befinden. Vgl. Yin (2018), S. 19 und Göthlich (2003), S. 2 f.

[5] Vgl. Baur und Lamnek (2017), S. 292, Hering und Schmidt (2014), S. 529, Yin (2018), S. 32, Häder (2015), S. 357 sowie Döring und Bortz (2016), S. 215.

[6] Yin (2018), S. 15.

[7] Vgl. Lamnek und Krell (2016), S. 286 und 288.

[8] Vgl. Hillmann (2007), S. 174 f. und Häder (2015), S. 359.

Nach HERING UND SCHMIDT lassen sich in diesem Kontext mehrere Falltypen unterscheiden, die als geeignet für eine Einzelfallstudie gelten. Diese umfassen den *maximal ähnlichen Fall*, den *maximal unterschiedlichen Fall*, den *Extremfall* und den *in einigen abgrenzbaren Dimensionen verschiedenartigen Normalfall*. Vgl. Hering und Schmidt (2014), S. 532 f.

[9] Vgl. Yin (2018), S. 49 f.

Abbildung 3.2 dargestellt, das holistische und das eingebettete Forschungsdesign voneinander abgrenzen.[10] Während der holistische Ansatz einen Schwerpunkt auf die Erfassung der Außenkontakte des ausgewählten Falls legt, konzentriert sich das eingebettete Design auf die Binnenstruktur, indem Subkategorien für die relevanten Untersuchungseinheiten gebildet werden.[11]

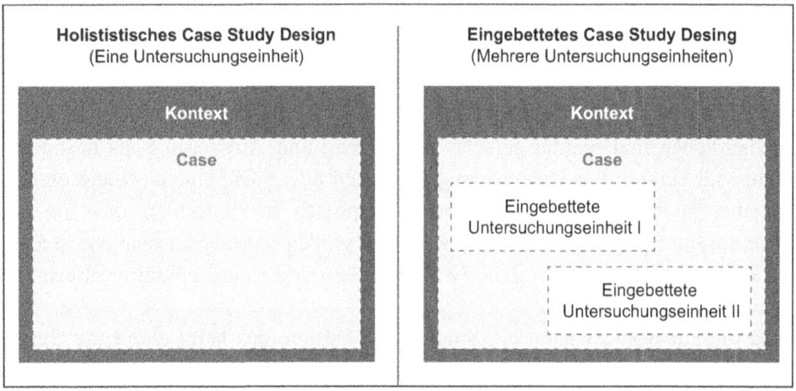

Abbildung 3.2 Typologie von Single-Case Designs[12]

Auf Grundlage beider Case Study Designs lässt sich ein umfassendes Bild für die Zusammenhänge und das Zusammenspiel der unterschiedlichen Faktoren eines untersuchten Falls gewinnen, wobei die Identifikation sowie das Herausarbeiten typischer Abläufe und Handlungsmuster grundsätzlich im Mittelpunkt des Forschungsinteresses stehen.[13] In Abhängigkeit vom spezifischen Erkenntnisinteresse können auf Grundlage eines Case Study Approach daher sowohl explorative und explanative als auch deskriptive Studien durchgeführt werden.[14]

---

[10] Vgl. Yin (2018), S. 47.

[11] Vgl. Lamnek und Krell (2016), S. 306.

[12] Eigene Darstellung in Anlehnung an Yin (2018), S. 48.

[13] Vgl. Klimke u. a. (2020), S. 177.

[14] Vgl. Yin (2018), S. 42.
Explorative Studien dienen der Erkundung eines Sachverhalts durch die Erhebung von Daten. Auf Grundlage von offenen Forschungsfragen werden unterschiedliche Aspekte eines Forschungsgegenstands untersucht und danach beschrieben. Dagegen verfolgen *explanative Studien* das Ziel festgelegte Hypothesen zu überprüfen. Über *deskriptive Studien* lassen

Der Anspruch der Case Study, sämtliche Aspekte einer Untersuchungseinheit vor dem Hintergrund des Untersuchungsziels zu erfassen, erfordert in der Regel ein multimethodisches Forschungsdesign.[15] Über die Triangulation[16] unterschiedlicher Erhebungsverfahren lässt sich einerseits der formulierte Anspruch des Case Study Approach umsetzen sowie darüber hinaus eine relative Sicherheit erreichen, methodische Fehler durch Vergleiche zu ermitteln und zu verhindern.[17]

Die Auswahl der Methoden, mit denen eine Untersuchung durchgeführt werden soll, ist für die Case Study grundsätzlich nicht determiniert, sondern wird vielmehr in Abhängigkeit des spezifischen Erkenntnisziels bestimmt.[18] Die Techniken der Case Study resultieren aus den methodologischen Leitlinien der qualitativen Sozialforschung und folgen somit einem kommunikativen, naturalistischen, authentischen und offenen Paradigma.[19] Tabelle 3.1 zeigt die nach YIN und HÄDER etablierten Erhebungsverfahren des Case Study Approach:[20]

---

sich die Verbreitung von Eigenschaften und Effekten in umfangreichen Grundgesamtheiten erfassen. Für eine weitergehende begriffliche Abgrenzung explorativer, explanativer und deskriptiver Forschungsansätze vgl. Döring und Bortz (2016), S. 192.

[15] Vgl. Lamnek und Krell (2016), S. 286 sowie Yin (2018), S. 126 f.

[16] Die *Triangulation* beschreibt eine Strategie zur Betrachtung eines Untersuchungsobjekts von (mindestens) zwei Punkten aus. Dies kann durch die kombinierte Anwendung unterschiedlicher Erhebungs- und Auswahlmethoden erreicht werden. Vgl. Flick (2019), S. 309 und Schnell u. a. (2018), S. 237. Die Triangulation kann nach PATTON in insgesamt vier Grundtypen einteilt werden. Diese setzen sich zusammen aus der Triangulation unterschiedlicher Datenquellen, Investigatoren (Forscher), Theorien oder Methoden. Vgl. Patton (2015), S. 316 f.

[17] Vgl. Lamnek und Krell (2016), S. 286.

[18] Vgl. Hering und Schmidt (2014), S. 529 sowie Akremi (2014), S. 270.

[19] Vgl. Lamnek und Krell (2016), S. 289. Für eine Gegenüberstellung von qualitativen und quantitativen Vorgehensweisen vgl. unter anderem Schumann (2018), S. 147, Atteslander (2010), S. 8 und Flick u. a. (2019), S. 20 ff.

Obgleich auch quantitative Analysemethoden im Rahmen eines Case Study Approach nicht ausgeschlossen werden, liegt der Schwerpunkt in der Anwendung auf qualitativen Forschungsansätzen. Vgl. Göthlich (2003), S. 7 sowie Lamnek und Krell (2016), S. 290.

[20] Vgl. Yin (2018), S. 114 und Häder (2015), S. 357 f.

Tabelle 3.1 Etablierte Erhebungsverfahren des Case Study Approach[21]

Erhebungstechnik	**Inhaltliche Aspekte**
Dokumentation	Unter Dokumenten können in diesem Begriffszusammenhang Texte in Schriftform verstanden werden, die als Darstellung oder Bestätigung für einen Prozess oder Sachverhalt dienen. Typische Formate für die Auswertung betrieblicher Dokumente umfassen beispielsweise E-Mails, Entwürfe, Statistiken, Bilanzen, Protokolle, Organigramme sowie weitere administrative Dokumente.[22] Die Auswertung von Dokumenten bildet in der Regel die Grundlage für jede Case Study[23]
Interview	Das Interview als Forschungsinstrument beschreibt nach SCHEUCH *„ein planmäßiges Vorgehen mit wissenschaftlicher Zielsetzung, bei dem die Versuchsperson durch eine Reihe gezielter Fragen oder mitgeteilter Stimuli zu verbalen Informationen veranlaßt werden soll.“*[24] Im Rahmen eines Case Study Approach stellt das Interview nach YIN eine der wichtigsten Erhebungstechniken dar, da es unter anderem geeignet ist Erklärungszusammenhänge relevanter Ereignisse zu erkunden sowie die subjektiven Sichtweisen der Befragten auf ein Phänomen zu reflektieren.[25] Interviews können nach ihrer Funktion innerhalb des jeweiligen Forschungsdesigns sowie anhand ihres Strukturierungsgrads typisiert werden[26]

(Fortsetzung)

[21] Die praktische Auswahl und Anwendung der Erhebungsmethoden werden in Abschnitt 3.1.2 betrachtet.

[22] Vgl. Wolff (2019), S. 502 f., Kromrey u. a. (2016), S. 249, Yin (2018), S. 113 ff. sowie von Rosenstiehl (2019), S. 233.

[23] Vgl. Yin (2018), S. 113.

[24] Scheuch (1973), S. 70 f.

[25] Vgl. Yin (2018), S. 118.

[26] In Abhängigkeit der *Zielstellung*, die über das Interview innerhalb einer Untersuchung verfolgt wird, lassen sich nach BOGNER das explorative, das systematisierende und das theoriegenerierende Interview voneinander abgrenzen. Vgl. Bogner u. a. (2014), S. 22 ff. Mit Blick auf den *Strukturierungsgrad* des Interviewleitfadens können strukturierte, semi-/halb-/teilstrukturierte und unstrukturierte Interviews unterschieden werden. Vgl. Myers und Newman (2007), S. 3 f. sowie Döring und Bortz (2016), S. 359. Für eine *Synopsis qualitativer Interviewformen* anhand der methodologischen Prämissen vgl. Lamnek und Krell (2016), S. 362.

Tabelle 3.1 (Fortsetzung)

Erhebungstechnik	Inhaltliche Aspekte
Gruppendiskussion/Workshop	Als Gruppendiskussion beziehungsweise Workshop kann ein Gespräch mit unterschiedlichen Teilnehmern zu einer spezifischen Problemstellung bezeichnet werden, die der Forscher festlegt, und das dazu dient, Informationen zu gewinnen. Der Fokus liegt auf der Erfassung von Ansichten, Standpunkten sowie Orientierungsmustern einzelner Teilnehmer und/oder der gesamten Gruppe[27]
Beobachtung	Die Beobachtung ist für die Erforschung zahlreicher Themenfelder geeignet. Für die Datenerhebung mittels Beobachtung können beispielsweise Experten oder auch Abläufe in Unternehmen beobachtet werden, mit dem Ziel Handlungsabläufe, Zusammenhänge oder Interaktionsmuster nachzuvollziehen.[28] Hierzu lassen sich zahlreiche Formen der Beobachtung unterscheiden,[29] von denen für den Case Study Approach insbesondere die *direkte* sowie die *teilnehmende Beobachtung* hervorzuheben sind.[30] Während die direkte Beobachtung sich auf die Erfassung des sozialen Verhaltens zum Zeitpunkt des Geschehens bezieht, verweist die teilnehmende Beobachtung auf eine aktive Beteiligung des Beobachters am sozialen Geschehen[31]
physische Artefakte	Im Kontext einer physischen Artefaktanalyse werden materielle Objekte aber auch immaterielle Phänomene mit einem materiellen Bezug erfasst und untersucht. Diese können sich beispielsweise aus Kunstwerken, Instrumenten, technischen Geräten oder Software zusammensetzen[32]

[27] Vgl. Lamnek und Krell (2016), S. 384 und 388 f., Atteslander (2010), S. 141, Young (2002), S. 10 f. und Bohnsack (2019), S. 369 ff.

[28] Vgl. Thierbach und Petschick (2014), S. 855.

[29] Für eine Einteilung der unterschiedlichen Beobachtungsverfahren vgl. Häder (2015), S. 310 ff.

[30] Vgl. Yin (2018), S. 114 und 121 ff.

[31] Vgl. Lamnek und Krell (2016), S. 528 f.

[32] Vgl. Lueger und Froschauer (2018), S. 8 sowie Yin (2018), S. 125.

Begründung des Case Study Approach für die vorliegende Arbeit

Für die Exploration der präventiven Konzeptabsicherung in den frühen Phasen des automobilen Produktentwicklungsprozesses bietet sich die Case Study als geeigneter Forschungsansatz aus mehreren Gründen an:[33]

- Mit der Untersuchung soll die präventive Konzeptabsicherung in den frühen Phasen des automobilen Produktentstehungsprozesses *exploriert* werden, um auf Grundlage von *typischen Abläufen und Handlungsweisen* Anforderungen an eine IT-basierte Entscheidungsunterstützung zu identifizieren. Dies deckt sich mit dem grundsätzlichen Erkenntnisinteresse und den Vorteilen des Case Study Approach.
- Vor dem Hintergrund des Erkenntnisziels dieser Arbeit bietet der für den Case Study Approach typische *Methoden-Mix* die Möglichkeit, einen *tiefen Einblick* in die präventive Konzeptabsicherung der Automobilentwicklung zu erhalten, um beispielsweise relevante Abhängigkeiten zu erkennen und sowohl die Ist-Situation als auch Potentiale aus unterschiedlichen Perspektiven zu ermitteln.
- Aufgrund der Orientierung an branchenspezifischen Standards und der Einhaltung von branchenbezogenen Vorschriften deutet sich auf Basis der Literatur außerdem ein hoher Übereinstimmungsgrad zwischen den automobilen Produktentstehungsprozessen der unterschiedlichen Fahrzeughersteller an und damit auch für die daraus resultierenden Problemstellungen und Entscheidungsbedarfe der präventiven Konzeptabsicherung.[34] Auf dieser Grundlage lässt sich daher die Annahme treffen, dass es sich bei der Untersuchung von Inhalten der frühen Phasen der Automobilentwicklung, wie beispielsweise der präventiven Konzeptabsicherung, um einen *typischen Fall* handelt. Dies bedeutet für das Erkenntnisziel dieser Arbeit, dass sich durch die Einbeziehung weiterer Automobilhersteller kein zusätzlicher, substantiell das Single-Case Design übersteigender Erkenntnisgewinn erzielen lassen würde.
- Die konkreten Abläufe und Inhalte der präventiven Absicherung von Produktkonzepten in den frühen Phasen der Fahrzeugentwicklung beziehen sich vorwiegend auf strategische und wettbewerbsrelevante Umfänge. Die damit verbundenen Daten sind größtenteils als vertraulich oder sogar geheim klassifiziert. Über ein gemeinsames und langfristig angelegtes Projekt des Automobilherstellers mit dem Lehrstuhl für Wirtschaftsinformatik I der Universität

---

[33] Die Begründung referenziert auf die im vorangegangenen Abschnitt aus der Literatur abgeleiteten Vorteile und Stärken des Case Study Approaches. Die entsprechenden Textpassagen sind *kursiv* markiert.

[34] Vgl. Abschnitt 2.2.1. Weiterhin zeigt Abschnitt 2.3 auf, dass dies auch für die im Rahmen dieser Arbeit relevanten Methoden und Ansätze des Qualitätsmanagements gilt.

Stuttgart bietet sich dem Autor dieser Arbeit daher die Möglichkeit, bezogen auf die präventive Konzeptabsicherung, *Zugriff auf einen Untersuchungsbereich zu erlangen, der bisher kaum tiefgreifend exploriert werden konnte.*

3.1.2 Konzeption und Auswahl der Case Study

Das Hauptziel der Exploration ist die *Gewinnung von Erfahrungswissen in Bezug auf die präventive Absicherung von Produktkonzepten in den frühen Phasen des automobilen Produktentstehungsprozesses*, um daraus Erkenntnisse für die Erstellung eines IT-basierten Konzepts zur Entscheidungsunterstützung abzuleiten. Hierzu werden nachfolgend der Bezugsrahmen und der Forschungsablauf sowie der für die Case Study ausgewählte Automobilhersteller vorgestellt.

Bezugsrahmen und Forschungsablauf.
Die Konzeptualisierung der empirischen Untersuchung im Rahmen des Case Study Approach erfolgt auf Grundlage eines Bezugsrahmens.[35] Dieser orientiert sich an dem im vorangegangenen Abschnitt vorgestellten *eingebetteten Case Study Design* nach YIN. Dies bietet den Vorteil, unterschiedliche Untersuchungseinheiten im Zuge der Exploration angemessen berücksichtigen zu können.[36] Abbildung 3.3 zeigt den Bezugsrahmen dieser Untersuchung, der sich aus dem *Untersuchungskontext*, dem *Case* sowie den *eingebetteten Untersuchungseinheiten* zusammensetzt.

Innerhalb des Bezugsrahmens bilden ***die frühen Phasen des automobilen Produktentstehungsprozesses*** den Untersuchungskontext der Case Study. Der Case selbst fokussiert die ***präventive Konzeptabsicherung.*** Die Binnenstruktur des Cases ergibt sich durch die einzelnen Untersuchungseinheiten, die sich der ***Erhebung und Bewertung der Ist-Situation*** sowie der ***Erhebung und Bewertung von Potentialen und Anforderungen*** zuordnen lassen. Die Untersuchungseinheiten zur Erhebung und Bewertung der Ist-Situation setzen sich aus den ***Aufgaben,*** den ***Aufgabenträgern,*** den ***Methoden und Ansätzen der Informationsgewinnung*** sowie den ***Anwendungssystemen*** zusammen. Die Erhebung und Bewertung von Potentialen und Anforderungen umfasst ***Potentiale und Anforderungen*** als Untersuchungseinheit.

Der ***Informationsbedarf*** der Aufgabenträger umfasst sowohl den objektiven Informationsbedarf, der vorwiegend aus den strukturierten Aufgaben resultiert,

[35] Vgl. Kubicek (1977), S. 17 ff.

[36] Vgl. Abschnitt 3.1.1.

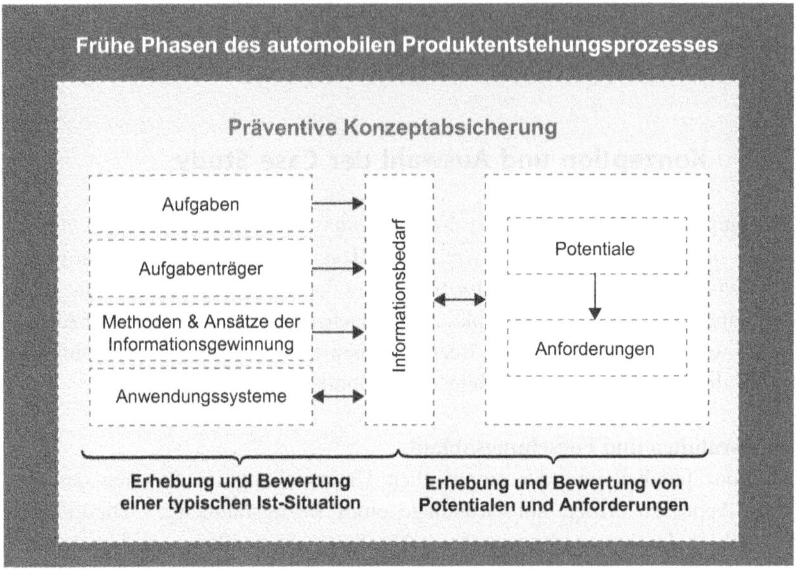

Abbildung 3.3 Bezugsrahmen der Case Study[37]

als auch den subjektiven Informationsbedarf, der sich überwiegend aus den unstrukturierten Aufgaben ergibt.[38] Während ersterer aus den Aufgaben mit informationsorientierten Analysen abgeleitet werden kann, lässt sich letzterer aufgrund der subjektiven Komponenten über die Aufgabenträger erheben.[39] Der Informationsbedarf wird damit durch die Aufgaben sowie die Aufgabenträger bestimmt. Die Methoden und Ansätze der Informationsgewinnung beziehen sich vorwiegend auf Prozesse,[40] deren Ergebnisse und Erkenntnisse die Aufgabenerfüllung der präventiven Absicherung von Produktkonzepten unterstützen und damit ebenfalls den Informationsbedarf bestimmen. Die Anwendungssysteme dienen der Informationsversorgung und damit der Deckung des Informationsbedarfs der Aufgabenträger. Der ungedeckte Informationsbedarf der Aufgabenträger ist Gegenstand der Potentiale und Anforderungen.

[37] Eigene Darstellung.

[38] Vgl. Koch (2014), S. 34.

[39] Vgl. Sun (2014), S. 78 f.

[40] Dies umfasst beispielsweise auch die Rückführung qualitätsbezogener Erkenntnisse aus dem Feld. Vgl. Abschnitt 2.3.

Das Hauptziel der Exploration wird weiterhin über drei Teilziele strukturiert, die aus den Inhalten des Bezugsrahmens resultieren und sich aus der *Analyse des Untersuchungskontextes*, der *Erhebung der Ist-Situation* und der *Identifikation von Potentialen* zusammensetzen. Abbildung 3.4 stellt den themenbezogenen Forschungsablauf entlang der drei Teilziele dar.

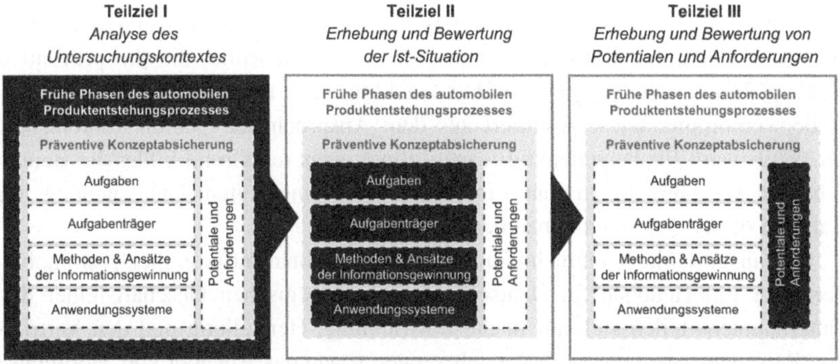

Abbildung 3.4 Teilziele der Exploration[41]

- **Teilziel I** dient der Analyse des Produktentstehungsprozesses des im Rahmen der Case Study untersuchten Automobilherstellers. Dabei findet eine Fokussetzung auf die frühen Phasen der Produktentwicklung statt, da diese den Rahmen der präventiven Konzeptabsicherung vorgeben und somit einen direkten Einfluss auf die Teilziele II und III besitzen.
- **Teilziel II** konzentriert sich auf die Erhebung der Ist-Situation der präventiven Absicherung von Produktkonzepten. Hierzu wird die praktische Ausgestaltung der präventiven Konzeptabsicherung des untersuchten Automobilherstellers über die Aufgaben, Aufgabenträger, Methoden zur Informationsgewinnung sowie die bestehenden Anwendungssysteme erfasst. Die im Vorfeld aus den Grundlagen gewonnenen Inhalte werden dabei durch die praxisbezogenen Erkenntnisse der Case Study überprüft, erweitert und detailliert.

[41] Eigene Darstellung.

- **Teilziel III** fokussiert die Identifikation von Potentialen und Anforderungen. Vor diesem Hintergrund werden die ungedeckten Informationsbedarfe der Aufgabenträger erhoben und daraus Anforderungen an eine IT-basierte Entscheidungsunterstützung abgeleitet und identifiziert.

Auswahl des Automobilherstellers für die Case Study

Die Auswahl des Automobilherstellers für den Case Study Approach dieser Arbeit erfolgt unter anderem aufgrund der zentralen Rolle, die die präventive Konzeptabsicherung in der Produktentwicklung des betreffenden Fahrzeugherstellers einnimmt. Diese resultiert aus dem Anspruch der Qualitätsführerschaft im Wettbewerb für Personenkraftwagen. Einen weiteren Grund bildet die Bereitschaft des Unternehmens an einer langfristig angelegten Untersuchung im Rahmen dieser Arbeit teilzunehmen.

Das ausgewählte Unternehmen ist ein international aufgestellter Automobilhersteller mit Hauptsitz in Deutschland. Die strategischen Geschäftsfelder des Unternehmens teilen sich auf in die Entwicklung, Herstellung und den Vertrieb von Personenkraftwagen und Nutzfahrzeugen sowie das Angebot von Mobilitäts- und Finanzdienstleistungen. Die Produkte des für die vorliegende Arbeit relevanten Geschäftsfelds der Personenkraftwagen lassen sich dem Premiumsegment zurechnen. Das Produkt-Portfolio für Personenkraftwagen umfasst mehrere Marken und deckt von der Klein- bis hin zur Luxusklasse sämtliche Fahrzeugklassen ab.

Das strategische Geschäftsfeld der Personenkraftwagen basiert auf einer Matrixorganisation, die sich aus den verrichtungsbezogenen Bereichen (Linieninstanzen), wie beispielsweise Produktentwicklung, Produktion und Vertrieb, sowie den Produktprojekten als objektbezogenen Querschnittsdimensionen zusammensetzt.[42] Die Organisation ist über insgesamt sechs Hierarchieebenen strukturiert. Diese beinhalten ausgehend von der obersten Managementstufe den Vorstand, Direktionen, Bereiche, Abteilungen und Teams.

3.1.3 Praktische Durchführung der Case Study

Dieser Abschnitt bezieht sich auf den praktischen Forschungsprozess des vorliegenden Case Study Approach, der sich aus der Datenerhebung, der Auswertung

---

[42] Für eine tiefergreifende Betrachtung der Matrixorganisation vgl. Schreyögg und Geiger (2016), S. 86 ff.

des Datenmaterials sowie der Diskussion und Präsentation der Erkenntnisse zusammensetzt.

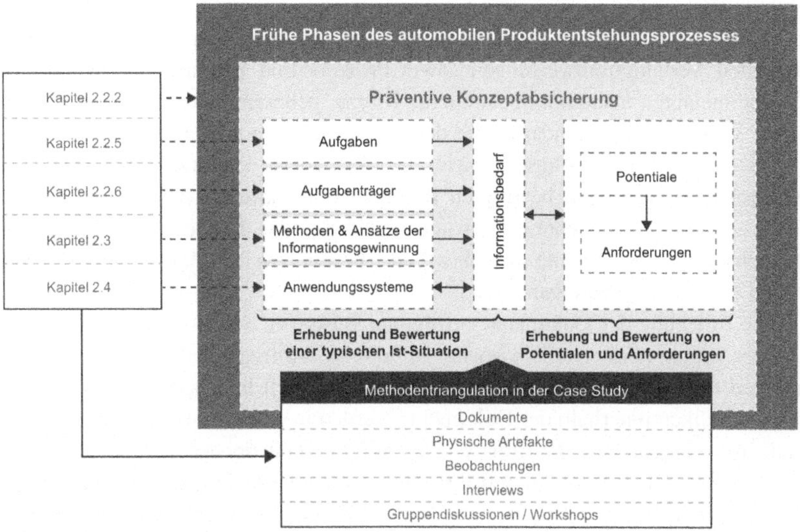

Abbildung 3.5 Methodik der Case Study[43]

Abbildung 3.5 zeigt die Realisierung der Methodik im Kontext des aufgespannten Bezugsrahmens. Die auf Grundlage der Literaturrecherche abgeleiteten theoretischen Vorüberlegungen strukturieren einerseits den grundlegenden Aufbau der Untersuchungseinheiten mit Blick auf den Untersuchungskontext sowie die Ist-Situation und dienen darüber hinaus als Aufsatzpunkt für die Gestaltung der angewandten Methodik der Datenerhebung im Rahmen der Case Study.

Datenerhebung

Mit dem Ziel, ein geschlossenes Bild für die jeweiligen Untersuchungsobjekte zu erreichen, erfolgt eine Triangulation unterschiedlicher Erhebungstechniken. Hierdurch ist es möglich, die auf Basis unterschiedlicher Methoden gewonnenen Befunde miteinander in Beziehung zu setzen.[44] Die Erhebungstechniken der Untersuchung umfassen die Auswertung von Dokumenten und physischen

[43] Eigene Darstellung.

[44] Vgl. Lamnek und Krell (2016), S. 302.

Artefakten sowie die Durchführung von Interviews, Beobachtungen und Gruppendiskussionen.

Dokumente

Die Dokumentenanalyse konzentriert sich auf die zum Zeitpunkt der Erhebung aktuellen Verfahrensanweisungen sowie Prozess- und Aufgabenbeschreibungen des betrachteten Automobilherstellers. Hierzu gehören unternehmensweit geltende Vorgaben und Standards, die den Ablauf des Produktentstehungsprozesses projektübergreifend festlegen sowie die Aufgaben, Verantwortlichkeiten und Kompetenzen der daran beteiligten Rollen und Funktionen definieren. Darüber hinaus werden Dokumente erfasst und berücksichtigt, die sich auf projekt- und bereichsspezifische Inhalte beziehen, wie beispielsweise Management-Reports oder Entscheidungsvorlagen.

Die Erhebung der Dokumente erfolgt auf Basis von Stichwortsuchen im Intranet des Automobilherstellers sowie auf direkte Anfrage bei Ansprechpartnern aus den relevanten Unternehmensbereichen. Potentiell interessante Textpassagen sowie Grafiken innerhalb der Dokumente werden in einem ersten Schritt markiert und grob kategorisiert. Um die Wiederauffindbarkeit der relevanten Inhalte im Rahmen der Auswertung zu gewährleisten, wird eine Dokumentenliste angelegt, die den Titel, das Veröffentlichungsdatum, die Quelle sowie die zugewiesenen Kategorien je Dokument umfasst.

Physische Artefakte

Die Untersuchung physischer Artefakte fokussiert die im Kontext der präventiven Absicherung von Produktkonzepten relevanten und durch die Aufgabenträger eingesetzten Anwendungssysteme des betrachteten Unternehmens. Die Identifikation der Anwendungssysteme erfolgt über das Intranet des Unternehmens sowie auf Grundlage weiterer Erhebungsverfahren, wie beispielsweise durch Angaben der Befragten in den Interviews und Gruppendiskussionen. Die Untersuchung der entsprechenden Anwendungssysteme wird entlang vorab festgelegter Kategorien protokolliert. Diese umfassen unter anderem

- Die (interne) Bezeichnung des Anwendungssystems
- Die Aufgabenschwerpunkte des Anwendungssystems
- Die Daten, die über das Anwendungssystem verarbeitet werden und
- Die Klassifizierung als Individual- oder Standardlösung

Beobachtung

Die Beobachtung wird in der vorliegenden Arbeit als flankierende Erhebungstechnik genutzt. Zielstellung ist es, über die unmittelbare Teilnahme an den typischen Abläufen des Unternehmens ein tieferes Verständnis für die „gelebten" Entscheidungsprozesse zu gewinnen sowie Ansatzpunkte in Bezug auf relevante Phänomene zu finden, die im Rahmen der Interviews oder Gruppendiskussionen mit aufgenommen und ergänzt werden können. Relevante Beobachtungen werden über Feldnotizen protokolliert,[45] die sich aus der Beobachtungssituation (beispielsweise der exakten Bezeichnung eines Gremiums), dem Datum, der Dauer, der Teilnehmerstruktur sowie den relevanten Beobachtungsinhalten zusammensetzen. Die im Zuge der Untersuchung durchgeführten Beobachtungen lassen sich in Anlehnung an FRIEDRICHS charakterisieren als:[46]

- Natürliche Beobachtung, da die Beobachtungssituation innerhalb der regulären Abläufe des Unternehmens, beispielsweise im Rahmen von projektbezogenen Entscheidungsgremien, stattfindet.
- Offene Beobachtung, da der Forscher sich klar als solcher zu erkennen gibt und die Teilnehmer der Beobachtungssituation vorab über die Zielsetzung seiner Teilnahme und das Forschungsinteresse in Kenntnis setzt.[47]
- Passiv teilnehmende Beobachtung, da sich der Forscher in der Beobachtungssituation vollständig auf seine Rolle als forschender Beobachter fokussiert und somit nicht aktiv am sozialen Geschehen teilnimmt.[48]
- Unstrukturierte Beobachtung, da die Beobachtung der grundlegenden Informationsgewinnung dient und somit nicht durch ein vorab definiertes Kategoriensystem eingeengt werden soll.

Tabelle 3.2 gibt eine Übersicht der durchgeführten Beobachtungen. Hierbei werden Angaben zur organisatorischen Zuordnung, Managementebene, Dauer und Häufigkeit der jeweiligen Beobachtungssituation gemacht.

---

[45] Vgl. Przyborski und Wohlrab-Sahr (2014), S. 49 ff.

[46] Vgl. Friedrichs (1990), S. 272 f.

[47] Vgl. Przyborski und Wohlrab-Sahr (2014), S. 43 f.

[48] Vgl. Atteslander (2010), S. 93.

Tabelle 3.2 Übersicht der durchgeführten Beobachtungen[49]

Beobachtungssituation	Organisatorische Zuordnung	Managementebene	Dauer der Beobachtung je Teilnahme	Häufigkeit der Beobachtung
Entscheidungsgremium Produktqualität Gesamtprojekt	Projektbezogen	Abteilungsleiter	90 min	Einmalige Teilnahme
Entscheidungsgremium Produktqualität Fahrzeuginterieur	Linie/Projektübergreifend	Bereichsleiter	90 min	16-fache Teilnahme
Arbeitskreis Qualitätsabsicherung frühe Phase	Projektbezogen	Teamleiter	90 min	Einmalige Teilnahme
Projektleitersitzung	Projektbezogen	Abteilungsleiter	60 min	Einmalige Teilnahme
Erstellung einer FMEA	Projektbezogen	Fachfunktion	60 min	Einmalige Teilnahme

[49] Bei den Beobachtungssituationen handelt es sich mit Ausnahme der „Erstellung einer FMEA“ um Entscheidungsgremien in der Produktentwicklung. Der Teilnehmerkreis sämtlicher Beobachtungssituation ist interdisziplinär besetzt. In der Regel umfasst dies Vertreter aus den Bereichen der Produktentwicklung, der Qualität, der Produktion sowie des Marketings/Vertriebs.

Interviews

Das Interview bildet eines der zentralen Erhebungsinstrumente für den Case Study Approach dieser Arbeit.[50] Hierzu wird eine Interviewreihe durchgeführt, die sich aus insgesamt 20 offenen, leitfadengestützten Interviews mit unterschiedlichen Aufgabenträgern der präventiven Konzeptabsicherung zusammensetzt. Die Interviews der Untersuchung lassen sich ihrer Zielstellung und Form nach abgrenzen als:[51]

- *Ermittelnde Interviews:* Über die Befragung soll sowohl die Ist-Situation erhoben als auch Potentiale mit Blick auf die präventive Konzeptabsicherung identifiziert werden. Die Interviews dienen daher der Erfassung des themenbezogenen Erfahrungswissens der befragten Aufgabenträger in Bezug auf die relevanten Untersuchungseinheiten.
- *Teilstandardisierte Interviews:* Die Befragung wird auf Grundlage eines leitfadenbasierten Gesprächs geführt. Der Interviewleitfaden[52] orientiert sich an den theoretischen Vorüberlegungen der Untersuchungseinheiten und dient als „eine Art Hintergrundfolie“[53], mit deren Hilfe sichergestellt wird, dass sämtliche relevanten Themenstellungen im Verlauf des Interviews angesprochen werden.[54] Der den Interviews zugrunde gelegte Leitfaden ist in Anhang B im elektronischen Zusatzmaterial dieser Arbeit einsehbar.
- *Offene Interviews:* Es werden offene Fragen gestellt und somit keine Antworten vorgegeben. Die Antwortformulierung soll vielmehr durch die Befragten selbst erfolgen, um die aus ihrer Sicht bedeutsamen Aspekte des entsprechenden Themas erfassen zu können.[55] Die Verständlichkeit, Reihenfolge und Detailtiefe der Fragen wird über Pretests abgesichert.[56]

---

[50] Das Interview stellt eines der wichtigsten Erhebungsverfahren im Rahmen des Case Study Approach dar. Vgl. Abschnitt 3.1.1.

[51] Die Einteilung orientiert sich an Lamnek und Krell (2016), S. 315.

[52] Unter einem Leitfaden kann eine vorab festgelegte und systematisch eingesetzte Vorgabe zur Gestaltung des Interviewprozesses verstanden werden, die sich in der Regel aus vorformulierten Fragestellungen zusammensetzt. Die konkrete Ausgestaltung eines Interviewleitfadens kann dabei sehr unterschiedlich ausfallen. Vgl. Helfferich (2014), S. 560.

[53] Witzel (1985), S. 236.

[54] Vgl. Meuser und Nagel (1991), S. 448, Witzel (1985), S. 236 f. und Bogner u. a. (2014), S. 27 f.

[55] Vgl. Kromrey u. a. (2016), S. 351 und Mayring (2015), S. 56.

[56] Die Pretests umfassen die Vorstellung und Diskussion im Rahmen eines Workshops mit Vertretern des Automobilherstellers und der Forschung sowie zwei simulierte Interviews mit Mitarbeitern des untersuchten Automobilherstellers.

- *Einzelinterviews:* Die durchgeführten Interviews sind als Einzelbefragungen angelegt und erfolgen als dyadische Kommunikation zwischen der befragten Person und dem Forscher.[57,58]
- *Face-to-Face-Interviews:* Aufgrund der Vertraulichkeit der Inhalte werden die Interviews mehrheitlich persönlich durchgeführt. Insgesamt finden 19 Interviews „Face-to-Face" statt, während ein Interview auf Wunsch der befragten Person telefonisch durchgeführt wird.

Die interessierende Gruppe an Interviewpartnern setzt sich aus den Aufgaben- und Entscheidungsträgern der präventiven Konzeptabsicherung zusammen. Um eine möglichst umfangreiche Variation innerhalb der entsprechenden Gruppe sicherzustellen, werden Aufgabenträger aus den unterschiedlichen, relevanten Funktionalbereichen und Projekten sowie aus verschiedenen Hierarchiestufen in der Auswahl berücksichtigt.[59]

Auf Grundlage einer bereichs- und aufgabenbezogenen Recherche über das interne Personenverzeichnis konnten erste Ansprechpartner ermittelt werden. Die Kontaktaufnahme erfolgte anschließend via Telefon und E-Mail. Hierbei wurde das Forschungsinteresse dargelegt und auf Wunsch der Interviewleitfaden im Vorfeld des Interviews zugänglich gemacht. Weitere Kontakte ließen sich anschließend über Empfehlungen nach dem Schneeballverfahren akquirieren.[60]

Die Interviews wurden verteilt über einen Zeitraum von acht Monaten geführt. Die Dauer der Interviews variierte in Abhängigkeit der verfügbaren Zeit der Befragten zwischen 30 und 90 min. Zu Beginn des Interviews wurden die Befragten um ihre Zustimmung bezüglich einer Tonbandaufzeichnung des Gesprächs gebeten. Hierfür gab die Hälfte der Befragten ihr Einverständnis. Die Tonbandmitschnitte wurden anschließend transkribiert.[61] Für die restlichen Interviews wurden gesprächsbegleitend handschriftliche Notizen gemacht. Auf Grundlage der Mitschriften wurden unmittelbar im Anschluss an die jeweiligen Interviews Gedächtnisprotokolle erstellt.[62] Die Struktur der Interviewpartner ist nachfolgend anhand der Positionen dargestellt:

---

[57] Vgl. Döring und Bortz (2016), S. 359.

[58] Bei drei Interviews war eine zweite Person, die den Kontakt zu den entsprechenden Interviewpartnern hergestellt hat, als passiv-teilnehmender Beobachter anwesend.

[59] Vgl. Helfferich (2014), S. 172 ff.

[60] Vgl. Häder (2015), S. 175 und Bogner u. a. (2014), S. 35.

[61] Transkription bezeichnet die umfassende Verschriftlichung verbal erfassten Materials. Vgl. Bogner u. a. (2014), S. 41 f. und Mayring (2016), S. 89.

[62] Gedächtnisprotokolle stellen eine akzeptable Form der Protokollierung dar, sofern der Inhalt des Gesagten (was wurde gesagt) wichtiger als die Form (wie wurde etwas gesagt)

- Abteilungsleiter Strategiephase Produktprojekte
- Bereichsleiter Qualität Produktprojekte Kompaktklasse
- Bereichsleiter Qualität Produktprojekte Luxusklasse
- Abteilungsleiter Qualität frühe Phase
- Qualitätsmanager frühe Phasen (zwei Personen)
- Qualitätsmanager Methoden
- Bereichsleiter Produktentwicklung (zwei Personen)
- Bereichsleiter Produktprojekte Mittelklasse
- Abteilungsleiter Produktentwicklung (drei Personen)
- Teamleiter Produktentwicklung (sechs Personen)
- Teamleiter Vertrieb & Marketing

Gruppendiskussionen/Workshops

In Ergänzung zu den Einzelinterviews werden über den Erhebungszeitraum verteilt insgesamt vier durch den Forscher geleitete Workshops durchgeführt. Der Teilnehmerkreis setzt sich aus unterschiedlichen Aufgabenträgern der präventiven Konzeptabsicherung zusammen.[63] Die Workshops dienen einerseits der Validierung sowie inhaltlichen Ergänzung bereits gewonnener Erkenntnisse und andererseits fungieren sie als Vorbereitungsverfahren mit Blick auf die Durchführung weiterer Erhebungsmethoden. Hierzu wird im Rahmen der Workshops eine kritische Reflexion und Diskussion der erarbeiteten Inhalte des Erhebungsprozesses angestrebt. Zielstellung ist es dabei, sowohl die Meinungen und Einstellungen einzelner Teilnehmer als auch die der gesamten Gruppe im Sinne einer kollektiven Orientierung zu erfassen.[64]

ist. Dies trifft auf die vorliegende Untersuchung zu. Den potentiellen Informationsverlusten einer fehlenden Tonbandaufzeichnung mit anschließender Transkription steht zudem eine oftmals größere Offenheit der Interviewpartner bezüglich vertraulicher Inhalte gegenüber. Vgl. Gläser und Laudel (2010), S. 157, 171 und 192 f.

[63] Die teilnehmenden Aufgabenträger stammen aus den Bereichen Produktentwicklung und Qualitätsmanagement.

[64] Vgl. Lamnek und Krell (2016), S. 388 f. sowie Przyborski und Wohlrab-Sahr (2014), S. 93.

Auswertung des Datenmaterials und Darstellung der Erkenntnisse.
Die Auswertung des erhobenen Datenmaterials erfolgt auf Basis einer qualitativen Inhaltsanalyse.[65] Die Vorgehensweise der Auswertung lässt sich von der Kategorienbildung[66] bis hin zur Erkenntnispräsentation in fünf Phasen unterteilen, deren Ablaufschema in Abbildung 3.6 dargestellt ist.

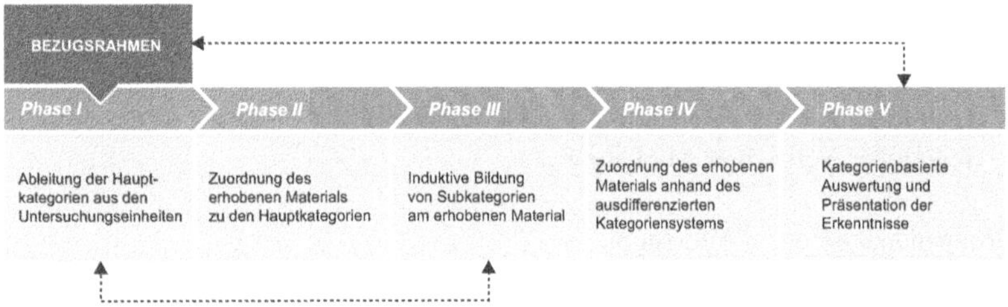

Abbildung 3.6 Ablaufschema des Auswertungsprozesses[67]

In **Phase I** werden die Hauptkategorien der Auswertung deduktiv aus den festgelegten Untersuchungseinheiten des Bezugsrahmens abgeleitet. Anschließend wird in **Phase II** das verfügbare Datenmaterial der unterschiedlichen Erhebungsverfahren zusammengefasst und auf die Hauptkategorien verteilt. Innerhalb der Hauptkategorien werden in **Phase III** induktiv, das heißt direkt am empirischen Datenmaterial, Subkategorien gebildet. Auf Basis mehrerer Iterationsschleifen werden die Subkategorien mit Blick auf ihre Kontrastierung überprüft und bei Bedarf zusammengefasst, angepasst oder ergänzt, mit dem Ziel, ein möglichst ausdifferenziertes Kategoriensystem zu erhalten.[68] Dies stellt die Grundlage für die **Phase IV** dar, in der das gesamte Datenmaterial erneut durchgegangen und

[65] Für eine Übersicht der unterschiedlichen qualitativen Auswertungsverfahren vgl. Gläser und Laudel (2010), S. 43 ff.

[66] Die Kategorienbildung beschreibt die Erarbeitung einer Struktur, nach der das erhobene Datenmaterial auf seine Merkmale hin untersucht sowie spezifischen Begriffen zugeordnet wird. Vgl. Lamnek und Krell (2016), S. 711.

[67] Eigene Darstellung in Anlehnung an Kuckartz (2018), S. 100 und Mayring (2015), S. 70.

[68] In der vorliegenden Arbeit wird somit eine Mischform aus A-priori-Kategorienbildung (deduktiv) und Kategorienbildung direkt am Material (induktiv) eingesetzt. KUCKARTZ spricht in diesem Zusammenhang daher auch von einer deduktiv-induktiven Kategorienbildung. Diese bietet unter anderem den Vorteil auch unerwartete Sachverhalte im Datenmaterial adäquat berücksichtigen zu können. Vgl. Kuckartz (2018), S. 95 f.

anhand des ausdifferenzierten Kategoriensystems zugeordnet wird.[69] In **Phase V** folgt die kategorienbezogene Auswertung und schließlich die Präsentation der Erkenntnisse.

In den nachfolgenden Abschnitten werden die Erkenntnisse aus der Case Study entlang der drei Teilziele sowie der darin enthaltenen Untersuchungseinheiten des Bezugsrahmens vorgestellt und diskutiert.

3.2 Teilziel I: Analyse der Gestaltung der frühen Produktentstehungsphasen des untersuchten Automobilherstellers

Im Fokus der Case Study steht die präventive Absicherung von Produktkonzepten als Gegenstand des Qualitätsmanagements in den frühen Phasen von Fahrzeugentwicklungsprojekten. In einem ersten Schritt wird daher der Produktentstehungsprozess des an dieser Studie teilnehmenden Automobilherstellers mit Blick auf die Ausgestaltung in den frühen Phasen betrachtet. Dies dient als Grundlage und Kontext für die daran anschließende Analyse der Ausgestaltung der präventiven Konzeptabsicherung im Rahmen der frühen Phasen.

3.2.1 Aufbau und Struktur des automobilen Produktentstehungsprozesses

Der generische[70] Produktentstehungsprozess des untersuchten Automobilherstellers setzt sich auf der Ebene des Gesamtfahrzeugs für ein Neuproduktprojekt

[69] Im Rahmen der Zuordnung können Inhalte auch mehreren Kategorien zugewiesen werden. Beispielsweise kann die Beschreibung einer Tätigkeit sowie deren Kontext sowohl für die Kategorie *Aufgabe* als auch für die Kategorie *Verbesserungspotentiale und Anforderungen* Relevanz besitzen.

[70] Ein *generischer* Produktentstehungsprozess bezeichnet einen allgemeinen Projektplan, die damit verbunden Inhalte sowie deren zeitliche Abfolge. Der generische Produktentstehungsprozess setzt verbindliche Vorgaben sowie Standards und dient dem Unternehmen (sowie den eingebundenen Lieferanten) gleichzeitig als Vorlage sowie Orientierungshilfe bei der Entwicklung eines konkreten Fahrzeugprojekts.

(NPP)[71] aus der Konzeptions- und der Ausführungsphase zusammen. Die Ausführungsphase unterteilt sich dabei in die Formfindungs-, Fahrzeugintegrations- und Industrialisierungsphase. Für den gesamten Produktentstehungsprozess sind beginnend mit dem *Projektstart* bis zum *Start of Production* insgesamt zehn Quality Gates als Kontrollpunkte definiert, an denen die zwischen der Fahrzeugprojektleitung und den beteiligten Projektlieferanten vereinbarten und beschriebenen Leistungsbündel hinsichtlich Vollständigkeit und Qualität zu evaluieren sind, um eine Freigabe für die nächste Entwicklungsstufe zu erhalten. Der Fahrzeugentwicklungsprozess bündelt darüber hinaus über 30 ressortspezifische Prozessspuren, zu denen unter anderem die Gesamtprojekts-, Marketing-, Design- und Qualitätsprozesse gehören. Die einzelnen Bereichsprozesse sind zudem jeweils über eigene Meilensteine strukturiert, die zwischen den Quality Gates die Bewertung und Absicherung des Produktreifegrads unterstützen sowie als Synchronisationspunkte zwischen den verschiedenen Kernprozessen fungieren.

Abbildung 3.7 zeigt den Produktentstehungsprozess des untersuchten Automobilherstellers für ein Neuproduktprojekt sowie eine schematische Darstellung der Bereichsprozesse, die inhaltlich und zeitlich in Abhängigkeit bestimmter Quality Gates stehen.

[71] Ein *Neuproduktprojekt* ist bei dem untersuchten Automobilhersteller in der Regel Teil eines gesamten Baureihenclusters, das sich aus einer *Führungsbaureihe*, beispielsweise einer Limousine sowie den daraus abgeleiteten *Derivaten*, beispielsweise einem Cabrio zusammensetzt. Hierbei weist die Führungsbaureihe einen hohen Innovationsgrad auf und ist prägend für das gesamte Baureihencluster, während sich die Derivate durch einen hohen Übernahmeanteil an Produktkonzepten innerhalb des entsprechenden Baureihenclusters auszeichnen.

Vor dem Hintergrund des Lifecycle Managements lassen sich darüber hinaus zwei weitere Prozessarten für ein Fahrzeugprojekt voneinander abgrenzen. Hierzu zählen das sogenannte Änderungsjahr, das vorrangig einer jährlich getakteten Paketierung technischer Anpassungen und Verbesserungen in der laufenden Serie dient sowie die Modellpflege, die neben technischen auch durch sichtbare Überarbeitungen an Exterieur und Interieur auf für Kunden wahrnehmbare Produktmerkmale während des Lifecycles abzielt.

Insbesondere bei der Entwicklung von Derivaten und der Modellpflege werden, obgleich verkürzt, alle relevanten Entwicklungsphasen durchlaufen. Daher werden diese beiden Prozessarten nicht gesondert betrachtet. Das Änderungsjahr besitzt selbst keine frühen Phasen und steht daher nicht im Fokus der Betrachtung.

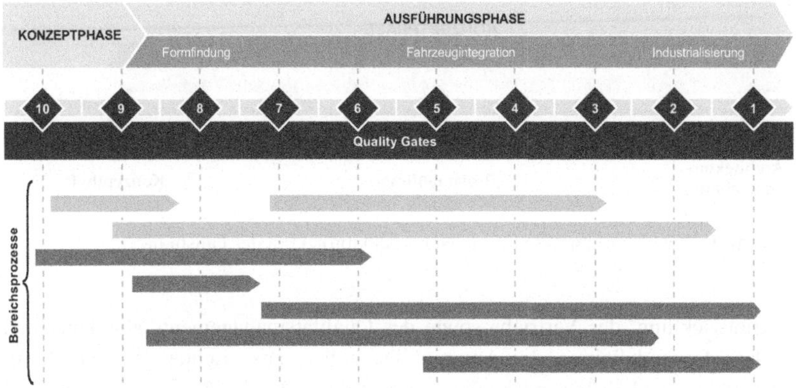

Abbildung 3.7 Fahrzeugentwicklungsprozess für ein Neuproduktprojekt in der Fallstudie[72]

3.2.2 Ablauf und Inhalte der frühen Phasen der Fahrzeugentwicklung

Die frühen Phasen werden zusammenfassend als Konzeptphase bezeichnet und sind in der vorliegenden Fallstudie als ein projektbezogener Zeitabschnitt definiert, der mit der Freigabe eines zielkonformen und widerspruchsfreien Konzeptheft endet. Die Konzeptphase wird weiterhin in zwei Abschnitte aufgegliedert, die im untersuchten Fall als *Vorsteuernde Phase* und *Strategiephase* bezeichnet werden. Abbildung 3.8 zeigt die beiden Phasen als Bestandteile der Konzeptphase für ein Neuproduktprojekt.

Die **Vorsteuernde Phase** bildet dabei den ersten Abschnitt der Konzeptphase. Der Architekturentscheid, das heißt die Festlegung auf eine spezifische Produktarchitektur, kennzeichnet den Übergang von den fahrzeugprojektunabhängigen zu den fahrzeugprojektspezifischen Aktivitäten und markiert gleichzeitig den Beginn der Konzeptphase. Der Fokus der Vorsteuernden Phase liegt auf der Vorbereitung und Installation der Projektorganisation sowie in der Festlegung und bereits groben Absicherung der Anforderungen an das Fahrzeugprojekt. Die entsprechenden Anforderungen werden hierbei aus aktuellen Erkenntnissen der beteiligten Funktionalbereiche, wie beispielsweise der Strategie, des Marketings,

[72] Eigene Darstellung. Auf eine detaillierte Aufzählung der zu den jeweiligen Quality Gates geforderten Inhalte wird in der Darstellung verzichtet, da es sich hierbei um vertrauliche Informationen handelt.

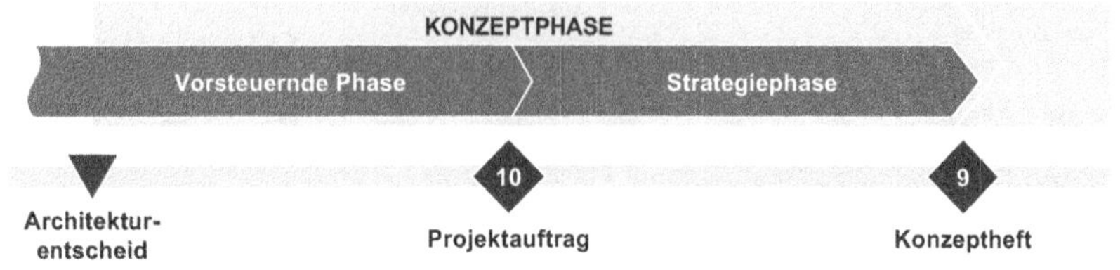

Abbildung 3.8 Konzeptphase für ein Neuproduktprojekt in der Fallstudie[73]

der Entwicklung, des Vertriebs sowie des Qualitätsmanagements abgeleitet und an der Markendefinition des Automobilherstellers ausgerichtet. Wesentlich für diese Phase sind insbesondere die Sicherstellung der Verfügbarkeit aller technischen und inhaltlichen Produktparameter, der Entwurf und die erste Auswahl potentieller Fahrzeuginhalte sowie die Plausibilisierung betriebswirtschaftlicher Zielleitplanken, die als Eingangsprämissen bis zum Projektstart vorliegen müssen. Darüber hinaus wird mit der Feststellung der Prinziptauglichkeit die prinzipielle Realisierbarkeit technischer Konzepte auf Grundlage von Berechnungen, Simulationen, Versuchsmustern und Expertenaussagen bewertet. Die Vorsteuernde Phase endet mit der Freigabe des Projektstarts.

Die anschließende Prozesspassage von Projektstart bis zur Fertigstellung eines zielkonformen und widerspruchsfreien Konzepthefts bildet den zweiten Abschnitt innerhalb der Konzeptphase und wird in der Fallstudie als **Strategiephase** bezeichnet. Zu den Schwerpunkten der Strategiephase zählen unter anderem die Auswahl aller Konzepte für ein Fahrzeugprojekt sowie die daran anknüpfende Feststellung und Bestätigung der Konzepttauglichkeit für sämtliche konzeptrelevanten Fahrzeugkomponenten und -systeme. Mit der Konzepttauglichkeit wird die Realisierbarkeit technischer Konzepte anhand von Berechnungen, Simulationen (digitale Absicherung) und Versuchsmustern verifiziert. Die hieraus resultierenden Ergebnisse bilden die Grundlage für die Erstellung eines konfliktfreien Konzepthefts, mit dessen Fertigstellung die Konzeptphase endet und die Serienentwicklung als nächste Phase einsetzt.

[73] Eigene Darstellung.

3.3 Teilziel II: Analyse der Ausgestaltung der präventiven Absicherung von Produktkonzepten im Case

In den folgenden Abschnitten werden die Erkenntnisse mit Blick auf die Ausgestaltung der präventiven Konzeptabsicherung für den untersuchten Case präsentiert. Dies umfasst die Zielstellung und die Aufgaben der präventiven Absicherung von Produktkonzepten sowie die dazugehörenden Aufgabenträger. Anschließend werden die Erkenntnisse hinsichtlich der relevanten Methoden und Ansätze zur Informationsgewinnung sowie der damit verbundenen Informationssysteme vorgestellt.

3.3.1 Zielstellung und Aufgaben

Das Qualitätsmanagement besitzt beginnend mit den frühen Phasen der Fahrzeugentwicklung eine eigene Prozessspur im Rahmen des Produktentstehungsprozesses. Diese setzt sich wiederum selbst aus unterschiedlichen Einzelprozessen zusammen, von denen einer der präventiven Absicherung von Produktkonzepten zugeordnet werden kann. Für diese lassen sich in den frühen Phasen vor dem Hintergrund der übergeordneten Zielstellungen des Fahrzeugentwicklungsprozesses[74] insgesamt zwei Hauptziele identifizieren. Diese setzen sich zusammen aus der *Vermeidung von Fehlern* und der *Sicherstellung einer lückenlosen und kontinuierlichen Begleitung des Neuproduktprojekts.* Die genannten Ziele der präventiven Konzeptabsicherung werden im Folgenden konkretisiert.

- Die **Vermeidung von Fehlern** stellt für die präventive Konzeptabsicherung des untersuchten Automobilherstellers die primäre Zielsetzung dar und basiert auf zwei Teilzielen, die sich aus der *Sicherstellung der Kundenorientierung* sowie der *Absicherung technischer Risiken* zusammensetzen. Die Sicherstellung der Kundenorientierung fokussiert dabei maßgeblich die Ausrichtung konzeptrelevanter Entscheidungen an den identifizierten Kundenanforderungen. Hierunter fällt auch die Sensibilisierung der Entscheidungsträger dafür, dass sich Produktkonzepte *„nicht nur bei Kosten und Gewicht, sondern auch in der Kundenperzeption unterscheiden können“*[75] sowie die Schaffung von Transparenz hinsichtlich der Auswirkung eines Konzeptentscheids auf die

[74] Vgl. Abschnitt 3.2.1.

[75] Abteilungsleiter Qualität frühe Phase.

Kundenzufriedenheit. Im Mittelpunkt dieses Teilziels steht somit die Vermeidung von Fehlern durch die Absicherung subjektiver Qualitätsaspekte. Die Absicherung technischer Risiken konzentriert sich indes auf *„das Erkennen von möglichen Risiken in der Technologie und in deren Komplexität“*[76] sowie die Bewertung und Priorisierung der identifizierten Risiken, um wirksame Maßnahmen bereits frühzeitig ab- und einleiten zu können. Der Schwerpunkt dieses Teilziels lässt sich daher in der Vermeidung von Fehlern durch die Absicherung objektiver Qualitätsaspekte verorten.

- Mit der **Sicherstellung einer lückenlosen und kontinuierlichen Begleitung des Neuproduktprojekts** als weiterer Zielstellung wird darüber hinaus die Bedeutung einer durchgängigen Verantwortung und Steuerung der präventiven Konzeptabsicherung für die Konzeptqualität in den frühen Phasen zur Erreichung der Qualitätsziele hervorgehoben. Hierzu gilt es entlang der gesamten Gremienlandschaft der frühen Fahrzeugprojektphasen zu gewährleisten, dass konzeptrelevante Themenstellungen grundsätzlich unter qualitätsorientierten Gesichtspunkten beurteilt werden. In diesem Kontext konkurriert die Konzeptqualität zumeist insbesondere mit den Kostenzielen, den Designanforderungen und den Gewichtszielen. *„Ein Auto zu entwickeln [kann daher als] der Umgang mit Zielkonflikten von der ersten bis zur letzten Sekunde“*[77] beschrieben werden.

Im Folgenden werden die Erkenntnisse aus der Aufgabenanalyse entlang der in Abschnitt 2.2.5 erarbeiteten Aufgabenstruktur vorgestellt. Die im Rahmen der Case Study für den untersuchten Automobilhersteller ermittelten Einzelaufgaben und Tätigkeiten werden hierzu den Hauptaufgaben zugeordnet und ergänzen diese.

Auswertung von Kundenrückinformationen

Für die Auswertung der Kundenrückinformationen werden bei dem untersuchten Automobilhersteller insbesondere die Qualitätsthemen herangezogen, die den Fehlerabstellprozess bereits vollständig durchlaufen haben und abschließend dokumentiert wurden. Zu diesem Zweck erstellt das Qualitätsmanagement des Automobilherstellers mit Beginn der frühen Phasen des Fahrzeugentwicklungsprozesses unter anderem sogenannte Qualitäts-Masterlisten, die sich aus den

---

[76] Abteilungsleiter Produktentwicklung.

[77] Bereichsleiter Produktentwicklung.

priorisierten Erkenntnissen der vorangegangenen Baureihe(n)[78] zusammensetzen. Die Priorisierung der Inhalte ergibt sich in der Regel aus der Reklamationshäufigkeit und dem Schadensausmaß. Im Fokus der Betrachtung stehen die Fehlerursachen sowie die Lessons Learned. Bereits vor der Festlegung der ersten Fahrzeuginhalte treffen sich Vertreter des Qualitätsmanagements und der Produktentwicklung in regelmäßigen Abständen, um in gemeinsamen Workshops die konzeptbezogenen Erfahrungen aus den Top-Themen der Qualitäts-Masterliste im Rahmen des aktuellen Fahrzeugprojekts sicherzustellen.

Ermittlung des aktuellen Qualitätsstands

Über die Ermittlung des aktuellen Qualitätsstands sollen potentielle Probleme mit Blick auf die aktuelle Konzeptauswahl identifiziert werden. Die identifizierten Themen bilden die Grundlage für die Bewertung und Beurteilung des aktuellen Qualitätsstands.

Den Ausgangspunkt für die Ermittlung des aktuellen Qualitätsstands bilden die für das betrachtete Fahrzeugprojekt geplanten Produktkonzepte. Hierzu gehören sämtliche Konzepte, die als zukünftige Fahrzeuginhalte vorgesehen sind. Hierunter fallen sowohl Produktkonzepte, die unverändert, mit geringfügigen oder mit umfangreichen Modifikationen aus vorangegangen Fahrzeugprojekten in das Neuproduktprojekt übernommen werden als auch neue und innovative Produktkonzepte, die erstmalig verbaut werden sollen. Da die Fahrzeuginhalte und damit auch die Konzeptauswahl erst mit der Freigabe des Konzepthefts final vorliegen, gilt es Veränderungen in Bezug auf die Konzeptzusammenstellung regelmäßig zu erfassen und zu aktualisieren. Hierdurch können die Ermittlungsaktivitäten am jeweils gültigen Stand der Fahrzeuginhalte ausrichtet werden.

In Abhängigkeit vom Neuheitsgrad eines Konzepts werden im Rahmen der Ermittlung unterschiedliche Schwerpunkte gesetzt.

- Für die Produktsubstanz, das heißt Produktkonzepte, die als Übernahmekonzepte unverändert oder mit geringfügigen Anpassungen und somit nahezu baugleich aus einem vorangegangenen Fahrzeugprojekt übernommen werden, fußt die Ermittlung insbesondere auf den Auswertungsergebnissen der Kundenrückinformationen. Hierzu werden das Kundenfeedback und die Reklamationen des reaktiven Qualitätsmanagements analysiert und anschließend mit Blick auf die geplanten Fahrzeuginhalte des Neuproduktprojekts übertragen.

[78] Der Betrachtungshorizont abgeschlossener Qualitätsthemen wird durch die Interviewpartner unterschiedlich wahrgenommen. Die Antworten variieren hierbei zwischen der letzten bis hin zu den letzten drei zurückliegenden Baureihen.

- Innovative sowie neue Konzepte oder auch Produktkonzepte, die beispielsweise durch die Anwendung neuer Materialien, Materialkombinationen oder Funktionen einer umfangreichen konstruktiven Änderung unterliegen, werden in der Regel über präventive Methoden, unter anderem basierend auf einer FMEA, abgesichert, um potentielle technische Risiken bereits frühzeitig identifizieren zu können.

Für ausgewählte Produktkonzepte werden darüber hinaus expertenbasierte Prognosen erstellt, die den Einfluss auf das Reklamationsverhalten kundenerlebbarer Konzeptanpassungen vorhersagen sollen. Im Fokus stehen hierbei insbesondere die subjektiven Qualitätskriterien, die sich beispielsweise auf Ergonomie, Funktion oder Anmutung beziehen können. Für Kennzahlen, die Reklamationen in Bezug auf objektive Qualitätskriterien beschreiben, wird eine konzeptübergreifende Prognose erstellt, um eine Gesamtaussage zu erhalten.

Beurteilung des aktuellen Qualitätsstands
Im Rahmen der Beurteilung des aktuellen Qualitätsstands werden die ermittelten Themen hinsichtlich ihrer Kritikalität und somit auch im Hinblick auf die Zielerreichung der festgelegten Qualitätsziele bewertet. Die relevanten Ergebnisse werden auf den betreffenden Projektgremien vorgestellt sowie an das Management berichtet.

Für die Bewertung der identifizierten Themen werden insbesondere die Wahrscheinlichkeit, dass ein Fehlerereignis eintritt, sowie das Schadensausmaß der potentiellen Fehlerfolgen analysiert. Bei der Einschätzung des Schadensausmaßes wird die Fehlerkategorie (kritischer Fehler, Hauptfehler, Nebenfehler)[79] berücksichtigt und soweit möglich die damit verbundenen Folgekosten eines Fehlers mit einbezogen.

Der Abgleich mit den Qualitätszielen erfolgt sowohl für die bereichsspezifischen Qualitätsziele als auch mit Blick auf die qualitätsbezogenen Reifegradziele des jeweiligen Projekts.

- Die bereichsspezifischen Qualitätsziele werden zu Beginn eines Neuproduktprojekts aus den kennzahlenbasierten Ergebnissen des Vorgängerprojekts abgeleitet und in der Regel mit einer Zielanspannung versehen. Somit erhalten die einzelnen Entwicklungsbereiche wie beispielsweise die Karosserie, die Elektronik oder der Antrieb dedizierte Qualitätsziele.

[79] Für eine Einordnung der Fehlerkategorien vgl. Abschnitt 2.1.6.

- Mit Blick auf die Reifegradziele wird der Einfluss der identifizierten und bewerteten Qualitätsthemen auf den Projektfortschritt der Produktentwicklung abgesichert. Die Ziele ergeben sich aus den zu Projektstart geplanten und festgelegten Inhalten der unterschiedlichen Meilensteine und Quality-Gates. So können beispielsweise sowohl die Kritikalität als auch die Anzahl der erkannten Qualitätsthemen eine Freigabe verhindern und in der Folge ein reifegradrelevantes Risiko darstellen.

Die Erkenntnisse aus der Beurteilung des aktuellen Qualitätsstands werden aufbereitet und in regelmäßigen Abständen in den Steuerungs- und Entscheidungsgremien des jeweiligen Fahrzeugprojekts vorgestellt. Neben den Projektgremien werden die Erkenntnisse anlass- und anfragebezogen an das Management berichtet.

Ableitung von Handlungsbedarfen und Maßnahmen zur Sicherstellung der Erfüllung der Qualitätsziele

Je präziser und zuverlässiger die Erkenntnisse aus der Beurteilung der identifizierten Qualitätsthemen ausfallen, desto besser können anschließend Handlungsbedarfe identifiziert werden. Auf dieser Grundlage umfasst die Aufgabe der präventiven Konzeptabsicherung die Erfassung und Prüfung potentieller Maßnahmen sowie die Vorbereitung und Sicherstellung der Beschlussfassung und Umsetzung adäquater Maßnahmen für die Erreichung der Qualitätsziele.

In einem ersten Schritt werden daher für die identifizierten Handlungsbedarfe in Abhängigkeit von den jeweiligen Fehlerfolgen geeignete Maßnahmen definiert.

- Sollte die Bewertung eines potentiellen Qualitätsthemas noch umfangreiche Unsicherheiten aufweisen, können mögliche Maßnahmen unter anderem eine vertiefende Risikoanalyse sowie -absicherung umfassen. Dies kann unter anderem über den Einsatz präventiver Qualitätsmethoden oder durch eine gezielte Berücksichtigung im Rahmen der Erprobung erreicht werden. Sollte für ein offenes Qualitätsthema noch keine abschließende Bewertung möglich sein, kann auch das weitere Monitoring der Felddaten, um zusätzliche Informationen zu erhalten, eine geeignete Maßnahme darstellen.
- Für hinreichend bewertbare Schwachstellen an den Produktkonzepten können Maßnahmen von der Anpassung bestimmter Konzeptmerkmale bis hin zu einer kompletten Substitution durch ein Alternativkonzept oder, sofern möglich, der ersatzlosen Streichung des entsprechenden Konzepts aus den geplanten Fahrzeuginhalten reichen.

Vor diesem Hintergrund gilt es zu berücksichtigen, dass qualitätsbezogene Maßnahmen mit dem Einsatz erheblicher Entwicklungsressourcen verbunden sein können oder oftmals in Konkurrenz zu anderen Projektzielen stehen. Während für kritische Fehler und Hauptfehler, wie sie beispielsweise aus sicherheitsrelevanten Aspekten resultieren können, klare Maßnahmen zur Abstellung der entsprechenden Fehler definiert und umgesetzt werden müssen, trifft dies für bestimmte Nebenfehler nicht zwingend zu. Insbesondere bei Nebenfehlern, die gegebenenfalls nur extrem selten auftreten und dabei lediglich einen sehr geringen Schaden, wie beispielsweise leichte Kratzer an einer Oberfläche, verursachen, gilt es, den Mehrwert potentieller Maßnahmen in Relation zu den möglichen Fehlerfolgen aufzuzeigen, unterschiedliche Maßnahmen zu vergleichen und somit Maßnahmenentscheide zielgerichtet vorzubereiten.

Erkenntnisse Teilziel 2.1: Die auf Basis der Literatur identifizierten Aufgaben der präventiven Konzeptabsicherung konnten über die Erkenntnisse der Fallstudie einerseits grundlegend bestätigt, mit Blick auf die übergeordneten Zielstellungen ergänzt und zudem hinsichtlich der relevanten Aktivitäten konkretisiert werden.

- Als Zielstellungen werden die *Vermeidung von Fehlern* und *Sicherstellung einer lückenlosen und kontinuierlichen Begleitung des Neuproduktprojekts* ergänzt.
- Die identifizierten Aktivitäten umfassen für die Aufgabe der Auswertung von Kundenrückinformationen die *Identifikation und Priorisierung abgeschlossener Qualitätsthemen* und die *Sicherstellung des Erfahrungstransfers zwischen Vorgänger und Neuproduktprojekt.*
- Für die Ermittlung des aktuellen Qualitätsstands die *Übertragung vergangenheitsbezogener Qualitätsthemen auf aktuelle Konzepte*, die *Durchführung präventiver Methoden* und die *Erstellung kennzahlenbasierter Prognosen.*
- Die Beurteilung des aktuellen Qualitätsstands setzt sich insbesondere aus der *Analyse und Bewertung der Kritikalität von Qualitätsthemen*, der *Beurteilung der qualitätsbezogenen Zielerreichung* sowie der *Berichterstattung/dem Reporting von bewerteten Ergebnissen* zusammen.
- Die Aufgabe der Ableitung von Handlungsbedarfen und Maßnahmen zur Sicherstellung der Erfüllung von Qualitätszielen schließlich aus der

Aufbereitung und Prüfung von Maßnahmen sowie der *zielgerichteten Vorbereitung von Maßnahmenentscheiden.*

Abbildung 3.9 zeigt eine Übersicht der über die Aufgabenanalyse im Rahmen der Fallstudie gewonnenen Erkenntnisse mit Blick auf die Zielstellungen, die Aufgabenstellungen sowie die relevanten Aktivitäten der präventiven Konzeptabsicherung während der frühen Phasen des automobilen Produktentwicklungsprozesses.

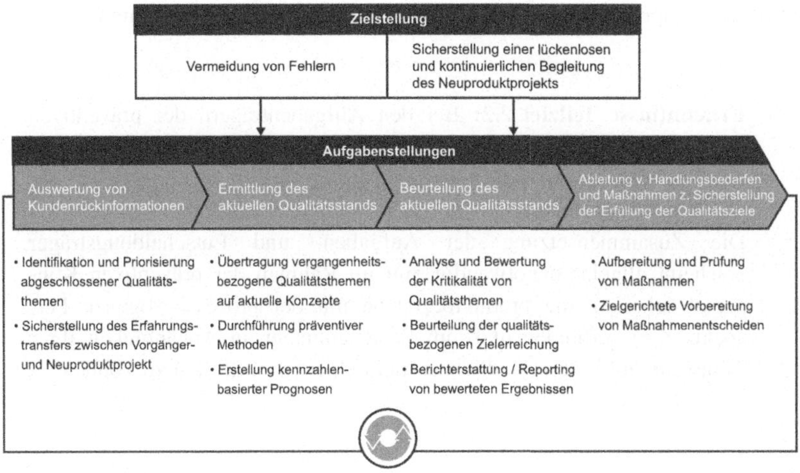

Abbildung 3.9 Aufgabenübersicht der präventiven Konzeptabsicherung in der Fallstudie[80]

3.3.2 Aufgabenträger

Die präventive Absicherung von Produktkonzepten fällt in den frühen Entwicklungsphasen des untersuchten Automobilherstellers in den Verantwortungsbereich eines produktprojektspezifisch gebildeten Teams. Dieses ist cross-funktional besetzt und folgt in seiner Zusammensetzung einer durch den untersuchten Automobilhersteller standardisierten Projektorganisation, die unter anderem Vertreter

[80] Eigene Darstellung.

aus den Bereichen der Produktstrategie, der Produktentwicklung, des Produktcontrollings, der Qualität, der Produktion, des Einkaufs, des Vertriebs und des Service berücksichtigt. Für die Planung und Ausführung der Aufgaben der präventiven Konzeptabsicherung lassen sich im vorliegenden Fall überwiegend Aufgabenträger identifizieren, die aus der Produktentwicklung und dem Qualitätsmanagement stammen. Der aufgabenbezogene Informationsaustausch mit den weiteren Bereichen findet insbesondere über regelmäßig Arbeitskreise statt. Aufgrund der weitreichenden Auswirkungen konzeptbezogener Entscheidungen, beispielsweise mit Blick auf potentielle Kosten und Haftungsrisiken, sind in der Regel unterschiedliche Hierarchieebenen, bis hin zum Top-Management, in die Entscheidungsprozesse der präventiven Konzeptabsicherung eingebunden.

Erkenntnisse Teilziel 2.2: Bei den Aufgabenträgern der präventiven Konzeptabsicherung handelt es sich im untersuchten Fall vorwiegend um hierarchieübergreifende Vertreter der Produktentwicklung sowie des Qualitätsmanagements.
Die Zusammensetzung der Aufgaben- und Entscheidungsträger erscheint allgemein notwendig, um im Rahmen der präventiven Konzeptabsicherung die produktbezogene mit der prozessbezogenen Perspektive zu verbinden und, um Entscheidungen in Abhängigkeit ihrer Tragweite auf unterschiedlichen Hierarchieebenen treffen zu können.

3.3.3 Relevante Methoden und Ansätze der Informationsgewinnung

Die Untersuchung der Methoden und Ansätze der Informationsgewinnung orientiert sich an den über die Literatur in Abschnitt 2.3 gewonnenen Struktur, um zu überprüfen, ob diese auch bei dem betrachteten Automobilhersteller und damit auch in der Praxis Anwendung finden und falls ja, in welcher Form diese umgesetzt werden. Dies ist von besonderem Interesse, da die entsprechenden Methoden und Ansätze der Generierung entscheidungsorientierter Informationen im Rahmen der präventiven Konzeptabsicherung dienen können.[81]

[81] Vgl. Abschnitt 2.3.

I. Fehlermöglichkeits- und Einflussanalyse

Die FMEA wird bei dem untersuchten Automobilhersteller neben anderen präventiven Methoden als zentrales Instrument im Rahmen der qualitätsbezogenen Absicherung in den frühen Phasen des Produktentwicklungsprozesses genutzt. Im Rahmen einer technischen Risikoklassifizierung werden alle Produktkonzepte festgelegt, für die eine FMEA aufgrund eines erhöhten Risikos durchzuführen ist. Ein erhöhtes Risiko ergibt sich in der Regel für Produktkonzepte, die entweder das erste Mal in einem Fahrzeugprojekt verbaut werden sollen oder sich durch umfassende Änderungen an wesentlichen Produktmerkmalen auszeichnen. Zudem werden FMEA auch anlassbezogen als Maßnahme zur Absicherung potentieller Schwachstellen bereits bekannter Produktkonzepte eingesetzt. In diesem Kontext können beispielsweise bestehende FMEA angepasst respektive überarbeitet anstatt neu angelegt werden. Der FMEA-Prozess wird von der Auswahl über die Erstellung bis hin zur Maßnahmenverfolgung und Archivierung der Ergebnisse durch das Qualitätsmanagement koordiniert und gesteuert. Der Teilnehmerkreis setzt sich dabei üblicherweise aus den für das untersuchte Produktkonzept verantwortlichen Fachbereichen, insbesondere der Produktentwicklung, sowie Vertretern des Qualitätsmanagements zusammen.

II. Felddatenmanagement

Im Rahmen der Einzelfallstudie lassen sich über zwei Dutzend unternehmensinterne sowie -externe Quellen für Felddaten identifizieren. Aus den jeweiligen Felddatenquellen werden in der Regel unterschiedliche qualitätsbezogene Kennzahlen abgeleitet und berichtet. Die Erfassung der Felddaten erfolgt dabei je nach Quelle über eine direkte Befragung der Kunden, durch Reklamationen beim Service und/oder Auswertungen der Fahrzeugdaten. Über einige der Felddatenquellen lassen sich zudem Zusatzinformationen gewinnen, die überwiegend in qualitativer Form vorliegen und beispielsweise eine textuelle Rückmeldung des Kunden oder Service-Mitarbeiters beinhalten.

Die Planung und Steuerung der Qualitätsziele des Managements (sowohl für das qualitätsbezogene Zielsystem des Projekts als auch der Linienorganisation) findet insbesondere über Kennzahlen statt, die aus drei bestimmten Felddatenquellen abgeleitet werden. Hierzu gehören eine interne sowie eine externe Kundenbefragungen und die im Rahmen des Garantie- und Kulanzmanagements erfassten Rückmeldungen.

<u>Interne und externe Kundenbefragungen</u>

Sowohl im Zuge der externen als auch der internen Erhebungen der Kundenzufriedenheit werden die Käufer einige Wochen nach dem Fahrzeugkauf angeschrieben.[82] Anhand eines softwarebasierten Fragebogens, der nach unterschiedlichen konzept- und funktionsbezogenen Kategorien strukturiert ist, können die angeschriebenen Kunden Beschwerden und Rückmeldungen abgeben. Neben der Möglichkeit, Produktkonzepte durch die Auswahl definierter Fehlerbilder zu reklamieren, können die befragten Kunden die Beschwerde durch einen beschreibenden Text detaillieren. Die Erhebungen finden auf unterschiedlichen regional abgegrenzten Absatzmärkten (beispielsweise Deutschland, Frankreich, ...) statt und werden monatlich berichtet. Die Verantwortung für die Kundenbefragungen und die Aufbereitung der Datensätze liegt direkt beim Qualitätsmanagement.

Garantie- und Kulanzfälle.
Im Unterschied zu den direkten Kundenbefragungen erfolgt die Erfassung und Aufbereitung der Felddaten aus Garantie- und Kulanzfällen (GuK) durch den Vertriebsbereich. Die Service-Teams in den Niederlassungen des Automobilherstellers erfassen softwaregestützt sämtliche Reklamationen, die im Rahmen eines Werkstattbesuchs durch die Kunden angegeben und durch die Werkstattmitarbeiter weiterverarbeitet werden. Die über den Reklamationsprozesses aufgenommenen Daten umfassen unter anderem die eindeutige Fahrzeugidentifikationsnummer (FIN) und einen konsistenten[83] Schadensschlüssel (SSL), der sich aus dem Fehlerort (betroffenes Bauteil) und der Fehlerart (zum Beispiel „gebrochen“) zusammensetzt.

Daneben werden weitere Inhalte, wie beispielsweise der Kommentar des Werkstattmitarbeiters in Textform, die Reparaturkosten und das Datum erfasst. Reklamationen inklusive der damit verbundenen Inhalte werden für sämtliche Absatzmärkte erfasst.

III. Fehlerabstellprozess Serie gemäß 8-D-Methodik

Die Fehlerabstellung des untersuchten Automobilherstellers orientiert sich an der in Abschnitt 2.3.3 betrachteten standardisierten 8-D-Methode. Abbildung 3.10 zeigt den Ablauf des Fehlerabstellprozesses von der Fehlererkennung über die

[82] Für interne Kundenerhebungen werden Mitarbeiter des Automobilherstellers befragt, die beispielsweise einen Dienstwagen oder ein Mietmodell nutzen.

[83] Konsistent heißt in diesem Zusammenhang, dass für bestimmte Bauteile nur bestimmte (logische) Fehler systemseitig ausgewählt und erfasst werden können. Beispielsweise kann für einen Schlauch die Fehlerart „reißen“ oder „brechen“, aber nicht die Fehlerart „kein Bild“ systemseitig erfasst werden.

Fehlerabstellung bis hin zur Vermeidung einer Wiederholung des gleichen Fehlers. Den Ausgangspunkt des Fehlerabstellprozesses in der Serie bildet der Felddateninput. Die Auswertung der unterschiedlichen Felddatenquellen liegt im Aufgabenbereich sogenannter Felddaten-Verantwortlicher. Erkenntnisse und potentielle Handlungsbedarfe, die durch die jeweiligen Felddaten-Verantwortlichen identifiziert werden, bilden den Felddaten-Input. Dieser bildet die Diskussionsgrundlage eines crossfunktional besetzten Fehlerabstellteams (CFAT), das sich unter anderem aus Vertretern der Produktentwicklung, des Qualitätsmanagements, des Vertriebs und der Produktion zusammensetzt. Der Felddaten-Input wird im Rahmen der regelmäßigen Sitzungen des CFAT zunächst auf Vollständigkeit geprüft. Hierzu müssen die für eine Bewertung durch das CFAT notwendigen Informationen, wie beispielsweise eine nachvollziehbare Beschreibung des Fehlerbilds, betroffene Fahrzeugprojekte, Beanstandungstexte, Fehleraufkommen und Schadensschlüssel, vorliegen. Sofern dies der Fall ist, beginnt das CFAT mit der Bewertung des Felddaten-Inputs in Bezug auf die Kritikalität der gemeldeten Inhalte. Sollte es sich aus Sicht des CFAT um ein relevantes Qualitätsthema handeln, wird der Fehlerabstellvorgang gemäß der 8-D-Methodik gestartet.

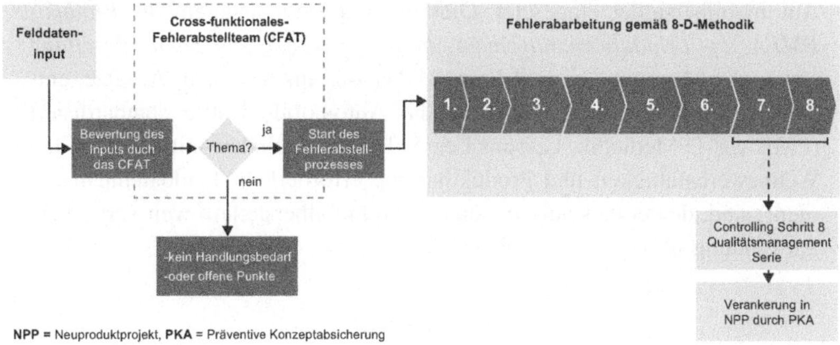

Abbildung 3.10 Fehlerabstellprozess Serie und Anwendung 8-D-Methodik in der Fallstudie[84]

Die Fehlerbearbeitung endet mit dem 8. Schritt, der die Definition von Verbesserungsmaßnahmen für zukünftige Fahrzeugprojekte umfasst. Die Einhaltung des letzten Schritts wird durch das Qualitätsmanagement der Serie sichergestellt, während die Verankerung der Erkenntnisse im Rahmen des Neuproduktprojekts eine Aufgabe der präventiven Konzeptabsicherung darstellt.

[84] Eigene Darstellung.

IV. Lessons-Learned-Prozess

Die Ergebnisse des 8-D-Berichts beinhalten bereits die Dokumentation von Lessons Learned, da deren systematische Erfassung eine zentrale Bedingung für die Freigabe des letzten Schrittes und damit auch den Abschluss des Fehlerabstellprozess darstellen. Für die Verankerung der Lessons Learned sind dabei fünf Kernfragen zu beantworten. Diese setzen sich zusammen aus

- Wie ist der Wirkungszusammenhang zwischen Fehlerbild, Fehlerursache und Maßnahme?
- Auf welche weiteren Fahrzeugprojekte und Produktkonzepte lassen sich die Erkenntnisse übertragen?
- Ab wann werden die Lessons Learned umgesetzt?
- Welche Prüfmechanismen verhindern ein erneutes Auftreten des Fehlers?
- Über welchen Standard werden die Erkenntnisse verankert?

Erkenntnisse Teilziel 2.3: Die der Literatur entnommenen Methoden und Ansätze zur Informationsgewinnung werden auch bei dem untersuchten Automobilhersteller eingesetzt. Dies umfasst unter anderem die *Produkt-FMEA, das Felddatenmanagement, die 8-D Methodik der Fehlerabstellung* sowie den *Lessons-Learned-Prozess.* Da die untersuchten Ansätze entweder verpflichtend (FMEA), für die Automobilindustrie standardisiert (FMEA, 8-D Methodik, Lessons Learned) oder zumindest mit Blick auf die Wettbewerbsfähigkeit und Produkthaftung erforderlich (Felddatenmanagement) sind, deutet dies auf eine unter Automobilherstellern weit verbreitete Anwendung hin.

3.3.4 Relevante Anwendungssysteme

Zum Zeitpunkt der Erhebung besitzt die präventive Konzeptabsicherung des untersuchten Automobilherstellers keine durchgängige, an den Bedarfen der frühen Phasen ausgerichtete IT-Unterstützung. Für die Erfüllung der Aufgaben bedienen sich die Aufgabenträger daher unterschiedlicher Anwendungssysteme, deren Schwerpunkt, mit Ausnahme der Durchführung des FMEA-Prozesses, auf der Unterstützung des reaktiven Qualitätsmanagements liegt.

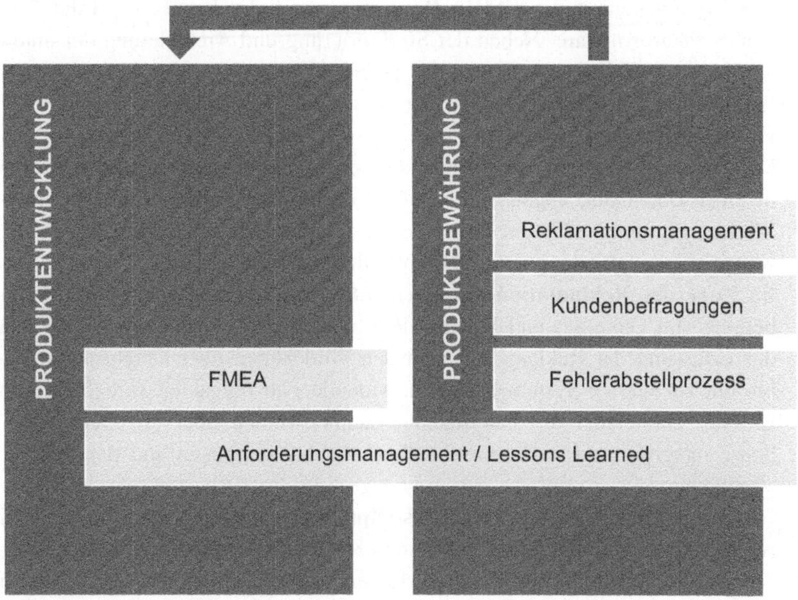

Abbildung 3.11 Übersicht relevanter CAQ-Module in der Fallstudie[85]

Abbildung 3.11 gibt einen Überblick der im Rahmen der Untersuchung identifizierten Applikationen und ordnet diese den CAQ-Modulen zu, die entscheidungsrelevante Inhalte für die präventive Konzeptabsicherung enthalten können. Die CAQ-Module beziehen sich überwiegend auf die im vorangegangenen Abschnitt untersuchten Methoden und Ansätze zur Informationsgewinnung und repräsentieren dabei jeweils ein oder mehrere Anwendungssysteme. Die Darstellung der Übersicht orientiert sich an der in Abschnitt 2.4.4 vorgestellten Struktur zur Erfassung von CAQ-Modulen.[86] Nachfolgend werden die fallbezogenen Inhalte der einzelnen CAQ-Module beleuchtet.

[85] Eigene Darstellung.

[86] Da die CAQ-Module der Produktherstellung nicht im Betrachtungsumfang der vorliegenden Untersuchung stehen, ist der entsprechende Bereich zur besseren Übersicht in der Darstellung ausgeblendet.

- Die Dokumentation des **FMEA-Prozesses** sowie der Resultate erfolgt über eine Standardsoftware. Neben der Strukturierung und Archivierung der unterschiedlichen FMEA unterstützt die Software zudem bei der Erfassung der Inhalte und Durchführung einzelner Prozessschritte anhand standardisierter Formblätter.
- Die Datensätze aus den internen und externen **Kundenbefragungen** werden in einer Datenbank abgelegt und anschließend über verschiedene Software-Werkzeuge, unter anderem Excel sowie selbst entwickeltes Berichtssystem, weiterverarbeitet, ausgewertet und anschließend verteilt.
- Im Zuge des **Reklamationsmanagements** kommen im Rahmen der Verarbeitung von Garantie- und Kulanzfällen zahlreiche Anwendungssysteme von der Erfassung der Reklamationen in den Werkstätten über Diagnosesysteme bis hin zu Service-Systemen, die individuelle Fahrzeugakten enthalten, zum Einsatz. Die Daten der beteiligten Systeme werden über ein Data Warehouse integriert und stehen anschließend für Auswertungen und Berichte zur Verfügung.
- Die relevanten Inhalte des **Fehlerabstellprozesses** inklusive des 8-D-Berichts werden über ein durch den untersuchten Automobilhersteller selbstentwickeltes Anwendungssystem zur Erfassung und Bearbeitung von Fehlern festgehalten. Die Anwendung umfasst von der Anlage eines Fehlers bis hin zur letztlichen Dokumentation der Freigabe sämtliche Schritte der Fehlerabstellung.
- Für **Lessons Learned** erfolgt die Dokumentation der beantworteten Kernfragen sowie die Freigabe ebenfalls über das Anwendungssystem des Fehlerabstellprozesses. Darüber hinaus werden die Top-Lessons-Learned in der Regel noch als Anforderungen über ein auf dem freien Markt verfügbares Anforderungs-Management-System erfasst.

Tabelle 3.3 gibt eine Übersicht des Informationsnutzens der unterschiedlichen Ansätze und Methoden im Kontext der präventiven Absicherung von Produktkonzepten. Die Spalte Anwendungssystem zeigt an, ob innerhalb des untersuchten Case für den jeweiligen Ansatz oder die Methode eine IT-Lösung existiert. Mit Ausnahme des FMEA-Tools und der Lessons-Learned-Datenbank orientieren sich die identifizierten Anwendungssysteme allerdings in der Hauptsache an den Aufgabenstellungen der Produktnutzungsphase.

Tabelle 3.3 Übersicht Informationsgewinnung und -nutzung der präventiven Konzeptabsicherung

Ansatz/Methode	Informationsnutzen des Ansatzes/der Methode im Rahmen der präventiven Konzeptabsicherung	Anwendungssystem
Fehlermöglichkeits- und Einflussanalyse	Identifikation konzeptbezogener Schwachstellen	Ja
Felddaten Kundenbefragungen	· Kennzahlen Kundenbeschwerden · Identifikation qualitätsrelevanter Handlungsbedarfe · Analyse Kundenzufriedenheit · Vorhersage Kundenzufriedenheit · Steuerung Qualitätsziele	Ja
Felddaten GuK-Fälle	· Kennzahlen Reklamationen · Identifikation qualitätsrelevanter Handlungsbedarfe · Analyse technischer Fehlerbilder · Steuerung Qualitätsziele	Ja
Fehlerabstellprozess Serienfahrzeuge	Auswertung Fehlerursachen	Ja
Lessons-Learned-Prozess	Sicherstellung Erkenntnisse und Erfahrungen aus den Vorgängerprojekten	Ja

Erkenntnisse Teilziel 2.4: Der untersuchte Fall zeigt, dass für sämtliche Teilaufgaben, die den Methoden und Ansätzen zur Informationsgewinnung und -nutzung der präventiven Konzeptabsicherung dienen, durchaus Subsysteme existieren. Diese orientieren sich allerdings überwiegend an den Aufgabenstellungen des reaktiven Qualitätsmanagements. Mit Blick auf eine IT-basierte Unterstützung der präventiven Konzeptabsicherung wird deutlich, dass es sinnvoll und notwendig ist, die unterschiedlichen Subsysteme zusammenzuziehen und an den spezifischen Informationsbedarfen der Aufgabenträger der frühen Phasen der Produktentwicklung auszurichten.

3.4 Teilziel III: Potentialanalyse und Anforderungserhebung für die präventive Absicherung von Produktkonzepten

In den nachstehenden Abschnitten werden Potentiale sowie Anforderungen für die präventive Absicherung von Produktkonzepten identifiziert. Diese ergeben sich aus einer Analyse der bisher ungedeckten Informationsbedarfe der Aufgabenträger, die nachfolgend als Anforderungen an eine IT-basierte Entscheidungsunterstützung erfasst werden. Die ermittelten Inhalte lassen sich hierfür in thematisch zusammenhängenden Anforderungsgruppen zusammenfassen, die gleichfalls strukturgebend für die anschließende Präsentation der gewonnenen Erkenntnisse sind. Zugunsten der Übersichtlichkeit werden die identifizierten Anforderungen je Gruppe hervorgehoben und nummeriert, um in Abschnitt 3.4.6 und Kapitel 4 darauf Bezug nehmen zu können.

3.4.1 Qualitätsbezogene Feldparameter

Unter der Kategorie der *qualitätsbezogenen Feldparameter* werden nachfolgend Anforderungen und Potentiale subsumiert, die sich auf die Verarbeitung qualitätsbezogener Inhalte im Zuge der präventiven Konzeptabsicherung beziehen, die in der Vergangenheit liegen und/oder aus äußeren Faktoren, wie beispielsweise Kundenrückmeldungen oder Umweltbedingungen, resultieren. Da sich die vergangenheitsbezogenen Inhalte weder rückwirkend anpassen noch die äußeren Faktoren maßgeblich verändern lassen, können die qualitätsbezogenen Feldparameter selbst grundsätzlich nicht direkt, sondern lediglich indirekt, beispielsweise über die Ausgestaltung der Produkteigenschaften eines neuen Produkts, beeinflusst werden. Die Nutzung qualitätsbezogener Feldparameter im Zuge der präventiven Konzeptabsicherung kann zudem in die Absicherung *abgeschlossener Qualitätsthemen* und *offener Qualitätsthemen* unterteilt werden.

I. Abgeschlossene Qualitätsthemen

Neben den durch Mitarbeiter des Qualitätsmanagements moderierten Stundengesprächen, die im Zuge der Auswertung der Kundenrückinformationen durchgeführt werden, besteht seitens der Produktentwicklung der Bedarf, selbstständig und anlassbezogen ***abgeschlossene Qualitätsthemen (A.1)*** auswerten zu können. Als Beispiele für mögliche Anlässe nennen die Befragten unter anderem veränderte Produktanforderungen oder kurzfristige Anfragen anderer Fachbereiche, die in den frühen Phasen beispielsweise häufig aus designbezogenen Anpassungen resultieren können. Zudem können vergangenheitsbezogene Erkenntnisse bei der Erstellung einer Produkt-FMEA einen Mehrwert liefern, indem sie beispielsweise im Rahmen der Durchführung für die Bewertung der Fehlereintrittswahrscheinlichkeit herangezogen werden.

Hierzu ist es aus Sicht der Befragten notwendig, dass ***Lessons Learned vorangegangener Fahrzeugprojekte*** **verfügbar sind und** ***konzeptbezogen abgefragt werden können (A.1.1)***. Im Hinblick auf die Erstellung und Pflege einer Qualitäts-Masterliste sollten die entsprechenden ***Lessons Learned auf Basis von festgelegten Kennzahlen priorisiert werden können (A.1.2)***. Für die Absicherung abgeschlossener Qualitätsthemen besteht aus Sicht der Befragten darüber hinaus der Bedarf, ***verfügbare Hintergründe und zusätzliche Details zur jeweiligen Fehlerhistorie (A.1.3)*** auswerten zu können. In diesem Zusammenhang heben die Befragten die Beschreibung der Fehlerart sowie die dokumentierte Fehlerursache als relevante Informationen hervor.

II. Offene Qualitätsthemen

Im Gegensatz zu den bereits abgeschlossenen lassen sich unter den offenen Qualitätsthemen sämtliche qualitätsbezogenen Inhalte subsumieren, die als Gegenstand des reaktiven Qualitätsmanagements Serienfahrzeuge betreffen und für die der Fehlerabstellprozess entweder nicht begonnen hat oder zumindest noch nicht abgeschlossen ist. Dass der Fehlerabstellprozess für bestimmte qualitätsbezogene Themen nicht eingesetzt hat, kann hierbei aus Sicht der Befragten unterschiedliche Ursachen besitzen. Dies kann einerseits der Aktualität der Datengrundlage geschuldet sein, beispielsweise falls Qualitätsprobleme erst seit kurzem auftreten und somit zum Auswertungszeitpunkt noch keine Signifikanz in den Felddaten erkennbar ist. Andererseits kann dies aus einer relativ niedrigen Einstufung der mit dem Qualitätsthema verbundenen Fehlerfolgen resultieren. Beide Ursachen können dazu führen, dass sich aus Sicht der entsprechenden Verantwortlichen des reaktiven Qualitätsmanagements keine Notwendigkeit für einen Start des Fehlerabstellprozesses und den damit verbundenen Aufwand an Ressourcen im Rahmen einer Durchführung ergibt. Vor diesem Hintergrund deutet sich für den untersuchten Fall an, dass der Schwerpunkt des Fehlermanagements in Bezug auf offene Qualitätsthemen überwiegend auf den Implikationen potentieller Fehler für bereits am Markt befindliche Serienfahrzeuge liegt. Da aktuelle Erkenntnisse aus der Fehleranalyse sowie aus der laufenden Fehlerabstellung am Markt befindlicher Fahrzeuge nach Ansicht der Befragten durchaus auch entscheidungsrelevante Aspekte für die Konzeptphase eines Neuproduktprojekts beinhalten können, stellt die stärkere Berücksichtigung offener Qualitätsthemen im Rahmen der präventiven Konzeptabsicherung eine Anforderung an die IT-Lösung dar.

In Anbetracht der Länge des Produktentstehungsprozesses befindet sich zum Zeitpunkt der Markteinführung eines Fahrzeugprojekts das Neuproduktprojekt als Folgeprojekt für gewöhnlich bereits in der Konzeptphase. Daher gilt es offene Qualitätsthemen möglichst zeitnah auszuwerten und auf Relevanz für das Neuproduktprojekt zu prüfen. Einen Aufsatzpunkt bieten hierzu beispielsweise sogenannte Fast Launch Feedbacks, bei denen bereits kurz nach Markteinführung eines Fahrzeugprojekts qualitätsrelevante Inhalte erhoben werden. Dies stellt die erste Möglichkeit dar, einen zeitnahen Rückfluss von Erkenntnissen aus offenen Qualitätsthemen in den frühen Phasen nachfolgender Fahrzeugprojekte zu nutzen. Die Rückführung relevanter Erkenntnisse über die Fast Launch Feedbacks findet in der Regel allerdings lediglich einmalig statt. Eine kontinuierliche Auswertung offener Qualitätsthemen mit Blick auf die Implikationen für das Neuproduktprojekt wird unter anderem durch die unterschiedlichen Anwendungssysteme, die entsprechende Qualitätsdaten enthalten, erschwert. Die Nutzung verteilter Anwendungssysteme stellt aus Sicht der Befragten einen zusätzlichen Aufwand dar. Daher sollten die Inhalte ***offener Qualitätsthemen (A.2)*** im Rahmen einer IT-Lösung für die präventive Absicherung von Produktkonzepten berücksichtigt werden.

Aufgrund abweichender Fehlerlatenzzeiten sind bestimmte Fehlerbilder, wie beispielsweise verfrühte Abnutzungserscheinungen, oftmals erst zeitversetzt in den Felddaten erkennbar. Daher besteht der Bedarf, Auswertungen ***kontinuierlich im weiteren Projektverlauf (A.2.1)*** *und* ***für unterschiedliche Zeithorizonte zu ermöglichen (A.2.2)***. Dies ist aus Sicht der Befragten notwendig, um später auftretende Fehlerereignisse und unterschiedliche Fehlerlatenzzeiten adäquat im Zuge der präventiven Konzeptabsicherung berücksichtigen zu können.

Während beispielsweise die Rückmeldungen aus dem Garantie- und Kulanzmanagement grundsätzlich einen Werkstattbesuch des Kunden voraussetzen, können über direkte Kundenbefragungen auch Themen erfasst werden, die aus Kundensicht entweder keinen Werkstattbesuch rechtfertigen oder durch diesen voraussichtlich nicht behoben werden könnten.[87] Nach Auffassung der Befragten lassen sich daher bestimmte Qualitätsthemen besser über spezifische Felddatenquellen erkennen, oder es lässt sich, sofern Qualitätsthemen zum Beispiel in unterschiedlichen Felddatenquellen zeitgleich sichtbar werden, eine höhere Signifikanz im Rahmen der Auswertung für ein Qualitätsthema erreichen. Daher ist es aus Sicht der Befragten sinnvoll **unterschiedliche Felddatenquellen (A.2.3)** einbeziehen zu können.

3.4.2 Qualitätsbezogene Planungsparameter

Unter der Kategorie der *qualitätsbezogenen Planungsparameter* werden sämtliche Anforderungen und Potentiale zusammengefasst, die sich auf die Verarbeitung qualitätsbezogener Inhalte beziehen, die durch die Entscheidungen des Automobilherstellers im Verlauf der Produktentwicklung noch direkt beeinflusst werden können. Die mit Bezug auf die Verarbeitung qualitätsbezogener Planungsparameter im Rahmen der präventiven Konzeptabsicherung erfassten Anforderungen und Potentiale lassen sich in *konzeptrelevante Planentscheide* und *konzeptbezogene Maßnahmen* aufteilen.

I. Konzeptrelevante Planentscheide

Zu den konzeptrelevanten Planentscheiden können aus Sicht der präventiven Konzeptabsicherung alle Beschlüsse sowie die damit verbundenen Planungsparameter gezählt werden, die den aktuellen Planungsstand des Neuproduktprojekts hinsichtlich der durch die Projektleitung festgelegten Produktkonzepte abbilden. Im untersuchten Fall startet der konzeptbezogene Auswahlprozess in der Regel bereits in der Vorsteuernden Phase mit dem Ziel, bis zum Beginn der Strategiephase eine konsolidierte Übersicht der geplanten Fahrzeuginhalte für das Neuproduktprojekt zu erreichen.[88] Zeitgleich beginnen in dieser Phase ebenfalls die jeweils verantwortlichen Funktionsbereiche, wie zum Beispiel die

[87] Die Befragten geben in diesem Zusammenhang an, dass Kunden für subjektiv geprägte Qualitätsthemen, wie beispielsweise als störend empfundene Innenraumgerüche, häufig keine Werkstatt aufsuchen – die entsprechenden Themen jedoch im Rahmen einer Umfrage durchaus negativ bewerten. Dies gilt ebenfalls für Qualitätsthemen, die konzeptbedingt durch einen Werkstattbesuch nicht behoben werden können wie beispielsweise eine als zu klein beziehungsweise zu groß empfundene Trinkbechervorrichtung.

[88] Die konsolidierte Übersicht der geplanten Fahrzeuge bildet eine erste konsensfähige Lösung mit Blick auf die oftmals konkurrierenden Zieldimensionen der beteiligten Organisationseinheiten. Vgl. hierzu auch Abschnitt 2.2.2.

Produktentwicklung, der Vertrieb und die Produktion mit der Planung zusätzlicher konzeptrelevanter Parameter, wie beispielsweise der Festlegung, ob ein geplantes Produktkonzept später als Serien- oder Sonderausstattung[89] angeboten werden soll. Insbesondere in der vorsteuernden Phase, aber auch in der Strategiephase unterliegt der Planungsstand häufigen Anpassungen. Da es aus Sicht der Befragten jedoch notwendig ist, möglichst frühzeitig potentielle Qualitätsthemen aufzeigen zu können, um beispielsweise Reifegradverluste durch Folgeentscheidungen zum Nachteil der Konzeptqualität zu vermeiden, besteht für die präventive Konzeptabsicherung der Bedarf, möglichst **frühzeitig auf Planänderungen reagieren und diese direkt berücksichtigen zu können (A.3).**

Für die Befragten stellt eine ***kontinuierliche Erfassung und Aktualisierung der geplanten Konzeptauswahl (A.3.1)*** daher ein Potential für die IT-Lösung dar, da es den Aufwand der manuellen Abfrage und das Risiko, die eigenen Aktivitäten an einem veralteten Planungsstand auszurichten, vermindert. Hierbei sollte zudem erfasst werden, ob es sich bei den geplanten Produktkonzepten um Innovationen oder Übernahmekonzepte handelt, da diese in der Folge teilweise unterschiedliche Absicherungsaktivitäten erforderlich machen können.[90]

Neben der aktuellen Konzeptauswahl kann die Einbindung weiterer konzeptrelevanter Planungsparameter nach Ansicht der Befragten die qualitätsorientierte Absicherung in den frühen Phasen verbessern. Da diese in der Regel durch unterschiedliche Funktionsbereiche geplant werden, liegen die damit verbundenen Informationen allerdings oftmals verteilt vor und sind für die präventive Konzeptabsicherung teilweise nur schwer erreichbar oder schlimmstenfalls sogar unbekannt. Hieraus resultiert die Forderung, konzeptrelevante Planungsparameter zukünftig strukturiert zu erfassen und entsprechend in der IT-Lösung abzubilden. Mit Blick auf die verschiedenen Funktionsbereiche werden in diesem Kontext durch die Befragten insbesondere die vertriebsorientierten Planungsparameter als Potentiale für die präventive Konzeptabsicherung hervorgehoben. Als zentrale Inhalte sind dabei die folgenden Planungsparameter erkennbar:

- *Konzeptbezogene Planung der Zielmärkte*
  Der Vertrieb plant in der Regel bereits in den frühen Phasen die Absatzmärkte, auf denen einzelne Produktkonzepte angeboten werden sollen. Diese Absatzmärkte werden als Zielmärkte bezeichnet. Über die Berücksichtigung

[89] Im Gegensatz zur Sonderausstattung ist für eine Serienausstattung kein Aufpreis fällig, da sie bereits einen Bestandteil des grundlegenden Fahrzeugumfangs darstellt.

[90] Für die aus Sicht der präventiven Konzeptabsicherung unterschiedlichen Aktivitäten in Bezug auf Innovationen und Übernahmekonzepte vgl. auch Abschnitt 3.3.1.

der konzeptbezogenen Planung der entsprechenden Absatzmärkte soll somit eine **zielmarktspezifische Sicht** *(A.3.2)* aufgebaut werden, die es erlaubt, Qualitätsthemen auch marktorientiert zu ermitteln und gegebenenfalls marktbezogene Maßnahmen zu ergreifen. Potentielle Ansatzpunkte bieten hierzu abgeschlossene und offene Qualitätsthemen, die beispielsweise auf bestimmten Absatzmärkten vergleichsweise ausgeprägt in Erscheinung getreten sind und daher für die geplanten Produktkonzepte des Neuproduktkonzepts in Bezug auf den jeweiligen Zielmarkt vertiefend betrachtet werden sollten. Nach Ansicht der Befragten können hierzu Qualitätsdaten, die sich vor allem auf marktspezifische Umweltbedingungen und Kundenrückmeldungen beziehen, herangezogen werden. Weiterhin sollte neben der zielmarktseparaten Auswertung eine ***globale und zielmarktübergreifende Perspektive (A.3.3.)*** ermöglicht werden, die sich aus den aggregierten Rückmeldungen der einzelnen Märkte zusammensetzt. Somit kann beispielsweise der Einfluss einzelner marktbezogener Ausprägungen in Relation zu den Auswirkungen auf das gesamte Neuproduktprojekt beurteilt werden.

- *Konzeptbezogene Planung der Verbauquoten*
  Die ***Konzeptbezogene Planung der Verbauquoten***[91] ***(A.3.4)*** gibt Auskunft darüber, wie häufig ein Konzept voraussichtlich im Verhältnis zur Gesamtanzahl der Fahrzeuge des Neuproduktprojekts verbaut werden wird und kann daher für die präventive Konzeptabsicherung als Priorisierungskriterium dienen, da es einen Anhaltspunkt für die zukünftige Relevanz des jeweiligen Produktkonzepts darstellt.
- *Planung des Absatzvolumens*
  Durch die Einbindung der ***Volumenplanung des Fahrzeugabsatzes (A.3.5)***, mit der die voraussichtliche Gesamtanzahl der verkauften Einheiten des Neuproduktprojekts abgeschätzt wird, können die relativen Verbauquoten in absolute Zahlenwerte übersetzt werden. Bis eine aktuelle Volumenplanung vorliegt, können die verkauften Einheiten vorangegangener Fahrzeugprojekte als Ausgangsbasis genutzt werden.
- *Planung Konzept-Bündel*
  Die Berücksichtigung ***geplanter Konzept-Bündel (A.3.6)*** ist Bedingung für die Absicherung von Konzeptinterdependenzen (vgl. Abschnitt 3.4.4, Anforderung A.8.1). Hierbei sollten sowohl Ausstattungspakete und -linien als auch zielmarktspezifische Varianten, soweit diese vorliegen, berücksichtigt werden.

[91] Die Verbauquote wird in der Literatur teilweise auch als „Verbaurate" bezeichnet. Sie kann zwischen 100 % bei einer Serienausstattung und einem geringen Prozentsatz bei einer Sonderausstattung variieren. Vgl. hierzu Klug (2010), S. 156.

II. Konzeptbezogene Maßnahmen

Neben den für das Neuproduktprojekt bereits festgelegten Fahrzeuginhalten existieren in den frühen Phasen häufig weitere Produktkonzepte sowie Konzeptmaßnahmen, die als Alternative zur Auswahl stehen. Während ein alternatives Konzept zumeist die Anpassung mehrerer Konzeptmerkmale umfassen kann, betrifft eine Konzeptmaßnahme häufig einzelne Konzepteigenschaften, wie beispielsweise das Kleben eines Filzes, um eine unerwünschte Geräuschentwicklung zu unterdrücken. Außer der Verbesserung bestimmter Konzeptmerkmale und -eigenschaften zielen Alternativkonzepte und Maßnahmen in der Regel auf die Vermeidung bekannter Schwachstellen ab oder bieten eine Möglichkeit der Kostenreduzierung. Für ein Übernahmekonzept kann beispielsweise ein alternatives Konzept oder eine Maßnahme vorliegen, das geeignet erscheint, eine bestimmte Schwachstelle zu beheben.

Für die Befragten liegt daher ein Potential in der Berücksichtigung ***konzeptbezogener Maßnahmen (A.4)***, um eine qualitätsorientierte Plausibilisierung von Alternativkonzepten und Maßnahmen im Zuge der präventiven Konzeptabsicherung zu ermöglichen. Hierzu ist es aus Sicht der Befragten zunächst relevant, ob für ein bestimmtes, bereits eingeplantes Produktkonzept überhaupt ***Alternativkonzepte und/oder Maßnahmen verfügbar sind (A.4.1)*** und falls ja, welchen ***aktuellen Status die Konzeptalternative beziehungsweise Maßnahme jeweils aufweist (A.4.2).*** Der Status kann dabei beispielsweise von *Entwurfsstand*, über *bereits in einem anderen Fahrzeugprojekt verbaut und erprobt* bis hin zu für das Neuproduktprojekt *beschlossen* reichen. Falls die Konzeptmaßnahme in Bezug auf ein bestimmtes Qualitätsthema eine Verbesserung bewirkt, sollte das ***Verbesserungspotential ausgewiesen und falls möglich als quantifizierte Bewertung erfasst werden (A.4.3).*** Eine entsprechende Bewertung kann dabei beispielsweise auf Grundlage einer Expertenschätzung erfolgen und eine relative Wirkung auf eine Qualitätskennzahl beschreiben.

In den Gesprächen mit dem Management wird außerdem für vorhandene Konzeptalternativen und Maßnahmen die Darstellung potentieller Entscheidungsfolgen über die ***Erstellung von Vergleichsszenarien (A.4.4)*** gefordert. Trotz der bestehenden Nachfrage werden entsprechende Auswertungen im vorliegenden Fall aktuell überwiegend anlassbezogen für das Management erarbeitet und berichtet, da die Aufbereitung der notwendigen Informationen derzeit manuell erfolgt und daher teilweise mit erheblichem Aufwand verbunden ist. Als mögliche Vergleichsszenarien werden insbesondere wirtschaftliche Bewertungen im Sinne einer Kosten-Nutzen-Betrachtung zwischen eingeplanten Produktkonzepten, für die Schwachstellen identifiziert wurden, und vorhandenen Konzeptalternativen und Maßnahmen hervorgehoben. Zudem sollten beschreibende Detailinformationen zu den Alternativkonzepten und Maßnahmen im Rahmen der Auswertung verfügbar sein.

3.4.3 Prädiktive Qualitätsparameter

Da sich die Konzeptprämissen und -anforderungen eines Neuproduktprojekt von denen vorausgegangener Fahrzeugprojekte unterscheiden können, ergibt sich für die präventive Konzeptabsicherung der Bedarf, offene und abgeschlossene Qualitätsthemen speziell vor diesem Hintergrund zu bewerten, um potentielle Konzeptschwächen bereits in den frühen Phasen vorhersagen zu können. In Abgrenzung zur Rückkopplung von offenen und abgeschlossenen Inhalten aus der Serie in die frühen Phasen, umfassen sogenannte prädiktive Qualitätsparameter die Konzeptqualität betreffende Vorhersageergebnisse unter Berücksichtigung veränderter Voraussetzungen und Planungsvariablen des jeweiligen Neuproduktprojekts.

Aktuell werden Prognosen bei dem untersuchten Automobilhersteller dezentral durch einzelne Experten, die teilweise in unterschiedlichen Organisationseinheiten arbeiten[92], entweder zu bestimmten Meilensteinen oder auf Basis konkreter Anfragen aus den Fachbereichen durchgeführt und erstellt. Während zu den entsprechenden Meilensteinen in der Regel eine quantitative Betrachtung für Kennzahlen lediglich auf Ebene des Gesamtfahrzeugkonzepts generiert wird, liegt das Augenmerk bei spezifischen Anfragen zumeist nur auf einer qualitativen Einschätzung potentieller Fehlerfolgen für separate Produktkonzepte. Neben den Erkenntnissen aus vergangenheitsbezogenen Qualitätsthemen nehmen insbesondere die Erfahrung und das Expertenwissen der Vorhersagenersteller bei der Generierung entsprechender Prognosen eine entscheidende Rolle ein. Die Prognoseergebnisse im untersuchten Fall werden durch das Management in diesem Zusammenhang daher häufig als „Black-Box“ beschrieben, die teilweise als nicht selbsterklärend, schwer nachvollziehbar und persönlich eingefärbt wahrgenommen wird. Im Zuge der Entscheidungsfindung sieht sich die expertenbasierte Vorhersageerstellung in der Folge oftmals mit dem Vorwurf mangelnder Objektivität konfrontiert.

---

[92] Im untersuchten Case liegt die Verantwortung für die Ergebnisse aus Marktanalysen und Kundenbefragungen direkt im Bereich des Qualitätsmanagements, während Reklamationen aus Garantie- und Kulanzfällen in den Zuständigkeitsbereich des Vertriebs fallen. Die Vorhersagen werden jeweils durch Experten aus den entsprechenden Verantwortungsbereichen erstellt. Für die Einschätzung potentieller Fehlerfolgen auf Konzeptebene liegt die Verantwortung allerdings in der Regel in der Produktentwicklung.

Vor diesem Hintergrund kann aus Sicht der Befragten eine IT-gestützte ***Erzeugung von prädiktiven Qualitätsparametern (A.5)*** ein wesentliches Verbesserungspotential im Rahmen der präventiven Konzeptabsicherung darstellen, da die Vorhersageergebnisse unter Neutralitätsaspekten eine größere Akzeptanz finden können.

Hierzu sind die Vorhersagen allerdings auf Grundlage eines ***nachvollziehbaren Prozesses zu erstellen und aufzubereiten (A.5.1).*** Um den ganzheitlichen Steuerungsaspekt aus Sicht der präventiven Konzeptabsicherung zu unterstützen, wird ein weiteres Verbesserungspotential in einer die Organisationseinheiten übergreifenden ***Zentralisierung qualitätsbezogener Vorhersagergebnisse (A.5.2)*** *gesehen.*

Während die Berechnungen der Entwicklungs- und Herstellungskosten für sämtliche Produktkonzepte in der frühen Phase separat geplant und durchgeführt werden, bildet dies für die Vorhersage qualitätsrelevanter Kennzahlen im vorliegenden Fall aufwandsbedingt zumeist die Ausnahme. Umfassende konzeptspezifische Prognosen für zentrale Qualitätskennzahlen können aus Sicht der Befragten allerdings einen substantiellen Beitrag für die Verbesserung von qualitätsorientierten Entscheidungen darstellen, da sie ein quantitatives Gegengewicht zu den häufig als dominierend wahrgenommenen Berechnungen der Entwicklungs- und Herstellungskosten auf der Ebene des Einzelkonzepts bilden können. Für die Befragten stellt daher die ***Erstellung konzeptbezogener Vorhersagen für relevante Qualitätskennzahlen (A.5.3)*** ein wesentliches Potential dar.

Regelmäßige Vorhersagen mit Blick auf die zu erwartenden Fehlerfolgen, die einerseits in kurzen Zeitabständen und andererseits auf Basis der gegenwärtigen Datengrundlage erfolgen, können es der präventiven Konzeptabsicherung aus Sicht der Befragten im Gegensatz zu den bisherigen rein meilenstein- oder anfragebezogenen Prognosen zudem ermöglichen, kurzfristiger und früher als bisher auf neue Erkenntnisse zu reagieren und die Vorsteuerung der potentieller Handlungsbedarfe zu verbessern, da aktuelle Prognoseresultate unter anderem im Rahmen anstehender Konzeptentscheidungen unmittelbar und ohne weiteren Zeitverzug mit einbezogen werden können. Daher stellt die ***kontinuierliche Aktualisierung von Vorhersagen für qualitätsbezogene Kennzahlen (A.5.4)*** sowie ***die Berücksichtigung der jeweils aktuellen Datengrundlage im Rahmen der Vorhersageerstellung (A.5.5)*** ein weiteres Potential dar. Vor diesem Hintergrund gilt es aus Sicht der Befragten belastbare Indikatoren im Rahmen der Vorhersagegenerierung zu nutzen. Neben konzeptbezogenen Eigenschaften sollten hierbei insbesondere ***marktspezifische Unterschiede (A.5.6),*** wie beispielsweise abweichende Umweltbedingungen oder Kundenanforderungen, die sich entweder fehlerbegünstigend auswirken oder einen Einfluss auf das Reklamationsverhalten besitzen, im Rahmen der Vorhersagengenerierung Berücksichtigung finden.

Während Rückmeldungen aus dem Garantie- und Kulanzmanagement grundsätzlich einen Werkstattbesuch des Kunden voraussetzen, können über direkte Kundenbefragungen zudem auch Themen erfasst werden, die aus Kundensicht entweder keinen Werkstattbesuch rechtfertigen oder durch diesen nicht behoben werden.[93] Die ***Verknüpfung aus subjektiven und objektiven Erkenntnissen des Kundenfeedbacks (A.5.7)*** erlaubt aus Sicht der Befragten, vor diesem Hintergrund eine Möglichkeit potentielle Fehlerereignisse genauer zu bestimmen.[94]

3.4.4 Auswertungsprozesse

Die Auswertungsprozesse bilden die Grundlage für die Identifikation und die Bewertung qualitätsrelevanter Handlungsbedarfe im Kontext der präventiven Konzeptabsicherung. Als übergreifende Prozesse lassen sich die *konzeptübergreifenden Auswertungen*, die *konzeptbezogenen Auswertungen* sowie die *Auswertungen von Konzeptinterdependenzen* voneinander abgrenzen.

I. Konzeptübergreifende Auswertungen

Bereits mit Beginn der Vorsteuernden Phase ist es aus Sicht der Befragten notwendig, ***konzeptübergreifende Auswertungen (A.6)*** basierend auf abgeschlossenen und offenen Qualitätsthemen durchzuführen. Hierdurch lassen sich bereits frühzeitig allgemeine Schwachstellen erkennen, wie beispielsweise häufige Fehlerbilder, die oftmals über unterschiedliche Konzepte verteilt von Kunden reklamiert werden. Für diese können dann fachbereichsübergreifende Qualitätsinitiativen[95] und Maßnahmen eingeleitet und/oder korrespondierende Qualitätsziele im Zuge der Festlegung entsprechend erhöht werden[96].

---

[93] Vergleiche hierzu auch die Anforderung A.2.3.

[94] Zu subjektiven und objektiven Qualitätskriterien vgl. Abschnitt 2.1.5.

[95] Als Beispiel für eine fachbereichsübergreifende Qualitätsinitiative kann die Bildung einer sogenannten „Task Force“ angeführt werden. Diese stellt einen interdisziplinären Zusammenschluss unterschiedlicher Experten dar, die mit Ressourcen ausgestattet werden, um beispielsweise Maßnahmen zur Verbesserung umfassender Schwachstellen zu entwickeln und umzusetzen.

[96] Hierzu können beispielsweise Einzelthemen mit Zielwerten belegt werden oder das Gesamtziel wird unter Berücksichtigung spezifischer Themen zusätzlich angespannt. Diese Qualitätsziele werden auf die einzelnen Entwicklungsbereiche runtergebrochen, um eine übergreifende Verbesserung zu forcieren.

Hierzu sollte nach Ansicht der Befragten die Bildung von sogenannten ***Top-Listen unterstützt werden, die sich aus den häufigsten Qualitätsthemen (A.6.1)*** nach Fehlertypen und -ursachen zusammensetzen. Solange noch keine konzeptbezogenen Beschlüsse für das abzusichernde Neuproduktprojekt vorliegen, sollten die Ergebnisse zu sämtlichen Produktkonzepten des Vorgängerprojekts als Grundlage für die Auswertung herangezogen werden. Sobald jedoch ein Entwurf für die Fahrzeuginhalte erarbeitet wurde und somit die ersten Produktkonzepte für das Neuproduktprojekt beschlossen wurden, sollte aus Sicht der Befragten eine Möglichkeit bestehen, den ***Auswertungsumfang der Top-Listen an dem derzeit geltenden Beschlussstand auszurichten (A.6.2).***

Für die Identifikation bestimmter Problemstellungen kann es weiterhin hilfreich sein, verschiedene Fehlertypen im Rahmen der Auswertung zu verbinden. Aktuell sind hierfür in der Regel mehrere Auswertungen erforderlich. Vor diesem Hintergrund sollte daher der ***flexible Aufbau qualitätskritischer Themencluster (A.6.3)*** im Hinblick auf konzeptübergreifende Auswertungen unterstützt werden. Hierzu sollten sich in einem ersten Schritt Einzelthemen, die einer bestimmten Fehlerkategorie zugeordnet werden können, zu qualitätskritischen Themenclustern, wie beispielsweise „Geräusch“ oder „Oberflächenschaden“, verdichten lassen. In einem zweiten Schritt sollten diese zum Beispiel nach der Reklamationshäufigkeit priorisiert werden können, um sogenannte Top-Cluster herauszubilden. Anschließend sollten die einzelnen Top-Cluster nach Gemeinsamkeiten, beispielsweise nach bestimmten Fehlerarten oder -ursachen, detailliert und ausgewertet werden können, um spezifischere Erkenntnisse zu gewinnen, die abschließend die gezielte Erarbeitung von Maßnahmen ermöglichen und unterstützen.

II. Konzeptbezogene Auswertungen

Neben den konzeptübergreifenden Auswertungen wird im Zuge der präventiven Konzeptabsicherung den ***konzeptbezogenen Auswertungen (A.7),*** das heißt der Betrachtung und Bewertung spezifischer Produktkonzepte, eine hohe Relevanz beigemessen. Mit konzeptbezogenen Auswertungen kann die präventive Konzeptabsicherung allerdings erst umfassend starten, sobald die entsprechenden Produktkonzepte auch als Fahrzeuginhalte des betrachteten Neuproduktprojekts festgelegt sind.

Um konzeptbezogene Analysen grundsätzlich zu ermöglichen, ist eine Verbindung zwischen ***den abzusichernden Produktkonzepten und den verfügbaren Qualitätsdaten (A.7.1)*** herzustellen. Hierdurch können unter anderem qualitätsbezogene Auswertungen, wie beispielsweise von Lessons Learned und Felddaten, konzeptspezifisch erfolgen und somit zum Beispiel sowohl die Aufstellung und fortlaufende Pflege der Qualitäts-Masterliste als auch den Zugriff auf die relevanten qualitätsbezogenen Inhalte durch den Produktentwickler vereinfachen.

Mit Blick auf den Neuheitsgrad eines Produktkonzepts sollten konzeptspezifische Auswertungen sowohl die Absicherung der Produktsubstanz, diese umfasst sämtliche Übernahmekonzepte, als auch die Absicherung innovativer und neuer Konzepte abdecken.

Produktsubstanz

Für die Absicherung der Produktsubstanz sollten vergangenheitsbezogene Erfahrungen und aktuelle Erkenntnisse aus der Serienphase gleichermaßen berücksichtigt werden. Daher sind nach Ansicht der Befragten sowohl abgeschlossene als auch offene Qualitätsthemen als Grundlage für konzeptbezogene Auswertungen relevant. In diesem Kontext gilt es darüber hinaus zu beachten, dass Veränderungen an den Produkteigenschaften beziehungsweise -merkmalen eines Konzepts die Aussagefähigkeit und Gültigkeit der vergangenheitsbezogenen Qualitätsinformationen beeinträchtigen können. Daher sollten die entsprechenden Produktkonzepte entweder vor oder nach der Auswertung hinsichtlich der Aussagekraft durch die verantwortlichen Produktentwickler plausibilisiert werden.

Aus Sicht der Befragten ist es notwendig Übernahmekonzepte, sofern diese zu keinen signifikanten Auffälligkeiten in vorangegangenen Fahrzeugprojekten geführt haben, trotzdem vor dem Hintergrund gegebenenfalls abweichender Anforderungen und Marktbedingungen des aktuellen Neuproduktprojekts und den daraus resultierenden Konsequenzen zu bewerten. Da sich neben den Produkteigenschaften auch die Rahmen- und Einsatzbedingungen im Vergleich zu vorherigen Fahrzeugprojekten verändern können, sollten potentielle Implikationen internen sowie externen Ursprungs, wie sie beispielsweise aus abweichenden Absatzplanungen, Zielmärkten und Anspruchsgruppen resultieren können, für die Absicherung der Produktsubstanz mit einbezogen werden. Hierbei sollte für ***Übernahmekonzepte insbesondere die Identifikation sogenannter Nischen- und Aufsteigerthemen unterstützt werden (A.7.2).*** Hierunter fallen Qualitätsthemen, die aus der Perspektive der Serienphase eines Vorgängerprojekts beispielsweise aufgrund der Schadenshäufigkeit als unproblematisch eingestuft werden, für die allerdings, als Folge der abweichenden Planungsparameter des Neuproduktprojekts, ein erhöhtes Schadensaufkommen zu erwarten ist.

Da ein Neuproduktprojekt in Bezug auf die Produktsubstanz dem direkten Vorgängerprojekt in der Regel am nächsten kommt, sollte dies den Ausgangspunkt für die Ermittlung und Bewertung der Konzeptqualität bilden. ***Daher sollte das Vorgängerprojekt als Referenzprojekt für das abzusichernde Neuproduktprojekt***

gesetzt werden (A.7.3). Falls ein Neuproduktprojekt kein direktes Vorgängerprojekt besitzt, da es sich beispielsweise um einen neuen Fahrzeugtyp handelt, ist die ***Möglichkeit zu berücksichtigen, ersatzweise einen alternativen Fahrzeugtyp als Referenzprojekt festlegen zu können (A.7.4).***

Sollten die zu abzusichernden Produktkonzepte nur in anderen oder neben dem Vorgängerprojekt in weiteren Fahrzeugprojekten verbaut sein, sollten die entsprechenden Erkenntnisse und Erfahrungen in die Auswertung für das Neuproduktprojekt mit einfließen. Daher besteht der Bedarf, auch ***die qualitätsbezogenen Erkenntnisse weiterer Fahrzeugprojekte konzeptspezifisch einbeziehen zu können. (A.7.5).***

Für die präventive Absicherung der Produktsubstanz ist es aus Sicht der Befragten zudem notwendig, den ***Status quo der Fehlerabstellung in Bezug auf die relevanten Produktkonzepte abrufen zu können (A.7.6).*** Hierdurch lässt sich beispielsweise für Qualitätsthemen, die in einem ersten Schritt über die Felddaten identifiziert wurden, direkt überprüfen, ob diese bereits Gegenstand des laufenden Fehlerabstellprozesses sind oder nicht. Trifft ersteres zu, sollte es darüber hinaus eine Möglichkeit geben, den gegenwärtigen Fortschritt sowie den jeweils damit verbundenen aktuellen Wissensstand des Fehlerabstellung, beispielsweise mit Blick auf potentielle Ursachen sowie verantwortliche Ansprechpartner, themenspezifisch abrufen zu können. Falls der Fehlerabstellprozess noch nicht begonnen hat, könnte dies bereits ein erster Indikator für eine höhere Priorisierung im Rahmen der präventiven Konzeptabsicherung bilden, da sich für das betroffene Qualitätsthema keine Verbesserungsaktivitäten erkennen lassen.

Innovative und neue Produktkonzepte

In Abgrenzung zur Produktsubstanz umfasst die Absicherung innovativer Konzepte sämtliche Konzeptideen und Entwürfe, für die der betrachtete Automobilhersteller, beispielsweise aufgrund der Neuartigkeit der Produkteigenschaften oder -funktionen, bis dato nur wenige oder noch keine konzeptbezogenen Erfahrungen hinsichtlich qualitätsrelevanter Aspekte sammeln konnte. Der Schwerpunkt der präventiven Konzeptabsicherung liegt daher in der Regel insbesondere auf der Durchführung präventiver Methoden. Trotz der Neuartigkeit können abgeschlossene und offene Qualitätsthemen aus Sicht der Befragten allerdings auch hier einen Beitrag leisten, obgleich die Aussagekraft von qualitätsorientierten Rückmeldungen für innovative und neue Konzepte häufig geringer ausfällt und folglich einer noch umfangreicheren Prüfung auf Plausibilität durch die jeweiligen Experten unterzogen werden muss.

Aufgrund der Möglichkeit, dass sich bestimmte Konzeptbestandteile jedoch wiederholen beziehungsweise unverändert bleiben, können aus Sicht der Produktentwicklung auch die Inhalte abgeschlossener und offener Qualitätsthemen bei der Bewertung neuartiger Konzepte hilfreich sein. Diese können beispielsweise zur Verbesserung erkannter Schwachstellen herangezogen werden und/oder die Glaubwürdigkeit einer Expertenbewertung in Bezug auf potentielle Fehlerfolgen untermauern, indem eine Referenz zu ähnlichen, bereits bekannten Konzeptbestanteilen und den damit verbundenen Problemen hergestellt werden kann. Neben der zielgerichteten Bereitstellung vorhandener Qualitätsdaten im Rahmen der Durchführung entsprechender Expertenbewertungen liegt aus Sicht der Befragten ein Verbesserungspotential in der Unterstützung der Steuerung präventiver Methoden.

Hierzu sollte eine ***Bewertung des Abdeckungsgrads sowie des Absicherungsfortschritts der präventiven Methoden anhand des jeweiligen Status möglich sein (A.7.7).*** Während der Abdeckungsgrad dazu dienen kann, gegebenenfalls vorhandene Absicherungslücken für die Festlegung und Durchführung präventiver Methoden zu identifizieren, kann die Berücksichtigung des Absicherungsfortschritts dabei unterstützen, eine verspätete Fertigstellung präventiver Methoden zu vermeiden. Daher sollte aus Sicht der Befragten bereits in der frühen Phase damit begonnen werden, sowohl die Anzahl, die Art sowie den Status der festgelegten präventiven Methoden, wie beispielsweise der FMEA, im Rahmen einer IT-Lösung zu erfassen und zu verfolgen, um mit Blick auf die Absicherung innovativer Konzepte eine potentielle Unterdeckung sowie Verzögerung möglichst frühzeitig erkennen zu können.

III. Auswertung von Konzeptinterdependenzen

Im Hinblick auf die vertriebsseitige Planung von vorab definierten Ausstattungskombinationen deutet sich zudem an, dass zukünftig auch die präventive Absicherung von Konzept-Bündeln weiter an Bedeutung gewinnen wird. Konzept-Bündel bezeichnen einzelne Produktkonzepte, die zu sogenannten Ausstattungspaketen oder -linien verbunden werden. Während auf einigen Absatzmärkten die verfügbaren Ausstattungen durch die Kunden im Rahmen des Verkaufsprozesses konfigurierbar sind,[97] beschränkt sich das Angebot auf anderen Absatzmärkten lediglich auf eine begrenzte Anzahl an Ausstattungslinien. Auch auf Absatzmärkten, die den Kunden eine freie Konfiguration der verfügbaren Ausstattungen

[97] Bestimmte Kombinationsmöglichkeiten sind aufgrund (produktions-)technischer, logischer und verkaufspolitischer Restriktionen ausgeschlossen oder erfordern zusätzliche Ausstattungen.

anbieten, werden in der Regel zusätzliche Ausstattungspakete angeboten. Sowohl Ausstattungspakete als auch Ausstattungslinien können zudem länderspezifisch variieren. Über die **Auswertung von Produktkonzept-Kombinationen sollen Konzeptinterdependenzen erkannt werden (A.8)**. Im Mittelpunkt steht hierbei die Identifikation negativer Wechselwirkungen zwischen den verbauten Einzelkonzepten, die sich fehlerbegünstigend auswirken können. Während entsprechende Analysen mit der Zielstellung, negative Konzeptinterdependenzen für die Kombination von Einzelkonzepten zu ermitteln, teilweise bereits im Zuge des Fehlerabstellprozesses für am Markt befindliche Fahrzeuge durchgeführt werden, findet im untersuchten Fall bisher keine Rückkopplung der Auswertungsergebnisse in die Absicherungssystematik der präventiven Konzeptabsicherung von Neuproduktprojekten statt.

Spezifische Konzeptkombinationen, die gegebenenfalls in vorangegangenen Fahrzeugprojekten nur selten über die Auswahl bestimmter Sonderausstattungen, das heißt durch den Kunden selbst konfigurierbare Ausstattungsmerkmale, aufgetreten sind, können als Folge der Bildung neuer Ausstattungspakete und -linien für das Neuproduktprojekt häufiger gemeinsam verbaut werden und somit zu vermehrten Beanstandungen führen. Daher stellt die Bildung von ***Vorhersagen für problematische Konzeptkombinationen (A.8.1)*** ein Verbesserungspotential dar, um die präventive Absicherung geplanter Konzept-Bündel bereits in den frühen Phasen zu unterstützen.

3.4.5 Berechtigung und Nutzung

Sowohl für die Ermittlung qualitätsrelevanter Handlungsbedarfe als auch im Hinblick auf die Bewertung der Konzeptqualität sind die Aufgabenträger auf Auswertungen angewiesen, deren Ergebnisse anschließend entscheidungsorientiert visualisiert und berichtet werden können. Hierzu sind nach Ansicht der Befragten unterschiedliche Aspekte zu berücksichtigen, die nachfolgend betrachtet werden.

Insbesondere in den frühen Phasen des Produktentstehungsprozesses beziehen sich konzeptbezogene Qualitätsdaten zumeist auf sensible Inhalte, die häufig der Geheimhaltung unterliegen. Um den Zugang zu den betreffenden Inhalten steuern zu können und um unberechtigte Zugriffe zu verhindern, sollte ein **geeignetes Rollen- und Rechtekonzept (A.9)** berücksichtigt werden. Dieses sollte neben **grundlegenden Zugriffsregeln (A.9.1)** auch die Erzeugung **nutzerspezifischer Sichten (A.9.2)** unterstützen, bei denen sich Auswertungen und Berichte durch Filtersetzung auf die aus Anwendersicht relevanten Inhalte einschränken lassen. Als Ausgangspunkt für die Bildung des Rollen- und Rechtekonzepts sollte die

Produktstruktur herangezogen werden, da die entsprechenden Inhalte sowohl mit der Linien- als auch in der Projektorganisation auf Grundlage der Verantwortlichkeiten verbunden sind (A.9.3). Die Produktstruktur kann von der untersten Ebene des Bauteils, als kleinster zu betrachtender Einheit, über das Produktkonzept, als Verbindung aus mehreren zusammenhängenden Bauteilen, bis hin zum Gesamtfahrzeug, das sich letztlich aus der Summe aller Produktkonzepte zusammensetzt, aufgebaut werden. Für jedes Neuproduktprojekt ist zudem eine Projektorganisation[98] festgelegt, deren Rollen sich im Hinblick auf die Entwicklungsumfänge an der Produktstruktur orientieren. Weiterhin ist die Abbildung der Linienstruktur von Bedeutung, da sie unter anderem das Fundament für die Erzeugung von Management-Sichten darstellt. Hierzu sollten sämtliche konzeptbezogenen Qualitätsthemen in Abhängigkeit des Verantwortungsbereichs und der jeweiligen Hierarchiestufe, wie beispielsweise für das Direktions-, Center- und Abteilungsmanagement, auswertbar sein. Neben der Forderung, die präventive Konzeptabsicherung durch kontinuierliche Auswertungen, deren Ergebnisse regelmäßig in den relevanten Gremien berichtet werden, zu verbessern, um frühzeitiger als bisher auf wesentliche Qualitätsthemen reagieren zu können, besteht aus Sicht der Befragten gleichfalls der Bedarf, anlassbezogene Auswertungen durchzuführen und zu berichten. Hierdurch lassen sich spezifische Anfragen des Managements sowie aus unterschiedlichen Fachbereichen zeitnah und kurzfristig bedienen.[99] Daher sollten sowohl ***regelmäßige als auch eine Ad-hoc Auswertungen und Berichterstattungen (A.10)*** unterstützt werden. Aus Sicht der Befragten sollte die Durchführung von Analysen sowie die Generierung von Berichten gleichermaßen einer ***intuitiven Steuerung und einfachen Bedienbarkeit (A.11)*** folgen, da sich der Kreis der relevanten Anwender vorrangig aus Fachexperten und dem Management zusammensetzt. Analyseergebnisse und Berichte sollten darüber hinaus zum besseren Verständnis grafisch aufbereitet und einheitlich dargestellt werden können. Hierzu sollten dem Management und den Fachexperten vertraute Visualisierungen, wie beispielsweise Portfolio-, Balken- und Kuchendiagramme, verfügbar sein.

3.4.6 Übersicht der identifizierten Anforderungen

Dieser Abschnitt fasst die im Rahmen der empirischen Erhebung identifizierten Potentiale und Anforderungen der präventiven Konzeptabsicherung in den

[98] Vgl. Abschnitt 3.3.1.

[99] Vgl. hierzu auch Abschnitt 3.3.1.

frühen Phasen des Fahrzeugentwicklungsprozesses zusammen. Die Anforderungen dienen als Anhaltspunkte und Grundlage für die Gestaltung des IT-basierten Entscheidungsunterstützungsansatzes der präventiven Konzeptabsicherung. Die Reihenfolge der Anforderungen folgt der Struktur der untersuchten Anforderungsgruppen und stellt keine Priorisierung dar. Insgesamt konnten elf übergeordnete Anforderungen identifiziert werden, die sich durch 37 Anforderungen konkretisieren und detaillieren lassen.

Anforderung 1: Das IT-Konzept sollte *abgeschlossene Qualitätsthemen* integrieren und für Auswertungen zur Verfügung stellen können.

Als abgeschlossene Qualitätsthemen lassen sich sämtliche Qualitätsdaten bezeichnen, die den Fehlerabstellprozess vollständig durchlaufen haben. Hervorzuheben sind in diesem Kontext insbesondere die Möglichkeit einer zielgerichteten Abfrage der Lessons Learned vorangegangener Fahrzeugprojekte (A.1.1), die Priorisierung der Lessons Learned anhand definierter Qualitätskennzahlen (A.1.2) sowie die Verfügbarkeit von Hintergründen und zusätzlichen Details der entsprechenden Fehlerhistorie (A.1.3).

Anforderung 2: Das IT-Konzept sollte *offene Qualitätsthemen* integrieren und für Auswertungen zur Verfügung stellen können.

Mit offenen Qualitätsthemen werden sämtliche Qualitätsdaten bezeichnet, die den Fehlerabstellprozess noch nicht vollständig durchlaufen haben, oder die beispielsweise nur über die Felddaten erkennbar sind, da (noch) kein Fehlerabstellprozess initiiert wurde. Unter anderem aufgrund unterschiedlicher Fehlerlatenzzeiten sollten hierzu Felddaten kontinuierlich im weiteren Projektverlauf (A.2.1) und nach unterschiedlichen Zeitabschnitten ausgewertet werden können (A.2.2). Zudem sollte die Möglichkeit bestehen, verschiedene Felddatenquellen für Auswertungen heranziehen zu können (A.2.3).

Anforderung 3: Das IT-Konzept sollte *produktkonzeptrelevante Planentscheide* integrieren und im Rahmen der Auswertungen berücksichtigen können.

Die konzeptrelevanten Planentscheide umfassen die Gesamtheit aller relevanten Planungsparameter mit Blick auf die für ein Fahrzeugprojekt festgelegten Produktkonzepte. Hierzu sollte die Erfassung der aktuellen Konzeptauswahl kontinuierlich erfolgen und regelmäßig aktualisiert werden (A.3.1). Für die konzeptbezogene Planung sind zielmarktspezifische Sichten (A.3.2) sowie globale und zielmarktübergreifende Perspektiven (A.3.3) der erfassten Planungsparameter vorzuhalten. Als Planungsparameter sollten insbesondere die konzeptbezogene Planung der Verbauquoten (A.3.4), die Volumenplanung des Fahrzeugabsatzes (A.3.5) und die geplanten Konzept-Bündel (A.3.6) einbezogen werden.

Anforderung 4: Das IT-Konzept sollte *produktkonzeptbezogene Maßnahmen* integrieren und im Rahmen der Auswertungen zur Verfügung stellen können.

Die konzeptbezogenen Maßnahmen umfassen alle Maßnahmen, die für bekannte Qualitätsthemen bereits grundsätzlich erarbeitet und konzeptbezogen vorliegen. Hierfür sollte der aktuelle Stand sämtlicher Maßnahmen respektive Konzeptalternativen und -verbesserungen, die verfügbar sind, konzeptbezogen berücksichtigt werden (A.4.1). Weiterhin sollte der derzeitige Status der Maßnahmen (A.4.2) sowie das damit verbundene Verbesserungspotential (A.4.3) erfasst und ausgewiesen werden können. Aus Basis der erfassten Inhalte sollte zudem die Möglichkeit bestehen, Vergleichsszenarien im Hinblick auf der Wirtschaftlichkeit der betreffenden Maßnahme zu erzeugen (A.4.4).

Anforderung 5: Das IT-Konzept sollte *prädiktive Qualitätsthemen* erzeugen und im Rahmen von Auswertungen zur Verfügung stellen können.

Als prädiktive Qualitätsparameter werden die Konzeptqualität betreffende Vorhersageergebnisse bezeichnet. Die Generierung der Vorhersagen sollte auf Grundlage eines transparenten und nachvollziehbaren Prozesses ablaufen (A.5.1). Die Vorhersagen sollten über das IT-Konzept zentralisiert (A.5.2) und konzeptbezogen für relevante Qualitätskennzahlen erstellt werden können (A.5.3). Die Vorhersagen sind dabei auf Grundlage sämtlicher veränderter Parameter (A.5.5) kontinuierlich zu aktualisieren (A.5.4). Hierzu sollten sowohl marktspezifische Unterschiede (A.5.6) als auch die Verbindung von subjektiven und objektiven

Erkenntnissen des Kundenfeedbacks (A.5.7) im Zuge der Vorhersagenerstellung Berücksichtigung finden.

Anforderung 6: Das IT-Konzept sollte *produktkonzeptübergreifende Auswertungen* unterstützen

Konzeptübergreifende Auswertungen dienen der Schwerpunktanalyse alternativer Informationstypen, um beispielsweise bestimmte Qualitätsthemen wie Fehlertypen konzeptunabhängig untersuchen zu können. Vor diesem Hintergrund sollte die Bildung von Top-Listen anhand unterschiedlicher Kriterien (A.6.1) unterstützt werden. Der Auswertungsumfang der Top-Listen sollte sich an dem aktuellen Beschlussstand der Produktkonzepte ausrichten (A.6.2). Zudem sollten sich unterschiedliche Qualitätsthemen flexibel zu Themenclustern verbinden lassen (A.6.3).

Anforderung 7: Das IT-Konzept sollte *produktkonzeptbezogene Auswertungen* unterstützen

Konzeptbezogene Auswertungen dienen der Betrachtung und Beurteilung der Qualität spezifischer, das heißt einzelner, Produktkonzepte. Hierzu sollte eine Verbindung zwischen den separaten, abzusichernden Produktkonzepten und den dafür verfügbaren Qualitätsdaten hergestellt und für Analysen bereitgestellt werden (A.7.1). Insbesondere für Übernahmekonzepte ist zudem die Identifikation von qualitätsbezogenen Nischen- und Aufsteigerthemen zu unterstützen (A.7.2). Hierunter fallen beispielsweise konzeptspezifische Fehler, die bisher als unauffällig eingestuft wurden, für die allerdings mit dem Verbau im Rahmen des betrachteten Neuproduktprojekts ein signifikantes Qualitätsthema zu erwarten ist. Als Referenzprojekt sollte für konzeptbezogene Auswertungen eines Neuproduktprojekts das direkte Vorgängerprojekt herangezogen werden (A.7.3). Zudem sollte die Möglichkeit berücksichtigt werden, alternative Fahrzeugtypen als Referenzprojekt auszuwählen (A.7.4). Neben den gesetzten Referenzprojekten sollten auch die konzeptspezifischen Erkenntnisse weiterer Fahrzeugtypen für die Auswertungen einbezogen werden können (A.7.5). Für die Beurteilung und Priorisierung potentieller Handlungsbedarfe sollte zudem der Status quo der Fehlerabstellung sowie die damit verbundenen Arbeitsergebnisse konzeptbezogen eingebunden werden (A.7.6). Insbesondere im Hinblick auf neue und innovative Produktkonzepte sollte außerdem der Arbeitsstand der präventiven Methoden erfasst und verfügbar gemacht werden (A.7.7).

Anforderung 8: Das IT-Konzept sollte die *Auswertung von Produktkonzeptinterdependenzen* unterstützen

Mit Konzeptinterdependenzen werden Abhängigkeiten zwischen einzelnen Produktkonzepten bezeichnet, die eine Fehlerentstehung begünstigen. Durch die vertriebsseitige Planung kann es, beispielsweise über die Bildung von Ausstattungspaketen, zu einer vermehrten Kombination bestimmter Produktkonzepte für das Neuproduktkonzept kommen. Um die aus Konzeptinterdependenzen resultierenden negativen Effekte zu vermeiden, sollten Vorhersagen für problematische Konzeptkombinationen erzeugt werden können (A.8.1).

Anforderung 9: Das IT-Konzept sollte die Etablierung eines *Rollen- und Rechtekonzepts* unterstützen

Das Rollen- und Rechtekonzept sollte neben definierten Zugriffsregeln (A.9.1), die eine Steuerung des Zugriffs auf sensible Inhalte ermöglichen, auch die Bildung nutzerspezifischer Sichten (A.9.2) durch die Auswahl bestimmter Filter erlauben. Hierzu sollte eine Verbindung zwischen der Produktstruktur und der Projekt- sowie der Linienorganisation hergestellt werden (A.9.3).

Anforderung 10: Das IT-Konzept sollte sowohl regelmäßige als auch Adhoc-Auswertungen und -Berichterstattungen ermöglichen

Neben der regelmäßigen Berichterstattung von Auswertungsergebnissen in den unterschiedlichen Gremien sollten auch kurzfristige Analysen zur Beantwortung anlassbezogener Fragestellungen unterstützt werden.

Anforderung 11: Das IT-Konzept sollte eine *intuitive Steuerung und einfache Bedienbarkeit* bieten

Da es sich bei den Aufgabenträgern überwiegend um Fachexperten und Vertreter des Managements handelt, sollte die Durchführung von Auswertungen und die Erstellung von Berichten benutzerfreundlich sein und keine weitreichenden, technischen IT-Kenntnisse voraussetzen.

Tabelle 3.4 ordnet die Gesamtheit der ermittelten Anforderungen den über das Teilziel II (vgl. Abschnitt 3.3.1) erhobenen Aufgabenstellungen zu.

Erkenntnisse Teilziel 3: Aus der Potentialanalyse und Anforderungserhebung konnten insgesamt elf Hauptanforderungen identifiziert werden, die es mit Blick auf die Entwicklung eines Ansatzes zur Entscheidungsunterstützung der präventiven Absicherung von Produktkonzepten in den frühen Phasen des automobilen Produktentwicklungsprozesses zu berücksichtigen gilt.
Darüber hinaus deuten die Erkenntnisse an, dass die Aufgabenträger und Entscheider der präventiven Konzeptabsicherung neben qualitätsrelevanten Informationen aus der Produktnutzungsphase (qualitätsbezogene Feldparameter) zusätzlich auf planungsbezogene Informationen aus den frühen Phasen der Automobilentwicklung (qualitätsbezogene Planungsparameter) für die Erfüllung ihrer Aufgaben angewiesen sind. Dabei gilt es, insbesondere auch verbau- und marktspezifische Umgewichtungsaspekte zwischen Vorgänger- und Neuproduktprojekten adäquat zu berücksichtigen.

Abbildung 3.12 zeigt den um die qualitätsbezogenen Planungsparameter (gestrichelt hervorgehoben) erweiterten Bezugsrahmen der vorliegenden Arbeit.

Tabelle 3.4 Zuordnung zwischen identifizierten Aufgaben und Anforderungen

Aufgaben und Tätigkeiten der präventiven Konzeptabsicherung	Anforderungen an das IT-Konzept										
	A 1 Abgeschlossene Qualitätsthemen	A 2 Offene Qualitätsthemen	A 3 Konzeptrelevante Planentscheide	A 4 Konzeptbezogene Maßnahmen	A 5 Prädiktive Qualitätsthemen	A 6 Konzeptübergreifende Auswertungen	A 7 Konzeptbezogene Auswertungen	A 8 Auswertungen von Konzeptinterdependenzen	A 9 Rollen- und Rechtekonzept	A 10 Regelmäßige als auch Ad-hoc-Auswertungen und -Berichterstattungen	A 11 Intuitive Steuerung und einfache Bedienbarkeit
Auswertung von Kundenrückinformationen											
Identifikation und Priorisierung abgeschlossener Qualitätsthemen	x			x		x	x		x	x	x
Sicherstellung des Erfahrungstransfers zwischen Vorgänger und Neuproduktprojekt	x	x		x		x	x		x	x	x
Ermittlung des aktuellen Qualitätsstands											
Übertragung vergangenheitsbezogener Qualit ätsthemen auf aktuelle Konzepte	x	x	x		x	x	x	x	x	x	x
Durchführung präventiver Methoden			x	x		x	x		x	x	x
Erstellung kennzahlenbasierter Prognosen	x	x	x		x	x	x	x	x	x	x
Beurteilung des aktuellen Qualitätsstands											
Analyse und Bewertung der Kritikalität von Qualitätsthemen	x	x	x	x	x	x	x	x	x	x	x
Beurteilung der qualitätsbezogenen Zielerreichung	x	x	x	x	x	x	x	x	x	x	x
Reporting von bewerteten Ergebnissen	x	x	x	x	x	x	x	x	x	x	x
Ableitung von Handlungsbedarfen und Maßnahmen zur Sicherstellung der Erfüllung von Qualitätszielen											
Aufbereitung und Prüfung von Maßnahmen			x	x			x	x	x	x	x
Zielgerichtete Vorbereitung von Maßnahmenentscheiden			x	x			x	x	x	x	x

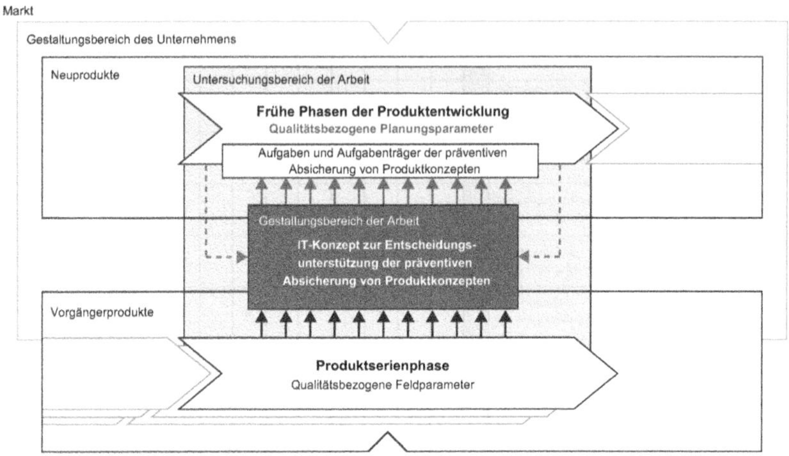

Abbildung 3.12 Erweiterter Bezugsrahmen der Arbeit[100]

[100] Eigene Darstellung.

4 Entwicklung eines Fachkonzepts zur Entscheidungsunterstützung der präventiven Konzeptabsicherung

Auf Basis der empirischen Resultate wird in diesem Kapitel ein fachliches Konzept zur IT-basierten Unterstützung qualitätsbezogener Entscheidungen in den frühen Phasen der Fahrzeugentwicklung erarbeitet. Mit der Implementierung dieses Fachkonzepts soll es ermöglicht werden, die Verfügbarkeit qualitätsrelevanter Informationen effizienter zu gestalten, um bereits in den frühen Entwicklungsphasen zugunsten qualitätsbezogener Entscheidungen sowohl die Transparenz zu erhöhen als auch die Unsicherheit zu verringern und somit die Aufgabenträger und Entscheider im Kontext der präventiven Konzeptabsicherung zielgerichtet zu unterstützen.

Hierzu wird in einem ersten Schritt die Auswahl von Business Intelligence und Analytics als Grundlage für die Erstellung des vorliegenden Konzepts zur Entscheidungsunterstützung begründet. Nachfolgend werden die Gestaltungsentscheidungen der konzeptionellen Schwerpunktsetzung anhand der im Rahmen der Case Study erhobenen Anforderungen fundiert. Im Anschluss werden das der Konzeption zugrunde liegende Datenmodell (Abschnitt 4.1) sowie die Ausgestaltung der einzelnen Konzeptionsschwerpunkte (Abschnitt 4.2 bis 4.5) vorgestellt.

Abbildung 4.1 ordnet die Entwicklung der fachlichen Konzeption als Gegenstand dieses Kapitels in den Gang der Arbeit ein.

Ergänzende Information Die elektronische Version dieses Kapitels enthält Zusatzmaterial, auf das über folgenden Link zugegriffen werden kann https://doi.org/10.1007/978-3-658-41345-3_4.

© Der/die Autor(en), exklusiv lizenziert an Springer Fachmedien Wiesbaden GmbH, ein Teil von Springer Nature 2023

S. Herzberg, *Quality Intelligence*,
https://doi.org/10.1007/978-3-658-41345-3_4

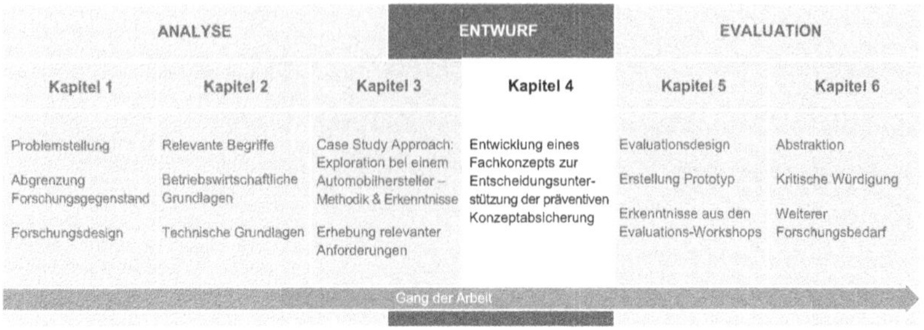

Abbildung 4.1 Einordnung von Kapitel 4 in den Gang der Arbeit[1]

Business Intelligence und Analytics als Grundlage für die Entscheidungsunterstützung der präventiven Absicherung von Produktkonzepten

Die Erstellung eines Konzepts zur IT-basierten Entscheidungsunterstützung setzt eine adäquate Informationsversorgung voraus. Im Rahmen der literaturbezogenen Grundlagen wurde mit Business Intelligence und Analytics hierzu bereits ein etablierter Gesamtansatz vorgestellt.[2] Für die Anwendbarkeit von BIA auf die Problem- und Zielstellung der vorliegenden Arbeit sprechen mehrere Gründe, die im Folgenden anhand eines Abgleichs der Hauptaufgabe und Grundlage von BIA mit den Anforderungen der präventiven Absicherung von Produktkonzepten in den frühen Phasen der Fahrzeugentwicklung dargelegt werden.

Die **Hauptaufgabe von Business Intelligence und Analytics** umfasst die Entscheidungsunterstützung zur Erreichung spezifischer Ziele, die sich an den unternehmerischen Aktivitäten ausrichten und in Abhängigkeit der organisations- sowie domänenbezogenen Rahmenbedingungen stehen. Den Ausgangspunkt für BIA-Applikationen bilden dabei Analyseziele, die sich über Kennzahlen sowie deren Einflussfaktoren abbilden lassen.[3]

- Die Hauptaufgabe von BIA deckt sich mit der Zielstellung dieser Arbeit, die sich mit der Entwicklung eines IT-basierten Informationsversorgungskonzepts befasst, das bereits in den frühen Phasen der Fahrzeugentwicklung eine integrierte Entscheidungsfindung auf Basis von Qualitätsdaten unterstützt.[4]

[1] Eigene Darstellung.
[2] Vgl. Abschnitt 2.5.
[3] Vgl. Grossmann und Rinderle-Ma (2015), S. 2 und 11 sowie Abschnitt 2.5.1.
[4] Vgl. Abschnitt 1.3.

- Die Analyseziele ergeben sich für den vorliegenden Anwendungskontext insbesondere aus der Verbesserung der Produktqualität durch die Vermeidung von produktkonzeptbezogenen Fehlern.[5]
- Hierzu sind im Rahmen der präventiven Konzeptabsicherung auch der Einsatz von Qualitätskennzahlen (Anforderungen A.1.2 und A.5.3) sowie die Auswertung von korrespondierenden Einflussfaktoren (Anforderungen A4, A.5.5, A5.7 und A.8.1) notwendig.[6]

Die **Grundlage von Business Intelligence und Analytics** und für die damit verbundene Entscheidungsunterstützung bilden empirische Informationen, die aus unterschiedlichen Datenquellen stammen können.[7] Diesbezüglich bietet BIA als integrierter, IT-basierter Gesamtansatz verschiedene Komponenten für die Datenbereitstellung, die Informationsgenerierung sowie die Informationsbereitstellung an.[8]

- Dies entspricht ebenfalls den formulierten Bedarfen zur Entscheidungsunterstützung der präventiven Absicherung von Produktkonzepten, deren Datengrundlage sich in der Regel auf unterschiedliche Quellsysteme verteilt.[9]
- Auf Basis historischer Daten ist es zudem erforderlich, geeignete Analyseverfahren anzuwenden, um beispielsweise Lessons Learned und Felddaten flexibel auswerten (Anforderungen A.1 und A.2) sowie Vorhersagen mit Blick auf zukünftige Fehlerereignisse (Anforderung A.5) erstellen zu können.
- Die Informationsbereitstellung ist hierfür zudem adressatengerecht auszugestalten (Anforderungen A.9.2, A.9.3 und A.11).[10]

Die identifizierten Übereinstimmungen legen den Schluss nahe, dass Business Intelligence und Analytics einen geeigneten Gesamtansatz für die Entwicklung eines Konzepts zur Entscheidungsunterstützung der präventiven Absicherung von Produktkonzepten bildet. Vor diesem Hintergrund werden nachfolgend die konzeptionellen Schwerpunkte erarbeitet.

---

[5] Vgl. Abschnitt 3.3.1.

[6] Vgl. Abschnitt 3.4.6.

[7] Vgl. Grossmann und Rinderle-Ma (2015), S. 2 und Abschnitt 2.5.1.

[8] Vgl. Baars und Kemper (2021), S. 92 und Abschnitt 2.5.

[9] Vgl. Abschnitt 2.4 und 3.3.4.

[10] Vgl. Abschnitt 3.4.6.

Konzeptionelle Schwerpunkte

Die Gestaltungsentscheidungen für die Konzeptionsschwerpunkte werden entlang der Resultate der Potentialanalyse und Anforderungserhebung getroffen.[11] Aus den entsprechenden Erkenntnissen lässt sich unter anderem ableiten, dass neben den Informationen aus der Produktnutzungsphase auch Informationen aus den frühen Phasen der Produktentwicklung einen wesentlichen Einfluss auf die Entscheidungsbildung im Rahmen der präventiven Absicherung von Produktkonzepten besitzen können.

In Abhängigkeit von der entsprechenden Produktlebenszyklusphase lassen sich die relevanten Informationen dabei in zwei Arten von Qualitätsparametern einteilen:[12]

- *Qualitätsbezogene Planungsparameter* resultieren in den frühen Phasen unter anderem aus ersten Entwicklungsergebnissen und produktkonzeptbezogenen Entscheidungen. Daher lassen sich qualitätsbezogene Planungsparameter beispielsweise durch Anpassungen an den Produktkonzepten noch direkt beeinflussen. Zu den qualitätsbezogenen Planungsparametern können unter anderem die Ausgestaltung, Auswahl und Paketbildung von Produktkonzepten sowie damit die verbundenen Maßnahmen, Verbauquoten und Marktverfügbarkeiten gezählt werden.
- *Qualitätsbezogene Feldparameter* sind im Gegensatz dazu nur indirekt beeinflussbar, da sie sich auf erfahrungsbezogene Inhalte beziehen, die in der Produktnutzungsphase entstehen. Bei qualitätsbezogenen Feldparametern kann es sich beispielsweise um Fehlerereignisse, Reklamationen, Kundenwahrnehmungen oder auch Markt- und Umweltbedingungen handeln.

Die Informationssysteme der frühen Phase der Produktentwicklung sowie der Produktnutzungsphase stellen die Datengrundlage für den in Abbildung 4.2 dargestellten Gestaltungsraum der fachlichen Konzeption. Dieser lässt sich anhand der konzeptionellen Schwerpunkte in drei Bereiche strukturieren. Dabei liegt der konzeptionelle Schwerpunkt des ersten Bereichs auf dem Entwurf einer *Datensicht für die qualitätsbezogenen Planungs- und Feldparameter*. Der zweite Bereich befasst sich darauf aufbauend mit der Ausgestaltung *multidimensionaler Auswertungen*, während der dritte Bereich mit *prädiktiven Messgrößen, kombinationsbasierten*

[11] Vgl. Abschnitt 3.4.

[12] Vgl. Abschnitt 3.4.1 und 3.4.2.

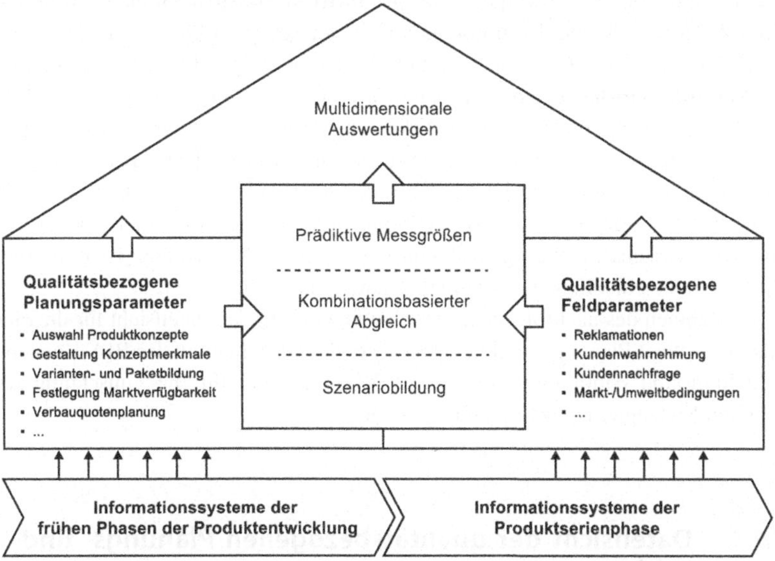

Abbildung 4.2 Übersicht der konzeptionellen Schwerpunkte[13]

Abgleichen und der Szenariobildung Funktionalitäten behandelt, die der Vorbereitung und Erweiterung des zweiten Bereichs durch festgelegte Berechnungsabläufe dienen.

Für die anwendungsbezogenen Analyseziele (Anforderungen A.1, A.2, A.6 und A.7) besteht der Bedarf auf der Grundlage von qualitätsbezogenen Planungs- und Feldparametern relevante Qualitätskennzahlen flexibel nach unterschiedlichen Sichten (Anforderungen A.2.2, A.2.3, A.3.2, A.3.3, A.5.7, A.6.1, A.6.3, A.7.4 und A.9) auswerten zu können.[14] Daher werden im Rahmen des zweiten konzeptionellen Schwerpunktbereichs mehrere Datenwürfel für **multidimensionale Auswertungen** modelliert, die es ermöglichen, vertikale und parallele hierarchische Beziehungen zwischen den erforderlichen Auswertungsdimensionen abzubilden.[15] Die konzeptionellen Schwerpunkte des dritten Bereichs haben gemeinsam, dass sie im Zuge der Informationsgenerierung qualitätsbezogene Planungs- mit Feldparametern verbinden, um neue Erkenntnisse zu gewinnen. Auf dieser Grundlage erfolgt zunächst mit

---

[13] Eigene Darstellung.

[14] Vgl. Abschnitt 3.4.6.

[15] Vgl. Abschnitt 4.2.

dem konzeptionellen Schwerpunkt der **prädiktiven Messgrößen** die Entwicklung eines Ablaufs,[16] der die Bestimmung von Prognosewerten für entscheidungsrelevante Qualitätskennzahlen ermöglicht (Anforderung A.5).[17] Für die Funktionalität des **kombinationsbasierten Abgleichs** wird eine Vorgehensweise gestaltet,[18] die es erlaubt, vergangenheitsbezogene Erkenntnisse hinsichtlich unerwünschter produktkonzeptbezogener Abhängigkeiten zu nutzen, um die geplanten Kombinationen von Produktkonzepten abzusichern (Anforderung A.8).[19] Der letzte konzeptionelle Schwerpunkt umfasst mit der **Szenariobildung** einen Ansatz,[20] der eine Bewertung der Wirtschaftlichkeit produktkonzeptbezogener Maßnahmen (Anforderung A.4) für unterschiedliche Umsetzungsszenarien unterstützt.[21]

Im Rahmen des nachfolgenden Abschnitts wird mit der Datensicht für die qualitätsbezogenen Planungs- und Feldparameter die Datenhaltung des BIA-Konzepts modelliert und damit eine notwendige Voraussetzung für die Umsetzung der weiteren Konzeptionsschwerpunkte geschaffen.

4.1 Datensicht der qualitätsbezogenen Planungs- und Feldparameter

Auf Grundlage der empirischen Befunde kann für die Arbeit ein konzeptionelles Datenmodell gestaltet werden, das die erhobenen Anforderungen generisch abbildet, sowie die datenbezogenen Inhalte der Konzeptionsschwerpunkte gesamtheitlich abdeckt (Abbildung 4.3). Hierzu wird entlang der fachlichen Anforderungen ein statisches Modell auf Basis der *Unified Modeling Language (UML)* konzeptioniert, das sich aus Klassen, den Assoziationen zwischen den Klassen und Attributen zusammensetzt.[22] Zugunsten der besseren Lesbarkeit wird das Gesamtmodell eingangs in einer Übersicht sowie nachfolgend in zwei separaten Teilsichten ausgestaltet. Bestimmte Klassen werden wiederholt aufgeführt, sofern sich deren Assoziationen auf beide Teilbereiche beziehen. Die Attribute

[16] Vgl. Abschnitt 4.3.

[17] Vgl. Abschnitt 3.4.6.

[18] Vgl. Abschnitt 4.4

[19] Vgl. Abschnitt 3.4.6.

[20] Vgl. Abschnitt 4.5.

[21] Vgl. Abschnitt 3.4.6.

[22] Für weitere Informationen zu statischen Datenkonzepten vgl. Balzert (2005), S. 10 ff.

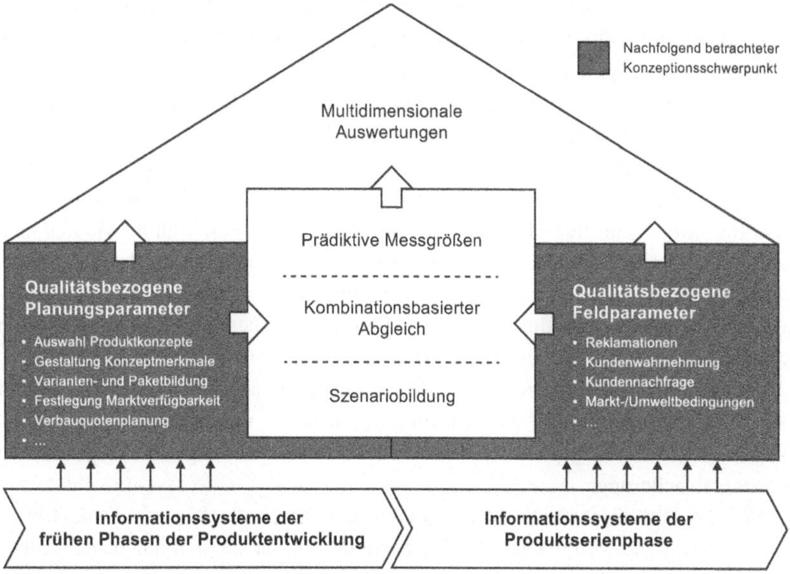

Abbildung 4.3 Datensicht der qualitätsbezogenen Planungs- und Feldparameter[23]

der betreffenden Klassen werden aus Gründen der Vereinfachung nicht wiederholt, sondern durch „…“ ersetzt. Die in dunkelgrau akzentuierten Klassen dienen einerseits der besseren Orientierung über die verschiedenen Sichten hinweg und heben andererseits die Bedeutung der gekennzeichneten Klassen für das Datenmodell hervor. Einige Assoziationen sind zudem bewusst redundant abgebildet, um die Relevanz der entsprechenden Beziehung für die betroffenen Klassen zu unterstreichen. Das Datenmodell ist so konzipiert und angelegt, dass es bei Bedarf um weitere Klassen und Attribute ergänzt werden kann.

Datenmodell – Übersicht

Vor dem Hintergrund einer wirksamen Entscheidungsunterstützung zugunsten der präventiven Konzeptabsicherung bildet das Datenmodell über die beiden Teilbereiche sowohl qualitätsbezogene Planungs- und Feldparameter als auch insbesondere deren Verbindungbausteine ab. Die beiden Teilbereiche der qualitätsbezogenen

[23] Eigene Darstellung.

Planungs- und Feldparameter sind in Abbildung 4.4 zunächst als Pakete dargestellt, die in der Abfolge der weiteren Darstellungen detailliert werden. Das Paket der **qualitätsbezogenen Planungsparameter** beinhaltet vorrangig Datenobjekte, die einen planungsorientierten Schwerpunkt im Fahrzeugentwicklungsprozess aufweisen und somit noch im weiteren Verlauf der frühen Phase inhaltlich durch Entscheidungen des Automobilherstellers direkt beeinflusst und verändert werden können. Beispielsweise, ob ein fehleranfälliges Produktkonzept ohne Änderungen für ein Neuproduktprojekt übernommen werden soll, durch Maßnahmen verbessert werden soll oder durch ein alternatives Produktkonzept ersetzt wird. Demgegenüber stehen die **qualitätsbezogenen Feldparameter**, die unter anderem aus Kundenrückmeldungen und Fehlern für bestehende Produkte resultieren können und folglich überwiegend erfahrungsorientierte Datenobjekte abbilden. Die Inhalte der qualitätsbezogenen Feldparameter können zwar nicht rückwirkend beeinflusst oder verhindert werden, formen jedoch in Verbindung mit den qualitätsbezogenen Planungsparametern die Entscheidungsgrundlage für die präventive Konzeptabsicherung.

Für die Verknüpfung der beiden Bereiche nehmen die Klassen *Fahrzeugtyp, Konzepttyp* sowie *Markt* eine zentrale Stellung ein, da sie sich auf beide Teilbereiche beziehen und somit als Brücke zwischen qualitätsbezogenen Planungs- und Feldparametern fungieren.

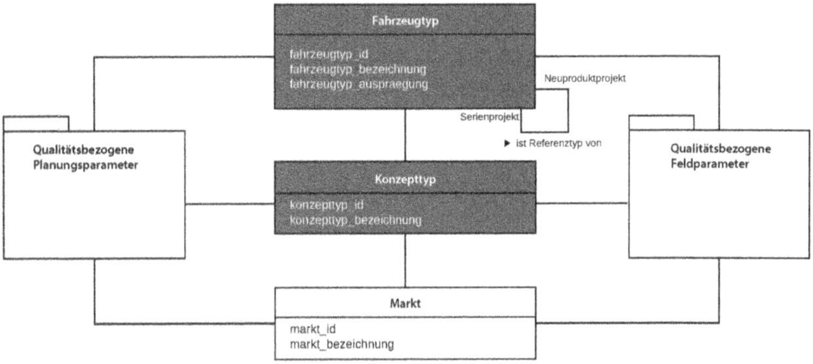

Abbildung 4.4 Datenmodell – *Übersicht*[24]

Die Klasse **Fahrzeugtyp** enthält sämtliche Fahrzeugprojekte auf Typ-Ebene, die sich entweder noch in der Entwicklungsphase befinden oder bereits auf dem Markt

[24] Eigene Darstellung.

eingeführt wurden. Hierzu erhält jedes Fahrzeugprojekt eine eindeutige Identifikationsnummer (ID) sowie eine Bezeichnung. Die Bezeichnung des Fahrzeugtyps kann im Verlauf des Produktentwicklungsprozesses Änderungen unterworfen sein. Beispielsweise kann ein Fahrzeugprojekt mit einem Arbeitstitel starten und führt diesen weiter, bis schließlich die finale Projektbezeichnung beschlossen wird. Um erkennen zu können, ob sich ein Fahrzeugprojekt aktuell in der Entwicklungsphase befindet oder bereits auf dem Markt eingeführt wurde und sich somit in der Serienphase befindet, wird das Attribut „fahrzeugtyp_auspraegung"[25] eingeführt. Über eine reflexive Assoziation ist zudem eine Zuordnung von Fahrzeugtypen der Serienphase als Referenzprojekte für Fahrzeugtypen, die sich als Neuproduktprojekte aktuell in der Entwicklungsphase befinden, berücksichtigt. Diese Beziehung ist notwendig, um unter anderem eine Verbindung zwischen Neuproduktprojekten und den dazugehörenden Vorgängerprojekten herstellen zu können.

In der Klasse **Konzepttyp** werden sowohl Produktkonzepte auf Typ-Ebene erfasst, die bereits in marktfähigen Fahrzeugtypen verbaut wurden, als auch Produktkonzepttypen, die sich gerade in Planung für Neuproduktprojekte befinden. Für jeden Produktkonzepttyp wird eine spezifische ID sowie eine sprechende Bezeichnung vergeben.[26]

Da sowohl qualitätsbezogene Planungs- als auch Feldparameter marktspezifische Unterschiede aufweisen können, umfasst die Klasse **Markt** sämtliche Märkte auf denen Produktkonzepttypen als Bestandteil von Fahrzeugtypen bereits vertrieben werden, respektive vertrieben werden sollen. Hierzu wird jedem Markt neben einer eindeutigen ID eine feste Bezeichnung zugewiesen.

Datenmodell Teil I – Qualitätsbezogene Planungsparameter

Die Grundlage der Planungsparameter (siehe Abbildung 4.5) bilden die in der Klasse **Neuproduktprojektplanung** gebündelten Pläne für Neuproduktprojekte. Ein Neuproduktprojektplan enthält unterschiedliche Konzepttypen und Konzept-Bundles, die marktspezifisch für einen bestimmten Fahrzeugtyp geplant werden. Jeder Plan, der für ein Neuproduktprojekt erstellt wird, lässt sich über eine eindeutige ID identifizieren und erhält einen eigenen Titel. Als weitere Attribute werden

---

[25] Attribute werden nachfolgend mit „" gekennzeichnet.

[26] Nach der unternehmensspezifischen Festlegung des Konzeptbegriffs und -umfangs kann es sich bei der ID für Bauteilkonzepte beispielsweise um eine Sachnummer handeln, die in der Regel durch den Bereich der Produktentwicklung festgelegt wird, oder falls sich der Konzepttyp auf Ausstattungskonzepte bezieht, um einen Ausstattungscode, der zumeist durch den Vertriebsbereich vergeben wird.

das letzte Aktualisierungsdatum der Planinhalte sowie der aktuelle „neuproduktprojekt_planstatus“ erfasst. Während der Status[27] des Neuproduktprojektplans einen ersten Anhaltspunkt mit Blick auf den Reifegrad der vorliegenden Planung bietet, lässt sich über das Aktualisierungsdatum nachvollziehen, ob sich beispielsweise seit der letzten Auswertung gegebenenfalls Änderungen an den Planinhalten ergeben haben.

Neben den einzelnen **Konzepttypen** werden im Zuge der Neuproduktprojektplanung **Konzept-Bundles** definiert, die aus der Kombination von mindestens zwei unterschiedlichen Konzepttypen zusammengesetzt sind. Hierzu wird jedes Konzept-Bundle über eine spezifische ID erfasst und erhält eine eigene Bezeichnung.

Im Rahmen eines Neuproduktprojektplans erstellt der Vertrieb zudem sowohl für die entsprechenden Konzepttypen als auch für die Konzept-Bundles eine **Absatzplanung**. Ein Absatzplan wird in der Regel zielmarktspezifisch erstellt und bezieht sich daher jeweils auf einen bestimmten Markt. Jede Absatzplanung besitzt eine eindeutige ID. Als weitere Attribute enthält die Absatzplanung die Anzahl der Fahrzeuge des betreffenden Fahrzeugtyps, die voraussichtlich verkauft werden sowie die Anzahl an Produktkonzepten je Konzepttyp, die in diesem Zuge verbaut werden sollen. Aus dem Verhältnis der beiden Zahlenwerte lässt sich die geplante marktspezifische Verbauquote je Konzepttyp berechnen, die unter anderem als Priorisierungskriterium im Rahmen der Absicherungsaktivitäten herangezogen werden kann. Das Attribut „planungszeitraum“ gibt darüber Auskunft auf welchen Zeithorizont (beispielsweise 12 Monate) sich ein Absatzplan bezieht.

Parallel zur Neuproduktprojektplanung arbeitet die Produktentwicklung oftmals bereits an verschiedenen Maßnahmen zur Verbesserung bestehender Produktkonzepte. Für die Entscheidungsfindung ist von Bedeutung, ob für einen erkannten Fehler bereits eine Maßnahme verfügbar ist und ob diese bereits beschlossen wurde oder nicht. Falls noch kein Beschluss vorliegen sollte, gilt es, mit Blick auf einen Umsetzungsentscheid Nutzen und Aufwand einer Maßnahme gegenüberzustellen. Sämtliche Maßnahmen werden daher in der Klasse **Konzeptmaßnahme** erfasst. Eine Maßnahme erhält dabei sowohl eine ID als auch eine erklärende Beschreibung der zentralen Inhalte. Zusätzlich wird das Attribut „km_kundennutzen“ modelliert, um den Vorteil der entsprechenden Maßnahme aus Kundensicht hervorzuheben. Die beiden Attribute „km_einmalkosten“ und „km_laufendeMehrkosten“ geben Auskunft über die Mehrkosten, die durch die Umsetzung einer bestimmten Maßnahme entstehen. Die Unterscheidung zwischen einmaligen Kosten und

[27] Eine Möglichkeit hierzu bieten die Meilensteine des Produktentwicklungsprozesses, über die der aktuelle Status des Plans abgeleitet werden kann. Mit der Erstellung des Konzepthefts kann der Status des Plans zudem als abgeschlossen gelten. Vgl. hierzu Abschnitt 3.2.1 und 3.2.2.

laufenden Mehrkosten in Bezug zur Stückzahl ermöglicht zudem eine detaillierte Sicht auf die Zusammensetzung der Kosten einer Maßnahme. Außerdem wird der Maßnahmenstatus erfasst, da dieser Aufschluss über den Beschlussstand sowie Bearbeitungsstand der jeweiligen Maßnahme gibt.

Eine Maßnahme kann darüber hinaus einer bestimmten **Maßnahmenart** zugeordnet werden. Zu den möglichen Maßnahmenarten können unter anderem die Verbesserung von Produktkonzeptmerkmalen, alternative Produktkonzepte oder auch die Durchführung von präventiven Qualitätsmethoden, wie beispielsweise von FMEAs gezählt werden. Jede Maßnahmenart wird hierzu über eine eindeutige ID sowie eine Bezeichnung erfasst.

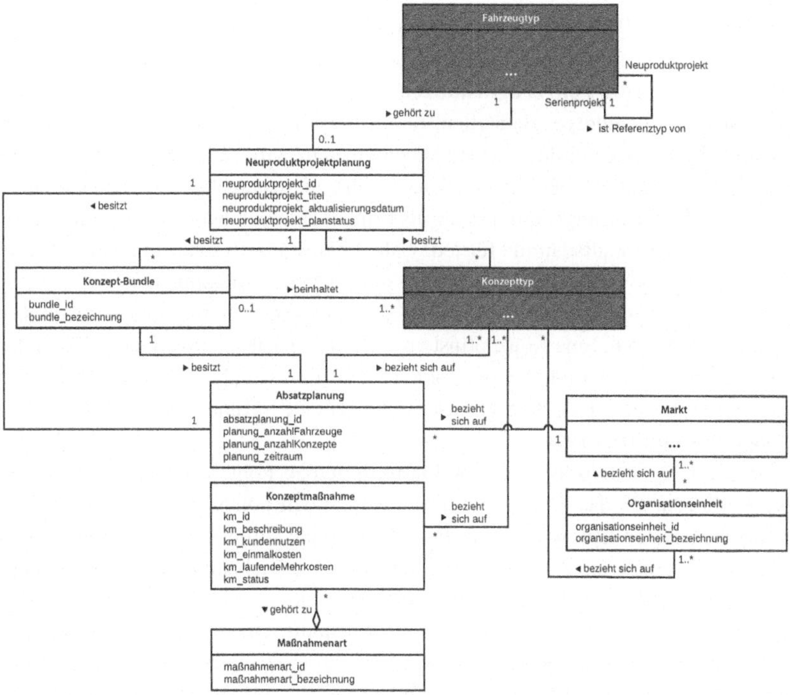

Abbildung 4.5 Datenmodell – Teil I: *Qualitätsbezogene Planungsparameter*[28]

[28] Eigene Darstellung.

Über die Klasse **Organisationseinheit** können Konzepttypen den jeweiligen organisatorischen Verantwortungsbereichen zugewiesen werden. Einzelne Produktkonzepte werden in der Regel durch spezifische Produktentwicklungsteams verantwortet, die hierdurch einfacher auf die jeweils für sie relevanten Inhalte zugreifen können. Da die Entwicklung von Produktkonzepten zudem oftmals die Einbindung von mehreren Teams aus unterschiedlichen Fachbereichen erfordert, kann ein Konzepttyp gleichzeitig verschiedenen Organisationseinheiten zugeordnet werden. Darüber hinaus besteht die Möglichkeit, dass bestimmte Konzepttypen marktabhängig durch lokale Produktentwicklungsteams geplant und verantwortet werden. Organisationseinheiten können über eine spezifische ID sowie eine Bezeichnung zugeordnet werden.

Datenmodell Teil II – Qualitätsbezogene Feldparameter
Den Ausgangspunkt der qualitätsbezogenen Feldparameter bilden bereits produzierte und verkaufte **Fahrzeuginstanzen**, die jeweils ein einzelnes Exemplar eines bestimmten Fahrzeugtyps darstellen. Somit lässt sich jede Fahrzeuginstanz exakt einem Fahrzeugtyp zuordnen. Eine Fahrzeuginstanz wird auf einem Markt verkauft und dort anschließend auch genutzt. Jede Fahrzeuginstanz besitzt eine eindeutige Fahrzeugidentifizierungsnummer, die als Primärschlüssel dient. Als weiteres Attribut wird das „verkaufsdatum" für jede Fahrzeuginstanz erfasst, um unter anderem die Nutzungszeit sowie die Fehlerlatenzzeit bestimmen zu können.

Eine Fahrzeuginstanz ergibt sich aus der Zusammensetzung unterschiedlicher **Konzeptinstanzen**. Eine Konzeptinstanz stellt dabei selbst ein verbautes Exemplar eines Konzepttyps dar und kann als solches jeweils einem bestimmten Konzepttyp zugeordnet werden. Jede Konzeptinstanz besitzt eine Sachnummer und ist darüber eindeutig identifizierbar.

Für Konzeptinstanzen können **Reklamationen** als Folge von Kundenbeschwerden vorliegen. Da das vorliegende Datenmodell den Fokus auf problembehaftete Konzeptinstanzen legt, werden nur Produktkonzepte berücksichtigt, für die bereits eine Reklamation angelegt wurde.[29] Die in der gleichnamigen Klasse zusammengefassten Reklamationen besitzen jeweils eine spezifische ID. Das Attribut „reklamationsdatum" gibt darüber hinaus Auskunft, zu welchem Zeitpunkt eine Reklamation angelegt wurde. Da bei der Bewertung von Qualitätsthemen die Fehlerkosten eine relevante Stellung einnehmen, werden als zusätzliches Attribut die „reklamationskosten" modelliert. Hierunter fallen sämtliche Kosten, die im Rahmen der Bearbeitung einer Reklamation, beispielsweise durch Reparaturen, entstehen.

---

[29] Vgl. hierzu auch Abschnitt 4.3.

Eine Reklamation resultiert stets aus einer bestimmten **Fehlerart**. Die Fehlerarten bilden daher eine eigene Klasse, in der jede Fehlerart über eine eindeutige ID sowie eine sprechende Bezeichnung beschrieben ist. Eine Fehlerart lässt sich entweder einem objektiven Fehlertyp (beispielsweise Motor startet nicht) oder einem subjektiven Fehlertyp (beispielsweise Geruchsentwicklung) zuordnen.[30] Da die Unterscheidung, ob es sich bei einer bestimmten Fehlerart um einen objektiven oder um einen subjektiven Fehlertyp handelt, unter anderem relevant für die anschließende Generierung von Vorhersagen ist, wird das Attribut „fehlerart_fehlertyp" modelliert.

Mehrere Fehlerarten können zu einem **Fehlercluster** aggregiert werden. Hierzu erhält jedes Fehlercluster eine ID sowie eine erklärende Bezeichnung. Ein Fehlercluster kann für verschiedene Fehlerarten gebildet werden, die miteinander bestimmte Ähnlichkeitsmerkmale teilen. Beispielsweise können die Fehlerarten *Kratzer in Oberfläche* und *Risse in Oberfläche* zu einem Fehlercluster *Oberflächenschaden* zusammengefasst werden. Die Bildung von Fehlerclustern dient der Identifikation produktkonzeptübergreifender Qualitätsprobleme.

Fehlerarten, die sich auf subjektive Fehlertypen beziehen, können auf Basis von Marktbeobachtungen für unterschiedliche **Marktprofile** bewertet und anschließend im Rahmen der Vorhersagenerstellung eingesetzt werden.[31] Ein Marktprofil kann sich aus verschiedenen Einzelmärkten zusammensetzen, die beispielsweise hinsichtlich ihrer Reklamationsbereitschaft in Bezug auf bestimmte subjektive Fehlertypen übereinstimmen. Marktprofile können hierzu über eine eindeutige ID sowie eine Bezeichnung identifiziert werden.

Falls für einen Konzepttyp mehrere Reklamationen derselben Fehlerart vorliegen, wird hierzu durch das reaktive Qualitätsmanagement in der Serienphase ein **Fehler-Bericht** angelegt. Dieser fasst die entsprechenden Reklamationen inhaltlich zusammen und gibt zudem Auskunft über den Fortschritt und die Ergebnisse des Fehlerabstellprozesses.[32] Jeder Fehler-Bericht besitzt hierzu eine spezifische ID sowie einen Titel. Die beiden Attribute „fr_fehlerbeschreibung" und „fr_fehlerursache" werden modelliert, um sämtliche auf Grundlage der Reklamationen gewonnenen Erkenntnisse zu einem spezifischen Qualitätsthema in Erfahrung bringen zu können. Für jeden Fehler-Bericht werden darüber hinaus sowohl der

[30] In dieser Arbeit werden unter subjektiven Fehlertypen sämtliche Fehlerarten verstanden, die wahrnehmungsbasiert sind, während unter objektiven Fehlertypen wahrnehmungsneutrale Fehlerarten zusammengefasst werden. Vgl. hierzu Abschnitt 2.1.6.

[31] Vgl. Abschnitt 4.3.

[32] Vgl. Abschnitt 3.3.3 (8D-Bericht).

verantwortliche Bearbeiter, falls sich themenorientierte Rückfragen ergeben sollten, als auch der aktuelle Status der Fehlerabstellung erfasst. Spätestens sobald der Status auf *abgeschlossen* steht, sollten die im Zuge des Fehlerabstellprozesses erarbeiteten „fr_lessonsLearned" definiert werden. Hieraus lassen sich im Rahmen der frühen Phasen Verbesserungen in Bezug auf die entsprechenden Produktkonzepte ableiten, deren Berücksichtigung es zu prüfen gilt. Über das Attribut „fr_regel" besteht weiterhin die Möglichkeit, fehlerbegünstigende Abhängigkeiten zwischen unterschiedlichen Konzepttypen zu erfassen. Diese können für die Absicherung von Konzept-Bundles genutzt werden.[33] Etwaige Maßnahmen aus der Serienphase werden über das Attribut „fr_feldmaßnahme" erfasst. Für das im Rahmen eines Fehler-Berichts beschriebene Qualitätsthema können zudem Konzeptmaßnahmen vorliegen, die bereits im Zuge der frühen Entwicklungsphasen erarbeitet wurden.

Die Klasse **Absatz-Bericht** bildet schließlich als Pendant zur Absatzplanung den tatsächlich realisierten Absatz eines Fahrzeugtyps aus der Serienphase ab. Hierzu besitzt jeder Absatz-Bericht eine eindeutige ID. Als weitere Attribute enthält der Absatz-Bericht die nach Märkten aufgeteilte Anzahl verkaufter Fahrzeuge, die Anzahl verbauter Produktkonzepte je Konzepttyp sowie den Zeitraum, auf den sich der Bericht bezieht. Hierdurch lassen sich die realisierten Verbauquoten ableiten, die den Ausgangspunkt für die Berechnung weiterer qualitätsbezogener Kennzahlen bilden.[34]

Abbildung 4.6 visualisiert das Datenmodell für die qualitätsbezogenen Feldparameter.

[33] Vgl. Abschnitt 4.4.

[34] Vgl. Abschnitt 4.2.

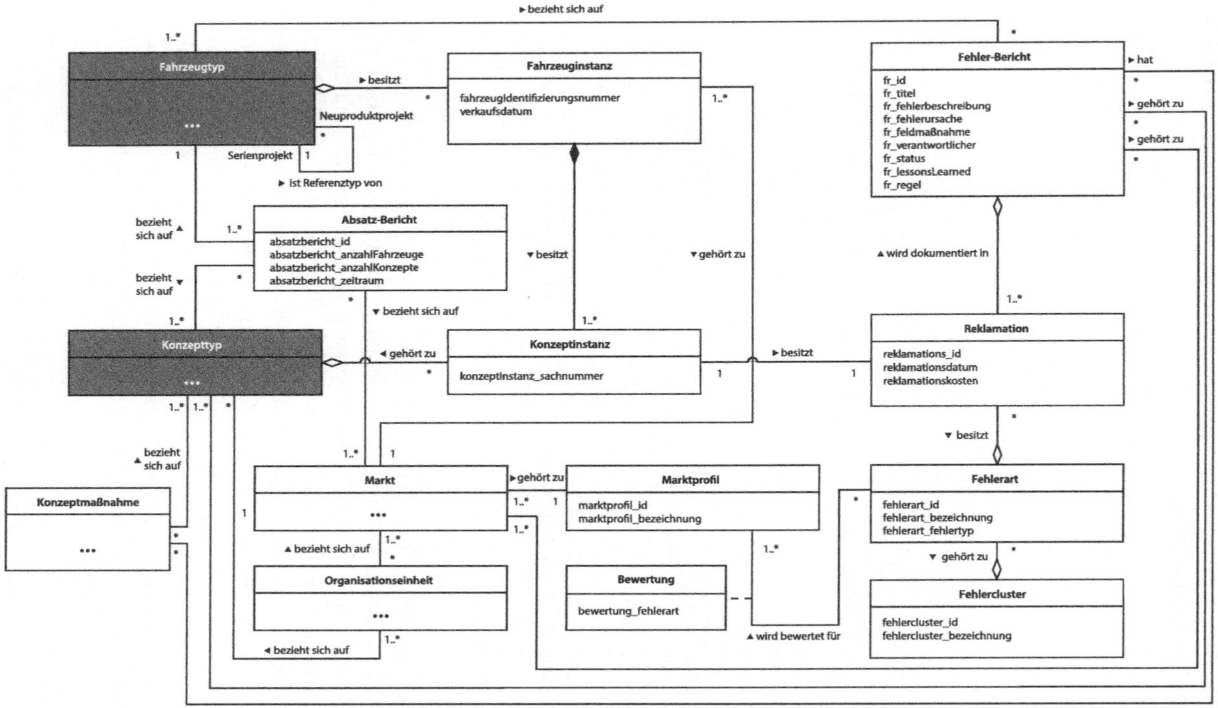

Abbildung 4.6 Datenmodell – Teil II: *Qualitätsbezogene Feldparameter*[35]

35 Eigene Darstellung.

4.2 Multidimensionale Auswertungen – Entwurf eines ADAPT-Modells

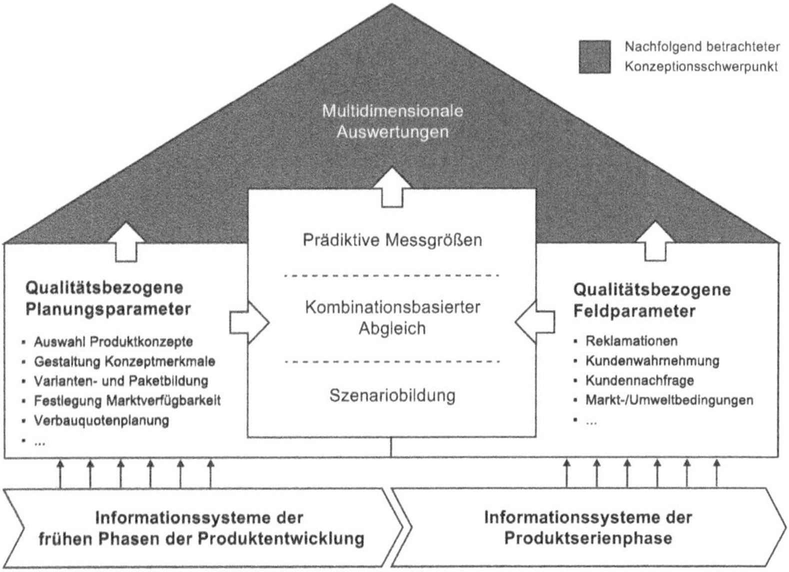

Abbildung 4.7 Schwerpunktbereich multidimensionale Auswertungen[36]

Einige der zentralen Anforderungen der im Rahmen der Case Study erhobenen Bedarfe beziehen sich auf die Gestaltung von Analysen und Berichten, die eine flexible Auswertung für die relevanten Messgrößen der präventiven Konzeptabsicherung ermöglichen.[37] Vor diesem Hintergrund wird nachfolgend eine entscheidungsorientierte Datenstruktur entwickelt, die auf den erarbeiteten Inhalten des vorangegangenen Datenmodells basiert (Abbildung 4.7). Als Modellierungsnotation wird hierzu für die vorliegende Arbeit das *Application Design for Analytical Processing Technologies* (ADAPT) gewählt, da es eine Möglichkeit bietet, multidimensionale Anwendungsfälle unter Hervorhebung von Auswertungsgesichtspunkten, wie beispielsweise Navigations- und Analysepfaden, zu

[36] Eigene Darstellung.

[37] Vgl. die Anforderungen A.2.2, A.2.3, A.3.2, A.3.3, A.5.7, A.6.1, A.6.3, A.7.4 und A.9 in Abschnitt 3.4.6.

visualisieren.[38] Für die Berechnung der relevanten Messgrößen des BIA-Konzepts werden hierzu nachfolgend separate Datenwürfel modelliert.

Abbildung 4.8 gibt eine Übersicht der modellierten Datenwürfel, die sich aus der Berechnung der Verbauquoten, der Reklamationsquoten, der Maßnahmenkosten, der prädiktiven Messgrößen und der Szenariobildung zusammensetzen. Die Kennzahlen der Szenariobildung sowie der prädiktiven Messgrößen fußen dabei auf Ableitungen vorgelagerter Datenwürfel.

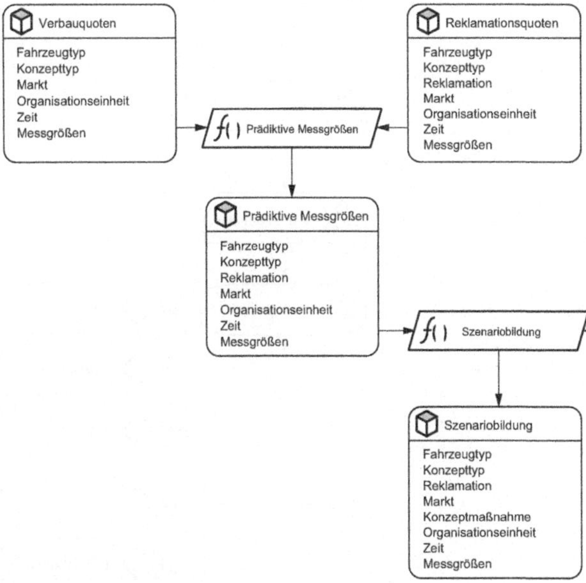

Abbildung 4.8 Modellierung der Datenwürfel[39]

Im Folgenden werden zunächst die Dimensionen Markt, Konzepttyp, Fahrzeugtyp, Reklamation, Konzeptmaßnahme, Zeit und Organisationseinheit separat modelliert. Daran anschließend erfolgt die Modellierung der Dimension Messgrößen in Abhängigkeit von dem jeweiligen Datenwürfel. Auf eine erneute

[38] Vgl. Totok (2000), S. 153.
Für weitergehende Informationen zu ADAPT vgl. Bulos und Forsman (2006), S. 3 ff., Hahne (2005), S. 83 ff. sowie Hahne (2014), S. 64 ff.

[39] Eigene Darstellung.

Ausführung der direkten Attribute wird an dieser Stelle verzichtet, da diese bereits im vorausgegangenen Datenmodell erfolgt ist.

Dimension Markt

Der Markt wird als Dimension modelliert (siehe Abbildung 4.9), da unter anderem sowohl die Planung von Neuproduktprojekten als auch die Ausprägung bestimmter Qualitätsthemen marktspezifische Unterschiede aufweisen können und folglich marktorientierte Auswertungen erforderlich machen. Über die Markthierarchie können Einzelmärkte zu Marktgruppen aggregiert werden, um beispielsweise Marktregionen zu bilden.

Abbildung 4.9
Modellierung der Dimension *Markt*[40]

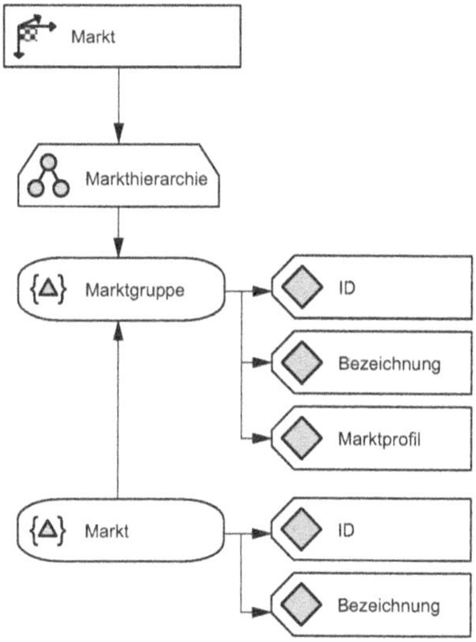

Dimension Konzepttyp

Die Dimension Konzepttyp enthält, wie in Abbildung 4.10 dargestellt, zwei parallele Hierarchien. Im Rahmen der *Planhierarchie* können Konzeptinstanzen auf Konzepttypen verdichtet werden. Konzepttypen bilden als Inhalte eines Neuproduktprojektplans den Ausgangspunkt für konzeptspezifische Auswertungen. Neuproduktprojektplanungen lassen sich selbst einem Fahrzeugtyp zuordnen.

---

[40] Eigene Darstellung.

Hierdurch können Anwender unter anderem für ein Neuproduktprojekt geplante Konzepttypen einzeln oder im Verbund hinsichtlich der mit den entsprechenden Konzeptinstanzen verbundenen Informationen, wie beispielsweise den Reklamationen, auswerten. Über die *Fahrzeughierarchie* wird dem Umstand Rechnung getragen, dass sich Konzeptinstanzen neben Konzepttypen jeweils einer konkreten Fahrzeuginstanz zuordnen lassen. Fahrzeuginstanzen können wiederum auf Ebene des Referenztyps aggregiert werden, der als Vorgängerprojekt gleichzeitig einem in der Planungsphase befindlichen Fahrzeugtyp zugewiesen ist.

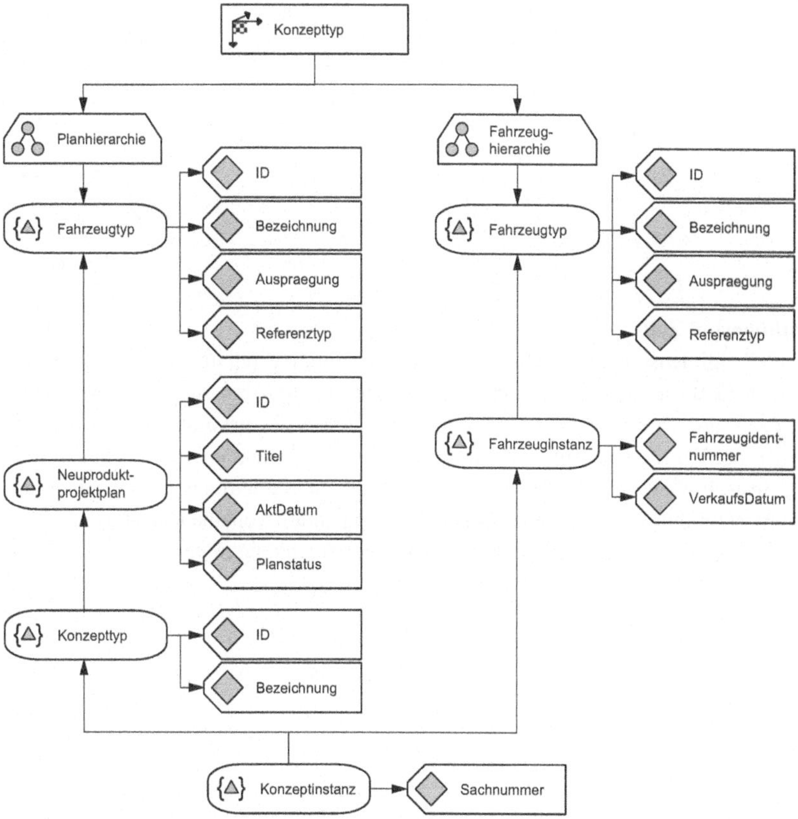

Abbildung 4.10 Modellierung der Dimension *Konzepttyp*[41]

[41] Eigene Darstellung.

Dimension Fahrzeugtyp

Die Dimension Fahrzeugtyp wird, wie in Abbildung 4.11 dargestellt, zusätzlich als eigene Dimension modelliert, da sie für die Auswahl und Anzeige des zu analysierenden Fahrzeugtyps notwendig ist.

Abbildung 4.11 Modellierung der Dimension *Fahrzeugtyp*[42]

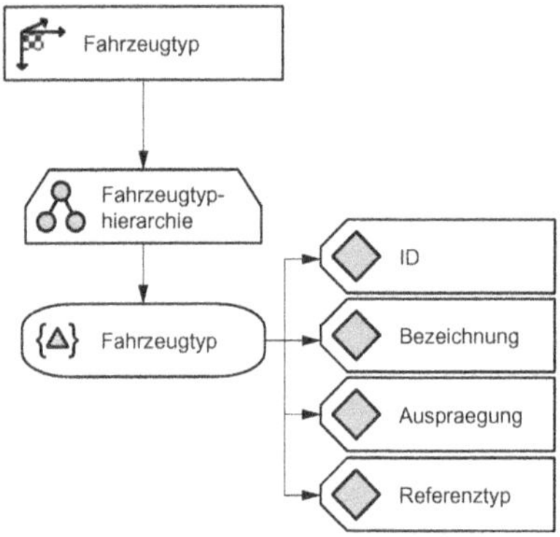

Dimension Zeit

Die Zeitdimension (siehe Abbildung 4.12) ist grundlegend, um vergleichbare Aussagen in Bezug auf die verschiedenen Datensätze ableiten zu können und daher Gegenstand sämtlicher Auswertungen im Rahmen der präventiven Konzeptabsicherung. Für die Erfassung von Verkaufsdaten sowie Reklamationsdaten stellt die kleinste Einheit der Tag dar. Im Vordergrund stehen allerdings insbesondere längere Zeiträume, da diese zum Beispiel den potentiell voneinander abweichenden Fehlerlatenzzeiten bestimmter Qualitätsthemen Rechnung tragen.

[42] Eigene Darstellung.

Abbildung 4.12
Modellierung der Dimension *Zeit*[43]

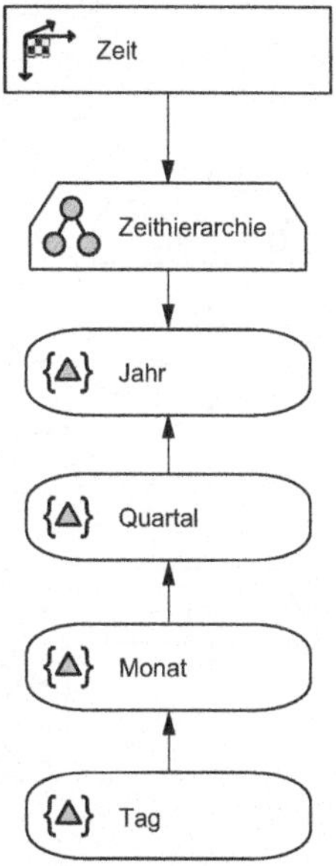

Dimension Reklamation

In der Dimension Reklamationen werden, wie in Abbildung 4.13 gezeigt, ebenfalls zwei parallele Hierarchien gebildet. Reklamationen lassen sich somit einerseits nach Fehlerarten zusammenfassen, die selbst wiederum auf der Ebene der Fehlercluster aggregiert werden können. Andererseits lassen sich über die *Fehler-Bericht-Hierarchie* Reklamationen auf Fehler-Berichte verdichten.[44] Anwender können über die beiden Hierarchien beispielsweise die Top-Fehlerarten analysieren sowie für die im Rahmen der Fehler-Berichte dokumentierten Lessons Learned eine Priorisierung in Abhängigkeit von den erfassten Reklamationen vornehmen.

[43] Eigene Darstellung.

[44] Dies besitzt nur Gültigkeit für Anwendungsfälle in denen Fehler-Reports mit Blick auf entsprechende Qualitätsthemen angelegt wurden.

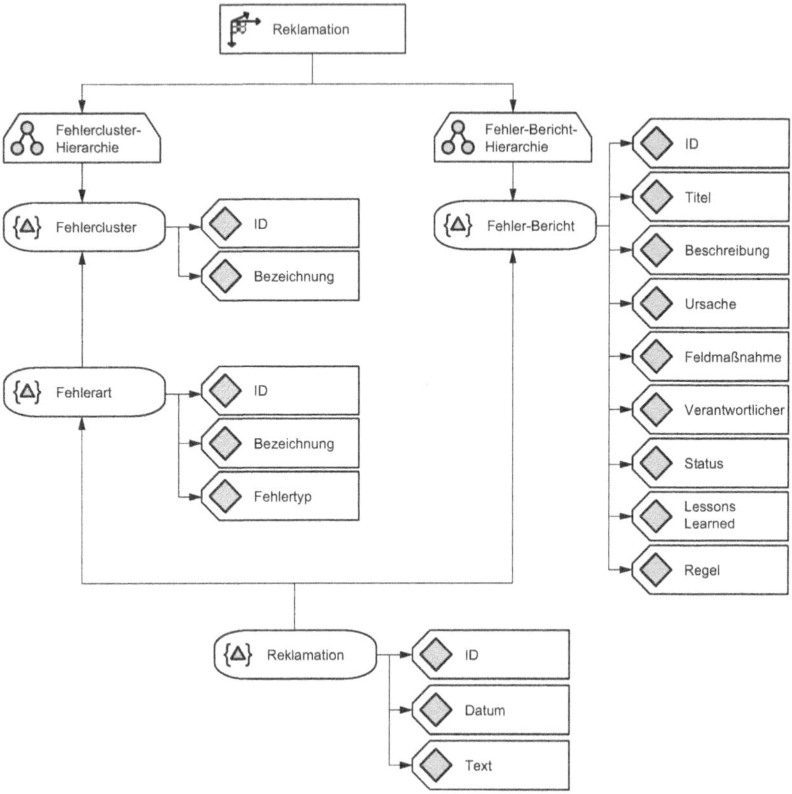

Abbildung 4.13 Modellierung der Dimension *Reklamation*[45]

Dimension Konzeptmaßnahme

Mit der Dimension Konzeptmaßnahme (siehe Abbildung 4.14) wird dem Umstand Rechnung getragen, dass zur Lösung respektive Verbesserung identifizierter Qualitätsthemen bereits Maßnahmen im Zuge des Produktentwicklungsprozesses eines Neuproduktprojekts erarbeitet wurden und dokumentiert sind. Über die Auswertung der Konzeptmaßnahen sowie deren Status lassen sich potentielle Handlungsbedarfe ableiten. Liegt beispielsweise noch kein Beschluss für eine Konzeptmaßnahme vor, sollte die Möglichkeit bestehen, eine Realisierung wirtschaftlich zu bewerten.

[45] Eigene Darstellung.

Dies kann unter anderem durch eine Gegenüberstellung von den Umsetzungskosten der Konzeptmaßnahme mit den Reklamationskosten des entsprechenden Qualitätsthemas erreicht werden.[46]

Abbildung 4.14
Modellierung der Dimension *Konzeptmaßnahme*[47]

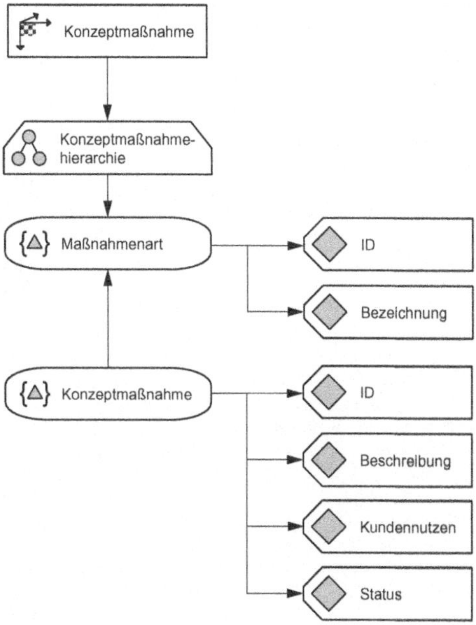

Konzeptmaßnahmen können dabei in unterschiedlicher Form vorliegen. Neben den präventiven Qualitätsmethoden, wie beispielsweise einer FMEA, bilden sowohl die Verbesserung einzelner Produktkonzeptmerkmale eines bestehenden Konzepts als auch alternative Produktkonzepte Konzeptmaßnahmen. Daher lassen sich Konzeptmaßnahmen zusätzlich auf Ebene der Maßnahmenarten verdichten.

Dimension Organisationseinheit

Die in Abbildung 4.15 modellierte Dimension der Organisationseinheit ermöglicht es Anwendergruppen, wie beispielsweise Produktentwicklungsteams aus unterschiedlichen Fachbereichen, den Zugriff auf die jeweils durch sie verantworteten Inhalte einzugrenzen. Auf Grundlage der Organisationshierarchie lassen

[46] Vgl. hierzu auch Abschnitt 4.5.

[47] Eigene Darstellung.

sich die Inhalte zudem auf Abteilungs-, Bereichs- oder Direktionsebene einschränken respektive erweitern. Dies bildet zudem auch den Aufsatzpunkt für die Bildung managementbezogener Sichten, die sich an den Inhalten der jeweiligen Organisationseinheit ausrichten.

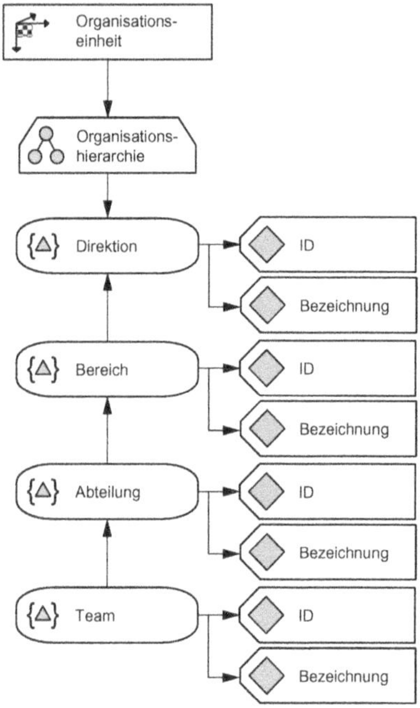

Abbildung 4.15 Modellierung der Dimension *Organisationseinheit*[48]

[48] Eigene Darstellung.

Dimension Messgrößen

Die Dimension der Messgrößen fasst die zentralen Kennzahlen der präventiven Absicherung von Produktkonzepten je Datenwürfel zusammen. Die aufgeführten Messgrößen bilden hierbei das Fundament sowie die Voraussetzung zur Identifikation, Analyse und Bewertung relevanter Qualitätsthemen. Nachfolgend werden die Datenwürfel sowie die damit verbundenen Dimensionen der Messgrößen separat modelliert.

Kennzahlen der Verbauquote

Mit der Analyse der produktkonzeptbezogenen Verbauquoten werden zwei Ziele verfolgt. Einerseits zeigt die Verbauquote an wie häufig ein bestimmter Konzepttyp im Verhältnis zur Gesamtanzahl verkaufter Fahrzeuge verbaut wird. Dies kann beispielsweise als ein erster Indikator für die Relevanz eines Produktkonzepts herangezogen werden. Andererseits dienen die mit der Verbauquote verbundenen Kennzahlen als Grundlage für die Berechnung weiterer Messgrößen.

Für die Verbauquoten lassen sich, wie in Abbildung 4.16 dargestellt, IST- und PLAN-Werte unterscheiden. Während sich die IST-Werte auf die tatsächlich verbauten Produktkonzepte eines Referenzprojektes beziehen, bilden die PLAN-Werte eine in der Regel durch den Vertrieb erstellte Planung für Neuproduktprojekte im Rahmen der Produktentwicklung ab. Der Datenwürfel der Verbauquoten setzt sich neben den Messgrößen aus den Dimensionen Konzepttyp, Fahrzeugtyp, Markt, Organisationseinheit und Zeit zusammen.

Kennzahlen der Reklamationsquote

Die Analyse der Reklamationsquote$_{IST}$ sowie der Reklamationskostenquote $_{IST}$ dienen als Indikatoren für qualitätsrelevante Handlungsbedarfe. Während erstere eine Aussage darüber trifft, wie häufig ein bestimmtes Produktkonzept im Verhältnis zu den verkauften Fahrzeugen zu Reklamationen geführt hat, gibt die Reklamationskostenquote darüber Auskunft, wieviel Kosten ein Produktkonzept durch Garantie- und Kulanzleistungen je Fahrzeug verursacht hat. Der Datenwürfel der Reklamationsquoten (siehe Abbildung 4.17) umfasst neben den Messgrößen die Dimensionen Konzepttyp, Fahrzeugtyp, Reklamation, Markt, Organisationseinheit und Zeit.

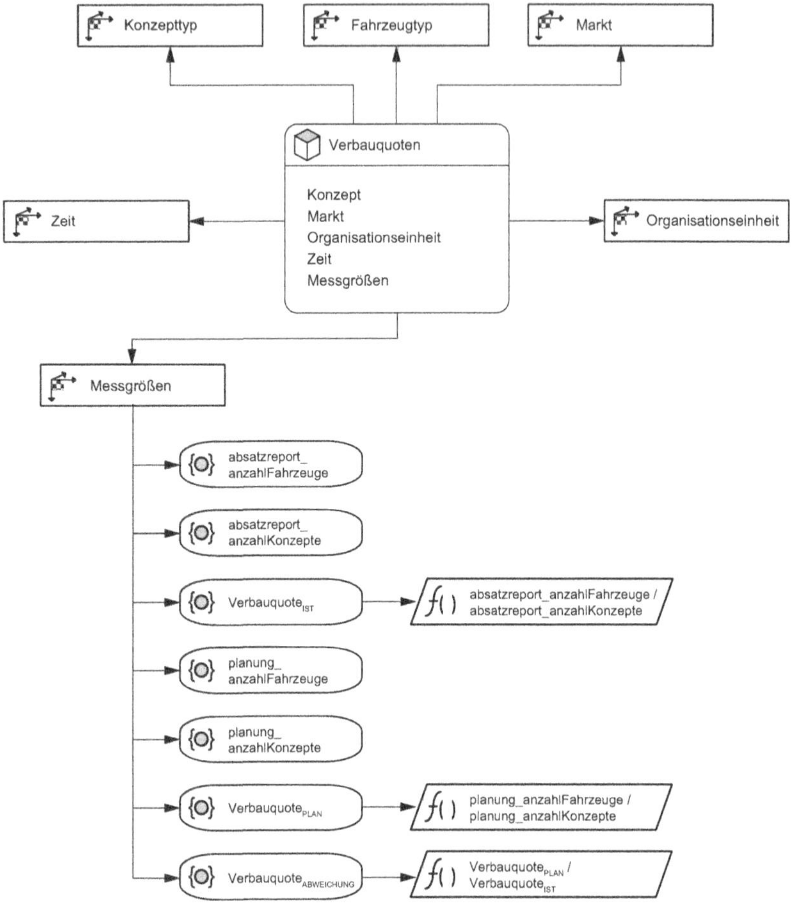

Abbildung 4.16 Modellierung der Verbauquoten[49]

Kennzahlen der prädiktiven Messgrößen

Die Modellierung der prädiktiven Messgrößen ist vergleichbar mit der Modellierung des Datenwürfels der Reklamationsquoten. Der Unterschied liegt allerdings in der Bildung von Prognosewerten (PW) für die relevanten Kennzahlen. Die Vorgehensweise zur Berechnung der Prognosewerte und damit zur Bildung der prädiktiven

[49] Eigene Darstellung.

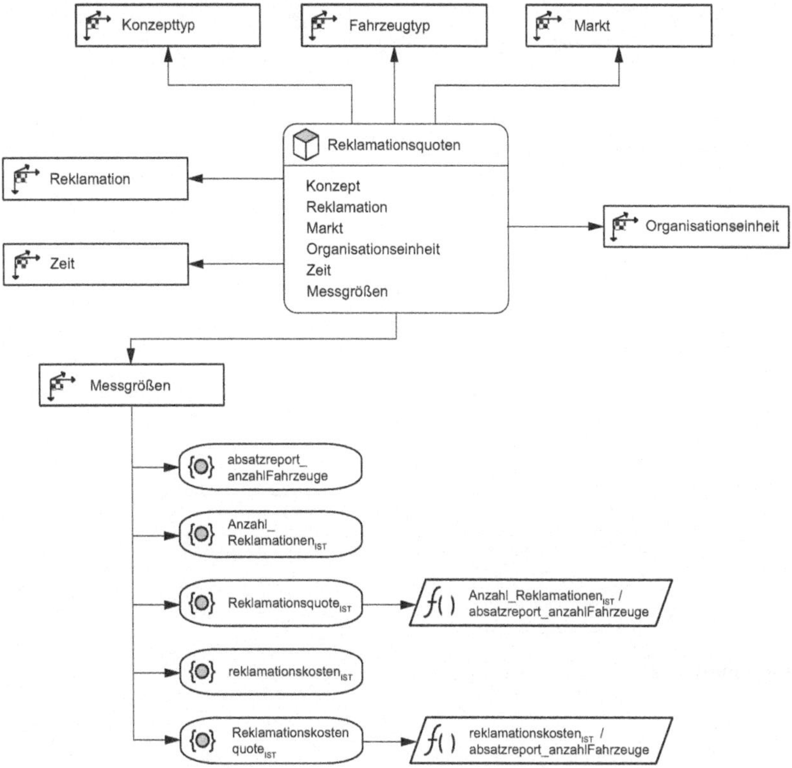

Abbildung 4.17 Modellierung der Reklamationsquoten[50]

Messgrößen ist Gegenstand des Abschnitten 4.3. Der Datenwürfel der prädiktiven Messgrößen setzt sich dazu, wie in Abbildung 4.18 dargestellt, neben den Messgrößen aus den Dimensionen Konzepttyp, Fahrzeugtyp, Reklamation, Markt, Organisationseinheit sowie Zeit zusammen.

---

50 Eigene Darstellung.

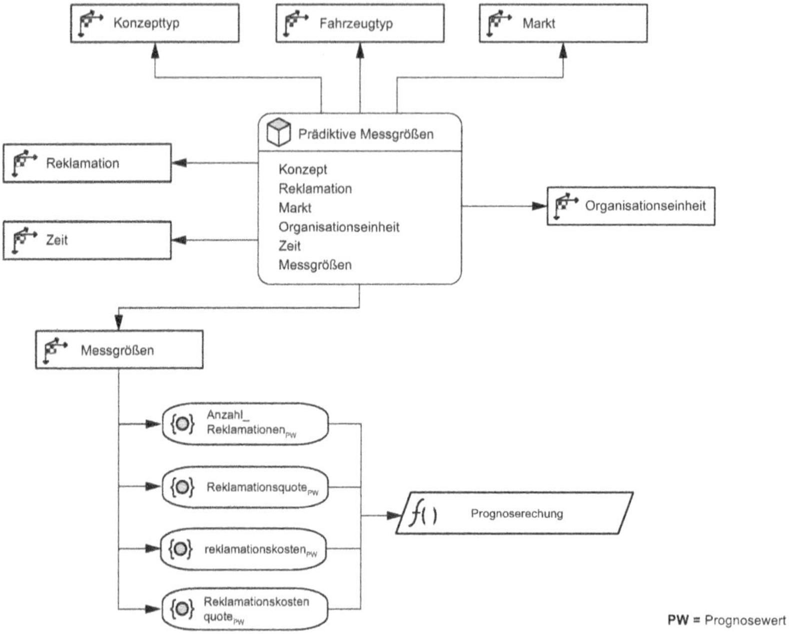

Abbildung 4.18 Modellierung der prädiktiven Messgrößen[51]

Kennzahlen der Maßnahmenkosten

Konzeptmaßnahmen dienen der Reduzierung respektive Eliminierung produktkonzeptbezogener Qualitätsthemen. Die Auswertung der Maßnahmenkosten gibt Auskunft, bezogen auf die Kosten, die durch die Umsetzung einer spezifischen Konzeptmaßnahme voraussichtlich entstehen. Dabei beziehen sich die beiden Messgrößen km_einmalkosten$_{PLAN}$ und km_laufendeMehrkosten$_{PLAN}$ auf die Inhalte eines bestimmten Neuproduktprojekts. Die Modellierung des Datenwürfels der Maßnahmenkosten (siehe Abbildung 4.19) umfasst hierzu neben den Messgrößen die Dimensionen Konzepttyp, Fahrzeugtyp, Markt, Konzeptmaßnahme, Organisationseinheit und Zeit.

[51] Eigene Darstellung.

Kennzahlen der Szenariobildung

Im Rahmen der Szenariobildung steht die Unterstützung bei der Beurteilung und Bewertung produktkonzeptbezogener Maßnahmen im Mittelpunkt. Die Vorgehensweise zur Szenarioberechnung wird in Abschnitt 4.5 betrachtet. Der Datenwürfel der Szenariobildung setzt sich hierzu, wie in Abbildung 4.20 dargestellt, neben den Messgrößen aus den Dimensionen Konzepttyp, Fahrzeugtyp, Reklamation, Markt, Konzeptmaßnahme, Organisationseinheit und Zeit zusammen.

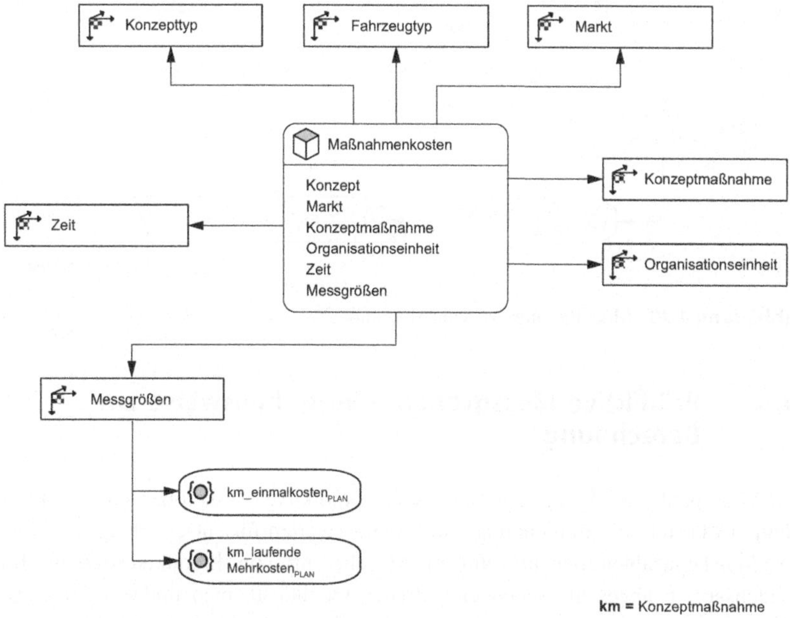

Abbildung 4.19 Modellierung der Maßnahmenkosten[52]

[52] Eigene Darstellung.

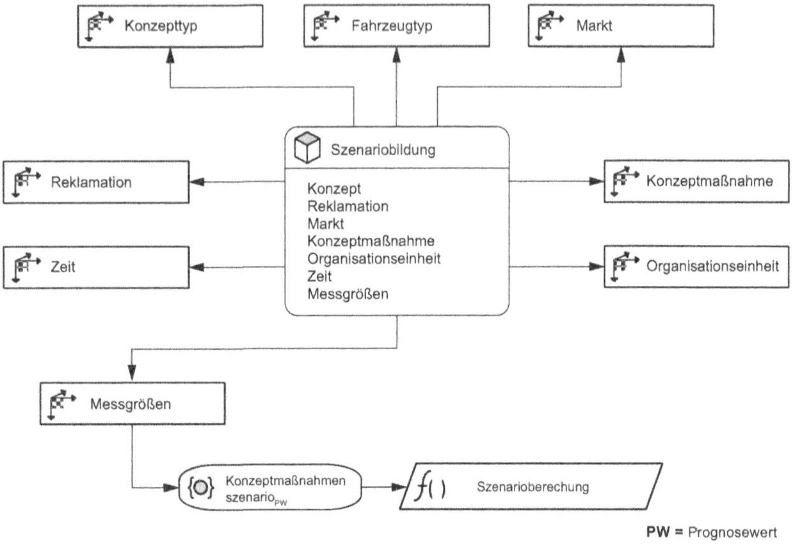

Abbildung 4.20 Modellierung der Szenariobildung[53]

4.3 Prädiktive Messgrößen – Vorgehensweise zur Berechnung

Im Mittelpunkt der Vorhersagefunktion für prädiktive Messgrößen (siehe Abbildung 4.21) steht die Berechnung von Prognosewerten für entscheidungsrelevante Qualitätskennzahlen der präventiven Absicherung von Produktkonzepten. Im Gegensatz zu abgeschlossenen und offenen Qualitätsthemen findet dabei keine einfache Übernahme der Istwerte statt. Im Rahmen der Generierung prädiktiver Messgrößen werden Fehlerfolgen beeinflussende Faktoren mit einbezogen, um die frühzeitigere Identifikation bisher unauffälliger und daher potentiell unberücksichtigter Qualitätsthemen zu unterstützen. Für die Anwendbarkeit des Ansatzes gilt es dabei zwei Voraussetzungen zu beachten. Hierzu gehört zunächst die Verfügbarkeit eines zumindest ersten Stands hinsichtlich der für das abzusichernde Neuproduktprojekt geplanten Produktkonzeptauswahl (Fahrzeuginhaltliste), da

[53] Eigene Darstellung.

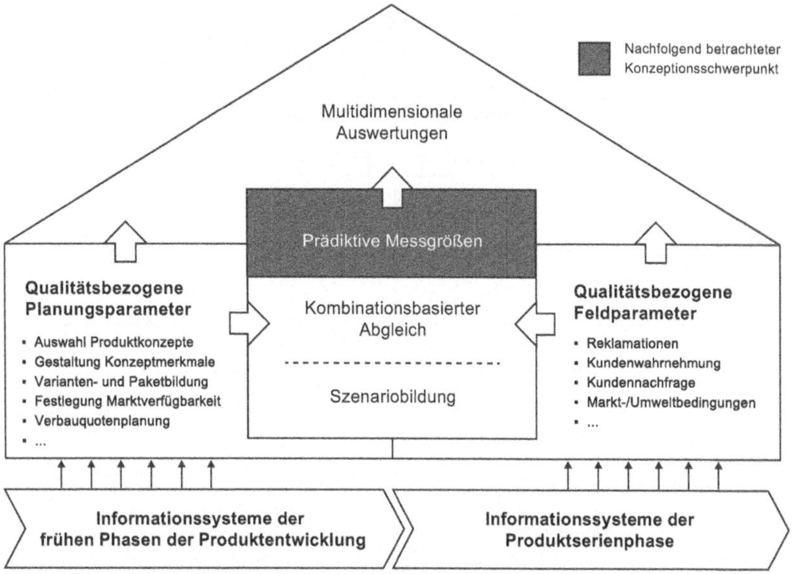

Abbildung 4.21 Schwerpunktbereich prädiktive Messgrößen[54]

diese den Ausgangspunkt für die weitere Schrittfolge des Ansatzes bildet.[55] Eine weitere Voraussetzung stellt die Übertragbarkeit und das Vorhandensein vergangenheitsbezogener Qualitätsdaten für die abzusichernden Produktkonzepte dar. Ersteres kann nur gewährleistet werden, sofern das betrachtete Produktkonzept hinsichtlich seiner konstituierenden Merkmale und Eigenschaften keine umfassenden Änderungen erfahren hat. Dies trifft in der Regel auf Produktkonzepte zu, bei denen es sich um Übernahmekonzepte[56] handelt. Der Ansatz zur Generierung prädiktiver Messgrößen fokussiert sich daher auf Übernahmekonzepte. Nachfolgend werden die notwendigen Schritte zur Generierung prädiktiver Messgrößen lösungsneutral dargestellt. Beispiele, die der Verdeutlichung zentraler Aspekte dienen, sind durch eine graue Umrahmung gekennzeichnet.

[54] Eigene Darstellung.

[55] Die Auswahl und Festlegung der Produktkonzepte ist Gegenstand der Konzeptphase im Rahmen des Produktentwicklungsprozesses.

[56] Übernahmekonzepte bezeichnen Produktkonzepte, die unverändert oder mit geringfügigen Anpassungen und somit nahezu baugleich aus einem vorangegangenen Fahrzeugprojekt übernommen werden. Vgl. Abschnitt 3.3.1 und 2.2.2.

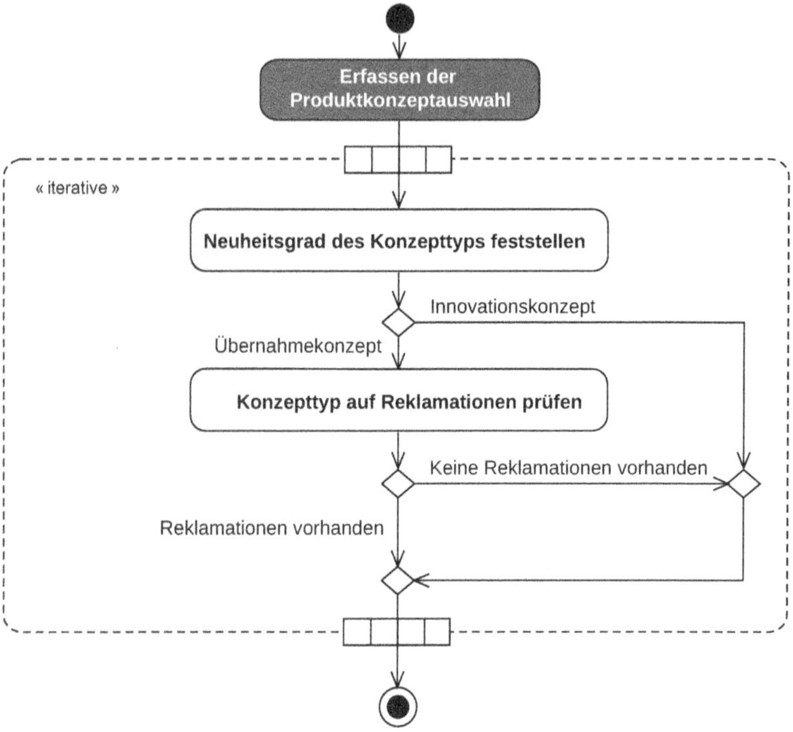

Abbildung 4.22 Teilaktivitätsdiagramm – *Erfassung und Prüfung der Produktkonzeptauswahl*[57]

Im Anschluss an die Erfassung der Produktkonzeptauswahl wird für jeden der geplanten Produktkonzepttypen in einem ersten Schritt der jeweilige Neuheitsgrad festgestellt, um Übernahmekonzepte von Konzeptinnovationen separieren zu können.[58] In einem weiteren Schritt wird das Vorhandensein vergangenheitsbezogener Qualitätsdaten geprüft. Hierzu erfolgt eine Abfrage, ob für den jeweils betrachteten Konzepttyp überhaupt Rückmeldungen, wie beispielsweise Reklamationen aus der Serienphase eines Referenzprojekts, vorhanden sind. Das Ergebnis

[57] Eigene Darstellung.

[58] Für die Absicherung von Konzeptinnovationen vgl. Abschnitt 3.3.1.

aus der *Erfassung und Prüfung der Produktkonzeptauswahl* (Abbildung 4.22) bildet schließlich eine Liste von Übernahmekonzepten, für die qualitätsbezogene Rückmeldungen aus Referenzprojekten vorliegen.

Um in der späteren Anwendung marktspezifische Auswertungen für einzelne Produktkonzepte durchführen zu können, ist es notwendig, Rückmeldungen marktbezogen in den Prozess der Generierung prädiktiver Messgrößen einzubinden. Daher sind unter anderem sämtliche Reklamationen je Übernahmekonzept in Bezug auf die jeweils relevanten Zielmärkte zu erfassen. Dies ist allerdings nur möglich, sofern ein Konzepttyp auf dem entsprechenden Zielmarkt bereits eingesetzt wurde. Aus diesem Grund wird im Zuge der Generierung prädiktiver Messgrößen zusätzlich geprüft, ob ein Konzepttyp im Rahmen des Referenzprojekts bereits auf dem Zielmarkt verbaut und eingesetzt wurde (Abbildung 4.23).

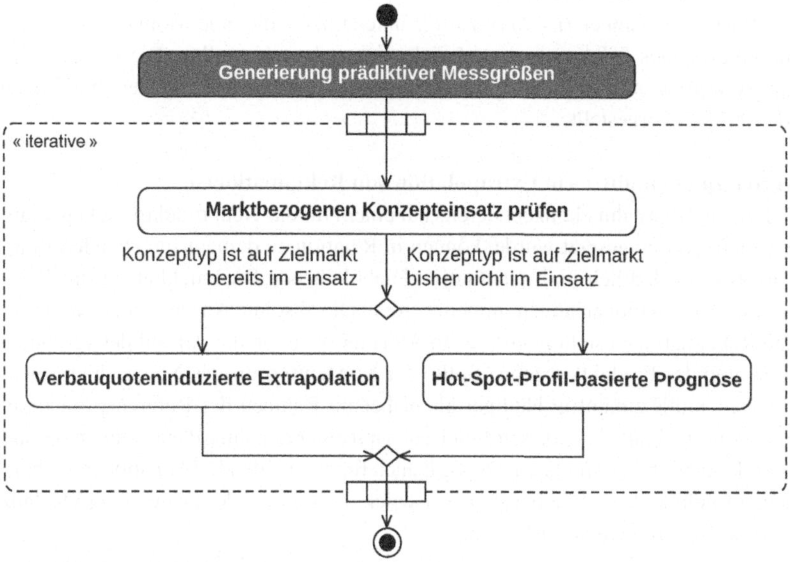

Abbildung 4.23 Teilaktivitätsdiagramm – *Generierung prädiktiver Messgrößen*[59]

Der vorliegende Ansatz fußt dabei auf der Annahme, dass ein Übernahmekonzept ceteris paribus, das heißt, sofern der Zielmarkt des Neuproduktprojekts und

[59] Eigene Darstellung.

der Absatzmarkt des Referenzprojekts übereinstimmen, zu den gleichen Reklamationen nach Art und Menge führen wird. Dies bedeutet im Umkehrschluss, dass es sich bei fehlender Übereinstimmung zwischen Ziel- und Absatzmarkt um einen erstmaligen Markteinsatz des betreffenden Konzepttyps handelt. Für diesen Fall gilt es, bei der Generierung der prädiktiven Messgrößen gegebenenfalls abweichende Marktbedingungen einzubeziehen. Daher kommen bei der Vorhersagengenerierung in Abhängigkeit des bisherigen marktbezogenen Konzepteinsatzes zwei unterschiedliche Vorgehensweisen zum Tragen. Für Produktkonzepte, die auf dem Zielmarkt bereits verbaut wurden, können die qualitätsbezogenen Rückmeldungen des Referenzprojekts, unter Berücksichtigung einer etwaigen *Veränderung der Verbauquote* des Konzepttyps, für den entsprechenden Markt extrapoliert werden. Im Gegensatz hierzu ist für Konzepttypen, die erstmalig auf einem Zielmarkt verbaut werden sollen, zusätzlich der Einfluss potentiell abweichender Marktbedingungen mit einzubeziehen. Hierbei können Prognosen auf Basis sogenannter *Hot-Spot-Profile* unterstützen, die eine Möglichkeit bieten, marktbezogenes Erfahrungswissen zielgerichtet bereitzustellen. Die beiden Prinzipien werden nachfolgend als Grundlage für die Generierung der prädiktiven Messgrößen vorgestellt.

Verbauquoteninduzierte Extrapolation von Reklamationen
Sofern ein Übernahmekonzept bereits auf einem für das Neuproduktprojekt geplanten Zielmarkt eingesetzt wurde, können in Relation zu dem entsprechenden Referenzprojekt inhaltlich und quantitativ gleichbleibende Rückmeldungen mit Blick auf die Reklamationen angenommen werden. Die absolute Anzahl der zu erwartenden Reklamationen steht allerdings in Abhängigkeit von der Anzahl der verbauten Einheiten des Produktkonzepts. Sollte der Konzepttyp für das Neuproduktprojekt gegebenenfalls zukünftig häufiger als bisher im Rahmen des Referenzprojekts in Fahrzeuge verbaut werden, ist folglich auch mit einer Zunahme der absoluten Anzahl an Reklamationen zu rechnen. Dies gilt auch für die mit den Reklamationen verbundenen Implikationen, wie beispielsweise den im Rahmen der Garantie und Kulanz entstandenen Reklamationskosten.

Vor diesem Hintergrund bietet sich die in der Regel durch den Vertrieb auf Basis von Marktbeobachtungen abgeleitete und geplante Verbauquote als geeigneter Indikator an, um bereits frühzeitig eine quantitative Einschätzung, bezogen auf die geplante Anzahl verbauter Einheiten eines Produktkonzepttyps zu erhalten. Die Verbauquote gibt dabei den prozentualen Anteil eines Produktkonzepts an allen Fahrzeugen der betrachteten Granularität an. Als prozentuale Angabe setzt die Verbauquote die absolute Anzahl der verbauten Konzepteinheiten ins Verhältnis zu der absoluten Anzahl an verkauften Fahrzeugen. Da in den frühen Phasen der Produktentwicklung in der Regel noch keine spezifischen Absatzprognosen vorliegen, wird die Anzahl der im Referenzprojekt abgesetzten Fahrzeuge als Planungsgrundlage herangezogen. Über einen marktorientierten Vergleich zwischen der vertriebsseitig geplanten Verbauquote des Neuproduktprojekts ($Verbauquote_{PLAN}$) und der Verbauquote des Referenzprojekts ($Verbauquote_{IST}$), lassen sich somit Abweichungen ($Verbauquote_{ABWEICHUNG}$) ermitteln und als Grundlage für die Vorhersage von Reklamationen nutzen.[60] Hierzu sind für jeden Konzepttyp, wie in Abbildung 4.24 dargestellt, der zielmarktbezogene Plan- und Ist-Wert der Verbauquote sowie die Reklamationen inklusive der hiermit verbundenen Informationen, wie beispielsweise Fehlerarten und Reparaturkosten, zu erfassen. Anschließend kann für die betreffenden Zielmärkte die verbauquoteninduzierte Extrapolation der Reklamationen starten. Hierzu wird das Verhältnis aus Plan- und Ist-Wert der Verbauquote mit der Anzahl der Reklamationen multipliziert.[61]

Beispiel: Würde der Vertrieb für die Verbauquote des Produktkonzepts „Sitzheizung“ auf dem japanischen Markt einen Anstieg von den bisherigen 20 Prozent auf 40 Prozent erwarten, und für das Produktkonzept „Sitzheizung“ sind auf dem japanischen Markt aktuell 500 Reklamationen erfasst, so würde der Prognosewert des Konzepts „Sitzheizung“ für den japanischen Markt 1000 Reklamationen betragen.

Die Schritte für die Erfassung der relevanten Werte sowie die darauf basierende Extrapolation der Reklamationen erfolgen iterativ, bis diese für jeden Zielmarkt des betrachteten Übernahmekonzepts durchgeführt sind.

---

[60] Mögliche Ursachen für einen Anstieg der geplanten Verbauquote eines Neuproduktprojekt können unter anderem in einer erhöhten Kundennachfrage für einen bestimmten Konzepttyp, oder in der Entscheidung eine bisherige Sonderausstattung als Serienausstattung zu verbauen, begründet sein.

[61] Sollten bereits in den frühen Entwicklungsphasen Absatzprognosen für das Neuproduktprojekt erstellt werden, so würden diese die Anzahl der im Referenzprojekt verkauften Fahrzeuge als Planungsgrundlage ersetzen. Im Rahmen des vorliegenden Modells lässt sich dies abbilden, indem die Formel zur Berechnung des Prognosewerts der Reklamationen um das *Verhältnis aus Absatzprognose des Neuproduktprojekts und Absatzvolumen des Referenzprojekts* erweitert wird. Sollten mehr Fahrzeuge (bei gleichbleibender Verbauquote) verkauft werden, würde dies ebenfalls zu einem Anstieg der Reklamationen führen.

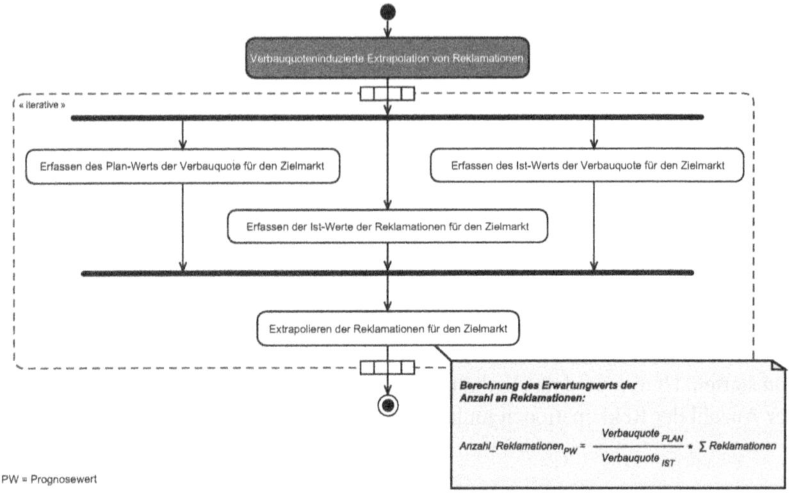

Abbildung 4.24 Teilaktivitätsdiagramm – *Verbauquoteninduzierte Extrapolation von Reklamationen*[62]

Hot-Spot-Profile zur Vorhersage von Reklamationen

Die nachfolgend entwickelte Vorgehensweise fußt auf der Annahme des sogenannten Hot-Spot-Konzepts[63], dass für unterschiedliche Märkte und Marktregionen spezifische Ausprägungen fehlerbegünstigender Einflussfaktoren existieren können. Hierauf aufbauend, sieht der vorliegende Ansatz die Ableitung und die Erstellung erfahrungsbasierter Marktprofile vor, die zugunsten der Vorhersagegenerierung genutzt werden können.

In Abgrenzung zu einer Übereinstimmung aus Ziel- und Absatzmarkt können die Reklamationen für einen Konzepttyp, der erstmalig auf einem bestimmten Zielmarkt angeboten werden soll, nicht direkt mithilfe der Verbauquote extrapoliert werden. Dies resultiert aus dem Umstand, dass für den Zielmarkt des Konzepttyps kein korrespondierender Absatzmarkt des Referenzprojekts vorliegt, dessen qualitätsbezogenen Datensätze als Grundlage für eine Extrapolation herangezogen werden könnten.

In einem ersten Schritt wird daher für den betrachteten Zielmarkt ein sogenannter Referenzmarkt ausgewählt. Ein Referenzmarkt soll hierzu die Lücke schließen, die sich aufgrund eines fehlenden Absatzmarkts ergibt. In diesem Zusammenhang bietet es sich an, bereits im Vorfeld einen zentralen Referenzmarkt festzulegen, auf den

---

[62] Eigene Darstellung.

[63] Vgl. Abschnitt 2.3.2.

sich in der Folge sämtliche Zielmärkte ohne korrespondierenden Absatzmarkt beziehen. Der Referenzmarkt sollte einen möglichst großen Absatzmarkt repräsentieren, wie dies beispielsweise für den Heimatmarkt des untersuchten Automobilherstellers der Fall ist. Ein großer Absatzmarkt hat den Vorteil, dass einerseits der betreffende Konzepttyp mit einer relativ hohen Wahrscheinlichkeit bereits verbaut wurde und andererseits die Grundgesamtheit an verbauten Einheiten des Konzepttyps sowie die damit verbundenen Reklamationen oftmals vergleichsweise hoch ausfällt. In Abhängigkeit von diesen Kriterien sollte zudem eine Reihenfolge weiterer potentieller Referenzmärkte festgelegt werden. Falls der entsprechende Konzepttyp beispielsweise auch auf dem Heimatmarkt noch nicht verbaut wurde, lässt sich hierüber der nächstbeste Referenzmarkt bestimmen.

Im Anschluss an die Auswahl werden die Reklamationen des Referenzmarkts inklusive der vorgesehenen Attribute (beispielsweise Reparaturkosten) erfasst. Eine Reklamation ist dabei grundsätzlich einer bestimmten Fehlerart zugeordnet.[64] Fehlerarten, wie beispielsweise „Oberflächenschaden“ oder „Geräusch“, lassen sich abhängig von der Kundenwahrnehmung in subjektive und objektive Fehlertypen einteilen.[65]

- Für *objektive Fehlertypen* gilt dabei die Annahme, dass die entsprechenden Fehlerereignisse bei Eintritt generell zu einer Reklamation durch den Kunden führen. Sollte beispielsweise der Motor nicht starten, ist davon auszugehen, dass dies jeder Kunde reklamieren wird.
- Im Gegensatz hierzu kann die Reklamationsbereitschaft, bezogen auf *subjektive Fehlertypen,* bedingt durch die individuelle Wahrnehmung eines Kunden variieren. Während zum Beispiel ein eher unempfindlicher Kunde Störgeräusche im Innenraum eines Fahrzeugs so weit toleriert, dass diese aus seiner Sicht keinen Werkstattbesuchs rechtfertigten, stört sich ein geräuschsensiblerer Kunde gegebenenfalls so stark daran, dass dieser das entsprechende Fahrzeug reklamieren wird.

Daher werden die erfassten Reklamationen des Referenzmarkts in Abhängigkeit vom jeweiligen Fehlertyp unterschiedlich behandelt. Hierzu erfolgt zunächst eine Prüfung für die Fehlerart der Reklamationen auf das Vorliegen eines objektiven oder subjektiven Fehlertyps. Während die Anzahl der Reklamationen objektiver Fehlerarten des Referenzmarkts direkt für den Zielmarkt übernommen werden können, erfordern subjektive Fehlerarten einen weiteren Arbeitsschritt.

[64] Vgl. hierzu Abschnitt 4.1.

[65] Vgl. hierzu Abschnitt 2.1.6.

In Abgrenzung zum klassischen Hot-Spot-Konzept, das die Erfahrung markt- und regionsspezifischer Ausprägungen nutzt, um Produktkonzepte einem physischen Stresstest zu unterziehen, bildet der vorliegende Ansatz auf Erfahrungswissen basierende Marktprofile (Hot-Spot-Profile) mit dem Ziel, marktorientierte Vorhersagen für subjektive Fehlerarten zu unterstützen. Auf Grundlage von Marktforschungsergebnissen, Expertenwissen sowie auf Vergleichen vergangenheitsbezogener Beschwerden, die für gleiche Fehlerarten durchgeführt werden, lässt sich das Reklamationsverhalten für bestimmte Märkte und Marktregionen ableiten und bewerten. Die Ergebnisse lassen sich über eine Marktprofil-Matrix abbilden. Diese enthält marktbezogene Bewertungen für alle subjektiven Fehlerarten hinsichtlich ihrer spezifischen Toleranzschwelle reklamiert zu werden. Hierzu empfiehlt es sich einen bestimmten Markt (beispielsweise den Heimatmarkt) als Ausgangsbasis zu bestimmen, für den die Toleranzschwellen sämtlicher subjektiver Fehlerarten einen konstanten Wert besitzen. Die Bewertung der Toleranzschwellen für die weiteren Märkte kann anschließend in Relation zu den Werten dieser Ausgangsbasis erfolgen.

Marktprofile

Subjektive Fehlerarten	Markt 1	Markt 2	Markt 3	...
Subjektive Fehlerart 1	1	1,2	2	1
Subjektive Fehlerart 2	1	1	2	1
Subjektive Fehlerart 3	1	0,9	1	1,3
Subjektive Fehlerart 4	1	0,9	0,9	2
...				

Bewertete Toleranzschwelle

Abbildung 4.25 Exemplarischer Aufbau einer Marktprofil-Matrix[66]

Der Aufbau einer Marktprofil-Matrix ist in Abbildung 4.25 exemplarisch dargestellt. *Markt 1* bildet hierbei die Ausgangsbasis. Die Toleranzschwellen der einzelnen Fehlerarten sind daher für *Markt 1* jeweils auf den Wert „1“ festgelegt. Die Toleranzschwellen der weiteren Märkte werden anschließend erfahrungsbasiert in Relation zu den Toleranzschwellen von *Markt 1* bewertet. Ein höherer Wert der Toleranzschwelle bedeutet dabei, dass die Kunden des entsprechenden Marktes empfindlicher auf das Auftreten der betreffenden Fehlerart reagieren und in der

[66] Eigene Darstellung.

Folge eher dazu tendieren, diese bei Auftritt auch zu reklamieren. Ein geringerer Wert bedeutet hingegen eine höhere Toleranzschwelle und somit eine geringere Tendenz die betreffende Fehlerart zu reklamieren.

Anhand der Marktprofil-Matrix lassen sich im nächsten Schritt die subjektiven Fehlerarten des Referenzmarkts für den geplanten Zielmarkt eines Konzepttyps bestimmen. Hierzu werden die Werte der Toleranzschwellen des Ziel- und des Referenzmarkts anhand der jeweiligen Marktprofile für die betreffende Fehlerart erfasst. Anschließend lässt sich der *Prognosewert der Reklamationen für Subjektive Fehlerarten* (SF.PW) berechnen. Hierzu wird wie in Formel 1 dargestellt, das Verhältnis der beiden Toleranzschwellenwerte gebildet und mit der Reklamationssumme, die für die entsprechende Fehlerart auf dem Referenzmarkt vorliegt, multipliziert.

$$SF.PW_{\begin{pmatrix} Zielmarkt, \\ Fehlerart \end{pmatrix}} = \frac{Toleranzschwelle_{\begin{pmatrix} Zielmarkt, \\ Fehlerart \end{pmatrix}}}{Toleranzschwelle_{\begin{pmatrix} Referenzmarkt, \\ Fehlerart \end{pmatrix}}} * \sum Reklamationen_{\begin{pmatrix} Referenzmarkt, \\ Fehlerart \end{pmatrix}}$$

Formel 1: Berechnung des Prognosewerts (PW) für die Reklamationen subjektiver Fehlerarten (SF)

Beispiel: Wenn die Toleranzschwellen für die *Fehlerart 1* auf dem Referenzmarkt *(Markt 1)* „1" und auf dem Zielmarkt *(Markt 2)* „1,2" betragen, dann wäre bei 500 gemeldeten Reklamationen auf dem Referenzmarkt mit insgesamt 600 Reklamationen auf dem geplanten Zielmarkt zu rechnen. Die Anwendung des Rechenbeispiels ist exemplarisch in Abbildung 4.26 dargestellt.

Die Berechnung wird iterativ für jede subjektive Fehlerart der Reklamationen des Referenzmarkts durchgeführt, bis sämtliche Reklamationen für den Zielmarkt des betrachteten Konzepttyps bestimmt wurden. Der Prognosewert der Reklamationen für subjektive Fehlerarten gibt somit die Anzahl an Reklamationen an, die

Referenzmarkt **Zielmarkt**

	Markt 1	Markt 2	Markt 3	...
Subjektive Fehlerart 1	**1**	**1,2**	2	1
Subjektive Fehlerart 2	1	1	2	1
Subjektive Fehlerart 3	1	0,9	1	1,3
Subjektive Fehlerart 4	1	0,9	0,9	2
...				

$$SF.PW_{(Markt2)} = \frac{1{,}2}{1} * 500\ Reklamationen = 600\ Reklamationen$$

SF = Subjektive Fehlerart, **PW** = Prognosewert

Abbildung 4.26 Exemplarische Berechnung des Prognosewerts subjektiver Fehlerarten[67]

vorliegen sollten, wenn das betreffende Produktkonzept nicht auf dem Referenz-, sondern auf dem Zielmarkt verbaut worden wäre.

Die Berechnungsergebnisse hinsichtlich der erwarteten Reklamationen beziehen sich bis zu diesem Punkt allerdings nur auf die Anzahl der verbauten Produktkonzepte des Referenzmarkts. Daher gilt es auch bei der Nutzung von Hot-Spot-Profilen, analog zur verbauquoteninduzierten Extrapolation, sowohl für die objektiven Fehlerarten als auch für die Berechnungsergebnisse der subjektiven Fehlerarten, abweichende Verbauquoten zwischen Ziel- und Referenzmarkt adäquat zu berücksichtigen.

Hierzu werden die Plan- und Ist-Werte für die Verbauquoten der betroffenen Ziel- und Referenzmärkte sowie die Prognosewerte der objektiven und subjektiven Fehlerarten des zu entsprechenden Konzepttyps erfasst. Die Kombination aus Marktprofil-basierten Berechnungsergebnissen und verbauquoteninduzierter Extrapolation bildet schließlich den Prognosepfad der Reklamationen für den Zielmarkt des betrachteten Konzepttyps ab.

Der vollständige Ablauf der Hot-Spot-Profil-basierten Prognose von Reklamationen ist in Abbildung 4.27 visualisiert.

[67] Eigene Darstellung.

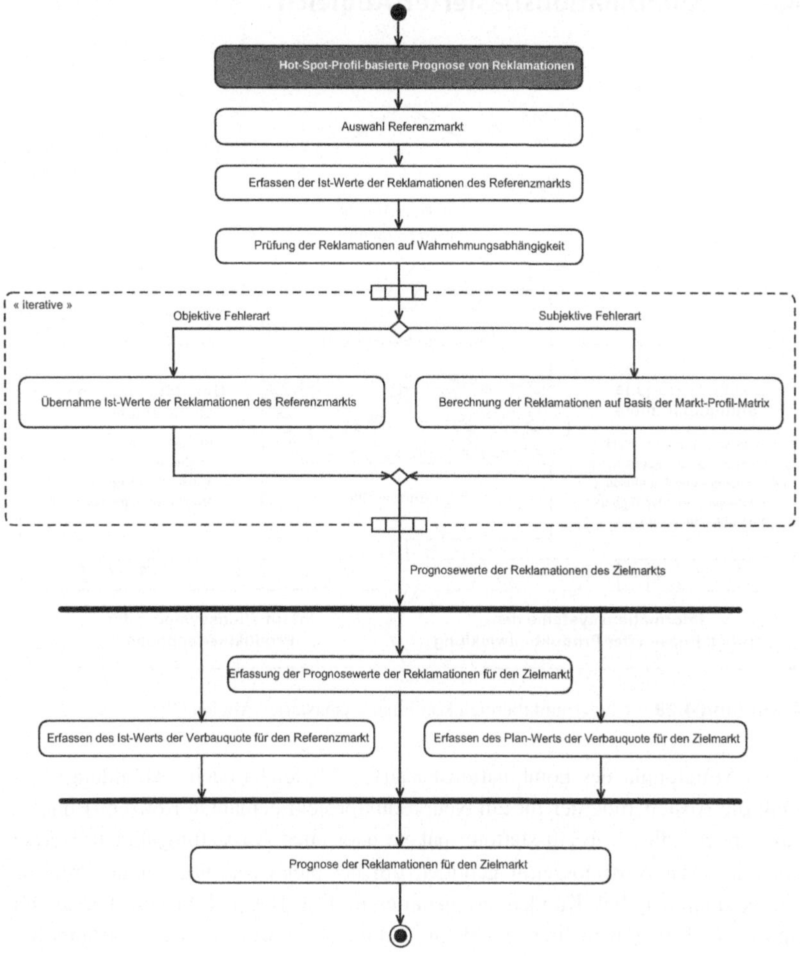

Abbildung 4.27 Teilaktivitätsdiagramm – *Hot-Spot-Profil-basierte Prognose von Reklamationen*[68]

[68] Eigene Darstellung.

4.4 Kombinationsbasierter Abgleich

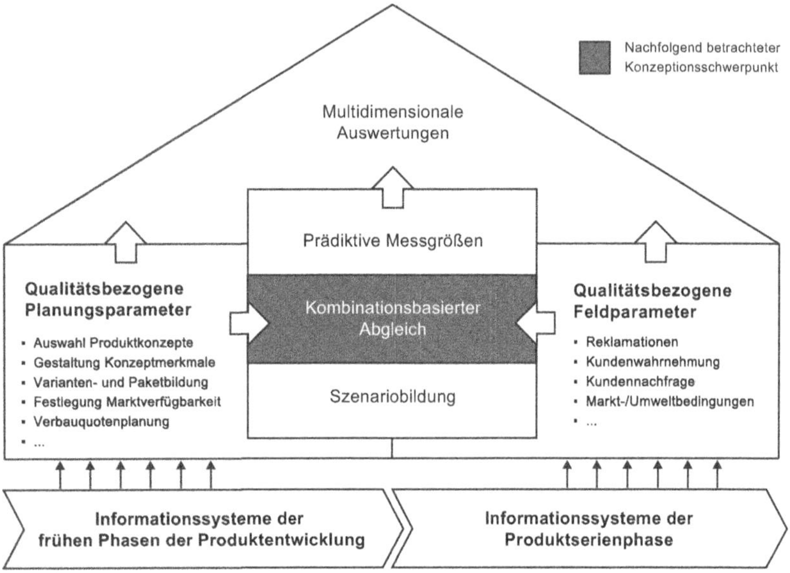

Abbildung 4.28 Schwerpunktbereich kombinationsbasierter Abgleich[69]

Im Mittelpunkt des kombinationsbasierten Abgleichs (siehe Abbildung 4.28) steht die Absicherung der für ein Neuproduktprojekt geplanten Konzept-Bundles. Konzept-Bundles, wie Ausstattungspakete oder auch Ausstattungslinien, werden unter anderem vertriebsseitig gebildet, um beispielsweise über einen Preisvorteil Kaufanreize bei Kunden zu generieren. Ein Beispiel hierfür könnte ein Sportpaket sein, das mehrere Sonderausstattungen (beispielsweise Sportfahrwerk, Lederlenkrad und Panoramaschiebedach) kombiniert und dabei im Vergleich zum Einzelpreis günstiger angeboten wird. Als Folge steigt die Wahrscheinlichkeit für bestimmte Konzepttypen, die in der Vergangenheit beispielsweise als Sonderausstattungen nur selten auf Kundenwunsch kombiniert wurden, im Rahmen des Neuproduktprojekts häufiger gemeinsam verbaut zu werden. Sollten dabei Abhängigkeiten zwischen bestimmten Konzepttypen bestehen, die bei einem gemeinsamen Verbau das Auftreten von Fehlerereignissen begünstigen,

[69] Eigene Darstellung.

gilt es, diesen Zusammenhang bereits in den frühen Phasen zu erkennen, um rechtzeitig wirksame Maßnahmen ab- und einleiten zu können. Der Schwerpunkt der Vorhersagefunktion zur Absicherung problematischer Konzeptkombinationen liegt daher in der Zusammenführung und dem Abgleich aus den Inhalten der Konzept-Bundle-Planung mit den Erkenntnissen hinsichtlich fehlerbegünstigender Abhängigkeiten zwischen bereits verbauten Produktkonzept-Kombinationen. Die Durchführung eines entsprechenden Abgleichs setzt allerdings voraus, dass produktkonzeptbezogene Korrelationen, die eine Fehlerentstehung begünstigen können, sowohl vorliegen als auch bekannt sind. Erkenntnisse über produktkonzeptbedingte Abhängigkeiten können dabei im Vorfeld dieses Abgleichs auf unterschiedlichen Wegen gewonnen werden.

Identifikation und Dokumentation problematischer Konzeptkombinationen
Eine Möglichkeit, Zusammenhänge zwischen der Kombination bestimmter Konzepttypen und auftretenden Fehlern zu entdecken, bildet der Fehlerabstellprozess der Serienphase. Während des laufenden Fehlerabstellprozesses für bestehende Qualitätsthemen finden neben der kontinuierlichen Auswertung von Felddaten auch Ursachenanalysen statt, die unmittelbar an den fehlerhaften Fahrzeugen durchgeführt werden. Diese Analysen werden entweder direkt durch den Werkstatt-Service oder durch sogenannte Feldingenieure, die an die Produktentwicklung angebunden sind, durchgeführt. Erkenntnisse, die sich auf Abhängigkeiten zwischen bestimmten Konzepttypen beziehen, können anschließend als Gegenstand der Fehler-Berichte in Form von Regeln dokumentiert und verfügbar gemacht werden. Alternativ können, wie in Abbildung 4.29 dargestellt, für die im Rahmen der *Erfassung und Prüfung der Konzeptauswahl*[70] selektierten Übernahmekonzepte eines Neuproduktprojekts Assoziationsanalysen[71] durchgeführt werden, um bisher noch nicht entdeckte Abhängigkeiten zu identifizieren. Das Ziel der Assoziationsanalyse liegt in der Überprüfung, ob für einen Produktkonzepttyp auffällig häufig ein Fehler reklamiert wurde, für den Fall, dass das entsprechende Produktkonzept mit einem weiteren oder mehreren bestimmen Produktkonzepttypen gemeinsam in einem Fahrzeug verbaut wurde. Die Basis hierfür bilden die Felddaten aus der Serienphase der Referenzprojekte. Das Reklamationsmanagement in der Serienphase erfasst hierzu für jede Reklamation sowohl die Fahrzeug- als auch die damit verbundenen Fehlerdaten. Die Fahrzeugdaten setzen sich unter anderem aus der Fahrzeuginstanz

[70] Vgl. hierzu Abschnitt 4.3.

[71] Vgl. hierzu Abschnitt 2.5.3. Auf eine vertiefende Betrachtung der Durchführung von Assoziationsanalysen wird an dieser Stelle der Arbeit verzichtet, da der prozessbezogene Ablauf des Abgleichs zwischen geplanten und als problembehaftet dokumentierten Produktkonzeptkombinationen im Vordergrund dieses Ansatzes steht.

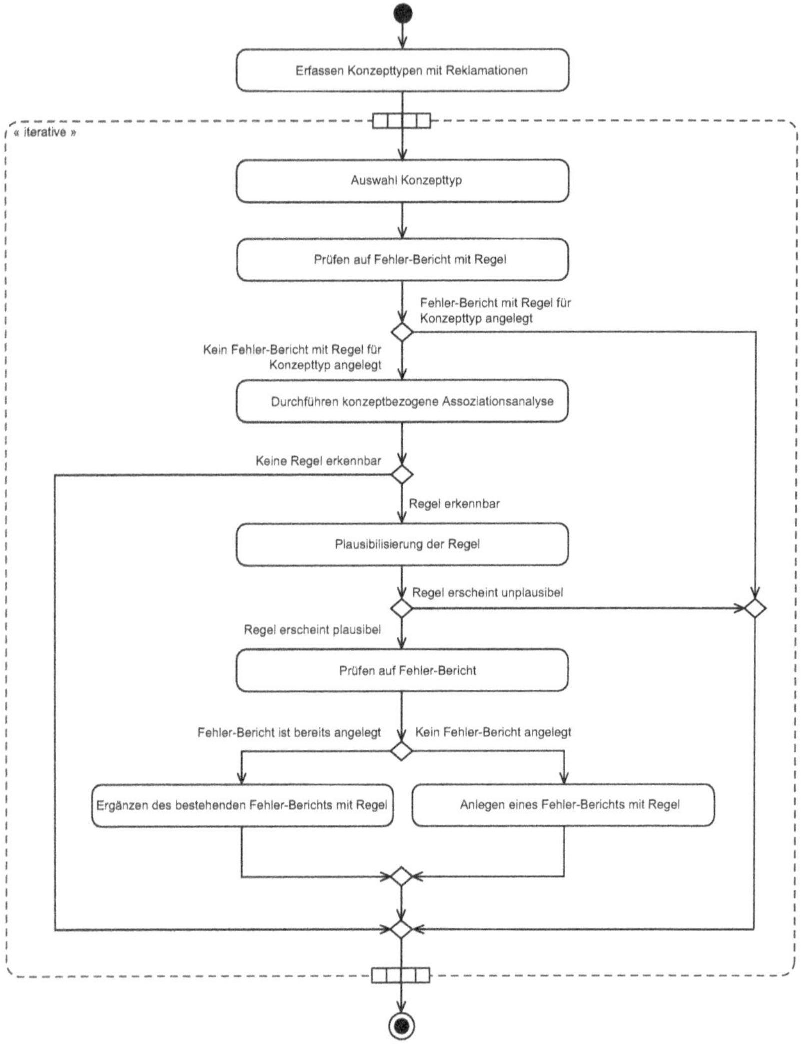

Abbildung 4.29 Identifikation problematischer Produktkonzeptkombinationen[72]

[72] Eigene Darstellung.

sowie der Ausstattungsliste zusammen, die eine Übersicht sämtlicher in der Fahrzeuginstanz verbauten Produktkonzepte beinhaltet. Die Fehlerdaten beziehen sich auf die schadhafte Konzeptinstanz sowie die damit verbundene Fehlerart.

Vor Durchführung der Assoziationsanalyse sollte die Datenbasis auf die relevanten Betrachtungsumfänge eingegrenzt werden. Hierzu werden in einem ersten Schritt die gesamten Felddaten des Referenzprojekts auf die für das Neuproduktprojekt geplanten Produktkonzepttypen reduziert. In einem zweiten Schritt empfiehlt es sich mit Blick auf die entsprechenden Konzepttypen, eine zusätzliche Eingrenzung anhand der jeweiligen $\text{Verbauquote}_{\text{IST}}$ vorzunehmen. Dies erscheint sinnvoll, da Produktkonzepte mit einer hohen Verbauquote, wie beispielsweise Serienausstattungen, aufgrund ihrer Häufigkeit im Vergleich zu Produktkonzepten mit einer niedrigen Verbauquote, im Hinblick auf die Identifikation von Abhängigkeiten eine geringere Aussagekraft besitzen. Daran anschließend wird für jeden Konzepttyp des verbliebenen Betrachtungsumfangs geprüft, ob bereits ein Fehler-Bericht mit Regeln im Zuge des Fehlerabstellprozesses angelegt wurde. Produktkonzepttypen, für die dies zutrifft, können ebenfalls ausgeschlossen werden.

Nach der Eingrenzung der Datenbasis kann die Assoziationsanalyse starten. Sollten Regeln festgestellt werden, die eine Abhängigkeit von zwei oder mehreren Konzepten bei der Entstehung eines Fehlers andeuten, sollten die entsprechenden Regeln in einem weiteren Schritt zunächst plausibilisiert werden. Hierzu sind die identifizierten Regeln durch die verantwortlichen Produktentwickler der betroffenen Produktkonzepte hinsichtlich ihrer Aussagekraft zu bewerten und zu interpretieren. Dies ist unter anderem notwendig, um Scheinkorrelationen zwischen Produktkonzepttypen, die in keiner logischen Abhängigkeit zueinanderstehen, auszuschließen. Im Anschluss werden für die als plausibel eingestuften Regeln neue Fehler-Berichte angelegt oder bestehende Fehler-Berichte ergänzt, sofern für diese noch keine Regel erfasst wurde.

Abgleich geplanter Konzeptkombinationen mit Fehler-Report-Regeln

Sobald die Planung der Konzept-Bundles für das Neuproduktprojekt vorliegt und somit die für jedes Bundle enthaltenen Produktkonzepttypen erstmals definiert sind, kann der in Abbildung 4.30 dargestellte Abgleich zwischen den geplanten und den als problematisch eingestuften und erfassten Produktkonzeptkombinationen beginnen. Dazu werden eingangs sowohl die Kombinationen der geplanten

Konzept-Bundles als auch sämtliche für die geplanten Konzepttypen angelegten Fehler-Bericht-Regeln erfasst. Anschließend erfolgt ein Abgleich zwischen den geplanten Konzept-Bundles sowie den Fehler-Bericht-Regeln mit dem Ziel, potentiell übereinstimmende Konzept-Kombinationen zu identifizieren. Im Zuge des Abgleichs ist es entscheidend, ob die Konzepttyp-Kombination einer Fehler-Bericht-Regel zumindest eine Teilmenge des jeweiligen Konzept-Bundles abbildet. Sollten daher mehr als zwei gleiche Produktkonzepttypen sowohl Bestandteil eines Konzept-Bundles als auch einer Fehler-Bericht-Regel sein, handelt es sich aus Sicht des Neuproduktprojekts um ein potentiell problembehaftetes Konzept-Bundle.

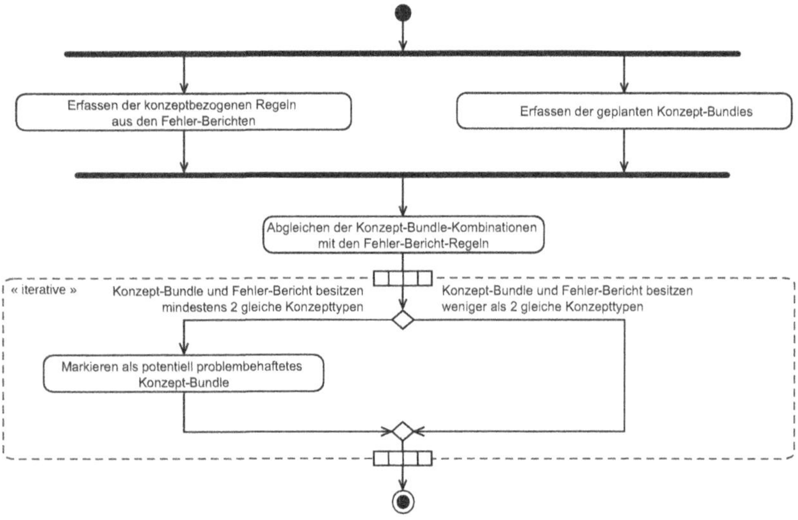

Abbildung 4.30 Abgleich geplanter Produktkonzeptkombinationen mit Fehler-Bericht-Regeln[73]

[73] Eigene Darstellung.

Neben den Konzept-Bundles werden abschließend auch die verursachenden Produktkonzepttypen als problembehaftet gekennzeichnet. Anwender sind somit in der Lage, sowohl fehlerbegünstigende Konzept-Bundles als auch die hierfür verantwortlichen Kombinationen der entsprechenden Produktkonzepttypen auszuwerten.

4.5 Szenariobildung

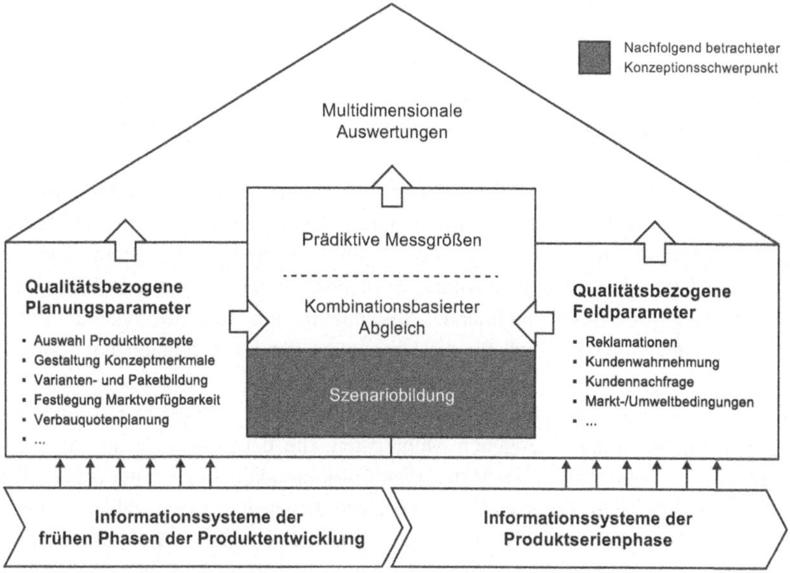

Abbildung 4.31 Schwerpunktbereich Szenariobildung[74]

Für den konzeptionellen Schwerpunkt der Szenariobildung (siehe Abbildung 4.31) steht die Unterstützung bei der Beurteilung und Bewertung produktkonzeptbezogener Maßnahmen im Zentrum. Hierzu findet ein Abgleich statt, der den umsetzungsbezogenen Mehraufwand der betrachteten Maßnahme eines Produktkonzepts mit den potentiellen Fehlerfolgen ins Verhältnis setzt. Letztere

[74] Eigene Darstellung.

werden dabei unter der Annahme in die Szenariobildung einbezogen, dass der betroffene Konzepttyp unverändert in das Neuproduktprojekt übernommen und damit das zu erwartende Qualitätsthema nicht behoben wird. Das Ausmaß der zu erwartenden Fehlerfolgen eines Qualitätsthemas kann dabei marktabhängig variieren. Dies kann unter anderem von der Anzahl der verkauften Fahrzeuge, der Anzahl der darin verbauten Produktkonzepte sowie der spezifischen Fehlerart oder -ursache abhängen.

Für Nebenfehler kann hieraus die Fragestellung resultieren, ob bestimmte Konzeptmaßnahmen marktübergreifend umgesetzt werden sollten oder ob es sinnvoller ist, nur einzelne Märkte für eine Umsetzung zu fokussieren. Daher stellt die Szenariobildung eine Möglichkeit dar, die Wirtschaftlichkeit einer Konzeptmaßnahme sowohl marktbezogen als auch für unterschiedliche Marktkombinationen mit den jeweils zu erwartenden Fehlerfolgen vergleichen zu können. Der szenariobasierte Ansatz kann somit einen ersten Eindruck vermitteln, ob die Realisierung einer Konzeptmaßnahme für einen spezifischen Konzepttyp des Neuproduktprojekts unter den gegebenen Umständen sinnvoll erscheint oder nicht.

Die Grundlage hierfür bildet der in Abbildung 4.32 dargestellte Ablauf. Hierzu wird in einem ersten Schritt ein Konzepttyp ausgewählt. Anschließend wird geprüft, ob für das entsprechende Produktkonzept eine Konzeptmaßnahme existiert. Ist eine Konzeptmaßnahme vorhanden, kann die in der Regel aus der Produktentwicklung stammende Abschätzung des kostenbezogenen Mehraufwands, der voraussichtlich für die Umsetzung der Konzeptmaßnahme anfällt, marktspezifisch berechnet werden. Neben Einmalkosten, wie den Investitionskosten für ein neues Werkzeug oder eine neue Maschine, werden hierzu auch die wiederkehrenden, stückbezogenen Mehrkosten, die beispielsweise aus der Verwendung von höherwertigeren Materialien resultieren können, herangezogen. Auf Grundlage der einem Neuproduktprojekt zugrunde gelegten Absatzzahlen, können die Einmalkosten zudem je Fahrzeug ermittelt und ausgewiesen werden. Demgegenüber stehen die voraussichtlichen Reklamationskosten eines spezifischen Qualitätsthemas, das durch die jeweilige Konzeptmaßnahme eliminiert werden soll. Ausgehend von den Berechnungen der prädiktiven Messgrößen für die Reklamationen und der damit verbundenen Reklamationskosten, lässt sich für den betreffenden Produktkonzepttyp eine marktbezogene Kostenbetrachtung der zu erwartenden Fehlerfolgen erfassen.

Aus der Differenz der Umsetzungskosten produktkonzeptbezogener Maßnahmen und den Berechnungsergebnissen der Prognosewerte für die Reklamationskosten können somit marktbezogene Vergleichsszenarien gebildet werden. Die

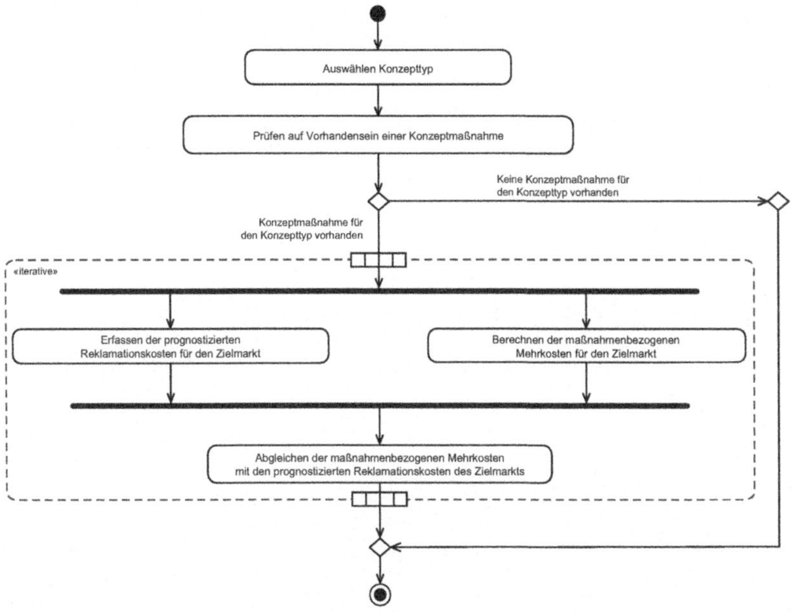

Abbildung 4.32 Abgleich der maßnahmenbezogenen Mehrkosten mit prognostizierten Reklamationskosten je Zielmarkt[75]

Auswertung der unterschiedlichen Szenarien kann schließlich auf Grundlage von Kennzahlen und / oder mithilfe von Visualisierungen erfolgen.

[75] Eigene Darstellung.

5 Prototypische Realisierung und Evaluation

Im vorangegangenen Kapitel wurde ein Fachkonzept entwickelt, das auf den in Kapitel 3 vorgestellten und auf Basis einer Case Study identifizierten Anforderungen zur IT-basierten Entscheidungsunterstützung der präventiven Absicherung von Produktkonzepten fußt. Dieses Kapitel widmet sich der Überführung der konzeptionellen Schwerpunktbereiche in eine prototypische Lösung, anhand derer das Fachkonzept anschließend evaluiert wird.

Durch die Entwicklung eines Prototyps als Vorabversion einer IT-Lösung lassen sich die grundsätzliche Realisierbarkeit der erhobenen Anforderungen demonstrieren sowie Rückmeldungen der relevanten Anspruchsgruppen erfassen.[1] Der mit der BIA-Software QlikView realisierte Prototyp wurde hierzu im Rahmen mehrerer Evaluations-Workshops mit unterschiedlichen Aufgabenträgern und Entscheidern der präventiven Konzeptabsicherung des untersuchten Automobilhersteller eingesetzt, um die Inhalte und Erkenntnisse des Fachkonzepts diskutieren und beurteilen zu können.

Abbildung 5.1 ordnet die prototypische Implementierung sowie die darauf aufbauende Evaluation als Gegenstand dieses Kapitels in den Gang der Arbeit ein.

Die Evaluierung[2] erfolgt in insgesamt fünf Schritten. In Abschnitt 5.1 wird eingangs das der Evaluation zugrunde gelegte Evaluationsdesign erarbeitet. Anschließend widmet sich Abschnitt 5.2 der Realisierung des Prototyps. Dies umfasst neben der Datengrundlage den Aufbau und die Umsetzung der konzeptionellen Schwerpunktbereiche in der prototypischen Lösung. In Abschnitt 5.3 werden anschließend drei anwendungsbezogene Analysepfade

---

[1] Vgl. Rupp (2014), S. 322 und Riege u. a. (2009), S. 79.

[2] Die Begriffe Evaluierung und Evaluation werden in dieser Arbeit synonym verwendet.

© Der/die Autor(en), exklusiv lizenziert an Springer Fachmedien Wiesbaden GmbH, ein Teil von Springer Nature 2023

S. Herzberg, *Quality Intelligence*,
https://doi.org/10.1007/978-3-658-41345-3_5

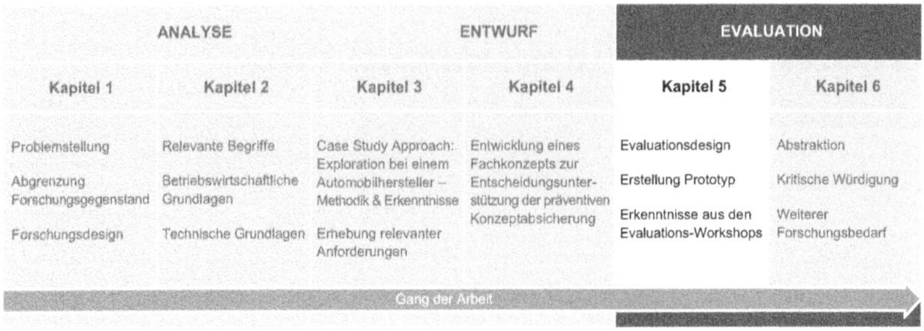

Abbildung 5.1 Einordnung von Kapitel 5 in den Gang der Arbeit[3]

exemplarisch anhand des Prototyps durchlaufen. Als Analysepfad wird in der vorliegenden Arbeit eine Anzahl von Analysevisualisierungen bezeichnet, die über einen bestimmten Ablauf aufeinanderfolgender Auswertungen zu einem Pfad verbunden werden können. Analysepfade stellen dabei keine zwingende Auswertungsabfolge dar, sondern sie resultieren vielmehr aus fachlichen Fragestellungen, deren Antwort durch die Reihenfolge der entsprechenden Auswertungen gesucht wird.[4] Abschließend werden in Abschnitt 5.4 der Evaluationsrahmen sowie mit Abschnitt 5.5 die Erkenntnisse aus der Evaluation vorgestellt.

5.1 Evaluationsdesign

Unter dem Begriff der Evaluation kann die zweck- und zielbezogene Bewertung von Sachen und / oder Objekten verstanden werden, die auf einem System relevanter Beurteilungsmerkmale, den sogenannten Evaluationskriterien, aufbauen.[5] Für die gestaltungsorientierte Wirtschaftsinformatik steht im Rahmen der Evaluierung die Überprüfung von geschaffenen informationstechnischen Artefakten, wie beispielsweise von Software oder Datenmodellen mit Blick auf die jeweilige Zielstellung im Vordergrund.[6] Die Evaluation der entsprechenden Artefakte soll hierbei methodisch durchgeführt werden, auf festgelegten Regeln basieren und intersubjektiv nachvollziehbar sein.[7] Den Ausgangspunkt der Evaluation bildet

[3] Eigene Darstellung.
[4] Vgl. hierzu Mertens (2011), S. 46 f.
[5] Vgl. Riedl (2019), S. 114 sowie Wottawa und Thierau (2003), S. 13 ff.
[6] Vgl. Österle u. a. (2010), S. 668, Frank (2000), S. 36 ff. und Heinrich (2000), S. 9.
[7] Vgl. Heinrich (2000), S. 9.

in der vorliegenden Arbeit die Konstruktion eines Prototyps, der als Demonstrationsbeispiel dient und im Kontext einer dedizierten Zielumgebung verprobt wird.[8]

Abbildung 5.2 zeigt das Evaluationsdesign der Arbeit, das sich aus dem Evaluationsziel, dem Evaluationsobjekt sowie den Evaluationskriterien zusammensetzt.

Das *Evaluationsziel* der vorliegenden Arbeit liegt in der Überprüfung, ob die erhobenen Anforderungen sowie das darauf aufbauend erarbeitete Fachkonzept geeignet sind, Entscheidungen der präventiven Konzeptabsicherung im Rahmen der frühen Phasen des Produktentwicklungsprozesses zu unterstützen. Hierzu werden insbesondere die Anwendbarkeit sowie die Relevanz fokussiert.

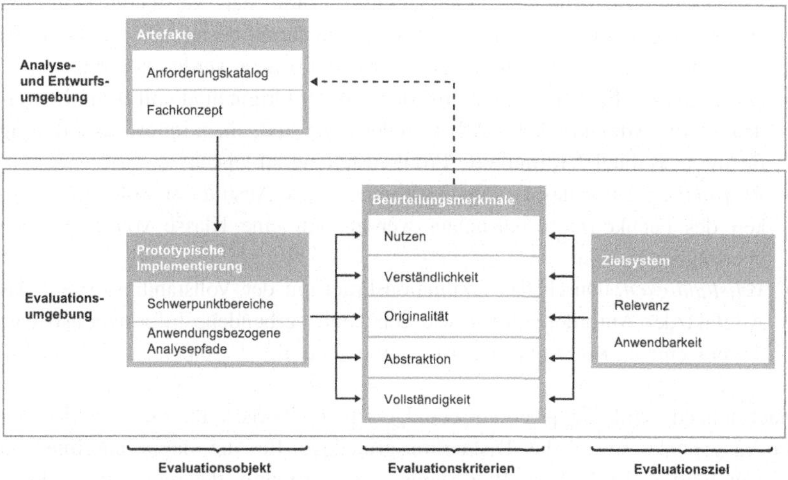

Abbildung 5.2 Evaluationsdesign[9]

Das *Evaluationsobjekt* umfasst als Ergebnis der Analyse- und Designphase die Artefakte der aus der Case Study abgeleiteten Anforderungen sowie das entwickelte Fachkonzept zur IT-basierten Entscheidungsunterstützung. Diese werden im Kontext der Evaluationsumgebung über die prototypischen Implementierungsinhalte abgebildet, die sich aus den Schwerpunktbereichen des BIA-Konzepts

[8] Für eine Gegenüberstellung von Evaluationsmethoden und Evaluationsansatz vgl. Riege u. a. (2009), S. 79–81.

[9] Eigene Darstellung auf Basis von Wilde (2008), S. 91.

sowie den darauf aufbauend gebildeten anwendungsbezogenen Analysepfaden zusammensetzen.

Als *Evaluationskriterien* wurden mit dem Nutzen, der Verständlichkeit, der Originalität, der Abstraktion sowie der Vollständigkeit Beurteilungsmerkmale gewählt, die sich an der Literatur der gestaltungsorientierten Wirtschaftsinformatik orientieren.[10] Die Kriterien setzen sich zusammen aus:

- *Nutzen:* Über das Evaluationskriterium des Nutzens soll geprüft werden, ob das Fachkonzept aus Sicht relevanter Aufgabenträger der präventiven Konzeptabsicherung geeignet ist, Entscheidungen in der frühen Phase des Produktentwicklungsprozesses zu unterstützen und welche Vorteile sich hieraus ergeben können.
- *Verständlichkeit:* Mit dem Evaluationskriterium der Verständlichkeit soll erfasst werden, ob das Fachkonzept sowie die darauf basierende prototypische Implementierung inhaltlich umfassend nachvollzogen werden können.
- *Originalität:* Mit dem Evaluationskriterium der Originalität soll beurteilt werden, ob die Artefakte dieser Arbeit in der Lage sind, einen innovativen Beitrag für die in Kapitel 1 formulierte Problemstellung zu leisten.
- *Abstraktion:* Über das Evaluationskriterium der Abstraktion soll die Fähigkeit des Fachkonzepts beleuchtet werden, auf eine Klasse von Problemen übertragbar zu sein.
- *Vollständigkeit:* Durch das Evaluationskriterium der Vollständigkeit soll das Artefakt der Anforderungen sowie der damit verbundene Informationsbedarf der präventiven Konzeptabsicherung auf potentielle Lücken untersucht werden.

Nachstehend wird die prototypische Umsetzung vorgestellt. Diese bildet den Ausgangspunkt sowie die Diskussionsgrundlage für die daran anschließend durchgeführten Evaluations-Workshops mit Vertretern der präventiven Konzeptabsicherung des untersuchten Automobilherstellers.

[10] Vgl. Österle u. a. (2010), S. 668 f. Mit dem Kriterium der Verständlichkeit wird darüber hinaus dem Umstand Rechnung getragen, dass es sich bei den zentralen Nutzergruppen um Fachanwender handelt. Die Forderung nach einer intuitiven Steuerung (vgl. Abschnitt 3.4.6, Anforderung A.11) unterstreicht zudem die Relevanz die Verständlichkeit als Evaluationskriterium zu berücksichtigen.

5.2 Prototypische Implementierung des Fachkonzepts

Die Zielstellung der prototypischen Implementierung liegt in der Erstellung einer ablauffähigen Vorabversion des in Kapitel 4 konzipierten Ansatzes zur IT-basierten Entscheidungsunterstützung, die es ermöglicht, die Realisierbarkeit der Inhalte der entwickelten IT-Lösung zu demonstrierten und das Feedback relevanter Nutzergruppen entlang der festgelegten Evaluationskriterien zu erfassen, um die erhobenen Anforderungen gegebenenfalls zu spezifizieren und zu verbessern.[11] Der Prototyp dieser Arbeit kann daher der Schnittmenge aus explorativem und experimentellem Prototyping zugeordnet und von einer evolutionären Vorgehensweise sowie dem Rapid Prototyping abgegrenzt werden.[12]

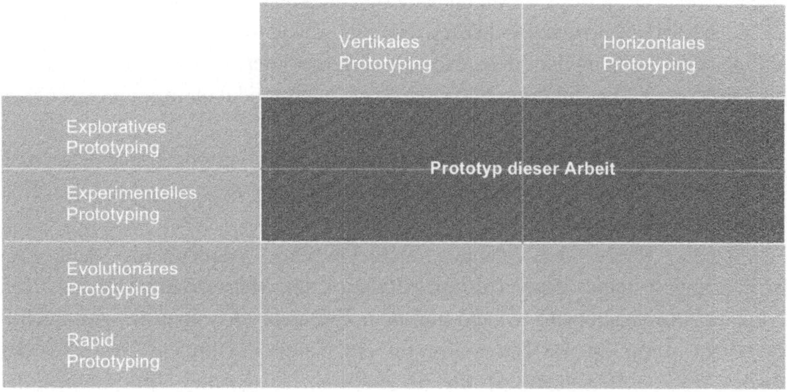

Abbildung 5.3 Einordnung des Prototyps dieser Arbeit[13]

Darüber hinaus wird in der vorliegenden Arbeit ein diagonaler Prototyping-Ansatz gewählt, der sich als Kombination aus vertikalem und horizontalem Prototyping ergibt und somit sowohl einen sogenannten technischen Durchstich

---

[11] Vgl. Davis (1992), S. 71.

[12] Während *exploratives Prototyping* durch die wiederholte und zügige (Weiter-)entwicklung eines Prototyps in einer Testumgebung, eine stufenweise Klärung fachlicher Anforderungen anstrebt, dient *experimentelles Prototyping* insbesondere der Klärung technischer Aspekte, um beispielsweise die Realisierbarkeit eines Entwurfs zu überprüfen. Für eine detaillierte Abgrenzung zwischen explorativen, experimentellen und evolutionären Prototyping-Ansätzen vgl. Alpar u. a. (2019), S. 370.

[13] Eigene Darstellung.

als auch eine lauffähige Benutzeroberfläche abbildet.[14] Hierdurch können im Zuge der Evaluation sowohl Rückmeldungen zu den relevanten Funktionalitäten als auch zu den adressierten Nutzungsszenarien abgefragt und berücksichtigt werden.[15] Abbildung 5.3 zeigt eine Übersicht der möglichen Prototyping-Varianten und ordnet darunter den Prototyp der vorliegenden Arbeit ein.[16]

Die Konstruktion des Prototyps fokussiert die Schwerpunktbereiche der fachlichen Konzeption. Hierzu werden unter anderem die im Rahmen des Fachkonzepts entwickelten Vorgehensweisen zur IT-basierten Absicherung potentieller Qualitätsthemen umgesetzt sowie die modellierten Datenkonzepte physisch implementiert, um multidimensionale Analysen und vorhersagebasierte Auswertungen prototypisch zu ermöglichen. Auf Basis der realisierten Funktionalitäten werden den erhobenen Anforderungen entsprechend unterschiedliche Analysepfade ausgearbeitet, die jeweils anwendungsbezogene Auswertungsabläufe im Kontext der präventiven Konzeptabsicherung adäquat sowie realitätsnah repräsentieren und demonstrieren sollen. Die exemplarisch gebildeten Analysepfade umfassen daher sowohl produktkonzeptbezogene als auch produktkonzeptübergreifende Auswertungen.

In Abbildung 5.4 werden die beiden für die prototypische Implementierung eingesetzten Softwarewerkzeuge, *Microsoft Excel* und *QlikView*, anhand des BIA-Ordnungsrahmens verortet.

Auf der Ebene der operativen Quellsysteme werden aus dem Produktplanungssystem, dem Customer-Relationship-Management-System, dem Reklamationsmanagement-System und dem Fehlerabstellsystem des Automobilherstellers exemplarische Datensätze für ein Neuproduktprojekt sowie für das entsprechende Referenzprojekt im *Excel-Format* ausgeleitet. Im Rahmen der Datenbereitstellung wird auf der Ebene des Data Warehouse die Datenhaltung

---

[14] Vgl. Hoffmann u. a. (2007), S. 135.

Während das *vertikale Prototyping* die Umsetzung funktionaler Teile des Systems durch sämtliche Ebenen fokussiert, wird das *horizontale Prototyping* genutzt, um zunächst einzelne Schichten des Systems, wie beispielsweise die Benutzerschnittstelle, zu realisieren. Für eine detaillierte Betrachtung von vertikalen und horizontalen Prototypen vgl. Krcmar (2015), S. 239, Leimeister (2021), S. 358 und Kleuker (2018), S. 30.

[15] Vgl. Hammerschall und Beneken (2013), S. S. 269 f., Oestereich (2006), S. 152 f. und Ebert (2019), S. 175.

[16] Vgl. Stahlknecht und Hasenkamp (2006), S. 179. Für eine alternative Strukturierung nach Prototyping-Arten vgl. unter anderem Sommerville (2018), S. 74 f. und Gharbi u. a. (2019), S. 162 f.

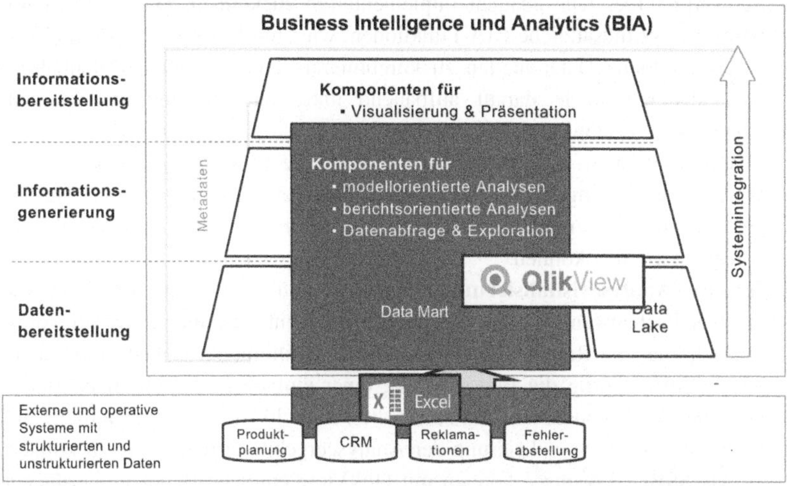

Abbildung 5.4 Im Rahmen der prototypischen Implementierung eingesetzte Softwarelösungen[17]

implementiert sowie ein Data Mart gestaltet. Auf den Ebenen der Informationsgenerierung und der Informationsbereitstellung werden Anwendungen zusammengefasst und realisiert, die OLAP-Funktionalitäten respektive komplexe Analysen sowie Dashboards und Reporting-Funktionen beinhalten. Für die Ebenen von der Integration der Excel-Daten, über die Datenbereitstellung und Informationsgenerierung bis hin zur Informationsbereitstellung erfolgt die prototypische Umsetzung anhand des integrierten BIA-Tools *QlikView*[18] des Anbieters QlikTech. Die Auswahl der Softwarelösung QlikView als Werkzeug zur Konstruktion des Prototyps basiert auf der Erfüllung wesentlicher Anforderungen, die eine Evaluierung der vorliegenden Arbeit unterstützen und gewährleisten sollen. Hierzu zählen:

1. **Die Bereitstellung grundlegender Funktionalitäten:** Die erste Anforderung beinhaltet sämtliche Funktionen, die notwendig sind, um die konzeptionellen

[17] Eigene Darstellung basierend auf Baars und Kemper (2021), S. 10.

[18] Für vertiefende Information zur Arbeitsweise mit QlikView vgl. QlikTech (2021), S. 27 ff. Für einen Business-Intelligence-Softwarewerkzeug-Vergleich unter Berücksichtigung von QlikView vgl. Shukla und Dhir (2016), S. 321 ff. sowie Zeng und Zhang (2013), S. 67 f. für ein exemplarisches Einsatzszenario.

Schwerpunktbereiche adäquat implementieren zu können. Dies umfasst insbesondere grundsätzliche BIA-Funktionen, wie zum Beispiel die Möglichkeit, unterschiedliche Datenquellen zu kombinieren, eine geeignete Datenhaltung zu realisieren sowie darauf aufbauend unter anderem multidimensionale Analysen zu ermöglichen.

QlikView stellt vor diesem Hintergrund eine In-Memory-basierte[19] BIA-Werkzeugumgebung bereit, über die von der Datenintegration bis hin zur Informationsbereitstellung sämtliche Ebenen des BIA-Ordnungsrahmens adressiert werden können.[20]

2. **Intuitive Analysevisualisierungen:** Da sich der überwiegende Anteil der Nutzer aus Fachanwendern sowie dem Management zusammensetzt und diese folglich auch im Rahmen der Evaluation im Mittelpunkt stehen, umfasst die zweite Anforderung die Bereitstellung einer einfachen und intuitiven Bedienung bei der Datenauswertung sowie die Möglichkeit, eine verständliche und nachvollziehbare Visualisierung der Analyseergebnisse realisieren zu können.

   Als SSBIA-Lösung[21] können mit QlikView einfache Benutzeroberflächen gestaltet werden, die es Anwendern erlauben, auf Basis von interaktiven Diagrammen, Dashboards und Reports selbstständig Auswertungen durchzuführen.[22]

3. **Verfügbarkeit im Rahmen der Evaluations-Workshops:** Für den Aufbau der prototypischen Umsetzung werden Echtdaten des untersuchten Automobilherstellers verwendet. Da es sich sowohl bei den Fahrzeugdaten eines Neuproduktprojekts als auch bei den Reklamationsdaten um sensible Unternehmensdaten handelt, muss die Implementierung und Verprobung des Prototyps innerhalb der Systemumgebung des Automobilherstellers erfolgen.

   Die Nutzung von QlikView in der Systemumgebung des Automobilherstellers ist grundsätzlich möglich, da die Softwarelösung bereits in diversen anderen Unternehmensbereichen eingesetzt wird und somit eine Lizenzierung für die prototypische Umsetzung möglich ist.

[19] In-Memory-Technologien nutzen den Arbeitsspeicher (Random-Access Memory – kurz RAM) eines Computers zur Datenspeicherung. Im Vergleich zu Festplattenlaufwerken lassen sich hierdurch verkürzte Zugriffszeiten erzielen. Vgl. in diesem Zusammenhang Shirinzadeh und Drechsler (2020), S. 80 ff.

[20] Vgl. Troyansky u. a. (2015), S. 23 f. und Reddy u. a. (2018), S. 498 f.

[21] Vgl. hierzu Abschnitt 2.5.4.

[22] Vgl. Troyansky u. a. (2015), S. 24 f. und Reddy u. a. (2018), S. 498.

5.2.1 Datengrundlage

Als Ausgangspunkt für die Realisierung des Prototyps dienen Datensätze, die durch den Automobilhersteller für den Evaluationsprozess der vorliegenden Arbeit zur Verfügung gestellt wurden. Die Daten stammen aus der Produktstrategie, der Vertriebsplanung, der Produktentwicklung sowie dem Reklamationsmanagement und beziehen sich auf Inhalte aus den Bereichen des Fahrzeuginterieurs und -exterieurs. Die Datenbasis setzt sich aus den Planungsdaten der frühen Phasen eines Neuproduktprojekts sowie den Felddaten korrespondierender Vorgängerprojekte zusammen.[23] Hervorzuheben ist dabei das reale Umfeld der Daten sowie das damit verbundene Mengengerüst, das annähernd 10.000 Datensätze umfasst. Die zentralen Datensätze des Automobilherstellers, die für die prototypische Implementierung einbezogen werden, beinhalten hierzu im Einzelnen für das Neuproduktprojekt:

- die Planung der Konzepttypen,
- die geplanten Absatzzahlen sowie
- die verfügbaren Konzeptmaßnahmen

Sowie hinsichtlich des Referenzprojekts respektive der Vorgängerprojekte:

- die Absatz-Reports,
- die Reklamationen sowie
- die Fehler-Reports

Die *Planung der Konzepttypen* umfasst Daten, die den aktuellen Beschlussstand für sämtliche Produktkonzepte widerspiegeln, die für das betrachtete Neuproduktprojekt vorgesehen sind. Ein Konzepttyp entspricht in den verwendeten Datensätzen des Automobilherstellers einem Ausstattungskonzept.

Die Datensätze der *geplanten Absatzzahlen* enthalten im vorliegenden Fall die geplanten Verbauquoten des Neuproduktprojekts und geben damit Auskunft darüber, wie viele Konzepte eines bestimmten Konzepttyps je Markt im Verhältnis zu

[23] Da die geplanten Inhalte eines Neuproduktprojektes als wettbewerbsrelevant und die Reklamationsdaten als sensibel eingestuft sind, werden zwar Echtdaten für die Verprobung in den Evaluationsworkshops verwendet, diese sind allerdings auf Screenshots und ähnlichen Darstellungen im weiteren Verlauf dieser Arbeit verfremdet wiedergegeben, um potentielle Rückschlüsse auf tatsächliche Inhalte zu verhindern. Verfremdet bedeutet in diesem Zusammenhang, dass beispielsweise Bezeichnungen vertauscht sowie Werte verändert und dadurch unkenntlich gemacht werden.

den verkauften Fahrzeugen voraussichtlich verbaut werden. Da zum Zeitpunkt des Datenabgriffs noch keine Prognosen für die absoluten Verkaufszahlen auf Fahrzeugebene vorlagen (Absatzprognose), wird die Anzahl der verkauften Fahrzeuge des Referenzprojekts herangezogen.[24]

Die Datei der *verfügbaren Konzeptmaßnahmen* beinhaltet sämtliche Maßnahmen, die für ein Konzepttyp im Zuge der Produktentwicklung erarbeitet wurden und somit grundsätzlich bekannt und verfügbar sind. Hierzu gehört eine Beschreibung der Maßnahmeninhalte sowie eine Abschätzung der Kosten, die für die Umsetzung der Maßnahme voraussichtlich anfallen werden. Darüber hinaus enthalten die Daten den aktuellen Status der Maßnahme sowie die Maßnahmenart.

Die *Absatz-Reports* geben Auskunft über die verbaute Anzahl je Konzepttyp und die Anzahl verkaufter Fahrzeuge des Referenzprojekts, aufgeschlüsselt nach Märkten.

Die *Reklamationen* setzen sich für den vorliegenden Fall aus den garantie- und kulanzbezogenen Rückmeldedaten der Werkstätten zusammen und umfassen Angaben zum Fahrzeug, wie beispielsweise dessen Verkaufsdatum und den Markt, auf dem es verkauft wurde. Weiterhin geben die Daten Auskunft über den jeweils beanstandeten Konzepttyp, die Fehlerart und die Fehlerfolgekosten, die im Zuge der Reklamation, beispielsweise durch Reparaturen, entstanden sind.

In den *Fehler-Bericht-Daten* werden Reklamationsbündel zusammengefasst und übergreifend im Zuge des Fehlerabstellprozesses beschrieben. Neben dem betroffenen Markt und der spezifischen Fehlerart kann den Datensätzen ebenfalls der aktuelle Status des Fehlerabstellprozesses entnommen werden. In Abhängigkeit vom Dokumentationsfortschritt sind zudem Feldmaßnahmen, Fehlerursachen, Lessons Learned und festgestellte Regeln als weitere Inhalte des Fehlerabstellprozesses beschrieben. Eine exemplarische Ausleitung (anonymisierter) Reklamationsdaten des Automobilherstellers ist in Abbildung 5.5 dargestellt.

Neben den durch den Automobilhersteller zur Verfügung gestellten Daten, die aus der bestehenden Systemlandschaft extrahiert werden können, besteht die Notwendigkeit, den Datensatz der *Markt-Profil-Matrix* initial zu erstellen. Hierzu wird in Anlehnung an Abschnitt 4.3 eine Datei generiert, bei der jede Fehlerart in Abhängigkeit des Marktprofils eine Bewertung erhält. Als Heimatmarkt

[24] Dies entspricht der im Rahmen des Fachkonzepts (siehe Abschnitt 4.3) beschriebenen Vorgehensweise für den Fall, dass noch keine Absatzprognosen für die voraussichtliche Anzahl verkaufter Fahrzeuge vorliegen.

Konzepttyp_ID	FIN	Sachnummer	Fahrzeugtyp_ID	Fehlerart_ID	Verkaufsdatum	Markt_ID	Gesamtkosten
123	4220051X732389	1233294876	1	23	30.07.19	338	1058,18
123	4220051X767465	1237236454	1	30	04.05.19	110	1051,54
123	4220051X756347	1237632457	1	30	29.03.19	110	957,57
123	4220051X705634	1237364525	1	32	18.05.19	300	616,97
123	4220051X723243	1239464535	1	30	13.01.19	110	577,93
123	4220051X733826	1233436477	1	30	25.07.18	300	523,17
123	4220051X754332	1234352543	1	30	14.10.18	110	513,39
123	4220051X234364	1235367496	1	27	14.10.18	550	501,41
123	4220051X987555	1231323255	1	32	16.12.19	550	497,60
123	4220051X787333	1239994449	1	99	25.07.18	110	443,04
123	4220051X178944	1234325833	1	30	23.11.18	300	427,64
123	4220051X123744	1236354748	1	30	25.01.19	450	426,84
123	4220051X783445	1234554466	1	22	22.01.19	300	425,66
123	4220051X734390	1239494942	1	30	21.06.18	110	400,17
123	4220051X456654	1235232955	1	21	11.05.18	110	284,13

Abbildung 5.5 Exemplarische Ausleitung (anonymisierter) Reklamationsdaten[25]

wird Deutschland gewählt. Sämtliche Fehlerarten betragen somit für das Marktprofil Deutschlands „1“. Für die weiteren planungsrelevanten Zielmärkte werden anschließend die Fehlerarten relativ zum Marktprofil Deutschlands bewertet.[26]

5.2.2 Datenbereitstellung

Damit die im vorangegangenen Abschnitt behandelten Datensätze als Grundlage für die darauf aufbauenden Anwendungen der Entscheidungsunterstützung bereitgestellt werden können, durchlaufen die Daten den in Abbildung 5.6 dargestellten Transformationsprozess (ETL).[27] Im Rahmen der *Filterung* wird hierzu die Extraktion der Datensätze aus den Quellsystemen des Automobilherstellers für die Realisierung des Prototyps über einen manuellen Export durchgeführt. Bei allen Systemen ist im vorliegenden Fall eine Ausleitung der Daten im Excel-Format möglich. Mit dem Exportvorgang findet im gleichen Atemzug bereits der erste Schritt der *Harmonisierung* statt, indem soweit möglich lediglich Attribute selektiert und anschließend extrahiert werden, die für den vorgesehen Zweck der prototypischen Umsetzung relevant sind.

---

[25] Eigene Darstellung. Da es sich um vertrauliche Daten handelt, wurde der gezeigte Datensatz für die vorliegende Arbeit durch fiktive Werte ersetzt und spiegelt daher weder reale Identifikationsnummern noch Fehlerereignisse wider.

[26] Die Bewertung eines Marktprofils wurde in Abstimmung mit jeweils einem Vertreter des Automobilherstellers aus den Bereichen der Produktentwicklung und des Qualitätsmanagements exemplarisch durchgeführt. Für die weiteren Marktprofile wurden fiktive Werte gesetzt.

[27] Vgl. hierzu Abschnitt 2.5.2.

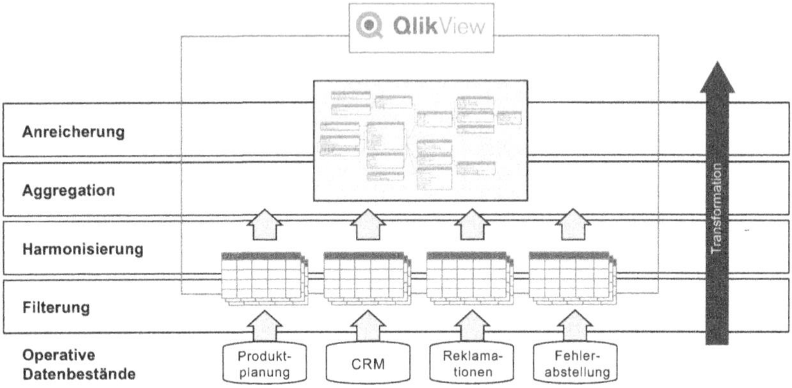

Abbildung 5.6 Transformationsprozess (ETL) der prototypischen Umsetzung[28]

Der zweite Schritt läuft parallel zum Ladevorgang der aus den Quellsystemen ausgeleiteten Datensätze in die QlikView-Systemumgebung ab. Der Fokus dieses Schritts liegt auf der Auslassung von für die prototypische Implementierung nicht notwendigen und redundanten Attributen, die im Zuge des Exports noch nicht ausgeschlossen werden konnten, sowie in der Festlegung einheitlicher Attributbezeichnungen.

Der Ladevorgang der relevanten Datensätze wird in QlikView über die Erstellung eines Skripts realisiert. Das Skript kann hierzu anhand eines Skripteditors in QlikView (Abbildung 5.7) definiert und bearbeitet werden. Die Notation der Skriptsyntax folgt dem BNF-Code (Backus-Naur-Formalismus).[29] Über den Skriptbefehl „LOAD" werden zunächst die Tabellen sowie die zu ladenden Felder der entsprechenden Tabellen festgelegt. Anschließend wird mit „FROM" die Datenquelle respektive der Ablageort der Daten definiert. Abbildung 5.8 zeigt den Ladebefehl beispielhaft für den Datensatz der Reklamationen auf. So können beispielsweise identische Attribute, die in unterschiedlichen Tabellen vorkommen, über Schlüsselfelder zusammengefasst werden. Dies ist exemplarisch in der ersten Zeile des Skriptsextrakts dargestellt. Über ein Schlüsselfeld lassen sich mehrere Faktentabellen miteinander verknüpfen. Die gemeinsamen Felder werden

---

[28] Eigene Darstellung.

[29] Vgl. QlikTech (2021), S. 975 ff. Für eine vertiefende Betrachtung des Backus-Naur-Formalismus vgl. McCracken und Reilly (2003), S. 129 ff.

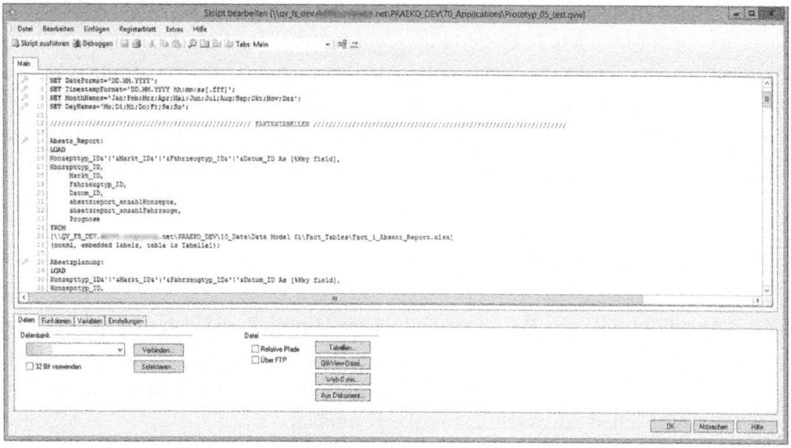

Abbildung 5.7 Skripteditor in QlikView[30]

hierzu in eine eigene Tabelle, die sogenannte „Link-Tabelle", geladen. Anschließend können die entsprechenden Felder per Skriptbefehl aus den Originaltabellen entfernt werden, um Redundanzen zu vermeiden.

```
Reklamationen:
LOAD
Konzepttyp_ID&'|'&Markt_ID&'|'&Fahrzeugtyp_ID&'|'&Datum_ID As [%Key field],
     Konzepttyp_ID,
     FIN,
     Sachnummer,
     Fahrzeugtyp_ID,
     Fehlerart_ID,
     Datum_ID,
     Markt_ID,
     Gesamtkosten
FROM
[\\QV_FS_DEV.***.net\PRAEKO_DEV\10_Data\Data Model
\Fact_Tables\Fact_3_Reklamationen_*.xlsx]
(ooxml, embedded labels, table is Fact3);
```

Abbildung 5.8 Ladeskript für Reklamationsdaten[31]

30 Eigene Darstellung basierend auf QlikView.

31 Eigene Darstellung.

Die Transformationsschichten der Aggregation und Anreicherung sind Gegenstand des nachfolgenden Abschnitts und werden dort im Rahmen der Gestaltung des Aufbaus des Prototyps behandelt. Abbildung 5.9 zeigt das implementierte Datenmodell des Prototyps, das auf Basis der berücksichtigten Datensätze, der gebildeten Link-Tabelle sowie der dargestellten Abhängigkeiten zwischen den Tabellen, die Daten für sämtliche darauf aufbauende Anwendungen bereitstellt.

5.2.3 Aufbau des Prototyps

Dieser Abschnitt soll ein Basisverständnis im Hinblick auf den grundsätzlichen Aufbau sowie die Navigation und die Steuerung des erstellten Prototyps vermitteln. Hierzu werden sowohl der Startbildschirm als auch der strukturelle Aufbau einer exemplarischen Auswertungsmaske betrachtet.

Startbildschirm
Mit Ausführung der Anwendung wird der Startbildschirm des Prototyps (Abbildung 5.10) aufgerufen. Dieser bildet den Aufsatzpunkt für die Gesamtheit der nachfolgenden Schritte. Der Anwender erhält auf dem Startbildschirm die Möglichkeit, das Neuproduktprojekt auszuwählen, für dessen präventive Absicherung die anschließenden Analysen durchgeführt werden sollen.

Das abzusichernde Neuproduktprojekt kann hierzu entweder durch Eingabe über eine Suchleiste oder über eine Dropdown-Liste erreicht und ausgewählt werden. Mit Auswahl eines Neuproduktprojekts werden auf Basis des hinterlegten Datensatzes automatisch das korrespondierende Referenzprojekt (in der Regel das Vorgängerprojekt) und die damit verbundenen Daten, wie beispielsweise die Reklamationen, ausgewählt.

Aufbaustruktur und Navigation
In Anlehnung an Abbildung 5.11 lassen sich der Aufbau und die Navigation des Prototyps grundlegend in vier Kernbereiche strukturieren. Diese setzen sich zusammen aus den Registerkarten in der Kopfzeile (1), den zentralen Schaltflächen (2), dem Bereich der Analysevisualisierungen (3) sowie der Seitenleiste (4).

Über die *Registerkarten in der Kopfzeile (1)* können unterschiedliche Analysepfade inklusive der damit verbundenen Auswertungen aufgerufen werden.[32]

[32] Die prototypisch implementierten Analysepfade werden nachfolgend in Abschnitt 5.3 behandelt.

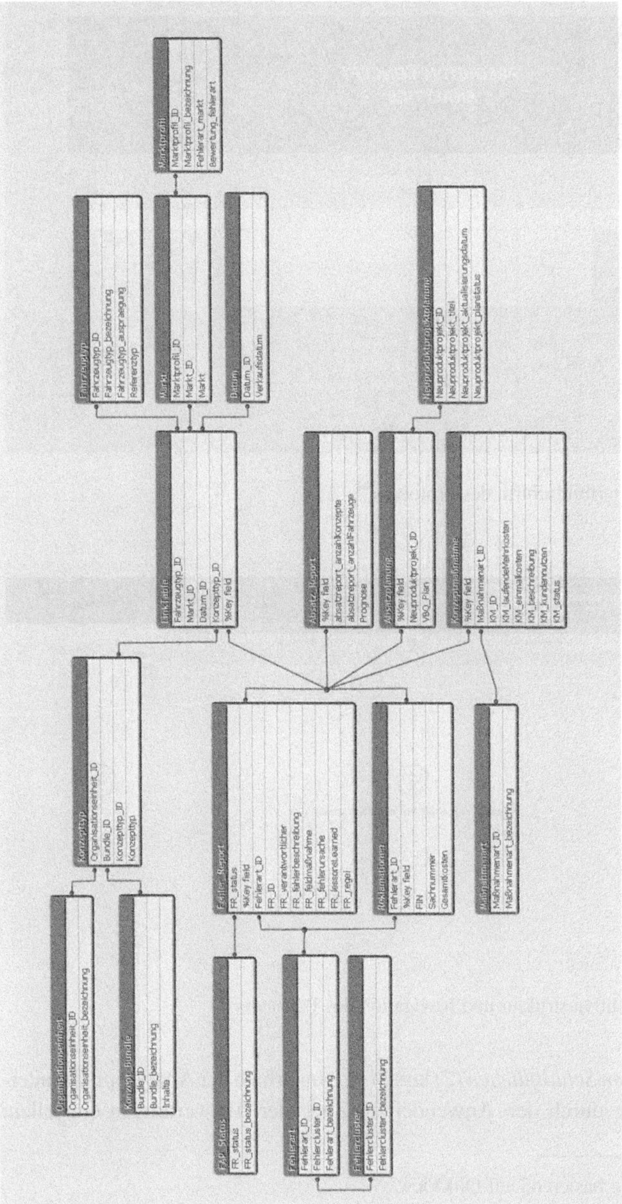

Abbildung 5.9 Datenmodell des Prototyps[33]

33 Eigene Darstellung umgesetzt mit QlikView.

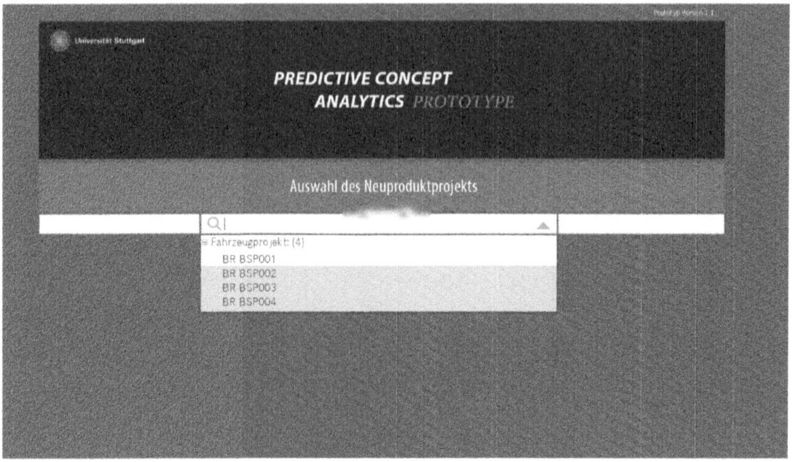

Abbildung 5.10 Startbildschirm des Prototyps[34]

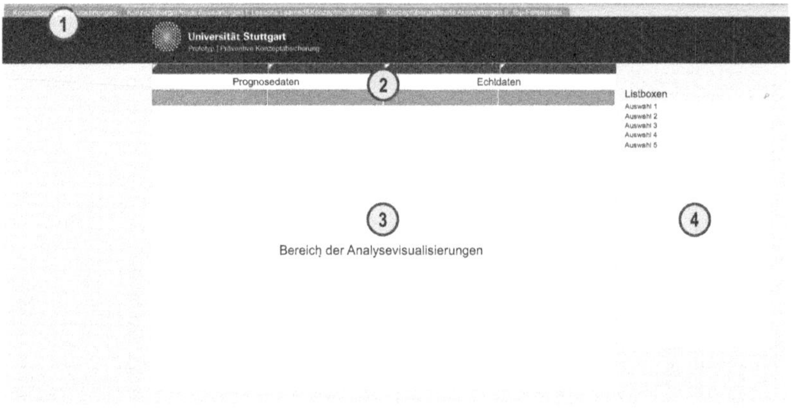

Abbildung 5.11 Aufbaustruktur und Navigation des Prototyps[35]

Mit den *zentralen Schaltflächen (2)* lassen sich innerhalb der Analysepfade unterschiedliche Inhalte durch den Anwender im Zuge der Auswertungen einstellen.

---

[34] Eigene Darstellung basierend auf QlikView.

[35] Eigene Darstellung basierend auf QlikView.

Während beispielsweise die oberste Leiste als Möglichkeit dient, die unterschiedlichen Märkte auswählen zu können, unterscheiden die beiden darunter liegenden Steuerelemente mit Prognose- respektive Echtdaten, ob als Ausgangspunkt für die durchzuführenden Analysen prädiktive Messgrößen oder Ist-Daten herangezogen werden sollen.

Im *Bereich der Analysevisualisierungen (3)* werden über interaktive Diagramme und Reports die Auswertungsergebnisse sowie die Zusammenhänge zwischen den berechneten Messgrößen verbildlicht. Innerhalb der Diagramme ist es in der Regel möglich, die Analyse individueller Werte zu verfeinern, indem beispielsweise ein einzelner oder gleich mehrere Datenpunkte markiert werden können. Mit der Markierung von Werten eines Diagramms ist zumeist eine Drilldown-Funktion verknüpft, die es den Anwendern ermöglicht, die entsprechenden Auswertungen schrittweise zu detaillieren.

Die *Seitenleiste (4)* setzt sich überwiegend aus Listboxen zusammen. Listboxen werden in der prototypischen Umsetzung eingesetzt, um im Zuge der Analyse nach unterschiedlichen Dimensionsausprägungen filtern zu können. Hierzu werden entlang der Seitenleiste mehrere Listboxen vertikal angeordnet. Jede Listbox repräsentiert ein spezifisches Attribut des Datenmodells und ermöglicht eine Filterung anhand der verfügbaren Attributwerte.[36] Hierbei ist sowohl eine Einzel- als auch eine Mehrfachauswahl möglich. Die getroffene Auswahl gilt so lange, bis sie aufgehoben respektive rückgängig gemacht wird. Dies gilt für alle verbundenen Diagramme und Reports der Anwendung und damit auch übergreifend für sämtliche Analysepfade. Wird beispielsweise ein bestimmter Markt ausgewählt, so beziehen sich alle angezeigten Berechnungen und Ergebnisvisualisierungen nur auf die Inhalte des ausgewählten Markts.

5.2.4 Realisierung zentraler Funktionalitäten

Die Implementierung der konzeptionellen Schwerpunktbereiche bildet das Fundament für die Durchführung der relevanten Analysepfade. Im Anschluss an die in den vorangegangenen Abschnitten vorgestellte Umsetzung der Datenbereitstellung und des grundsätzlichen Aufbaus sowie der Navigation des Prototyps wird daher nachfolgend die anwendungsbezogene Vorgehensweise zur Umsetzung der zentralen Funktionalitäten beleuchtet.

[36] Eine Dimension, die unter anderem im Rahmen des Prototyps über einer Listbox umgesetzt ist, stellt die Organisationseinheit dar. Für das Attribut „Organisationseinheit_bezeichnung" können somit beispielsweise die Werte „Team AB", „Team AC" etc. ausgewählt werden.

Definition von Diagrammen für multidimensionale Analysen

Die Ausgangsbasis für die Realisierung der multidimensionalen Analysen bildet das in Abschnitt 5.2.2 betrachtete Datenschema. Die Implementierung auf Anwendungsebene erfolgt innerhalb der einzelnen Diagramme sowie über Listboxen. Die Dimensionen eines Diagramms können hierfür in den Eigenschaften ausgewählt und über eine hierarchische Gruppierung der verfügbaren Attribute spezifiziert werden. Hierdurch lassen sich, wie in Abbildung 5.12 exemplarisch dargestellt, Drilldown-Funktionen realisieren, die es unter anderem ermöglichen, Auswertungen für Produktkonzepttypen marktübergreifend zu beginnen und bei Auswahl eines spezifischen Konzepttyps die Erkenntnisse verteilt nach einzelnen Märkten zu erhalten.

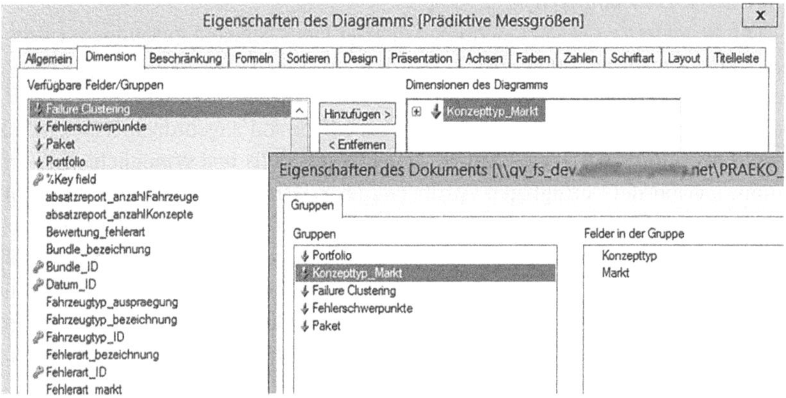

Abbildung 5.12 Bildung von hierarchischen Gruppen[37]

Nutzung von Formeln zur Berechnung prädiktiver Messgrößen

Die Berechnung der prädiktiven Messgrößen sowie weiterer Kennzahlen[38] kann mit dem verwendeten BIA-Werkzeug analog zur Festlegung der Dimensionen in den Eigenschaften des jeweiligen Diagramms definiert werden. Über die Formeln des entsprechenden Diagramms lassen sich die einzelnen Kennzahlen sowie deren Berechnungslogik anlegen und anschließend weiterbearbeiten. Formeln können

---

[37] Eigene Darstellung basierend auf QlikView. Die relevanten Attribute (hier Felder) werden in der linken Spalte ausgewählt und einer Gruppe hinzugefügt.

[38] Vgl. hierzu Abschnitt 4.2 und 4.3.

dabei aus Funktionen, mathematischen Operatoren und Attributen gebildet werden. Neben der Durchführung von Berechnungen innerhalb eines Diagramms ist es zudem möglich, Kennzahlen als Variablen bereits initial im Skript anzulegen und später in den einzelnen Diagrammen wieder aufzurufen. Abbildung 5.13 zeigt die Vorgehensweise im Rahmen der prototypischen Umsetzung exemplarisch anhand der Berechnung des Prognosewerts der Reklamationsquote. Die beiden Messgrößen $\text{Verbauquote}_{PLAN}$ und Verbauquote_{IST} sind bereits im Skript angelegt und können folglich als Variablen in die Formel eingebunden werden. Verbunden mit den weiteren Berechnungsschritten, lässt sich der Prognosewert der Reklamationsquote ermitteln.

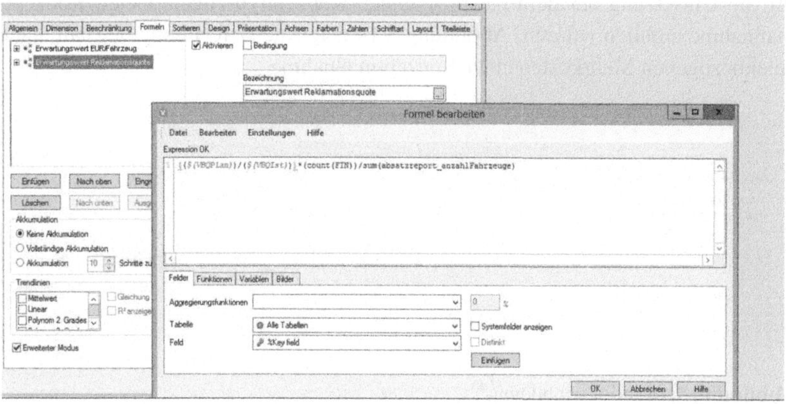

Abbildung 5.13 Berechnung von Messgrößen[39]

Ausgestaltung kombinationsbasierter Abgleiche

Für die Durchführung kombinationsbasierter Abgleiche wird über das BIA-Werkzeug ein separates Diagramm erstellt, für das eine hierarchische Gruppe hinterlegt wird, die sich aus den Attributen „Bundle_bezeichnung“ und „Konzepttyp“ zusammensetzt. Weiterhin wird eine Formel zur Abfrage definiert, über die ein Vergleich zwischen den dokumentierten Regeln der Fehler-Berichte und den Inhalten der Konzept-Bundles mit dem Ziel durchgeführt wird, übereinstimmende Konzepttypen zu identifizieren. Wenn mehr als zwei Produktkonzepttypen übereinstimmen, so wird das entsprechende Konzept-Bundle im betreffenden Diagramm

[39] Eigene Darstellung basierend auf QlikView.

farblich markiert. Auf Grundlage der hinterlegten hierarchischen Gruppen können Konzept-Bundles zudem im Zuge der Auswertung durch den Anwender in die konstituierenden Produktkonzepttypen aufgelöst werden. Hierdurch lassen sich die problembehafteten Konzepttyp-Kandidaten einzeln auswerten.

Festlegung der Szenariobildung

Um die zu erwartenden Kosten bei Entscheid beziehungsweise Nicht-Entscheid für eine bestimmte Konzeptmaßnahme vergleichen zu können, werden in den Formeln des Diagramms der Szenariobildung insgesamt drei Kennzahlen mit Bezug auf das Attribut Konzepttyp angelegt. Hierzu zählen die erwarteten Reklamationskosten des Konzepttyps pro Fahrzeug sowie die Maßnahmenkosten, die jeweils für die Umsetzung der dem entsprechenden Konzepttyp zugeordneten Konzeptmaßnahme anfallen würden. Abbildung 5.14 zeigt die Berechnung der laufenden stückbezogenen Mehrkosten einer Konzeptmaßnahme.

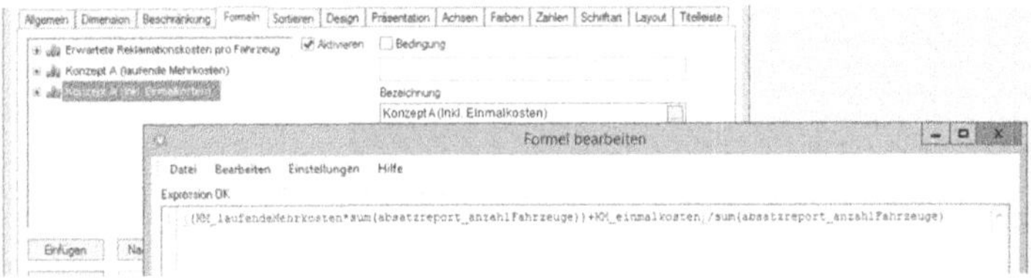

Abbildung 5.14 Szenariobildung[40]

5.3 Prototypisch implementierte Analysepfade

In diesem Kapitel werden insgesamt drei exemplarische Analysepfade umgesetzt, die auf den Inhalten der Fachkonzeption und der darauf aufbauend prototypisch implementierten Schwerpunktbereiche des BIA-Konzepts basieren. Die realisierten Analysepfade stellen eine an den Anforderungen der empirischen Erhebung orientierte und daher anwendungsnahe Vorgehensweise zur iterativen Auswertung relevanter Sachverhalte dar, um die Entscheidungsfindung im Zuge der präventiven Absicherung von Produktkonzepten in den frühen Phasen des Fahrzeugentwicklungsprozesses zu unterstützen.

[40] Eigene Darstellung basierend auf QlikView.

Die gewählte Reihenfolge der damit verbundenen Auswertungsschritte ist dabei nicht festgeschrieben, sondern stellt lediglich ein an den fachlichen Fragestellungen orientiertes Beispiel dar. Die Analysepfade dienen als Diskussionsgrundlage für die anschließend durchgeführten Evaluations-Workshops und geben einen Ein- und Ausblick auf die potentiellen Einsatzszenarien des erarbeiteten BIA-Konzepts. Darüber hinaus lassen sich die vorgestellten Analysepfade auf Grundlage der fachlichen Konzeption unternehmensspezifisch anpassen und / oder erweitern. Die Auswahl der Analysepfade orientiert sich an den in Kapitel 3 erhobenen Anforderungen und wird nachfolgend kurz begründet:[41]

- *Produktkonzeptbezogene Auswertungen*
  Dieser Analysepfad wird gewählt, da er geeignet ist, unterschiedliche Analysen auf der Ebene einzelner Produktkonzepte zu demonstrieren. Die Analysen dienen der Identifikation sowie Bewertung von Qualitätsthemen und damit der Absicherung von spezifischen Produktkonzepttypen.
- *Produktkonzeptabhängige Auswertungen*
  Anhand dieses Analysepfads lässt sich die Ermittlung problematischer Konzept-Bundles aufzeigen, indem die fehlerbegünstigenden Abhängigkeiten zwischen Produktkonzepten ausgewertet werden können.
- *Produktkonzeptübergreifende Auswertungen*
  Dieser Analysepfad veranschaulicht, dass das BIA-Konzept neben der Absicherung von spezifischen Produktkonzepten auch die Möglichkeit bieten kann, nach umfassenden Qualitätsthemen auszuwerten. Hierüber lassen sich beispielsweise Qualitätsthemen identifizieren, die sich gleichzeitig auf mehrere Produktkonzepttypen beziehen.

Tabelle 5.1 bietet eine Übersicht der drei Analysepfade sowie der damit verbundenen und prototypisch implementierten Analysen. Zusätzlich lässt sich ablesen, auf welche Schwerpunktbereiche des BIA-Konzepts sich die jeweils prototypisch implementierte Analyse bezieht. Besteht eine Beziehung zwischen einer implementierten Analyse und einem Schwerpunktbereich des BIA-Konzepts, wird die zutreffende Tabellenzelle mit einem „X“ markiert. Sollte keine Beziehung bestehen, so ist die entsprechende Zelle grau eingefärbt. Zu den Schwerpunktbereichen gehören die *multidimensionalen Analysen*, die *prädiktiven Messgrößen*, der *kombinationsbasierte Abgleich* sowie die *Szenariobildung*.

---

[41] Vgl. Abschnitt 3.4.4.

Tabelle 5.1 Zuordnung der Analysepfade zu den Schwerpunktbereichen des BIA-Konzepts

Analysepfade	Prototypisch implementierte Analysen	Schwerpunkte BIA-Konzept			
		Multidimensionale Analysen	Prädiktive Messgrößen	Kombinations-basierter Abgleich	Szenariobildung
Produktkonzeptbezogene Auswertungen	Übersicht prädiktiver Qualitätsthemen	X	X		
	Auswertung der Verteilung prädiktiver Qualitätsthemen	X	X		
	Auswertung prädiktiver Messgrößen nach Märkten	X	X		
	Auswertung von Fehlerarten	X	X		
	Abfrage Fehler-Berichte	X	X		
	Abfrage Konzeptmaßnahme	X	X		
	Bewertung Konzeptmaßnahme	X	X		X
Produktkonzeptabhängige Auswertungen	Auswertung von Konzeptkombinationen	X	X	X	
Produktkonzeptübergreifende Auswertungen	Auswertung fehlerbezogener Vorhersagen	X	X		
	Auswertung Lessons Learned	X	X		
	Auswertung Konzeptmaßnahmen	X	X		

5.3.1 Durchführung produktkonzeptbezogener Auswertungen

Über die produktkonzeptbezogenen Auswertungen können Anwender im Zuge der präventiven Absicherung von Produktkonzepten potentiell problematische Konzepttypen anhand prädiktiver Messgrößen identifizieren und erhalten zudem durch die mit dem entsprechenden Konzepttyp verbundenen qualitätsrelevanten Informationen eine Unterstützung für die Bewertung der betreffenden Qualitätsthematiken.

Übersicht der prädiktiven Messgrößen

Der Analysepfad der produktkonzeptbezogenen Auswertungen startet mit einer Übersicht der prädiktiven Messgrößen. Die Auswertungsmaske (Abbildung 5.15)

entspricht der in Abschnitt 5.2.3 vorgestellten Struktur des Aufbaus. Die Listboxen zeigen die jeweils aktuelle Auswahl respektive Filtersetzung an. Im dargestellten Beispiel ist als Referenzprojekt die Fahrzeugbaureihe 123 (BR123) festgelegt, als Verkaufsdatum die letzten 12 Monate gewählt und es sind alle verfügbaren Zielmärkte ausgewählt.

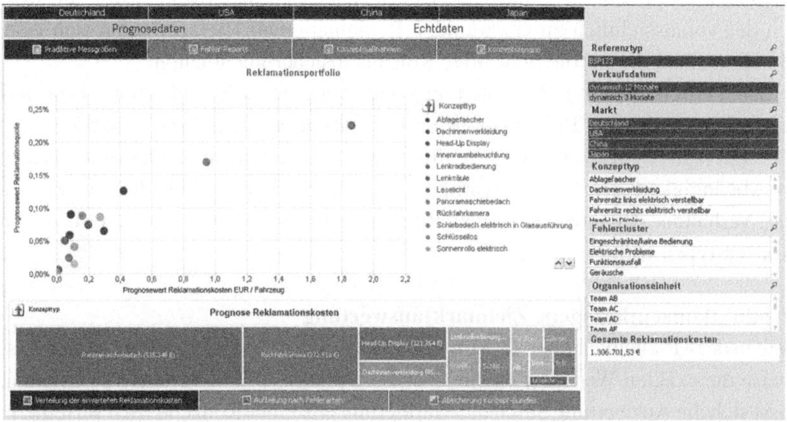

Abbildung 5.15 Reklamationsportfolio[42]

Im Bereich der Analysevisualisierungen sind insgesamt zwei Diagramme dargestellt.[43] Im Zentrum steht das sogenannte *Reklamationsportfolio*, das als Punktdiagramm angelegt ist. Jeder Punkt repräsentiert hierbei einen spezifischen Konzepttyp, wie beispielsweise das „Head-Up Display". Die angezeigten Konzepttypen sind einerseits Bestandteil der betrachteten Neuproduktplanung und andererseits liegen für sie Reklamationen aus dem gewählten Referenzprojekt vor.

Der Anwender kann sowohl über eine Mouseover-Funktion als auch über die Farb-Konzepttyp-Legende in Erfahrung bringen, welcher Datenpunkt für welchen Produktkonzepttyp steht. Die Lage der einzelnen Konzepttypen im Reklamationsportfolio wird hierbei durch den Schnittpunkt von zwei relevanten präventiven Messgrößen bestimmt. Dabei bildet die Ordinatenachse den *Prognosewert der*

---

[42] Eigene Darstellung basierend auf QlikView.

[43] Die Auswahl und Gestaltung sämtlicher Diagramme des Prototyps sind als Lösungsvorschläge zur Abbildung der Analysepfade zu verstehen und können auf Grundlage des erarbeiteten BIA-Konzepts individuell erzeugt sowie angepasst werden. Die Ausgestaltung der prototypisch umgesetzten Berichte wurde mit Fachanwendern abgestimmt.

Reklamationsquote ab, das heißt, die Anzahl der Reklamationen im Verhältnis zu den verkauften Fahrzeugen. Die Abszisse umfasst den *Prognosewert der Fehlerfolgekosten* in Euro pro Fahrzeug. Die Kennzahlen werden dabei unter der Voraussetzung berechnet, dass die geplanten Produktkonzepte weitestgehend unverändert in das Neuproduktprojekt übernommen werden.

Je weiter sich ein Konzepttyp in den oberen und rechtsseitigen Quadranten des Reklamationsportfolios befindet, desto kritischer sind die Anzahl sowie die Kosten der voraussichtlich zu erwartenden Reklamationen. Hieraus lassen sich erste Handlungsbedarfe für die präventive Konzeptabsicherung ableiten.

Der Prognosewert der Kosten pro Fahrzeug ist aufgrund seiner Relevanz zusätzlich unter dem Reklamationsportfolio als *Blockdiagramm* visualisiert, um eine alternative Sicht auf die Verteilung der zu erwartenden Reklamationskosten in Abhängigkeit des Konzepttyps zu erhalten. Hierbei spiegelt die Blockgröße das Verhältnis der zu erwartenden Reklamationskosten zwischen den einzelnen Konzepttypen wider.

Produktkonzeptbezogene Zielmarktauswertung

Neben der Möglichkeit über die Mouseover-Funktion weitere Details, wie beispielsweise die exakten Werte der entsprechenden prädiktiven Messgrößen, zu erhalten, lässt sich die Auswertung durch die Markierung einzelner Konzepttypen verfeinern.

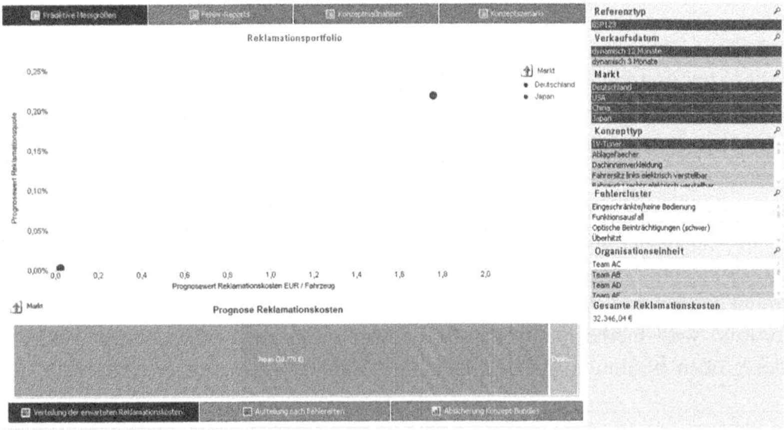

Abbildung 5.16 Auswahl Konzepttyp[44]

[44] Eigene Darstellung basierend auf QlikView.

Mit der Auswahl eines Datenpunkts im Reklamationsportfolio lassen sich weitere Informationen für einen spezifischen Konzepttyp hinsichtlich der Verteilung der prädiktiven Messgrößen auf die einzelnen Zielmärkte auswerten. Hieraus kann beispielsweise auf marktspezifische Probleme eines Produktkonzepts geschlossen werden. Für den Konzepttyp „TV-Tuner“ ist dies exemplarisch in Abbildung 5.16 dargestellt. Auf dem Reklamationsportfolio lässt sich nach der Auswahl des entsprechenden Produktkonzepts erkennen, dass die erwarteten Reklamationen für den „TV-Tuner“ hinsichtlich Quote und Kosten einerseits nur für den deutschen und den japanischen Zielmarkt Relevanz besitzen und andererseits voraussichtlich einen klaren Schwerpunkt auf dem japanischen Markt bilden werden. Dies unterstreicht auch der Blick auf die erwarteten Fehlerfolgekosten pro Fahrzeug, die sich über das Blockdiagramm ablesen lassen.

Zielmarktbezogene Auswertung für Produktkonzepte

Neben der Auswertung marktspezifischer Schwerpunkte für Produktkonzepte können auch Zielmärkte nach Konzepttypen ausgewertet werden, um die problematischsten Produktkonzepte je Zielmarkt zu identifizieren.

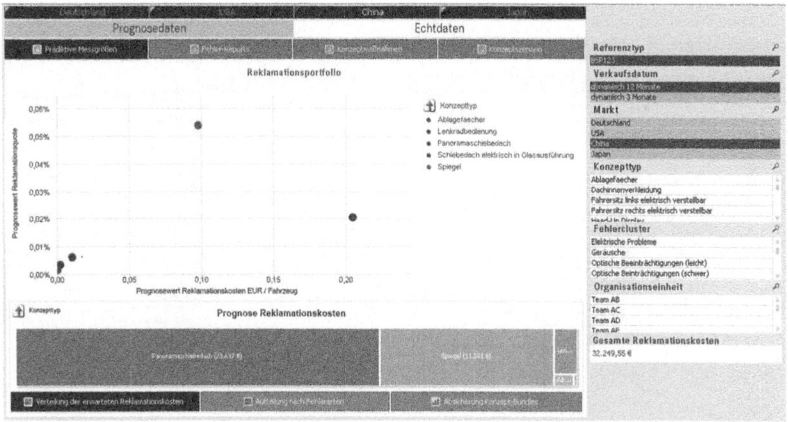

Abbildung 5.17 Auswahl Zielmarkt[45]

Hierzu kann in der entsprechenden Listbox unter der Dimension Markt der gewünschte Filter gesetzt werden. Unter anderem lassen sich auf diesem Weg

[45] Eigene Darstellung basierend auf QlikView.

die marktbezogenen Top-Themen identifizieren und die damit verbundene Handlungsbedarfe, wie beispielsweise marktspezifische Anpassungen der betroffenen Produktkonzepte, ableiten. Abbildung 5.17 zeigt dies exemplarisch anhand des chinesischen Markts.

Im Vergleich zur Übersicht (siehe Abbildung 5.15) ergibt sich nach der Auswahl des chinesischen Markts eine abweichende Verteilung der produktkonzeptbezogenen Top-Themen des Reklamationsportfolios. Neben dem „Panoramaschiebedach" rückt beispielsweise das Produktkonzept des „Spiegels" in den Vordergrund, während andere Produktkonzepttypen, wie die „Rückfahrkamera", auf dem chinesischen Markt keine Probleme verursachen werden, da für diese beispielsweise aktuell kein Verbau geplant ist.

Auswertung von Fehlerarten

In der Fußzeile der Analysevisualisierung können durch die Markierung der entsprechenden Schaltfläche („Aufteilung nach Fehlerarten") die Fehlerarten der ausgewählten Konzepttypen abgerufen und anschließend analysiert werden. Anhand des Blockdiagramms oberhalb der Schaltfläche lässt sich der spezifische Anteil der einzelnen Fehlerarten ablesen und vergleichen.

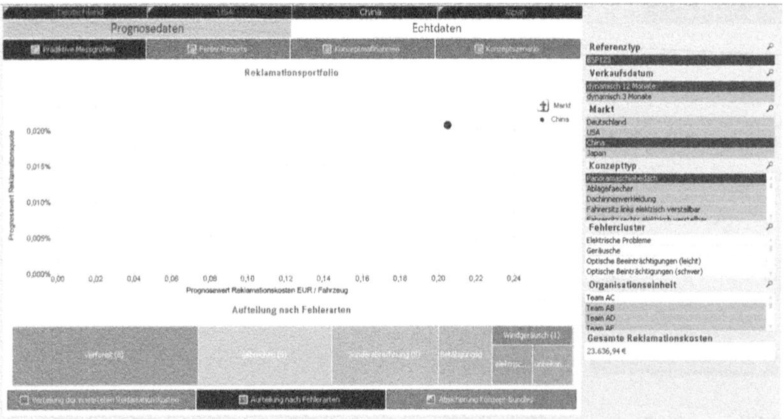

Abbildung 5.18 Auswertung Fehlerart[46]

[46] Eigene Darstellung basierend auf QlikView.

Abbildung 5.18 zeigt dies am Beispiel des „Panoramaschiebedachs“. Mithilfe der Aufteilung nach Fehlerarten (visualisiert über das Blockdiagramm) lässt sich beispielsweise einfach erkennen, dass mehr als die Hälfte aller Reklamationen auf die Fehlerarten „verformt“ und „gebrochen“ zurückgeführt werden können.

Abfrage von Fehler-Reports

Mit Auswahl der Fehler-Report-Schaltfläche in der Kopfzeile des Reklamationsportfolios startet die Abfrage der produktkonzeptbezogenen Fehler-Reports. Produktkonzepttypen, für die bereits ein oder mehrere Fehler-Berichte im Zuge des Fehlerabstellprozesses des Referenzprojekts angelegt wurden, erscheinen als blaue Datenpunkte innerhalb des Reklamationsportfolios. Im Gegensatz hierzu signalisiert ein roter (umrandeter) Datenpunkt, dass für die entsprechenden Konzepttypen bisher kein Fehler-Bericht dokumentiert wurde und somit keine weiteren Informationen aus dem Fehlerabstellprozess für die betreffenden Qualitätsthemen bekannt sind.

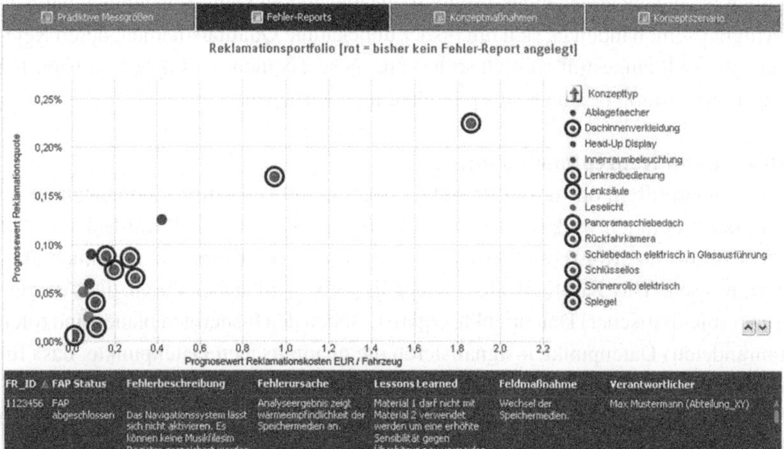

Abbildung 5.19 Abfrage Fehler-Berichte[47]

Im unteren Bereich der Analysevisualisierung werden sämtliche Fehler-Berichte angezeigt, die sich auf die im Reklamationsportfolio ausgewählten und damit

[47] Eigene Darstellung basierend auf QlikView.

angezeigten Produktkonzepttypen beziehen und verfügbar sind. Durch Markierung einzelner blauer Datenpunkte können die Fehler-Reports auf ausgewählte Produktkonzepte eingegrenzt werden. Anwender können über die Fehler-Berichte Detailinformationen zu den entsprechenden Qualitätsthemen in Erfahrung bringen. Hierzu zählen beispielsweise die Fehlerbeschreibung, die Fehlerursache sowie die Lessons Learned des betreffenden Themas. Auch der Status, in dem sich der Fehlerabstellprozess des Referenzprojekts aktuell befindet, wird angezeigt. Über den Namen und die Abteilungsbezeichnung lässt sich zudem der Fehlerabstellprozess-Verantwortliche des jeweiligen Qualitätsthemas ermitteln, um gegebenenfalls weitere Detailfragen klären zu können.

Anwender können somit durch die produktkonzeptbezogene Anbindung der Fehler-Berichte nach der Identifikation problembehafteter Produktkonzepte nahtlos mit einer Auswertung der fehlerspezifischen Hintergründe fortfahren.

Wie das Beispiel in Abbildung 5.19 zeigt, sind für bestimmte Produktkonzepte, die hinsichtlich der prognostizierten Reklamationskosten und -quote hohe Werte aufweisen, aktuell keine Fehler-Berichte verfügbar (umrandete Markierung). Sollten für die entsprechenden Produktkonzepte zudem keine Konzeptmaßnahmen verfügbar sein, handelt es sich um bisher unbekannte Qualitätsthemen, deren Relevanz als hoch eingestuft werden sollte. Für diese Themen wird daher im nächsten Schritt geprüft, ob bereits Konzeptmaßnahmen vorliegen.

Abfrage von Konzeptmaßnahmen

Um zu überprüfen, ob für ein Produktkonzept bereits eine Konzeptmaßnahme im Zuge der Produktentwicklung des Neuproduktprojekts entwickelt wurde, kann über die Schaltfläche „Konzeptmaßnahmen" die Ansicht der Konzeptmaßnahmen aktiviert werden. Die Farblogik des Fehler-Reports wird dabei durch die Anzeige grüner (quadratischer) Datenpunkte ergänzt. Neben den bisherigen blauen und roten (umrandeten) Datenpunkten signalisieren die quadratischen Datenpunkte, dass für den betreffenden Konzepttyp eine Konzeptmaßnahme verfügbar ist. Auf Abbildung 5.20 lässt sich anhand der umrandeten Datenpunkte erkennen, dass es auf dem Reklamationsportfolio weiterhin produktkonzeptbezogene Qualitätsthemen gibt, für die weder ein Fehler-Bericht noch eine Konzeptmaßnahme vorliegen. In Abhängigkeit von der vorhergesagten Reklamationsquote und den Reklamationskosten sollten die Qualitätsthemen der davon betroffenen Produktkonzepte weitergehend untersucht werden. Demgegenüber zeigt sich, dass für die beiden Top-Themen „Panoramaschiebedach" und „Rückfahrkamera" bereits Konzeptmaßnahmen angelegt wurden. Diese können in einem weiteren Schritt betrachtet und bewertet werden.

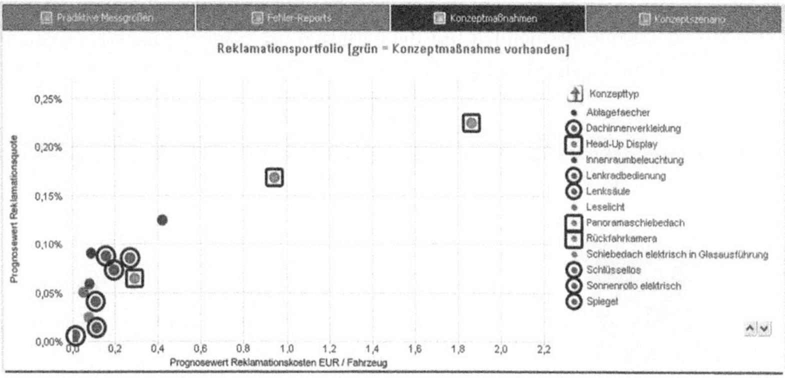

Abbildung 5.20 Auswertung Konzeptmaßnahmen[48]

Bewertung von Konzeptmaßnahmen

Durch die Auswahl eines quadratisch markierten Datenpunkts gelangt man über die Bestätigung der Schaltfläche „Konzeptszenario" in den Bewertungsbereich für Konzeptmaßnahmen. Dieser umfasst ein Balkendiagramm, das eine kostenbezogene Gegenüberstellung abbildet sowie eine tabellarische Ansicht, die Detailinformationen der ausgewählten Konzeptmaßnahme bereitstellt. Das Balkendiagramm vergleicht die in Rot gekennzeichneten erwarteten Reklamationskosten pro Fahrzeug mit den Kosten, die für eine Umsetzung der Konzeptmaßnahme anfallen. Letztere werden nochmals unterschieden in laufende Mehrkosten ohne (grau) und mit Umlage (blau) der Einmalkosten pro Fahrzeug.[49] Die Tabelle der Maßnahmendetails spezifiziert die Maßnahmenart und enthält eine kurze Beschreibung der Umfänge und Inhalte. Der Kundennutzen gibt dem Anwender darüber Auskunft, ob und wie der Kunde die Konzeptmaßnahme wahrnimmt. Der Umsetzungsstatus zeigt zudem den aktuellen Beschlussstand der Maßnahme an.

Der für das „Panoramaschiebedach" durchgeführte Vergleich in Abbildung 5.21 deutet darauf hin, dass die Realisierung der Konzeptmaßnahme „Konzept A" unter den gegebenen Bedingungen wirtschaftlich sinnvoll erscheint, da die Kosten der Maßnahmenumsetzung mit 0,50 € pro Fahrzeug signifikant unter den erwarteten Reklamationskosten mit 1,86 € pro Fahrzeug liegen. Zudem lässt sich anhand

[48] Eigene Darstellung basierend auf QlikView.

[49] Da eine Umlage der Einmalkosten unter bestimmten Umständen zu einer verzerrenden Entscheidungsunterstützung führen kann, wird sie lediglich zusätzlich zu den stückbezogenen Mehrkosten einer Konzeptmaßnahme ausgewiesen.

der Detailinformationen ablesen, dass es sich bei der Konzeptmaßnahme um eine Anpassung des Konzepts handelt, für die aufgrund des offenen Umsetzungsstatus noch Entscheidungsbedarf besteht.

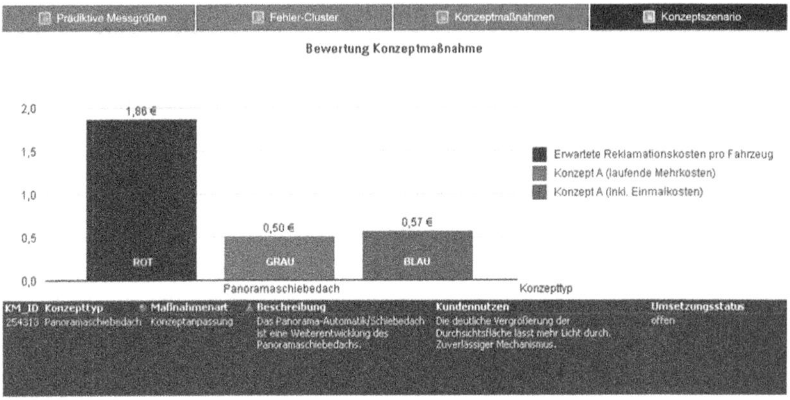

Abbildung 5.21 Bewertung von Konzeptmaßnahmen[50]

Eine Gegenüberstellung kann auch auf Ebene einzelner Märkte oder für bestimmte Marktkombinationen realisiert werden. Wie in Abbildung 5.22 exemplarisch dargestellt, werden hierzu im ersten Fall die USA und im zweiten Fall Japan als Markt ausgewählt.

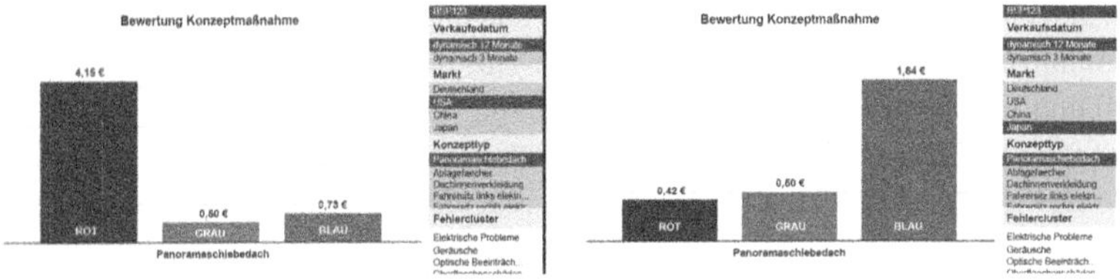

Abbildung 5.22 Marktvergleich von Konzeptmaßnahmen[51]

Es fällt auf, dass für das „Panoramaschiebedach" sowohl die zu erwartenden Reklamationskosten pro Fahrzeug als auch die Kosten der Umsetzung, inklusive

[50] Eigene Darstellung basierend auf QlikView.

[51] Eigene Darstellung basierend auf QlikView.

der Einmalkosten, im Marktvergleich zwischen den USA und Japan erheblich differieren. Während für die USA aufgrund des noch höheren Prognosewerts der Reklamationskosten (4,15 €) pro Fahrzeug eine Realisierung der betrachteten Konzeptanpassung (0,50 €) noch sinnvoll erscheint, übersteigen auf dem japanischen Markt die Maßnahmenkosten (0,50 €) den im Vergleich geringeren Wert der erwarteten Reklamationskosten (0,42 €) pro Fahrzeug. Die Gründe für die marktbezogenen Abweichungen können unter anderem an unterschiedlichen Absatzzahlen und einem abweichenden Reklamationsverhalten liegen. Vor diesem Hintergrund könnte sich eine selektive Umsetzung der Konzeptmaßnahme anbieten, die den japanischen Markt ausspart.

5.3.2 Durchführung produktkonzeptabhängiger Auswertungen

Mit der Durchführung produktkonzeptabhängiger Auswertungen sollen Anwender in die Lage versetzt werden, die Beziehung einzelner Produktkonzepte zueinander analysieren zu können, um problematische Konzeptkombinationen zu identifizieren. Im Mittelpunkt steht daher die Bewertung von Konzept-Bundles, die in Form von Paketen und speziellen Ländervarianten mehrere Konzepttypen kombinieren.

Über die Menüleiste in der Fußzeile der Analysevisualisierungen kann die Durchführung konzeptabhängiger Auswertungen mit Auswahl der Schaltfläche „*Absicherung Konzept-Bundles*" aufgerufen werden.

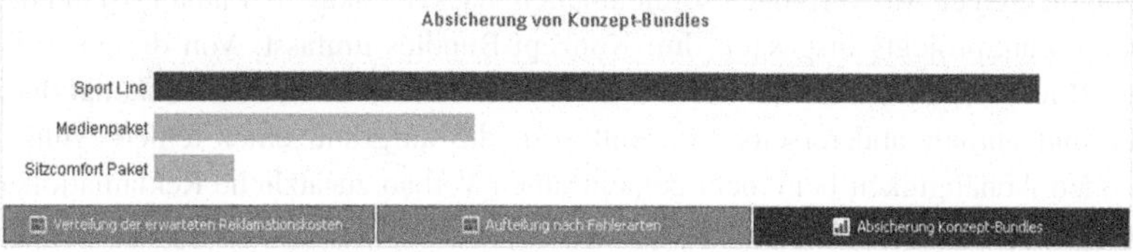

Abbildung 5.23 Absicherung Konzept-Bundles[52]

[52] Eigene Darstellung basierend auf QlikView.

Daraufhin wird, wie in Abbildung 5.23 dargestellt, ein Balkendiagramm erzeugt, das eine Übersicht der für das Neuproduktprojekt geplanten Konzept-Bundles zeigt. Die Konzept-Bundles sind nach der Gesamtanzahl der erwarteten Reklamationen, für die darin enthaltenen Einzelkonzepte, in absteigender Reihenfolge angeordnet. Rot (dunkel) eingefärbte Konzept-Bundles signalisieren, dass für mindestens zwei der enthaltenen Konzepttypen eine problematische Abhängigkeit vorliegt, die sich bei einem gemeinsamen Verbau der Produktkonzepte im Rahmen eines Bundles fehlerbegünstigend auswirken kann.

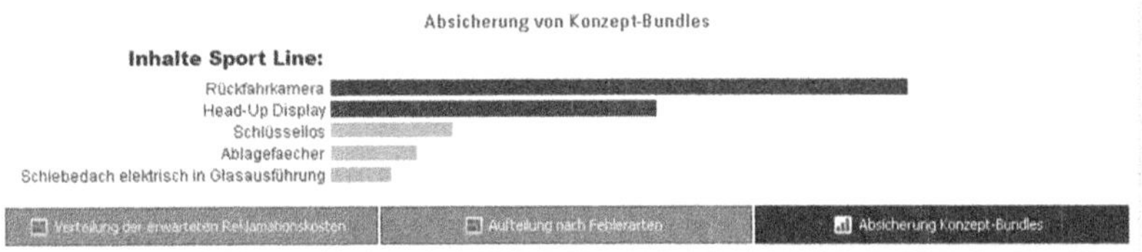

Abbildung 5.24 Identifikation problematischer Konzept-Bundle-Inhalte[53]

Durch die Auswahl eines Konzept-Bundles können sich Anwender die einzelnen Konzepttypen, aus denen das jeweilige Bundle zusammengesetzt ist, anzeigen lassen. Die Einzelkonzepte des betrachteten Bundles werden dabei ebenfalls nach der Anzahl der zu erwartenden Reklamation absteigend sortiert. Wie in Abbildung 5.24 exemplarisch für das Bundle „Sport Line“ dargestellt, sind die Einzelkonzepte, deren Abhängigkeit als problematisch erkannt wird, rot (dunkel) eingefärbt.

Für den vorliegenden Fall können Anwender im Zuge der Durchführung konzeptabhängiger Auswertungen somit ableiten, dass der aktuelle Planungsstand des Neuproduktprojekts insgesamt drei Konzept-Bundles umfasst. Von diesen weist das Bundle „Sport Line“ einerseits die meisten zu erwartenden Reklamationen auf und enthält andererseits Konzepttypen, die aufgrund einer fehlerbegünstigenden Abhängigkeit bei einem gemeinsamen Verbau zusätzliche Reklamationen hervorrufen können. Die verursachenden Produktkonzepte setzen sich aus der „Rückfahrkamera“ und dem „Head-Up Display“ zusammen. Daher sollte nach Möglichkeit durch eine Konzeptverbesserung oder -anpassung die problematische Abhängigkeit zwischen den beiden betroffenen Konzepttypen reduziert, beziehungsweise eliminiert werden. Eine Alternative kann in der Anpassung der

[53] Eigene Darstellung basierend auf QlikView.

Zusammensetzung der Inhalte des Konzept-Bundles „Sport Line“ oder sogar in dessen Auflösung durch den Vertrieb liegen.

5.3.3 Durchführung produktkonzeptübergreifender Auswertungen

Im Unterschied zu den produktkonzeptbezogenen Auswertungen (siehe Abschnitt 5.3.1) liegt der Ausgangspunkt bei der Durchführung produktkonzeptübergreifender Analysen nicht bei den Produktkonzepten, sondern bei qualitätsrelevanten Inhalten, wie beispielsweise den Fehlerarten. In Abhängigkeit vom Analyseziel können die entsprechenden Auswertungsergebnisse in einem zweiten Schritt in eine Beziehung zu den beteiligten Konzepttypen gesetzt werden. Im Rahmen der prototypischen Umsetzung werden hierzu die Auswertungen fehlerbezogener Vorhersagen und der Lessons Learned sowie eine Übersicht der Konzeptmaßnahmen exemplarisch vorgestellt. Für die drei konzeptübergreifenden Auswertungen gilt, dass sie sich jeweils über weitere Dimensionen, wie beispielsweise nach verschiedenen Märkten, analysieren lassen, um weitere Erkenntnisse gewinnen zu können.

Auswertung fehlerbezogener Vorhersagen

Über die Registerkarten in der Kopfzeile kann mit *„Top-Fehlerarten“* die Auswertung der fehlerbezogenen Vorhersagen gestartet werden. Wie in Abbildung 5.25 dargestellt, werden im Bereich der Analysevisualisierung insgesamt zwei Diagramme und eine Tabelle angezeigt. Linksseitig befindet sich ein Balkendiagramm, das die Top-Fehlercluster abbildet. Diese sind nach der jeweils erwarteten Fehleranzahl absteigend sortiert. Rechts daneben zeigt ein Kreisdiagramm unterschiedliche Konzepttypen. Die Teilabschnitte des Kreisdiagramms spiegeln, basierend auf der Anzahl der Fehler, den jeweiligen Anteil der betreffenden Konzepttypen für die innerhalb des Balkendiagramms durch den Anwender getroffene Auswahl an bestimmten Fehlerclustern wider. In der Tabelle unterhalb des Balken- und Kreisdiagramms werden für einzelne Konzepttypen zusätzlich die absolute Anzahl an Reklamationen und eine Gegenüberstellung des Ist-Werts sowie des Prognosewerts der Reklamationsquote angezeigt. Sollte die Prognose der Reklamationsquote größer sein als der Ist-Wert, so wird das entsprechende Feld hervorgehoben. Die angezeigten Konzepttypen richten sich dabei ebenfalls nach der im Balkendiagramm getroffen Auswahl.

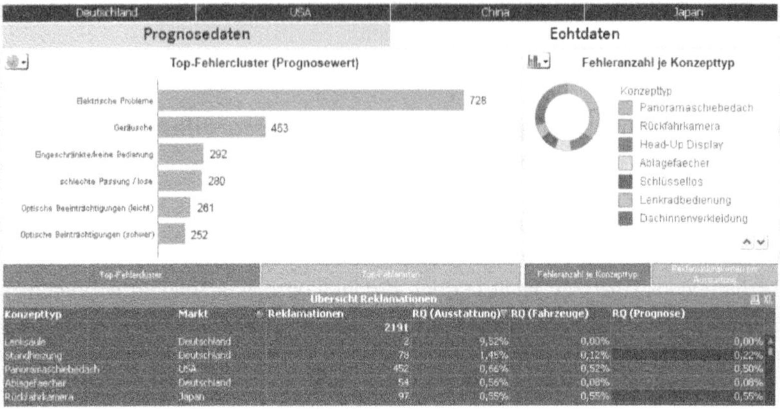

Abbildung 5.25 Auswertung Top-Fehlercluster[54]

Abbildung 5.26 zeigt die Auswertung für die Auswahl des Fehlerclusters „Geräusche". Insgesamt lassen sich dem Fehlercluster „Geräusche" 453 voraussichtliche Fehlermeldungen zuordnen. Anhand des Kreisdiagramms lässt sich erkennen, dass mehr als die Hälfte der vorhergesagten Fehlermeldungen für das Fehlercluster „Geräusche" auf die Konzepttypen des „Panoramaschiebedachs" und der „Dachinnenverkleidung" zurückgeführt werden können.

Mit Auswahl der Schaltfläche Top-Fehlerarten lassen sich die Fehlercluster nach den entsprechenden Fehlerarten auflösen. In Abhängigkeit von der getroffenen Auswahl zeigt ein Balkendiagramm in absteigender Reihenfolge die häufigsten Rückmeldungen nach Fehlerarten. Für jede aufgeführte Fehlerart findet eine Gegenüberstellung zwischen dem Prognosewert (hell) und dem Istwert (dunkel) statt. Abbildung 5.27 zeigt dies exemplarisch anhand des Fehlerclusters Geräusche.

Für den vorliegenden Fall können im Rahmen der Auswertung nach Top-Fehlerarten die häufigsten Fehler des Clusters „Geräusche" bestimmt werden. Diese setzen sich aus der allgemeinen Fehlerart Geräusch (das heißt nicht weiter spezifizierte Geräusche), Geräusch als Folge einer Betätigung (wie beispielsweise drücken eines Schalters) sowie Geräusch auf Schlechtweg (das Geräusch tritt im Zusammenhang mit unruhigem Fahrbahnbelag auf) zusammen. Insbesondere für die ersten

[54] Eigene Darstellung basierend auf QlikView.

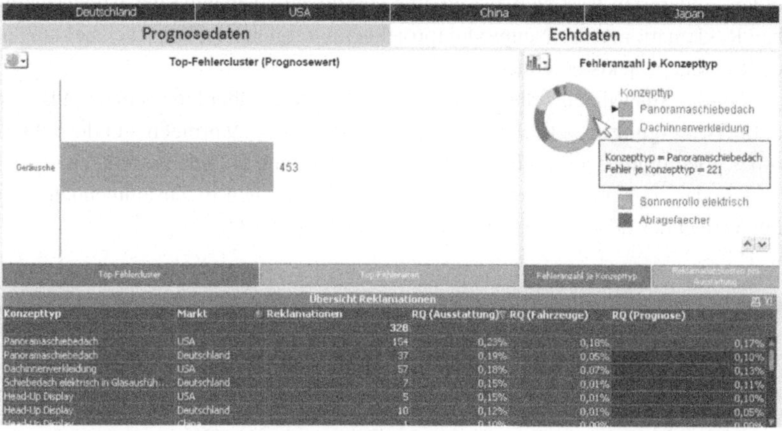

Abbildung 5.26 Auswahl eines Fehlerclusters[55]

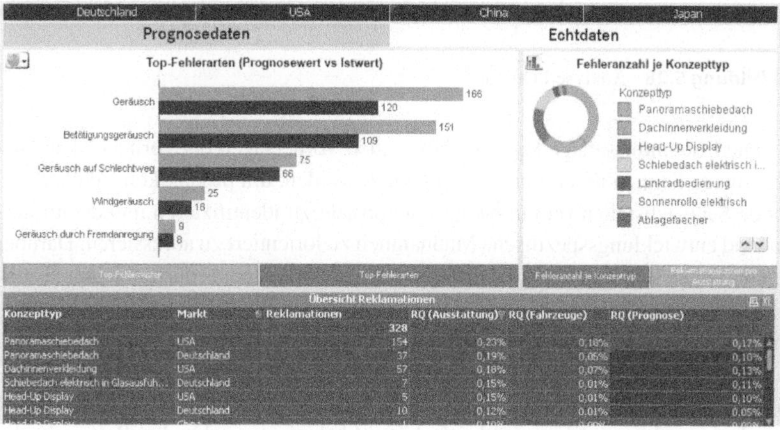

Abbildung 5.27 Auswertung Top-Fehlerarten eines Fehlerclusters[56]

---

[55] Eigene Darstellung basierend auf QlikView.

[56] Eigene Darstellung basierend auf QlikView.

beiden Fehlerarten lässt sich zudem eine signifikante Zunahme der voraussichtlichen Reklamationen des Neuproduktprojekts im Vergleich zu den Rückmeldungen des Referenzprojekts erkennen.

Über die Auswahl einzelner Fehlerarten lässt sich darüber hinaus mehr in Bezug auf die Beteiligung spezifischer Konzepttypen in Erfahrung bringen. Für die Fehlerart des „Betätigungsgeräuschs" kann, wie in Abbildung 5.28 dargestellt, abgeleitet werden, dass der überwiegende Anteil an Reklamationen in Zusammenhang mit dem Verbau des „Panoramaschiebedachs" zu erwarten ist.

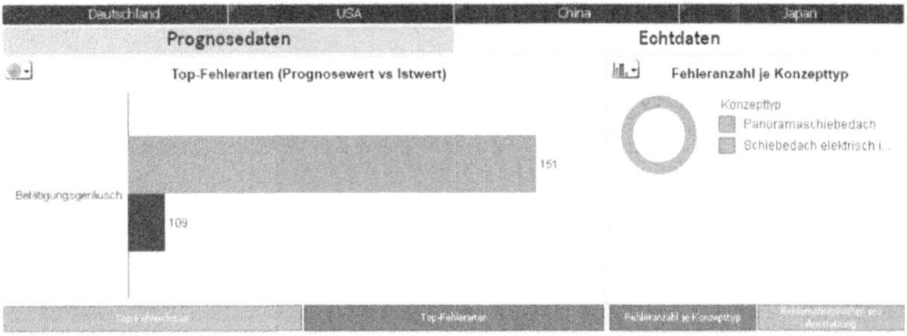

Abbildung 5.28 Analyse Fehlerart[57]

Die Erkenntnisse aus den fehlerbezogenen Vorhersagen der vorliegenden Auswertungen können unter anderem eingesetzt werden, um produktkonzeptübergreifende Schwachstellen für ein Neuproduktprojekt zu identifizieren und darauf aufbauend entwicklungsspezifische Maßnahmen zielorientiert zu adressieren. Darüber hinaus lassen sich auch produktkonzeptbezogene Handlungsbedarfe ableiten. So bilden beispielsweise das „Panoramaschiebedach" und die „Dachinnenverkleidung" die Hauptverursacher für das „Fehlercluster" Geräusche.

Auswertung Lessons Learned

Die Lessons Learned können durch Auswahl des entsprechenden Reiters in der Kopfzeile aufgerufen werden. Wie in Abbildung 5.29 dargestellt, ist der Bereich der Analysevisualisierungen in drei Diagramme strukturiert. Diese teilen sich in ein Balken- und ein Kreisdiagramm sowie eine Tabelle auf. Das Balkendiagramm zeigt unterschiedliche Lessons Learned, die in Abhängigkeit der Anzahl der verbundenen Reklamationen absteigend angeordnet sind. Über die Reihenfolge kann somit ein

[57] Eigene Darstellung basierend auf QlikView.

Rückschluss auf die Bedeutung der Lessons Learned für die Vermeidung häufiger Reklamationen gezogen werden.

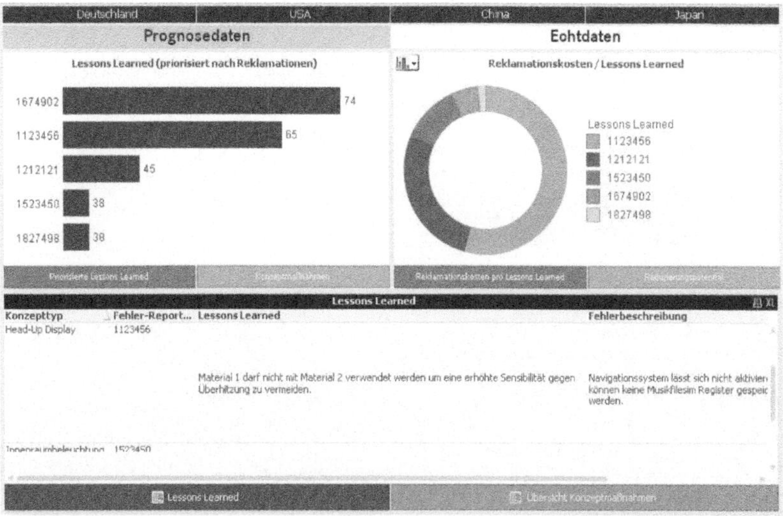

Abbildung 5.29 Auswertung Lessons Learned[58]

Durch die Markierung eines oder mehrerer Balken wird die darunterliegende Tabelle auf die entsprechenden Lessons Learned gefiltert. Hiermit verbunden ist die Anzeige weiterer Details. Diese umfassen den betroffenen Konzepttyp, eine Beschreibung des ursprünglichen aufgetretenen Fehlerbilds sowie Erläuterungen zur Vermeidung einer erneuten Fehlerentstehung. In Ergänzung hierzu bietet das Kreisdiagramm die Möglichkeit, Lessons Learned anhand der verbundenen Reklamationskosten zu vergleichen und anschließend durch Auswahl des jeweiligen Kreissegments zu selektieren.

Übersicht Konzeptmaßnahmen

Neben dem Reiter der Lessons Learned lässt sich die *Übersicht der Konzeptmaßnahmen* aufrufen und auswerten. Wie Abbildung 5.30 zeigt, besteht die Übersicht der Konzeptmaßnahmen ebenfalls aus insgesamt drei Diagrammen, die sich aus

[58] Eigene Darstellung basierend auf QlikView.

zwei Balkendiagrammen im oberen Segment der Analysevisualisierung und einer Tabelle im unteren Bereich zusammensetzen.

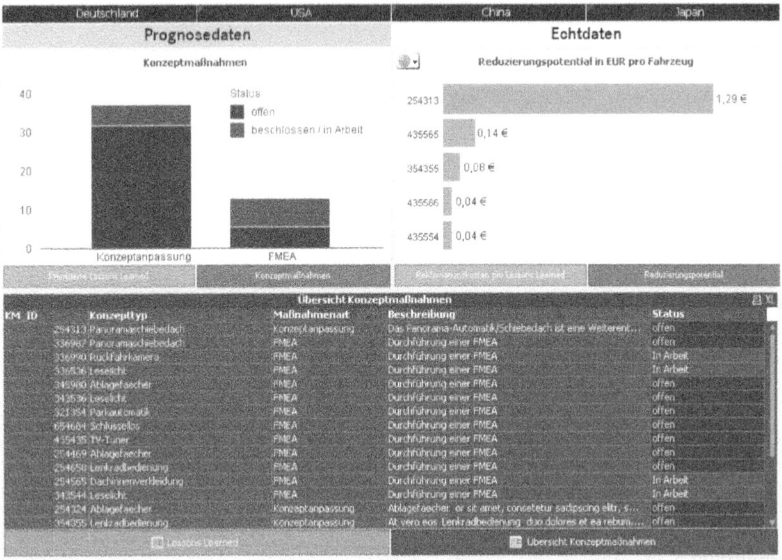

Abbildung 5.30 Übersicht der Konzeptmaßnahmen[59]

Auf der linken Seite gibt ein gestapeltes Säulendiagramm Auskunft über die Anzahl der für das betrachtete Neuproduktprojekt zur Verfügung stehenden Konzeptmaßnahmen. Jede Säule repräsentiert eine bestimmte Maßnahmenart und unterscheidet zusätzlich innerhalb des jeweiligen Balkens den Anteil an offenen beziehungsweise an bereits beschlossen und / oder in Arbeit befindlichen Konzeptmaßnahmen. Das Diagramm bietet somit einen Überblick, wie viele Konzeptmaßnahmen verfügbar sind und für welche Anzahl noch Entscheidungsbedarf mit Blick auf eine mögliche Umsetzung besteht.

Das Balkendiagramm im rechten Bereich der Analysevisualisierung zeigt in einer horizontalen Anordnung unterschiedliche, bisher nicht beschlossene Konzeptmaßnahmen, die in absteigender Reihenfolge nach dem jeweiligen Reduzierungspotential in Euro pro Fahrzeug sortiert sind. Das Reduzierungspotential der

[59] Eigene Darstellung basierend auf QlikView.

einzelnen Maßnahmen ergibt sich als Differenz aus dem Prognosewert der Reklamationskosten und den Umsetzungskosten der Konzeptmaßnahme. Auf Basis der Vorhersagewerte der Reklamationskosten und der voraussichtlichen Umsetzungskosten können Anwender die wirtschaftlich sinnvollsten Konzeptmaßnahmen, für die noch ein Entscheidungsbedarf besteht, identifizieren.

In der Tabelle unter den beiden Balkendiagrammen sind die gesamten Konzeptmaßnahmen des Neuproduktprojekts gelistet. Für jede Konzeptmaßnahme können Anwender über die Tabelle zentrale Detailinformationen abrufen, die beispielsweise den Konzepttyp, auf den sich die Maßnahme bezieht, die Art der Maßnahme, die Beschreibung des Inhalts sowie den aktuellen Status umfassen.

Durch eine Auswahl in den beiden Balkendiagrammen werden die Tabelleninhalte entsprechend gefiltert. Hierdurch wird es Anwendern ermöglicht, durch Auswahl des jeweiligen Balkensegments beispielsweise sämtliche offene FMEA anzuzeigen, oder anhand einer über das Einsparpotential identifizierten Konzeptmaßnahme weitere, auf die spezifische Maßnahme bezogene Informationen abzurufen.

5.4 Evaluations-Workshops

Auf Grundlage der vorgestellten prototypischen Implementierungsinhalte werden die erhobenen Anforderungen sowie das entwickelte Fachkonzept der vorliegenden Arbeit über drei Evaluations-Workshops mit unterschiedlichen Vertretern des Automobilherstellers systematisch bewertet und überprüft.[60] Die Zielorientierung wird im Rahmen der Evaluations-Workshops über die in Abschnitt 5.1 ausgeführten Bewertungskriterien des Nutzens, der Verständlichkeit, der Vollständigkeit, der Originalität sowie der Abstraktion sichergestellt. Die Erkenntnisse aus den Diskussionen werden während der Workshops protokolliert und anschließend den entsprechenden Bewertungskategorien zugeordnet. Die Systematik und Methodik, nach der die Evaluations-Workshops durchgeführt werden, ist Betrachtungsgegenstand dieses Abschnitts und wird nachfolgend anhand der Detaillierung der Teilnehmer sowie des Ablaufs der einzelnen Workshops dargestellt.

Tabelle 5.2 zeigt vor diesem Hintergrund eine Übersicht der wichtigsten Eckdaten der durchgeführten Evaluations-Workshops. Hierzu gehören die Zusammensetzung und die Anzahl der Teilnehmer, das Datum sowie die Dauer der Workshops.

[60] Für weitergehende Informationen mit Bezug auf die Durchführung von Prototyp-Workshops vgl. Böhm und Fuchs (2002), S. 156 f.

Tabelle 5.2 Übersicht der Evaluations-Workshops

Workshop-Nummerierung	Organisationseinheit der Teilnehmer	Anzahl der Teilnehmer	Datum	Dauer
Workshop I	Qualitätsmanagement	31 Personen	16.01.2018	60 Minuten
Workshop II	Produktentwicklung / Management	12 Personen	11.04.2018	30 Minuten
Workshop III	Qualitätsmanagement / Produktentwicklung	5 Personen	17.05.2018	120 Minuten

Zusammensetzung der Workshop-Teilnehmer

Der Teilnehmerkreis der einzelnen Workshops setzt sich aus potentiellen Anwendern und Informationsabnehmern des zu evaluierenden Fachkonzepts zusammen. Hierzu können Aufgabenträger und Vertreter des Managements aus der Produktentwicklung und dem Qualitätsmanagement gezählt werden, deren Arbeitsgebiet die präventive Absicherung von Produktkonzepten in den frühen Phasen des Fahrzeugentwicklungsprozesses umfasst.

- *Workshop I* nutzt hierzu ein in regelmäßigen Abständen stattfindendes Qualitätsgremium, dessen Fokus auf der produktkonzeptbezogenen Absicherung der frühen Phasen des Produktentwicklungsprozesses liegt. Da das Gremium die Qualitätsthemen sämtlicher Neuproduktprojekte des betrachteten Automobilherstellers behandelt, bilden die insgesamt 31 Teilnehmer ein breites Spektrum an relevanten Aufgabenträgern mit Bezug auf den hierfür verantwortlichen Qualitätsbereich ab. Neben Vertretern des unteren und mittleren Managements bestehen die Workshop-Teilnehmer insbesondere aus Qualitätsingenieuren, in deren Verantwortungsbereich die präventive Absicherung der einzelnen Fahrzeugprojekte liegt. Das für den Workshop-Termin im Rahmen des Gremiums bereitgestellte Zeitfenster umfasst 60 Minuten. Mit der überwiegenden Anzahl (25 Teilnehmer) wird der Workshop persönlich durchgeführt, während sich ein kleinerer Personenkreis (6 Teilnehmer) aufgrund der räumlichen Distanz über eine Kommunikations- und Screen-Sharing-Software am Workshop beteiligt.
- *Workshop II* wird im Rahmen eines Management-Gremiums der Produktentwicklung durchgeführt. Der Schwerpunkt des ebenfalls regelmäßig tagenden Gremiums liegt auf der Analyse und der Entscheidungsfindung für qualitätsrelevante Top-Themen, die sich auf die Gesamtheit der Konzeptinhalte des Fahrzeuginterieurs für unterschiedliche Neuproduktprojekte beziehen können. Die

insgesamt 12 Teilnehmer des Workshops setzen sich daher vorrangig aus Vertretern der mittleren und oberen Führungsebene des Produktentwicklungsbereichs Fahrzeuginterieur zusammen. Dies ermöglicht es, eine managementbezogene Perspektive auf die zu evaluierenden Inhalte zu erhalten. Der Workshop hat eine Dauer von 30 Minuten, während der sich alle Teilnehmer persönlich an der Durchführung beteiligen können.

- *Workshop III* ist durch die Teilnahme von Qualitätsingenieuren und Produktentwicklern interdisziplinär besetzt. Die Aufgabenfelder der Workshop-Teilnehmer umfassen die präventive Absicherung eines Neuproduktprojekts, das sich aktuell in den frühen Phasen des Produktentwicklungsprozesses befindet, und beziehen sich in diesem Kontext auf unterschiedliche Konzeptinhalte sowie -umfänge. Die für die prototypische Umsetzung verwendeten Datensätze stammen aus demselben Neuproduktprojekt, für das die teilnehmenden Qualitätsingenieure und Produktentwickler im Rahmen der präventiven Konzeptabsicherung tätig sind. Der Workshop kann über die gesamte Zeitspanne von 120 Minuten mit den Teilnehmern persönlich durchgeführt werden.

Aufbau- und Ablaufschema der Workshops

Die Durchführung der Workshops folgt einem einheitlichen Ablaufschema. Dies lässt sich, wie in Abbildung 5.31 dargestellt, in drei aufeinander aufbauende Abschnitte unterteilen, die für jeden Evaluations-Workshop sequenziell durchlaufen werden. Der erste Abschnitt umfasst die Vorstellung der Zielsetzung des Workshops sowie der Grundlagen des Fachkonzepts. Daran schließt ein exemplarischer Durchlauf der Analysepfade des Prototyps an. Der dritte und letzte Abschnitt steht für Diskussionen und Kritik zur Verfügung.

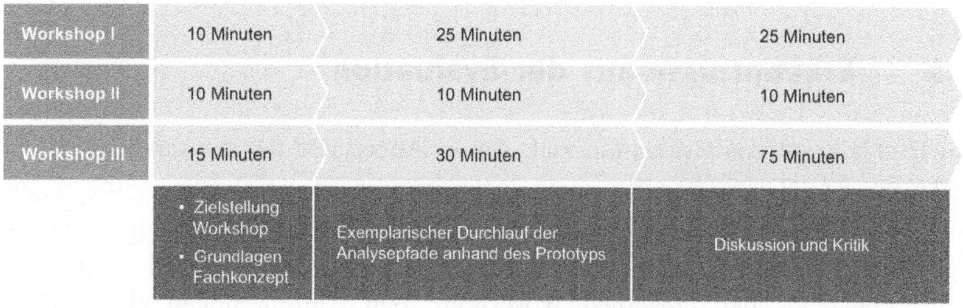

Abbildung 5.31 Ablaufplanung und Zeiteinteilung der Evaluations-Workshops[61]

[61] Eigene Darstellung.

Der Schwerpunkt des ersten Abschnitts liegt in der Einordnung der Workshop-Inhalte in den allgemeinen Evaluationskontext. Hierzu wird mit der Formulierung des Evaluationsziels der Forschungsarbeit (vgl. Abschnitt 5.1) zu Beginn direkt die Zielsetzung des jeweiligen Workshops formuliert. Anschließend werden die Problemstellung sowie die zentralen Bestandteile des erarbeiteten Fachkonzepts der vorliegenden Arbeit vorgestellt.

Der zweite Abschnitt dient der Demonstration der prototypisch implementierten Inhalte. Hierfür werden anhand der drei Analysepfade die produktkonzeptbezogenen, produktkonzeptabhängigen sowie produktkonzeptübergreifenden Auswertungen einmal exemplarisch durchlaufen und erklärt. Die Vorstellung des Prototyps erfolgt direkt in der IT-Lösung und auf Basis von Echtdaten eines den Teilnehmern bekannten Neuproduktprojekts sowie dessen Vorgängerprojekts. In Abhängigkeit von der verfügbaren Zeit werden im Zuge der Präsentation gezielt Akzente mit Blick auf die Tätigkeitsschwerpunkte der jeweiligen Teilnehmergruppen gesetzt. Dies bedeutet zum Beispiel, dass im Rahmen des zweiten Workshops unter anderem mit der vorhersageorientierten Entscheidungsunterstützung für Konzeptmaßnahmen die Managementperspektive in den Vordergrund gestellt wird. Nach der Demonstration des Prototyps widmet sich der abschließende Abschnitt der Diskussion und Kritik der vorgestellten Inhalte. Neben der Möglichkeit, für die Teilnehmer Fragen zu stellen oder einzelne Auswertungsbeispiele zu vertiefen, liegt das Ziel des letzten Anschnitts darin, eine gemeinsame Diskussion mit und insbesondere auch zwischen den Teilnehmern anzuregen. Dies wird über eine Befragung entlang der festgelegten Evaluationskriterien unterstützt, die hierzu als Ausgangsbasis für die Diskussion dienen. Die Diskussionsbeiträge sowie die Rückmeldungen der Teilnehmer werden dabei protokolliert.

5.5 Erkenntnisse aus der Evaluation

Im Hinblick auf das Evaluationsziel, das in Anbetracht der Anwendbarkeit und Relevanz des IT-basierten Konzepts zu überprüfen ist, werden in diesem Kapitel entlang der Evaluationskriterien die Erkenntnisse und Rückmeldungen aus den durchgeführten Evaluations-Workshops vorgestellt. Hierzu wurden sämtliche Mitschriebe aus den einzelnen Workshops, den Anforderungen einer inhaltlich strukturierenden qualitativen Inhaltsanalyse folgend, zunächst kodiert und anschließend den jeweiligen Beurteilungsmerkmalen zugeordnet. Unternehmensspezifische Rückmeldungen bleiben nachfolgend unberücksichtigt.

5.5.1 Anwendbarkeit

Machbarkeit
Anhand der im vorangegangenen Abschnitt vorgestellten prototypischen Umsetzung der Analysepfade konnte demonstriert werden, dass eine Realisierung der Schwerpunktbereiche des entwickelten Fachkonzepts zur IT-basierten Entscheidungsunterstützung für qualitätsrelevante Fragestellungen in den frühen Phasen des Fahrzeugentwicklungsprozesses grundsätzlich möglich ist. Im Rahmen der Evaluations-Workshops wurden den Teilnehmern die prototypisch implementierten Analysen vorgestellt.

Verständlichkeit
Die Vorgehensweise der Anforderungserhebung sowie das Fachkonzept und dessen prototypisch implementierten Inhalte wurden von den Teilnehmern grundsätzlich verstanden und durchgängig als nachvollziehbar eingestuft. Nachfragen und Impulse der Teilnehmer, wie beispielsweise, ob sich die verbauquoteninduzierte Extrapolation der Reklamationen auf Produktkonzepte oder Fahrzeuge bezieht, konnten im Zuge der an die Demonstration anschließenden Diskussion geklärt werden.

Insbesondere wurde durch die Teilnehmer positiv hervorgehoben, dass sich die Inhalte des Fachkonzepts, wie beispielsweise die vorhersagebasierten Analysen, in eine für Fachanwender und das Management aufgrund der grafischen Aufbereitung nachvollziehbare Anwendung überführen lassen.

5.5.2 Relevanz

Nutzen
Der Nutzen des IT-basierten Konzepts wird von den Workshop-Teilnehmern positiv bewertet. Aus Sicht der Teilnehmer leisten unterschiedliche Aspekte der IT-Lösung einen Beitrag, um insbesondere die Transparenz in der frühen Phase des Fahrzeugentwicklungsprozesses zu verbessern und dadurch unter anderem auch die Entwicklungsressourcen der im Rahmen der präventiven Konzeptabsicherung beteiligten Bereiche gezielter allokieren zu können.

- Zahlreiche Rückmeldungen mit Bezug auf den Nutzen beziehen sich auf die durch das IT-Konzept von den Teilnehmern als verbessert wahrgenommene Granularität von qualitätsrelevanten Informationen in den frühen Phasen des

Produktentwicklungsprozesses. Da aktuell im Zuge der Produktkonzeptauswahl und -bestimmung beispielsweise kaum quantitative Inhalte verfügbar seien, trägt das IT-Konzept aus Sicht der Teilnehmer unter anderem über die kennzahlenbasierten Vorhersagen für Reklamationen dazu bei, diese Lücke zu schließen und qualitätsbezogene Entscheidungen ergänzend zu den qualitativen Informationen *„auf Basis von Zahlen, Daten und Fakten"* treffen zu können.

- Explizit wird durch die Teilnehmer vor diesem Hintergrund auch die Möglichkeit hervorgehoben, mit dem IT-Konzept auf Basis der vorgestellten Vorhersagen ein kontinuierliches Monitoring in der frühen Phase etablieren zu können, über das sich qualitätsrelevante Handlungsbedarfe teilweise noch frühzeitiger identifizieren und im Hinblick auf ihre Relevanz zielgerichteter analysieren sowie priorisieren lassen.
- Ein zusätzlicher nutzenbezogener Aspekt wird in diesem Zusammenhang im Verlauf eines Workshops mit dem Terminus *„Informationsneutralität"* bezeichnet. Aus Sicht der Teilnehmer ist es im Rahmen von Entscheidungen in der frühen Phase des Entwicklungsprozesses, nicht nur von Bedeutung, *„was gesagt wird, sondern auch, von wem etwas gesagt wird"*. In diesem Kontext führt das IT-Konzept nach ihrer Auffassung zu einer Demokratisierung entscheidungsrelevanter Informationen, die insbesondere *„personenunabhängig verfügbar gemacht werden"* und daher zu einer höheren Glaubwürdigkeit führen können, da sie weniger persönliche Einfärbung aufweisen.
- Weiterhin betonen die Workshop-Teilnehmer, dass sich durch das IT-Konzept der Rechercheaufwand für die betroffenen Aufgabenträger voraussichtlich erheblich reduzieren lässt. Da die notwendigen Daten überwiegend bereichsspezifisch und dezentral auf unterschiedlichen Systemen abgelegt und gepflegt werden, ist der Zugriff auf die Daten häufig umständlich sowie zeitaufwändig und birgt in der Folge das Risiko, relevante Inhalte im Rahmen der Entscheidungsfindung unberücksichtigt zu lassen. Das vorgestellte Fachkonzept ist aus Sicht der Teilnehmer in der Lage, die zentralen Informationen an einer Stelle zu bündeln und erlaubt dadurch einen schnellen Zugriff auf die mit Bezugsgrößen bewerteten Qualitätsthemen.

Anhand einer ersten und sehr groben kostenbezogenen Evaluation des Nutzens lässt sich zudem zeigen, dass sich die mit der Umsetzung des vorliegenden IT-Konzepts anfallenden Kosten bereits durch die erfolgreiche Vermeidung einer einzigen Fehlerursache amortisieren können.

Hierzu wird die Annahme getroffen, dass die Total Cost of Ownership (TCO)[62] für eine unternehmensspezifische Realisierung des IT-Konzepts auf Basis einer Standardsoftware EUR 100.000 betragen.[63] Folglich würde schon die Prävention eines Fehlers, der bei 2000 Fahrzeugen in der Serienphase auftritt und pro Fahrzeug EUR 50 Garantie- und Kulanzkosten[64] verursachen würde,[65] ausreichen, um eine Investition zur Umsetzung des IT-Konzepts zu rechtfertigen. Dabei bleiben auf der Nutzenseite unter anderem der verringerte Rechercheaufwand für die Aufgabenträger der präventiven Konzeptabsicherung sowie die Erhöhung der Kundenzufriedenheit durch die Fehlervermeidung unberücksichtigt.

Originalität

Nach Meinung der Workshop-Teilnehmer leisten das vorgestellte Fachkonzept sowie dessen prototypisch implementierte Funktionen einen innovativen Beitrag für die Entscheidungsunterstützung im Rahmen der frühen Phasen des Fahrzeugentwicklungsprozesses. Ihres Wissens gibt es weder bei dem in dieser Arbeit untersuchten Automobilhersteller eine identische Lösung, noch wurde einem der Teilnehmer im Rahmen von fachlichen Kongressen und Konferenzen oder durch Lieferanten ein vergleichbares IT-Konzept vorgestellt.

Die Bewertung der Workshop-Teilnehmer im Hinblick auf die Originalität des Fachkonzepts stützt somit die Erkenntnisse der in Abschnitt 1.2 durchgeführten Literaturanalyse.

---

[62] Das Konzept der *Total Cost of Ownership* (TCO) bildet ein Abrechnungsverfahren, das von der Anschaffung über die Nutzung bis hin zur Entsorgung sämtliche kostenbezogenen Aspekte eines Investitionsguts berücksichtigt. Vgl. Ellram (2002), S. 660.

[63] Die Annahmen TCO-Berechnung beziehen sich auf die nachfolgend beschriebenen Anschaffungs- und Nutzungskosten zur unternehmensspezifischen Anpassung einer Standardsoftware. Die *Anschaffungskosten* umfassen dabei insgesamt 28 Tagessätze zu je EUR 1000 für Beratungs-, Softwareentwicklungs- und Schulungsleistungen. Die *Nutzungskosten* ergeben sich aus insgesamt 100 Personen, die im Rahmen der frühen Phase der Produktentwicklung für 24 Monate eine Softwarelizenz benötigen, die pro Person und Monat EUR 30 kostet. Zu den Lizenzkosten vgl. exemplarisch QlikTech (2022), URL siehe Literaturverzeichnis.

[64] Die Garantie- und Kulanzkosten setzen sich unter anderem aus dem Stundenlohn des Service-Mitarbeiters der Werkstatt sowie aus den für eine Reparatur gegebenenfalls notwendigen Materialien und Ersatzteilen zusammen.

[65] Hierbei handelt es sich mit Blick auf die Anzahl der Fahrzeuge und der für die Reparatur anfallenden Kosten pro Fahrzeug um ein einfaches Beispiel. Abschnitt 1.1 vermittelt in diesem Kontext einen ersten Eindruck über die Dimension und das potentielle Ausmaß von Fehlerereignissen.

Abstraktion

In Anbetracht der Tatsache, dass sich der im Rahmen der prototypischen Umsetzung anhand von Ausstattungskonzepten demonstrierte Konzeptbegriff auch bauteilbezogen und damit kleinteiliger anwenden lässt, wären nach Ansicht einiger Teilnehmer ebenfalls Anwendungsmöglichkeiten für die Produktentwicklungsprozesse anderer industrieller Unternehmen denkbar.

Vollständigkeit

Die Vollständigkeit der erhobenen Anforderungen wurde in Workshop I und II anhand der prototypisch implementierten Inhalte abgefragt und diskutiert. In Workshop III wurde darüber hinaus der Anforderungskatalog als Diskussionsgrundlage vorgestellt und anschließend mit den Workshop-Teilnehmern besprochen. Nach einheitlicher Meinung der Teilnehmer bilden die erhobenen Anforderungen ein schlüssiges und umfassendes Bild des Informationsbedarfs ab, um Entscheidungen, die sich im Rahmen der präventiven Konzeptabsicherung in den frühen Phasen der Fahrzeugentwicklung stellen, zielgerichtet unterstützen zu können. Insgesamt wird das Konzept aus Sicht der Teilnehmer als vollständig erachtet.

Erweiterungsempfehlungen

Im Rahmen der Diskussionsrunden kamen darüber hinaus weitere Anregungen auf, die aus Sicht der Teilnehmer wünschenswerte Erweiterungen des vorgestellten Konzepts darstellen können:

- *Einbindung produktionsbezogener Attribute*
  Falls ein Konzept in unterschiedlichen Produktionswerken hergestellt wird, ist es nach Meinung einiger Teilnehmer sinnvoll, die produktkonzeptbezogenen Attribute um die Erfassung des Produktionsstandorts sowie des Produktionsdatums zu erweitern, um einen potentiellen Einfluss der Produktionsstätten auf die Fehlerentstehung und damit auch auf die Reklamationsvorhersage sichtbar zu machen beziehungsweise ausschließen zu können.
- *Ergänzung einer Simulationsfunktion für Verbauquoten*
  Da es in seltenen Fällen aufgrund abweichender Annahmen zwischen der Produktentwicklung und dem Vertrieb zu heterogenen Planwerten für die Verbauquoten kommen kann und, um darüber hinaus verschiedene Ausstattungsszenarien (beispielsweise, ob ein Produktkonzept als Serien- oder als Sonderausstattung angeboten werden soll) vergleichend auswerten zu können, sehen einige Teilnehmer in einer Simulationsfunktion für Verbauquoten ein zusätzliches Potential. Das Ziel einer entsprechenden Funktion würde in der

Simulation potentieller Konsequenzen liegen, die sich aus den unterschiedlichen Verbauquoten für die Vorhersagen der zu erwartenden Reklamationen eines bestimmten Produktkonzepts ergeben.

- *Anzeigen einer erfolgten Plausibilisierung von Konzepttypen zwischen Neuproduktprojekt und Referenzprojekt für Anwender*
  Einen weiteren Vorteil sehen einige Teilnehmer in der Dokumentation der Prüfung der systemseitigen Identifikationsnummer für die Konzepttypen von Neuproduktprojekten. Um sicherzugehen, dass die Identifikationsnummer nicht für einen im Vergleich zum Referenzprojekt in erheblichem Maße veränderten Konzepttyp genutzt wird, sollte die durch den verantwortlichen Produktentwickler hierzu erfolgte Plausibilisierung für die Anwender sichtbar in der IT-Lösung hinterlegt werden. Hierdurch können potentielle Fehler in den darauf aufbauenden Auswertungen ausgeschlossen werden.
- *Erweiterung um eine Kommentierungsmöglichkeit für eine Experten-basierte Interpretation prädiktiver Qualitätsparameter*
  Aus Sicht einiger teilnehmender Führungskräfte liegt ein zusätzliches Potential in der Möglichkeit, zumindest für Top-Themen, eine Experten-basierte Interpretation erhalten zu können, sobald diese durch den jeweiligen Fachexperten vorliegt. Dieses sogenannte „Best Engineering Judgement" kann nach Auffassung der Teilnehmer dazu beitragen, Missverständnisse seitens des Managements beim Betrachten der reinen Auswertungsergebnisse zu vermeiden. Hierzu sollte der Kommentar sowohl eine erste Einschätzung der Erkenntnisse bieten als auch den aktuellen Status zusammenfassen.
- *Integration von Maßnahmenbeschlüssen*
  Sollten für bestimmte Qualitätsthemen bereits Maßnahmen beschlossen worden sein, so sollte dies im Rahmen der Analyse sichtbar gemacht werden. Beispielsweise sollten über einen Filter die bereits „behobenen" Qualitätsthemen herausgenommen werden können.

Abstraktion, Würdigung und Forschungsbedarf

6

Im Rahmen des letzten Kapitels dieser Arbeit erfolgt eine abschließende Diskussion der erarbeiteten Inhalte. Hierzu wird zunächst in Abschnitt 6.1 die Übertragbarkeit der gewonnenen Erkenntnisse auf weitere Automobilhersteller analysiert. Anschließend folgt in Abschnitt 6.2 eine kritische Würdigung, indem die Limitationen der gewonnenen Erkenntnisse untersucht werden. Die Arbeit schließt in Abschnitt 6.3 mit einem Ausblick auf den weiteren Forschungsbedarf.

Abbildung 6.1 ordnet die Abstraktion, die Würdigung und den Forschungsbedarf als Gegenstand dieses Kapitels in den Gang der Arbeit ein.

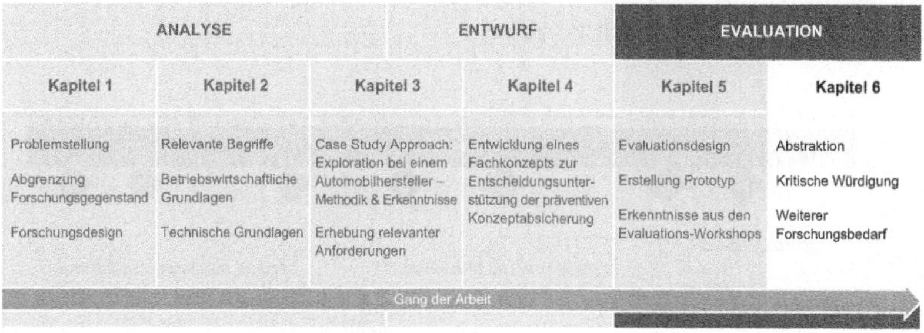

Abbildung 6.1 Einordnung von Kapitel 6 in den Gang der Arbeit[1]

[1] Eigene Darstellung.

© Der/die Autor(en), exklusiv lizenziert an Springer Fachmedien Wiesbaden GmbH, ein Teil von Springer Nature 2023
S. Herzberg, *Quality Intelligence*,
https://doi.org/10.1007/978-3-658-41345-3_6

6.1 Abstraktion der gewonnenen Erkenntnisse

Eine zentrale Forderung der gestaltungsorientierten Wirtschaftsinformatik besteht in der Portierbarkeit der Forschungsergebnisse auf eine Klasse von Problemen. Das Fachkonzept dieser Arbeit wurde auf Grundlage der bei einem führenden Automobilhersteller im Rahmen einer Case Study erhobenen Potentiale und Anforderungen entwickelt sowie anschließend evaluiert. Um eine Aussage hinsichtlich der Übertragbarkeit der erarbeiteten Erkenntnisse dieser Arbeit auf andere Automobilhersteller treffen zu können, wird nachfolgend der Produktentstehungsprozess des im Rahmen der Case Study betrachteten Automobilherstellers im Abgleich mit den aus der Literatur abgeleiteten Inhalten analysiert, um vor diesem Hintergrund Gemeinsamkeiten und Unterschiede zu ermitteln.

Im Hinblick auf den in Abschnitt 2.2.1 analysierten typischen Prozess der automobilen Produktentstehung lassen sich dabei im Abgleich mit dem in Abschnitt 3.2 im Rahmen der Fallstudie erhobenen Produktentstehungsprozess grundlegende Gemeinsamkeiten feststellen. Diese betreffen insbesondere den prinzipiellen Aufbau, den grundsätzlichen Ablauf sowie die als relevant eingestuften und hervorgehobenen Inhalte der Prozesse.

Abbildung 6.2 zeigt hierfür eine Gegenüberstellung des literaturbasierten typischen Prozesses und des in der Fallstudie erhobenen Prozesses der automobilen Produktentstehung. Dargestellt sind sowohl die Hauptphasen als auch die Lage der Quality Gates der beiden Prozesse.

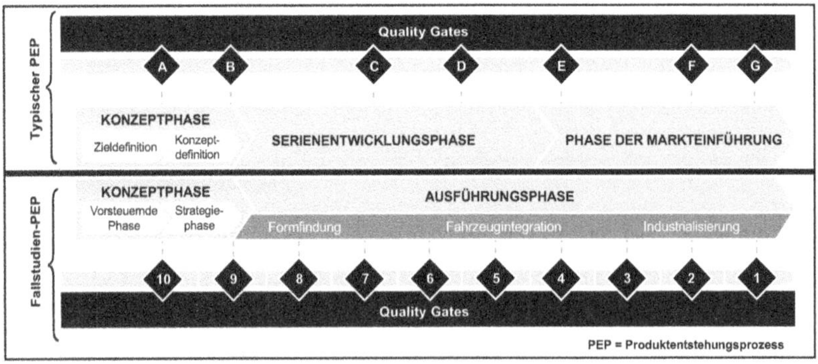

Abbildung 6.2 Vergleich der Hauptphasen des Produktentstehungsprozesses[2]

[2] Eigene Darstellung.

Für den Aufbau und die formalisierte Methodik zeigt der Vergleich eine hohe Übereinstimmung, da beide Produktentstehungsprozesse auf dem Stage-Gate-Ansatz basieren und somit die einzelnen Prozessphasen über Quality Gates strukturieren. Neben den Quality Gates werden die jeweiligen Teilprozesse zudem ressortspezifisch über Meilensteine gesteuert.

Die grundsätzliche Aufteilung der Hauptphasen in Konzeptphase und Ausführungsphase ist ebenfalls ähnlich. Während der literaturbasierte typische Prozess zwischen der Serienentwicklungs- und Markteinführungsphase unterscheidet, differenziert der im Rahmen der Fallstudie betrachtete Produktentstehungsprozess für die Ausführungsphase die Formfindung, die Fahrzeugintegration sowie die Industrialisierung. Dies ist allerdings nicht als ein Indiz für inhaltliche Unterschiede zu deuten, da die entsprechenden Inhalte fester Bestandteil beider Ausführungsphasen sind.

Ein Unterschied zeigt sich hingegen bei der Anzahl der definierten Quality Gates. Während der generische Entstehungsprozess des untersuchten Automobilherstellers insgesamt zehn Quality Gates besitzt, zählt der typische Prozess nur sieben. Dies lässt sich darauf zurückzuführen, dass der betrachtete Automobilhersteller im Vergleich zum literaturbasierten typischen Prozess, insbesondere in den Prozesspassagen der Formfindung und der Industrialisierung, zusätzliche Kontrollpunkte zur Absicherung des Projektfortschritts installiert hat. Dies trifft insbesondere auf die Quality Gates 8 bis 4 zu, deren Inhalte sich im Referenzprozess über die Quality Gates C, D und E zusammenfassen lassen.

Eine hohe Überschneidung zeigt der Prozessvergleich zudem mit Blick auf die Strukturierung und Ausgestaltung der für diese Arbeit besonders relevanten frühen Phasen. Die Konzeptphasen beider Produktentstehungsprozesse unterteilen sich in zwei Abschnitte, die trotz abweichender Bezeichnungen im Wesentlichen die gleichen Themen betreffen. Dies spiegelt sich mit dem *Projektstart* und dem *Konzeptheft* respektive der *Freigabe zur Grobentwicklung* auch in den nach Anzahl und Inhalten übereinstimmenden Quality Gates der Konzeptphasen wider.

Die grundlegenden Übereinstimmungen zwischen den beiden Prozessmodellen stützt somit die in Kapitel 2 ausgeführte Annahme von HAB UND WAGNER sowie WIDMANN, dass automobile Produktentstehungsprozesse bei unterschiedlichen Herstellern grundsätzlich ähnlich ablaufen und lediglich im Detail, beispielsweise aufgrund der jeweiligen Beschaffungsstrategie oder der individuellen Kompetenzstrukturen, Unterschiede aufweisen können.[3]

Insbesondere der hohe inhaltliche Überschneidungsgrad im Bereich der frühen Phasen der automobilen Produktentwicklung zwischen Literatur, Praxis und

---

[3] Vgl. Abschnitt 2.2.1, Hab und Wagner (2017), S. 26 sowie Widmann u. a. (2021), S. 1276.

Fallstudie deutet darauf hin, dass sich das im Rahmen der Arbeit entwickelte Fachkonzept durchaus auf die Prozesse und damit auch auf die daraus resultierende Klasse an Problemstellungen anderer Automobilhersteller transferieren und anwenden lässt.

6.2 Kritische Würdigung der gewonnenen Erkenntnisse

Hinsichtlich der gesetzten Forschungsziele lässt sich festhalten, dass die vorliegende Arbeit auf Basis der empirischen Untersuchung und des entwickelten Ansatzes zur Entscheidungsunterstützung einen Erkenntnisbeitrag zur Diskussion der Potentiale und Grenzen des Einsatzes von IT in den frühen Phasen des Produktentwicklungsprozesses leistet. Durch die Fokussierung auf die IT-basierte Entscheidungsunterstützung der präventiven Absicherung von Produktkonzepten im Automobilbau liefern die Erkenntnisse dieser Arbeit ein zusätzliches Puzzlestück im Kontext bereits existierender sowie zukünftiger Forschungsbeiträge. Aufgrund diverser Aspekte des Untersuchungsdesigns und im Hinblick auf die praktische Anwendung des entwickelten Ansatzes gilt es allerdings, einige Einschränkungen zu beachten, die nachfolgend diskutiert werden.

Für die Untersuchung der präventiven Konzeptabsicherung in den frühen Phasen der Automobilentwicklung hat sich ein Case Study Approach aus mehreren Gründen als geeignetes Verfahren empfohlen.[4] Mit der literaturbasierten Aufbereitung der fallbezogenen Grundlagen und der Auswahl eines typischen Falls wurden hierbei zudem zwei zentrale Voraussetzungen für die Übertragbarkeit der im Rahmen der Case Study erzielten Erkenntnisse erfüllt.[5] Der in Abschnitt 6.1 durchgeführte Vergleich zwischen typischem und fallbezogenem Produktentwicklungsprozess deutet ebenfalls auf eine Portierbarkeit der gewonnenen Erkenntnisse hin. Die Verallgemeinerung der Erkenntnisse bleibt dabei allerdings stets interpretativ argumentativer Natur und beschränkt sich auf analytische Schlussfolgerungen, die den explorativen Charakter dieser Arbeit widerspiegeln.[6] Hinsichtlich der Vollständigkeit der Untersuchung kann daher aus den Erkenntnissen keine statistische Generalisierbarkeit für die Gesamtheit aller Automobilhersteller abgeleitet werden.[7] Dies zeigt sich beispielsweise daran,

---

[4] Vgl. Abschnitt 3.1.1.

[5] Vgl. Yin (2018), S. 37 und 45.

[6] Vgl. Lamnek und Krell (2016), S. 305.

[7] Vgl. Yin (2018), S. 38.

dass die grundsätzliche Systematik und Ausgestaltung der automobilen Produktentstehung zwar als Folge gegebener Vorschriften und Standards bestimmten, einheitlichen Gesetzmäßigkeiten folgt, die allerdings, unter anderem in Abhängigkeit von der strategischen Ausrichtung eines Unternehmens, im Detail abweichen können.[8]

Hieraus ergeben sich auch Implikationen im Hinblick auf die praktische Umsetzung und Anwendung des in dieser Arbeit entwickelten Ansatzes zur IT-basierten Entscheidungsunterstützung. Dabei gilt es zu berücksichtigen, dass BIA-Ansätze grundsätzlich unternehmensbezogen auszugestalten sind.[9] Für den vorliegenden BIA-Ansatz sollte daher im Vorfeld einer Übernahme geprüft werden, ob sich beispielsweise in Abhängigkeit von den Aufgaben und Aufgabenträgern Abweichungen hinsichtlich des in dieser Untersuchung identifizierten Informationsbedarfs ergeben, die eine unternehmensspezifische Anpassung des erarbeiteten Fachkonzepts erfordern. Weiterhin gilt es, den in dieser Arbeit umgesetzten BIA-Ansatz in die jeweils unternehmensindividuelle Systemlandschaft einzubetten. Dies betrifft sowohl die technische Realisierung im Kontext der bestehenden Anwendungssysteme als auch die adäquate Anbindung der erforderlichen Quellsysteme der Produktentwicklungs- und Produktnutzungsphase.

Es empfiehlt sich daher, im Rahmen weiterer Untersuchungen unter anderem die Möglichkeit zu prüfen, die Erkenntnisse dieser Arbeit in einen Referenzrahmen zu überführen, der Automobilherstellern eine vereinfachte, unternehmensbezogene Adaption ermöglicht. Neben der Entwicklung eines Referenzrahmens lassen sich weitere Forschungsbedarfe auf Grundlage der Erkenntnisse dieser Arbeit identifizieren, die im Folgenden diskutiert werden.

6.3 Weiterer Forschungsbedarf

Aus den Ergebnissen der explorativen Forschung, der Diskussion mit Fachanwendern im Zuge der Evaluations-Workshops sowie der im vorangegangenen Abschnitt betrachteten Limitationen können weitere Forschungsbedarfe ableitet werden, die auf unterschiedliche Bereiche zielen:

- Ein zentraler Aspekt des erarbeiteten BIA-Ansatzes besteht in der Nutzung sogenannter Hot-Spot-Profile, die auf Grundlage von Ähnlichkeitsrelationen die Generierung von Vorhersagen ermöglichen. In der vorliegenden

[8] Vgl. Abschnitt 2.2.1 und Abschnitt 3.2.1.

[9] Vgl. Abschnitt 2.5.1.

Arbeit wurden hierzu Marktprofile gebildet, die ein kundengruppenbezogenes Beschwerdeverhalten als Einflussfaktor auf die Reklamationsprognose enthalten. Im Rahmen weiterer Forschungstätigkeiten könnten zusätzliche Aspekte hinsichtlich ihres Nutzens für die Vorhersagegenerierung untersucht werden. Beispielsweise wäre auf Grundlage des erarbeiteten IT-Konzepts der Einsatz von Wetterdaten, produktbezogenen Nutzungsdaten sowie Materialien oder auch Zielgruppendaten für die Erstellung zusätzlicher Hot-Spot-Profile zur Prognose produktkonzeptbezogener Fehlerfolgen denkbar.

- Neben der Identifikation zusätzlicher Hot-Spot-Profile liegt ein weiterer Forschungsbedarf in der IT-gestützten Bildung neuer sowie der Aktualisierung bestehender Profile. Während die Gewichtung der Ähnlichkeitsrelationen im Rahmen des entwickelten Ansatzes durch das Erfahrungswissen von Experten erfolgt, könnten Maschine-Learning-Verfahren[10] zur automatisierten Generierung von Hot-spot-Profilen eingesetzt werden. Dabei könnte in den für die Profilbildung relevanten Datensätzen gezielt nach Mustern gesucht werden, um daraus neue Profile für die Berechnung der Vorhersagen abzuleiten. Weiterhin könnten entsprechende Verfahren dazu beitragen, vorhandene Profile aktuell zu halten, indem kontinuierlich die Gewichtung fehlerbegünstigender Ähnlichkeitsrelationen auf Grundlage der neu verfügbaren Datensätze überprüft wird.
- Aufgrund der Fokussierung auf die frühen Entwicklungsphasen stellt die Übertragbarkeit des BIA-Konzepts auf spätere Phasen der Produktentstehung und die damit verbundenen Anforderungen eine interessante Fragestellung für weitere Untersuchungen dar. Hierfür könnten Möglichkeiten und Grenzen im Hinblick auf eine Einbettung des vorliegenden BIA-Ansatzes in bestehende Konzepte des Product Lifecycle Management untersucht werden. Die in der Diskussion mit den Fachanwendern formulierte Anregung, produktionsbezogene Qualitätsdaten in das BIA-Konzept mit einzubeziehen, zeigt dabei in eine ähnliche Richtung. In diesem Zusammenhang könnten beispielsweise vergangenheitsbezogene Produktionsdaten im Rahmen der Serienentwicklung zur Vermeidung von Fehlern genutzt oder Felddaten für die Identifikation werksspezifischer Problemstellungen im Zuge der Produktionsplanung von Neuproduktprojekten eingesetzt werden.
- Ein weiterer Forschungsbedarf liegt in der Ausweitung des entwickelten Ansatzes von Automobilherstellern auf Lieferanten. Vor diesem Hintergrund wäre ein bidirektionaler Informationsaustausch denkbar. Einerseits könnten

[10] Vgl. Abschnitt 2.5.3.

Automobilhersteller im Rahmen der präventiven Absicherung von Produktkonzepten von den Qualitätsdaten der Lieferanten profitieren, andererseits könnten Lieferanten Informationen aus der Produktnutzungsphase der Automobilhersteller für die eigene Absicherung von Produktkonzepten einsetzen. Im Rahmen einer Untersuchung sollten dabei allerdings auch die datenschutz- und kartellrechtlichen Implikationen beleuchtet werden.

- Ausgehend von der Diskussion mit den Fachanwendern im Rahmen der Evaluations-Workshops ergeben sich für die Anwendung des BIA-Konzepts auf Unternehmen außerhalb des Automobilkontexts weitere Fragestellungen für zukünftige Forschungstätigkeiten. Neben der Übertragbarkeit auf die Produktentwicklungsprozesse anderer produzierender Branchen, die oftmals ähnliche Problemstellungen aufweisen können, bietet die Anwendung des entwickelten BIA-Ansatzes auf den Softwareentwicklungsprozess ein interessantes Untersuchungsfeld.

Abschließend lässt sich festhalten, dass die vorliegende Arbeit lediglich einen ersten Schritt zur Schließung der identifizierten Forschungslücke leisten kann. Aufgrund der tiefgreifenden Transformation der Automobilindustrie und der damit verbundenen Zunahme des Wettbewerbs[11] ist allerdings davon auszugehen, dass der Themenbereich der IT-basierten Unterstützung der präventiven Konzeptabsicherung in den frühen Phasen der Automobilentwicklung weiterhin von hoher Relevanz sein wird.

---

[11] Vgl. Bormann u. a. (2018), S. 11 ff., Audoin u. a. (2021), S. 4 ff. und Kuhnert u. a. (2017), S. 8 f. und 43.

Literaturverzeichnis

Abramovici, M. und Aidi, Y. (2013) Next Generation Product Lifecycle Management (PLM), in: Fathi, M. (Hrsg., 2013), S. 143–156

Abramovici, M., Fathi, M., Holland, A. und Neubach, M. (2008), Integration von Feedbackdaten aus der Produktnutzungsphase im Rahmen des PLM-Konzepts, Multikonferenz Wirtschaftsinformatik, MKWI 2008, München

Abramovici, M., Lindner, A. und Dienst, S. (2013) Use Case of Providing Decision Support for Product Developers in Product Improvement Processes, in: Fathi, M. (Hrsg., 2013), S. 171–182

Abts, D. und Mülder, W. (2017), Grundkurs Wirtschaftsinformatik – Eine kompakte und praxisorientierte Einführung, 9. Aufl., Wiesbaden 2017

ACM Digital Library (2021), ACM Digital Library, Auf den Seiten der Association for Computing Machinery, https://dl.acm.org, Stand: 11.04.2021

AIAG & VDA (2019), FMEA-Handbuch: Design-FMEA, Prozess-FMEA, FMEA-Ergänzung – Monitoring & Systemreaktion, Michigan und Berlin 2019

Akremi, L. (2014) Stichprobenziehung in der qualitativen Sozialforschung, in: Baur, N. und Blasius, J. (Hrsg., 2014), S. 265–282

Alpar, P., Alt, R., Bensberg, F. und Weimann, P. (2019), Anwendungsorientierte Wirtschaftsinformatik – Strategische Planung, Entwicklung und Nutzung von Informationssystemen, 9. Aufl., Wiesbaden 2019

Alpar, P. und Schulz, M. (2016), Self-Service Business Intelligence, in: Business & Information Systems Engineering, 58, 2016, 2, S. 151–155

Ariyachandra, T. und Watson, H. (2010), Key organizational factors in data warehouse architecture selection, in: Decision Support Systems, 49, 2010, S. 200–212

Arnold, V., Dettmering, H., Engel, T. und Karcher, A. (2011), Product Lifecycle Management beherrschen – Ein Anwenderhandbuch für den Mittelstand, 2. Aufl., Berlin und Heidelberg 2011

Atteslander, P. (2010), Methoden der empirischen Sozialforschung, 13. Aufl., Berlin 2010

Audoin, A., Winkler, M., Lapyere, J.-M., Zhang, J., Feillard, P., Sule, S., Tschödrich, S., Runervik, C.-S., Fintl, P., Buvat, J., Kvj, S., Shah, H., Khadikar, A. und Nath, S. (2021), Next Destination: Software – How automotive OEMs can harness the potential of software-driven transformation, Eine Studie der Capgemini SE, 2021

Baars, H., Felden, C., Gluchowski, P., Hilbert, A., Kemper, H.-G. und Olbrich, S. (2014), Gestaltung der nächsten Inkarnation von Business Intelligence – Flexibel gesteuerte

© Der/die Herausgeber bzw. der/die Autor(en), exklusiv lizenziert an Springer Fachmedien Wiesbaden GmbH, ein Teil von Springer Nature 2023

S. Herzberg, *Quality Intelligence*,
https://doi.org/10.1007/978-3-658-41345-3

Capability-Netzwerke zur Informationsintegration und -analyse, in: WIRTSCHAFTSINFORMATIK, 56, 2014, 1, S. 13–19

Baars, H., Finger, R., Gluchowski, P., Hilbert, A., Kemper, H. G. und Rieger, B. (2011), Umbenennung der GI-Fachgruppe „Management Support Systems" (MSS) in „Business Intelligence". Positionspapier des Leitungsgremiums der GI-Fachgruppe Management Support Systems, o.O. 2011

Baars, H., Funke, K., Müller, P. und Olbrich, S. (2014), Big Data als Katalysator für die Business Intelligence – Das Beispiel der informa Solutions GmbH, in: HMD – Praxis der Wirtschaftsinformatik, 51, 2014, 4, S. 436–446

Baars, H. und Kemper, H.-G. (2021), Business Intelligence & Analytics – Grundlagen und praktische Anwendungen: Ansätze der IT-basierten Entscheidungsunterstützung, 4. Aufl., Wiesbaden 2021

Balzert, H. (2005), Lehrbuch der Objektmodellierung – Analyse und Entwurf mit der UML 2, 2. Aufl., München 2005

Bange, C. (2016) Werkzeuge für analytische Informationssysteme, in: Gluchowski, P. und Chamoni, P. (Hrsg., 2016), S. 97–128

Barrantes, L. (2008), Man kann nur managen, was man auch messen kann! Die Messung von Qualität, in: ZfCM – Zeitschrift für Controlling & Management, 3, 2008, 52, S. 10–17

Barthel, K., Susanne, B.-B., Bormann, R., Dispan, J., Fink, P., Koska, T., Meißner, H.-R. und Pronold, F. (2010), Zukunft der deutschen Automobilindustrie – Herausforderungen und Perspektiven für den Strukturwandel im Automobilsektor, Bonn 2010

Bäsler, M. (2010), Die Bedeutung des Qualitätsmanagements für den wirtschaftlichen Erfolg von Entwicklungsprojekten – Entwicklung eines Bewertungsmodells zur wertorientierten Aufgabenplanung für das Qualitätsmanagement in der Produktentwicklung, Hamburg 2010

Baur, N. und Blasius, J. (Hrsg., 2014), Handbuch Methoden der empirischen Sozialforschung, Wiesbaden 2014

Baur, N. und Lamnek, S. (2017) Einzelfallanalyse, in: Mikos, L. und Wegener, C. (Hrsg., 2017), S. 290–301

Becker, H. (2007), Auf Crashkurs – Automobilindustrie im globalen Verdrängungswettbewerb, 2. Aufl., Berlin und Heidelberg 2007

Becker, J. (2010) Prozess der gestaltungsorientierten Wirtschaftsinformatik, in: Österle, H., Winter, R. und Brenner, W. (Hrsg., 2010), S. 13–18

Becker, J., Krcmar, H. und Niehaves, B. (Hrsg., 2009), Wissenschaftstheorie und gestaltungsorientierte Wirtschaftsinformatik, Heidelberg 2009

Becker, J. r., Holten, R., Knackstedt, R. und Niehaves, B. r. (2003), Forschungsmethodische Positionierung in der Wirtschaftsinformatik: Epistemologische, ontologische und linguistische Leitfragen, Arbeitsberichte des Instituts für Wirtschaftsinformatik, No. 93, Münster 2003

Bender, B. und Gericke, K. (Hrsg., 2021), Pahl/Beitz Konstruktionslehre – Methoden und Anwendung erfolgreicher Produktentwicklung, 9. Aufl., Berlin und Heidelberg 2021

Benes, G. M. E. und Groh, P. E. (2017), Grundlagen des Qualitätsmanagements, 4. Aufl., München 2017

Benz, C. (2015) Qualitätsplanung, in: Kamiske, G. F. (Hrsg., 2015a), S. 49–80

Bernard, M., Buckl, C., Döricht, V., Fehling, M., Fiege, L., von Grolman, H., Ivandic, N., Janello, C., Klein, C., Kuhn, K.-J., Patzlaff, C., Riedl, B., Schätz, B. und Stanek, C. (2011), Mehr Software (im) Wagen: Informations- und Kommunikationstechnik (IKT) als Motor der Elektromobilität der Zukunft, Abschlussbericht des vom Bundesministerium für Wirtschaft und Technologie geförderten Verbundvorhabens „eCar-IKT-Systemarchitektur für Elektromobilität", 2011

Berndes, S. und Stanke, A. (1996) A Concept for Revitalisation of Product Development, in: Bullinger, H.-J. und Warschat, J. (Hrsg., 1996), S. 7–56

Bernhart, W. und Alexander, M. (2020), Computer on wheels / Disruption in automotive electronics and semiconductors, Studie der Roland Berger GmbH, 2020

Bissantz, N. und Hagedorn, J. (2009), Data Mining (Datenmustererkennung), in: Wirtschaftsinformatik 51, 2009, 1, S. 139–144

Bliemel, F. W. und Fillip, S. (1996) Gestaltung der Produktqualitat aus Kundensicht, in: Wildemann, H. (Hrsg., 1996), S. 65–93

Böbber, F. und Bratzel, S. (2021), Center of Automotive Management (CAM) – Automotive-PERFORMANCE 2021: Eine Analyse der Markt-, Finanz- und Innovationsleistung der wichtigsten globalen Automobilhersteller und Digital Player, Bergisch Gladbach, 2021

Böckermann, F. (2013), Customer Knowledge Management in der Konzeptphase der Neuproduktentwicklung, Wiesbaden 2013

Bogner, A., Littig, B. und Menz, W. (2014), Interviews mit Experten – Eine praxisorientierte Einführung, Wiesbaden 2014

Böhm, R. und Fuchs, E. (2002), System-Entwicklung in der Wirtschaftsinformatik, 5. Aufl., Zürich 2002

Bohnsack, R. (2019) Gruppendiskussion, in: Flick, U., von Kardorff, E. und Steinke, I. (Hrsg., 2019), S. 369–384

Bohnstedt, J. (2018), Vertragsrecht im Einkauf – Erfolgsfaktor im Supply Chain Risk Management (SCRM), 3. Aufl., Wiesbaden 2018

Boobier, T. (2018), Advanced Analytics and AI Impact, Implementation, and the Future of Work, Chichester 2018

Bormann, R., Fink, P., Holzapfel, H., Rammler, S., Sauter-Servaes, T., Tiemann, H., Waschke, T. und Weirauch, B. (2018), Die Zukunft der deutschen Automobilindustrie – Transformation by Disaster oder by Design? Eine Studie der Friedrich Ebert Stiftung, 2018

Bose, R. (2009), Advanced analytics: opportunities and challenges, in: Industrial Management & Data Systems, 109, 2009, 2, S. 155–172

Boutellier, R. und Biedermann, A. (2021) Qualitätsgerechte Produktplanung, in: Pfeifer, T. und Schmitt, R. (Hrsg., 2021), S. 550–576

Bracke, S., Inoue, M. und Ulutas, B. (2016), Contribution for analysing, saving and prioritising of lessons learned issues regarding product improvement and future product generations, 13th Global Conference on Sustainable Manufacturing – Decoupling Growth from Resource Use, Binh Du'o'ng New City

Braess, H.-H., Breitling, T., Weissinger, J., Grawunder, N., Hackenberg, U., Liskowsky, V. und Widmann, U. (2016) Produktentstehungsprozess, in: Pischinger, S. und Seiffert, U. (Hrsg., 2016), S. 1257–1369

Braess, H.-H., Fritzsche, E., Gail, J. C., Lorenz, B., Seeck, A. und Seiffert, U. (2016) Anforderungen, Zielkonflikte, in: Pischinger, S. und Seiffert, U. (Hrsg., 2016), S. 11–56

Brill, M. (2007), Parametrische Konstruktion mit CATIA V5 – Methoden und Strategien für den Fahrzeugbau, 2. Aufl., München 2007

Brockhoff, K. (1999), Produktpolitik, 4. Aufl., Stuttgart 1999

Brückner, C. (2011), Qualitätsmanagement – Das Praxishandbuch für die Automobilindustrie, München 2011

Brüggemann, H. und Bremer, P. (2020), Grundlagen Qualitätsmanagement von den Werkzeugen über Methoden zum TQM, 3. Aufl., Wiesbaden 2020

Bruhn, M., Esch, F.-R. und Langner, T. (2009), Handbuch Kommunikation: Grundlagen – Innovative Ansätze – Praktische Umsetzungen, Wiesbaden 2009

Bruhn, M. und Meffert, H. (1998), Handbuch Dienstleistungsmanagement, Wiesbaden 1998

Bruhn, M. und Stauss, B. (1995), Dienstleistungsqualität: Konzepte – Methoden – Erfahrungen, 2. Aufl., Wiesbaden 1995

Brunner, F. J. und Wagner, K. W. (2016), Qualitätsmanagement – Leitfaden für Studium und Praxis, 6. Aufl., München 2016

Budäus, D. (1990) Industriebetriebe und Industriezweige – Kennzeichnung, Systematisierung, Struktur und Entwicklungen, in: Jacob, H. (Hrsg., 1990), S. 1–23

Bullinger, H.-J. und Warschat, J. (Hrsg., 1996), Concurrent Simultaneous Engineering Systems – The Way to Successful Product Development, London 1996

Bulos, D. und Forsman, S. (2006), Getting Started with ADAPT – OLAP Database Design, San Rafael 2006

Bund, M. (2000), F&E-Outsourcing – Planung – Kontrolle – Integration, Wiesbaden 2000

Cassina, J., Tomasella, M., Matta, A., Taisch, M. und Felicetti, G. (2007) Closed-loop PLM of Household Appliances: An Industrial Approach, in: Olhager, J. und Persson, F. (Hrsg., 2007), S. 153–160

Chahal, H., Jyoti, J. und Wirtz, J. (2019), Understanding the Role of Business Analytics – Some Applications, Singapur 2019

Chen, H., Chiang, R. H. L. und Storey, V. C. (2012), Business Intelligence and Analytics – From Big Data to Big Impact, in: MIS Quarterly, 36, 2012, 4, S. 1165–1188

Clark, K., Chew, B. und Fujimoto, T. (1987), Product Development in the World Auto Industry, in: Brookings Papers on Economic Activity 18, 1987, 3, S. 729–782

Cooper, R. G. (1990), Stage-Gate Systems: A New Tool for Managing New Products, in: Business Horizons, 33, 1990, 3, S. 44–54

Cooper, R. G. (1994), Third-Generation New Product Processes, in: Journal of Product Innovation Management, 11, 1994, 1, S. 3–14

Cooper, R. G. (2008), The Stage-Gate idea-to-launch process – Update: what's new and nextgen systems, in: Journal of Product Innovation Management, 25, 2008, 3, S. 213–232

Cooper, R. G. (2014), What's Next? After Stage-Gate – Progressive companies are developing a new generation of idea-to-launch processes., in: Research-Technology Management, 157, 2014, 1, S. 20–31

Corsten, H. (1990), Betriebswirtschaftslehre der Dienstleistungsunternehmungen, München und Wien 1990

Crosby, P. B. (1995), Quality Without Tears – The Art of Hassle-Free Management, New York 1995

Czaja, L. (2009), Qualitätsfrühwarnsysteme für die Automobilindustrie, Wiesbaden 2009

Danzer, W. (2016), Qualitätsmanagement in der Produkt- und Prozessentwicklung – Kundenorientiert entwickeln und zielsicher planen, München 2016

Davenport, T. H. (2013), Analytics 3.0 – In the new era, big data will power consumer products and services, in: Harvard Business Review, 91, 2013, 12, S. 64–72
Davis, A. M. (1992), Operational prototyping: a new development approach, in: IEEE Software, 9, 1992, 5, S. 70–78
Deutsche Gesellschaft für Qualität (DGQ) (2009), DGQ-Band 11–04, Managementsysteme – Begriffe, Berlin 2009
Deutsche Gesellschaft für Qualität (DGQ) (2016), Kennzahlen im Beschwerdemanagement – Entwickeln, berechnen, analysieren, München 2016
Diehlmann, J. und Häcker, J. (2010), Automobilmanagement – die Automobilhersteller im Jahre 2020, München 2010
Dienst, S. (2014), Analyse von Maschinendaten zur Entscheidungsunterstützung bei der Produktverbesserung durch die Anwendung eines Feedback Assistenz Systems, Diss. an der Naturwissenschaftlich-Technischen Fakultät der Universität Siegen, Siegen 2014
Dietscher, C. und Pelikan, J. (2016) Soziologie der Krankheitsprävention, in: Richter, M. und Hurrelmann, K. (Hrsg., 2016), S. 417–434
Diez, W. (2005) Strategiewahl – Premium- oder Massenmarkt?, in: Gottschalk, B., Kalmbach, R. und Dannenberg, J. (Hrsg., 2005), S. 123–142
Diez, W. (2009), Automobil-Marketing – Navigationssystem für neue Absatzstrategien, 5. Aufl., Landsberg am Lech 2009
Diez, W. (2015), Automobil-Marketing – Erfolgreiche Strategien, praxisorientierte Konzepte, effektive Instrumente, 6. Aufl., München 2015
DIN 69901-5:2009-01 (2009), Projektmanagement – Projektmanagementsysteme – Teil 5: Begriffe, Berlin 2009
DIN 70010:2001-04 (2001), Systematik der Straßenfahrzeuge – Begriffe für Kraftfahrzeuge, Fahrzeugkombinationen und Anhängerfahrzeuge, Berlin 2001
DIN EN ISO 8402:1995-08 (1995), Qualitätsmanagement – Begriffe (ISO 8402:1994); Dreisprachige Fassung EN ISO 8402:1995, Berlin 1995
DIN EN ISO 9000:2015-11 (2015), Qualitätsmanagementsysteme – Grundlagen und Begriffe (ISO 9000:2015), Berlin 2015
DIN EN ISO 9004-1:1994-08 (1994), Qualitätsmanagement und Elemente eines Qualitätsmanagementsystems – Teil 1: Leitfaden (ISO 9004-1:1994); Dreisprachige Fassung EN ISO 9004-1:1994, Berlin 1994
Dittmann, L. U. (2007), OntoFMEA: Ontologiebasierte Fehlermöglichkeits- und Einflussanalyse, Wiesbaden 2007
Döring, N. und Bortz, J. r. (2016), Forschungsmethoden und Evaluation in den Sozial- und Humanwissenschaften, 5. Aufl., Berlin und Heidelberg 2016
Dupin-Bryant, P. A. und Olsen, D. H. (2014), Business Intelligence, Analytics And Data Visualization: A Heat Map Project Tutorial, in: International Journal of Management & Information Systems, 18, 2014, 3, S. 185–200
Ebert, C. (2019), Systematisches Requirements Engineering – Anforderungen ermitteln, dokumentieren, analysieren und verwalten, 6. Aufl., Heidelberg 2019
Eckerson, W. W. (2011), Performance Dashboards – Measuring, Monitoring, and Managing Your Business, 2. Aufl., New Jersey 2011
ECONBIZ (2021), Fachzeitschriften, Working Paper & Konferenzen in BWL und VWL, Auf den Seiten der ZBW – Leibniz-Informationszentrum Wirtschaft, https://www.econbiz.de, Stand: 11.04.2021

Edler, A. (2001), Nutzung von Felddaten in der qualitätsgetriebenen Produktentwicklung und im Service, Diss. an der Technischen Universität Berlin, Berlin 2001

Ehrlenspiel, K. und Meerkamm, H. (2017), Integrierte Produktentwicklung – Denkabläufe, Methodeneinsatz, Zusammenarbeit, 6. Aufl., München Wien 2017

Eigner, M. und Stelzer, R. (2009), Product Lifecycle Management – Ein Leitfaden für Product Development und Life Cycle Management, 2. Aufl., Berlin und Heidelberg 2009

Ellouze, W. (2010), Entwicklung eines Modells für ein ganzheitliches Fehlermanagement – Ein prozessorientiertes Referenzmodell zum effizienten Fehlermanagement, Aachen 2010

Ellram, L. M. (2002) Total Cost of Ownership, in: Hahn, D. und Kaufmann, L. (Hrsg., 2002), S. 659–672

Emmanouilidis, C., Taisch, M. und Kiritsis, D. (Hrsg., 2013), Advances in Production Management Systems. Competitive Manufacturing for Innovative Products and Services: IFIP WG 5.7 International Conference, APMS 2012, Rhodes, Greece, September 24–26, 2012, Revised Selected Papers, Part II, Berlin und Heidelberg 2013

Eversheim, W., Von Haacke, U., Leiters, M. und Paffrath, U. (1997) Controlling von Garantiekosten, in: Eversheim, W. (Hrsg., 1997), S. 131–162

Fathi, M. (Hrsg., 2013), Integration of Practice-Oriented Knowledge Technology – Trends and Prospectives, Berlin und Heidelberg 2013

Fathi, M., Abramovici, M., Holland, A., Lindner, A. und Dienst, S. (2011), Nutzungs-Szenarien eines wissensbasierten Assistenzsystems zur Entscheidungsunterstützung in der Produktverbesserung, 6th Conference on Professional Knowledge Management – From Knowledge to Action, Bonn

Feldhusen, J. r. und Grote, K.-H. (2021) Qualitätssicherung in der Produktentwicklung und Konstruktion, in: Bender, B. und Gericke, K. (Hrsg., 2021), S. 883–904

Fields, P. J., Hague, D., Koby, G. und Lommel, A. (2014), What Is Quality? A Management Discipline and the Translation Industry Get Acquainted, in: Revista Tradumàtica – technologies de la traducció, 12, 2014, S. 404–412

Filip, S. (1997), Marktorientierte Konzeption der Produktqualität, Wiesbaden 1997

Flick, U. (2019) Triangulation in der qualitativen Forschung, in: Flick, U., von Kardorff, E. und Steinke, I. (Hrsg., 2019), S. 309–318

Flick, U., von Kardorff, E. und Steinke, I. (Hrsg., 2019), Qualitative Forschung – Ein Handbuch, 13. Aufl., Hamburg 2019

Flick, U., von Kardorff, E. und Steinke, I. (2019) Was ist qualitative Forschung? Einleitung und Überblick, in: Flick, U., von Kardorff, E. und Steinke, I. (Hrsg., 2019), S. 13–30

Frank, U. (2000) Evaluation von Artefakten in der Wirtschaftsinformatik, in: Heinrich, L. J. und Häntschel, I. (Hrsg., 2000), S. 35–48

Freter, H. (2009) Identifikation und Analyse von Zielgruppen, in: Bruhn, M., Esch, F.-R. und Langner, T. (Hrsg., 2009), S. 397–411

Friedrichs, J. (1990), Methoden empirischer Sozialforschung, 14. Aufl., Wiesbaden 1990

Garvin, D. A. (1984), What Does "Product Quality" Really Mean?, in: Sloan Management Review, 25, 1984, 3, S. 25–43

Garz, D. und Kraimer, K. (Hrsg., 1991), Qualitativ-empirische Sozialforschung – Konzepte, Methoden, Analysen, Opladen 1991

Geiger, W. (2007), Terminus Technicus: Qualitätsdaten, in: QZ Qualität und Zuverlässigkeit, 52, 2007, 11, S. 12

Geiger, W. und Kotte, W. (2008), Handbuch Qualität: Grundlagen und Elemente des Qualitätsmanagements – Systeme – Perspektiven, 3. Aufl., Wiesbaden 2008
Gerber, A. (2007), Konzeption eines unternehmensspezifischen Qualitätsinformationssystems, Diss. an der Technische Universität Chemnitz, Chemnitz 2007
Gericke, K., Bender, B., Pahl, G., Beitz, W., Feldhusen, J. und Grote, K.-H. (2021) Der Produktentwicklungsprozess, in: Bender, B. und Gericke, K. (Hrsg., 2021), S. 57–96
Gharbi, M., Koschel, A. und Rausch, A. (2019), Software Architecture Fundamentals – A Study Guide for the Certified Professional for Software Architecture, Heidelberg 2019
Gläser, J. und Laudel, G. (2010), Experteninterviews und qualitative Inhaltsanalyse – als Instrumente rekonstruierender Untersuchungen, 4. Aufl., Wiesbaden 2010
Gluchowski, P. (2016), Business Analytics – Grundlagen, Methoden und Einsatzpotenziale, in: HMD Praxis der Wirtschaftsinformatik, 53, 2016, S. 273–286
Gluchowski, P. und Chamoni, P. (2016), Analytische Informationssysteme – Business Intelligence-Technologien und -Anwendungen, 5. Aufl., Berlin und Heidelberg 2016
Gluchowski, P., Gabriel, R. und Dittmar, C. (2008), Management Support Systeme und Business Intelligence – Computergestützte Informationssysteme für Fach- und Führungskräfte, 2. Aufl., Berlin und Heidelberg 2008
Goicoechea, I. und Fenollera, M. (2012) Quality Management in the Automotive Industry, in: Katalinic, B. (Hrsg., 2012), S. 619–632
Göpfert, J. (1998), Modulare Produktentwicklung – Zur gemeinsamen Gestaltung von Technik und Organisation, Wiesbaden 1998
Göthlich, S. E. (2003), Fallstudien als Forschungsmethode – Plädoyer für einen Methodenpluralismus in der deutschen betriebswirtschaftlichen Forschung, Manuskripte aus den Instituten für Betriebswirtschaftslehre der Universität Kiel, Kiel 2003
Gottschalk, B., Kalmbach, R. und Dannenberg, J. (2005), Markenmanagement in der Automobilindustrie – Die Erfolgsstrategien internationaler Top-Manager, 2. Aufl., Wiesbaden 2005
Grabner, J. und Nothhaft, R. (2006), Konstruieren von Pkw-Karosserien – Grundlagen, Elemente und Baugruppen, Vorschriftenübersicht, Beispiele mit CATIA V4 und V5, Berlin und Heidelberg 2006
Große, C. S. und Drechsler, R. (Hrsg., 2020), Information Storage – A Multidisciplinary Perspective, Cham 2020
Grossmann, W. und Rinderle-Ma, S. (2015), Fundamentals of Business Intelligence, Berlin und Heidelberg 2015
Gusig, L.-O., Kruse, A., Baumann, T., Ehret, C., Härter, M., Herbst, S., Kalarickal, R., Lück, M., Motzkus, S., Preuschoff, A., Schneider, R. A., Schlott, M. und Thomé (2010), Fahrzeugentwicklung im Automobilbau – Aktuelle Werkzeuge für den Praxiseinsatz, München 2010
Gutenberg, E. (1983), Grundlagen der Betriebswirtschaftslehre, 24. Aufl., Berlin und Heidelberg 1983
Hab, G. und Wagner, R. (2017), Projektmanagement in der Automobilindustrie – Effizientes Management von Fahrzeugprojekten entlang der Wertschöpfungskette, Wiesbaden 2017
Hacklin, F. und Marxt, C. (Hrsg., 2008), Business Excellence in technologieorientierten Unternehmen, Berlin und Heidelberg 2008
Häder, M. (2015), Empirische Sozialforschung – Eine Einführung, 3. Aufl., Wiesbaden 2015

Hahn, D. und Kaufmann, L. (Hrsg., 2002), Handbuch Industrielles Beschaffungsmanagement: Internationale Konzepte – Innovative Instrumente – Aktuelle Praxisbeispiele, 2. Aufl., Wiesbaden 2002

Hahne, M. (2005), SAP Business Information Warehouse – Mehrdimensionale Datenmodellierung, Berlin und Heidelberg 2005

Hahne, M. (2014), Modellierung von Business-Intelligence-Systemen – Leitfaden für erfolgreiche Projekte auf Basis flexibler Data-Warehouse-Architekturen, Heidelberg 2014

Hahne, M. (2016) Architekturkonzepte und Modellierungsverfahren für BI-Systeme, in: Gluchowski, P. und Chamoni, P. (Hrsg., 2016), S. 147–186

Hammerschall, U. und Beneken, G. (2013), Software Requirements, München 2013

Heindorf, V. (2010), Der Einsatz moderner Informationstechnologien in der Automobilproduktentwicklung – Produktivitätspotenziale und Systemkomplementaritäten, Wiesbaden 2010

Heinrich, L. J. (2000) Bedeutung von Evaluation und Evaluationsforschung in der Wirtschaftsinformatik, in: Heinrich, L. J. und Häntschel, I. (Hrsg., 2000), S. 7–22

Heinrich, L. J. und Häntschel, I. (Hrsg., 2000), Evaluation und Evaluationsforschung in der Wirtschaftsinformatik – Handbuch für Praxis, Lehre und Forschung, München und Wien 2000

Heinrich, L. J., Heinzl, A. und René, R. (2011), Wirtschaftsinformatik – Einführung und Grundlegung, 4. Aufl., Berlin und Heidelberg 2011

Helfferich, C. (2014), Die Qualität qualitativer Daten – Manual für die Durchführung qualitativer Interviews, 4. Aufl., Wiesbaden 2014

Helfferich, C. (2014) Leitfaden- und Experteninterviews, in: Baur, N. und Blasius, J. (Hrsg., 2014), S. 559–574

Hellebrandt, T., Heine, I. und Schmitt, R. H. (2018), Knowledge management framework for complaint knowledge transfer to product development, Procedia Manufacturing – 15th Global Conference on Sustainable Manufacturing, Haifa

Helmke, S., Uebel, M. und Dangelmaier, W. (Hrsg., 2017), Effektives Customer Relationship Management – Instrumente – Einführungskonzepte – Organisation, 6. Aufl., Wiesbaden 2017

Heneric, O., Licht, G. und Sofka, W. (2005) Challenges and Opportunities for the European Automotive Industry, in: Heneric, O., Licht, G. und Sofka, W. (Hrsg., 2005), S. 191–205

Heneric, O., Licht, G. und Sofka, W. (2005), Europe's Automotive Industry on the Move – Competitiveness in a Changing World, Heidelberg 2005

Hering, E., Blank, H.-P. und Triemel, J. r. (2003), Qualitätsmanagement für Ingenieure, 5. Aufl., Berlin und Heidelberg 2003

Hering, L. und Schmidt, R. J. (2014) Einzelfallanalyse, in: Baur, N. und Blasius, J. (Hrsg., 2014), S. 529–542

Herrmann, J. und Fritz, H. (2016), Qualitätsmanagement – Lehrbuch für Studium und Praxis, 2. Aufl., München 2016

Herstatt, C. und Verworn, B. (Hrsg., 2007), Management der frühen Innovationsphasen Grundlagen, Methoden, neue Ansätze, 2. Aufl., Wiesbaden 2007

Hess, T. (2019), Digitale Transformation strategisch steuern – Vom Zufallstreffer zum systematischen Vorgehen, Wiesbaden 2019

Hillmann, K.-H. (2007), Wörterbuch der Soziologie, 3. Aufl., Stuttgart 2007

Hippner, H., Grieser, L. und Wilde, K. D. (2011a) Data Mining – Grundlagen und Einsatzpotenziale in analytischen CRM-Prozessen, in: Hippner, H., Hubrich, B. und Wilde, K. D. (Hrsg., 2011b), S. 783–810

Hippner, H., Hubrich, B. und Wilde, K. D. (Hrsg., 2011b), Grundlagen des CRM – Strategie, Geschäftsprozesse und IT-Unterstützung, 3. Aufl., Wiesbaden 2011

Hippner, H. und Wilde, K. D. (2017) Data Mining im CRM, in: Helmke, S., Uebel, M. und Dangelmaier, W. (Hrsg., 2017), S. 141–160

Hoffmann, H., Leimeister, J. M. und Krcmar, H. (2007) Pilotierung mobiler Dienste im Automobilsektor, in: Reichwald, R., Krcmar, H. und Reindl, S. (Hrsg., 2007), S. 125–203

Horváth, P., Gleich, R. und Seiter, M. (2020), Controlling, 14. Aufl., München 2020

Hummel, T. und Malorny, C. (2015) Total Quality Management (TQM), in: Kamiske, G. F. (Hrsg., 2015a), S. 1–48

Inmon, W. H. (2005), Building the Data Warehouse, 4. Aufl., Hoboken 2005

International Automotive Task Force (IATF) (2016), IATF 16949 – Anforderungen an Qualitätsmanagementsysteme für die Serien- und Ersatzteilproduktion in der Automobilindustrie, Berlin 2016

Isermann, R. (2006), Fahrdynamik-Regelung – Modellbildung, Fahrerassistenzsysteme, Mechatronik, Wiesbaden 2006

J.D. Power (2020), Syndicated Studies, Auf den Seiten der J.D. Power, https://discover.jdpa.com/automotive-syndicated-studies, Stand: 12.10.2020

Jacob, H. (Hrsg., 1990), Industriebetriebslehre – Handbuch für Studium und Prüfung, Wiesbaden 1990

Jahn, T. und Binz, H. (Year), A highly flexible Project Maturity Management Method for the early Phase of Product Development, 17th International Conference on Engineering Design ICED 09, Stanford/CA, USA

Jiao, Y., Yang, Y., Zhong, J. und Zhang, H. (2017), A Comparative Analysis of Intelligent Classifiers for Mapping Customer Requirements to Product Configurations, 2017 International Conference on Big Data Research, Osaka

Jun, H.-B. und Kiritsis, D. (2012) Several Aspects of Information Flows in PLM, in: Rivest, L., Bouras, A. und Louhichi, B. (Hrsg., 2012), S. 14–24

Jun, H.-B., Kiritsis, D. und Xirouchakis, P. (2007), Research issues on closed-loop PLM, in: Computers in Industry, 58, 2007, 8–9, S. 855–868

Juran, J. M. (1993), Der neue Juran – Qualität von Anfang an, Landsberg 1993

Jüttemann, G. (Hrsg., 1985), Qualitative Forschung in der Psychologie – Grundfragen, Verfahrensweisen, Anwendungsfelder, Weinheim 1985

Kadiri, S. E., Milicic, A. und Kiritsis, D. (2013) Linked Data Exploration in Product Life-Cycle Management, in: Prabhu, V., Taisch, M. und Kiritsis, D. (Hrsg., 2013), S. 460–467

Kamiske, G. F. (2015a), Handbuch QM-Methoden – Die richtige Methode auswählen und erfolgreich umsetzen, 3. Aufl., München 2015

Kamiske, G. F. (2015b), Qualitätssicherung – Praxiswissen, München 2015

Karakoyun, F. und Kiritsis, D. (2013) Closed-Loop Life Cycle Management Concept for Lightweight Solutions, in: Emmanouilidis, C., Taisch, M. und Kiritsis, D. (Hrsg., 2013), S. 192–199

Kassner, L., Gröger, C., Mitschang, B. und Westkämper, E. (2015), Product Life Cycle Analytics – Next Generation Data Analytics on Structured and Unstructured Data, 9th CIRP

Conference on Intelligent Computation in Manufacturing Engineering – CIRP ICME '14, Neapel
Katalinic, B. (Hrsg., 2012), DAAAM International Scientific Book 2012, Wien 2012
Keller, J., Bauer, V. und Kwedlo, W. (2000), Application of Data-Mining and Knowledge Discovery in Automotive Data Engineering, 4th European Conference, PKDD 2000, Lyon
Kemper, H.-G. und Finger, R. (2016) Transformation operativer Daten – Konzeptionelle Überlegungen zur Filterung, Harmonisierung, Aggregation und Anreicherung im Data Warehouse (DWH), in: Gluchowski, P. und Chamoni, P. (Hrsg., 2016), S. 130–144
Kilger, W. (1986), Industriebetriebslehre, Wiesbaden 1986
Kim, J. und Wilemon, D. (2002), Focusing the fuzzy front–end in new product development, in: R&D Management, 32, 2002, 4, S. 269–279
Kirchner, E. (2020), Werkzeuge und Methoden der Produktentwicklung – Von der Idee zum erfolgreichen Produkt, Berlin und Heidelberg 2020
Kiritsis, D. (2011), Closed-loop PLM for intelligent products in the era of the Internet of things, in: Computer-Aided Design, 43, 2011, 5, S. 479–501
Klamma, R. (2000), Vernetztes Verbesserungsmanagement mit einem Unternehmensgedächtnis-Repository, Diss. an der Fakultät für Mathematik, Informatik und Naturwissenschaften der RWTH Aachen, Aachen 2000
Kleuker, S. (2018), Grundkurs Software-Engineering mit UML – Der pragmatische Weg zu erfolgreichen Softwareprojekten, 4. Aufl., Wiesbaden 2018
Klimke, D., Lautmann, R., Stäheli, U., Weischer, C. und Wienold, H. (2020), Lexikon zur Soziologie, 6. Aufl., Wiesbaden 2020
Klug, F. (2010), Logistikmanagement in der Automobilindustrie – Grundlagen der Logistik im Automobilbau, Berlin und Heidelberg 2010
Knauer, D. (2015), Act Big – Neue Ansätze für das Informationsmanagement: Informationsstrategie im Zeitalter von Big Data und digitaler Transformation, Wiesbaden 2015
Koch, M. (2014), Entwicklung eines Informationsversorgungskonzepts als Basis unternehmensspezifischer Business-Intelligence-Lösungen industrieller Unternehmen, Lohmar 2014
Koen, P., Ajamian, G., Burkart, R., Clamen, A., Davidson, J., D'Amore, R., Elkins, C., Herald, K., Incorvia, M., Johnson, A., Karol, R., Seibert, R., Slavejkov, A. und Wagner, K. (2001), Providing Clarity and A Common Language to the "Fuzzy Front End", in: Research-Technology Management, 44, 2001, 2, S. 46–55
Köhler, R. (Hrsg., 1977), Empirische und handlungstheoretische Forschungskonzeptionen in der Betriebswirtschaftslehre – Kommission Wissenschaftstheorie im Verband der Hochschullehrer für Betriebswirtschaft e. V. / Bericht über die Tagung in Aachen, März 1976, Stuttgart 1977
König, R. (Hrsg., 1973), Handbuch der empirischen Sozialforschung, Band 2, 3. Aufl., Stuttgart 1973
Kotler, P., Keller, K. L. und Bliemel, F. (2007), Marketing-Management – Strategien für wertschaffendes Handeln, 12. Auflage, München, Boston, San Francisco, Harlow, Don Mills, Sydney, Mexico City, Madrid, Amsterdam 2007
Kraftfahrt-Bundesamt (2020), Marktüberwachungsbericht 2019, https://www.kba.de/DE/Themen/Marktueberwachung/Allgemein/Marktueberwachungsbericht/marktueberwachungsbericht_2019.pdf?__blob=publicationFile&v=1, Flensburg 2020

Kraftfahrt-Bundesamt (2021), Marktüberwachungsbericht 2020, https://www.kba.de/DE/Themen/Marktueberwachung/Allgemein/Marktueberwachungsbericht/marktueberwachungsbericht_2020.pdf?__blob=publicationFile&v=4, Flensburg 2021

Krcmar, H. (2015), Informationsmanagement, 6. Aufl., Berlin und Heidelberg 2015

Kristes, D. (2012), Produktbezogenes Beschwerdemanagement – Konzeption eines qualitätsorientierten Gestaltungsmodells zur Auslegung der internen Beschwerdemanagementaktivitäten, Aachen 2012

Kromrey, H., Roose, J. und Strübing, J. (2016), Empirische Sozialforschung – Modelle und Methoden der standardisierten Datenerhebung und Datenauswertung, 13. Aufl., Konstanz und München 2016

Kubicek, H. (1977) Heuristische Bezugsrahmen und heuristisch angelegte Forschungsdesigns als Elemente einer Konstruktionsstrategie empirischer Forschung, in: Köhler, R. (Hrsg., 1977), S. 3–36

Kuckartz, U. (2018), Qualitative Inhaltsanalyse – Methoden, Praxis, Computerunterstützung, 4. Aufl., Weinheim 2018

Kuhnert, F., Stürmer, C. und Koster, A. (2017), eascy – Die fünf Dimensionen der Transformation der Automobilindustrie. Eine Studie der PricewaterhouseCoopers GmbH Wirtschaftsprüfungsgesellschaft, 2017

Kuhrt, C. und Neußmann, M. (2020) Produktrückruf und Produkthaftung, Qualitätssicherung, in: Mahnke, A. und Rohlfs, T. (Hrsg., 2020), S. 557–580

Kumar, V. und Reinartz, W. (2018), Customer Relationship Management – Concept, Strategy, and Tools, 3. Aufl., Berlin 2018

Küpper, H.-U., Friedl, G., Hofmann, C., Hofmann, Y. und Pedell, B. (2013), Controlling – Konzeption, Aufgaben, Instrumente, 6. Aufl., Stuttgart 2013

Küstner, C. (2020), Assistenzsystem zur Unterstützung der datengetriebenen Produktentwicklung, Erlangen 2020

Lamnek, S. und Krell, C. (2016), Qualitative Sozialforschung, 6. Aufl., Weinheim und Basel 2016

Lasi, H. (2009), Aufbau eines IT-basierten Integrationskonzepts zur Unterstützung von Produktentwicklungs- und Produktionsprozessen, Lohmar 2009

Lasi, H. und Kemper, H.-G. (2011), Integrationsansätze zur Verbesserung der Entscheidungsunterstützung im Innovationsmanagement, in: HMD Praxis der Wirtschaftsinformatik, 48, 2011, 2011, S. 94–103

Laudon, K. C., Laudon, J. P. und Schoder, D. (2016), Wirtschaftsinformatik – Eine Einführung, 3. Aufl., Hallbergmoos 2016

Lehnert, M. (2014), Steuerung der Garantie- und Kulanzprozessqualität im Service der Automobilindustrie – ein kennzahlenbasierter Ansatz, Diss. an der Fakultät für Wirtschaftswissenschaften des Karlsruher Instituts für Technologie (KIT), Karlsruhe 2014

Leimeister, J. M. (2021), Einführung in die Wirtschaftsinformatik, 13. Aufl., Berlin und Heidelberg 2021

Lennerholt, C., Van Laere, J. und Söderström, E. (2020), User-Related Challenges of Self-Service Business Intelligence, in: Information Systems Management, 2020, S. 1–15

Li, J., Tao, F., Cheng, Y. und Zhao , L. (2015), Big Data in product lifecycle management, in: The International Journal of Advanced Manufacturing Technology, 81, 2015, S. 667–684

Lim, E. P., Chen, H. und Chen, G. (2013), Business Intelligence and Analytics: Research Directions, in: ACM Transactions on Management Information Systems, 3, 2013, 4, S. 17:1–17:10

Lin, N. (2015), Applied Business Analytics – Integrating Business Process, Big Data, and Advanced Analytics, New Jersey 2015

Lindemann, U. (2009), Methodische Entwicklung technischer Produkte – Methoden flexibel und situationsgerecht anwenden, 3. Aufl., Heidelberg 2009

Linder, A. und Schmitt, R. (2015), Data-oriented technical complaint management for sustainable problem solution, 22nd CIRP Conference on Life Cycle Engineering 2015, Sydney

Lindner, D. (2020), Forschungsdesigns der Wirtschaftsinformatik – Empfehlungen für die Bachelor- und Masterarbeit, Wiesbaden 2020

Linß, G. (2018), Qualitätsmanagement für Ingenieure, 4. Aufl., München 2018

Louhichi, B., Abenhaim, G. N. und Tahan, A. S. (2015), CAD/CAE integration – updating the CAD model after a FEM analysis, in: The International Journal of Advanced Manufacturing Technology volume, 76, 2015, S. 391–400

Lueger, M. und Froschauer, U. (2018), Artefaktanalyse – Grundlagen und Verfahren, Wiesbaden 2018

Luftman, J. und Ben-Zvi, T. (2010), Key Issues for IT Executives 2010: Judicious IT Investments Continue Post-Recession, in: MIS Quarterly Executive, 9, 2010, 4, S. 263–273

Lührig, T. (2006), Risikomanagement in der Produktentwicklung der deutschen Automobilindustrie – Von der Konzeptentwicklung bis zum Produktionsanlauf, Aachen 2006

Mahnke, A. und Rohlfs, T. (Hrsg., 2020), Betriebliches Risikomanagement und Industrieversicherung – Erfolgreiche Unternehmenssteuerung durch ein effektives Risiko- und Versicherungsmanagement, Wiesbaden 2020

Maletič, D., Maletič, M., Al-Najjar, B. und Gomiščček, B. (2012), The role of maintenance regarding improving product quality and company's profitability: A case study, 2nd IFAC Workshop on Advanced Maintenance Engineering, Services and Technology, Sevilla

Mamrot, M. (2014), Entwicklung eines Ansatzes zur modellbasierten Felddatenrückführung in die Produktentwicklung, Diss. an der Bergischen Universität Wuppertal, Wuppertal 2014

Masing, W. (1995) Planung und Durchsetzung der Qualitätspolitik im Unternehmen – zentrale Prinzipien und Problembereiche, in: Bruhn, M. und Stauss, B. (Hrsg., 1995), S. 239–256

Masing, W. (2021) Das Unternehmen im Wettbewerb, in: Pfeifer, T. und Schmitt, R. (Hrsg., 2021), S. 4–15

Maune, G. (2002), Möglichkeiten des Komplexitätsmanagements für Automobilhersteller auf Basis IT-gestützter durchgängiger Systeme, Aachen 2002

Mavridou, E., Kehagias, D. D., Tzovaras, D. und Hassapis, G. (2013), Mining affective needs of automotive industry customers for building a mass-customization recommender system, in: Journal of Intelligent Manufacturing, 24, 2013, S. 251–265

Mayring, P. (2015), Qualitative Inhaltsanalyse – Grundlagen und Techniken, 12. Aufl., Weinheim und Basel 2015

Mayring, P. (2016), Einführung in die qualitative Sozialforschung, 6. Aufl., Weinheim und Basel 2016

McCracken, D. D. und Reilly, E. D. (2003) Backus-Naur form (BNF), in: Ralston, A., Reilly, E. D. und Hemmendinger, D. (Hrsg., 2003), S. 129–131

Mertens, M. (2011), Wissensbasiertes Business Intelligence für die Informations-Selbstversorgung von Entscheidungsträgern, 23rd GI-Workshop on Foundations of Databases, Oberburgl

Mertens, P. (2002), Business Intelligence – ein Überblick, Arbeitspapier 2/2002 des Bereichs Wirtschaftsinformatik I der Universität Erlangen-Nürnberg, Nürnberg 2002

Mertens, P., Bodendorf, F., König, W., Schumann, M., Hess, T. und Buxmann, P. (2017), Grundzüge der Wirtschaftsinformatik, 12. Aufl., Berlin und Heidelberg 2017

Meuser, M. und Nagel, U. (1991) ExpertInneninterviews – vielfach erprobt, wenig bedacht: ein Beitrag zur qualitativen Methodendiskussion, in: Garz, D. und Kraimer, K. (Hrsg., 1991), S. 441–471

Meyer, A., Wünsch, A. und Wiesner, M. (2014) Anwendungs- und Informationsintegration, in: Vajna, S. (Hrsg., 2014), S. 411–448

Mikos, L. und Wegener, C. (Hrsg., 2017), Qualitative Medienforschung – Ein Handbuch, 2. Aufl., Konstanz und München 2017

Miloslavskaya, N. und Tolstoy, A. (2016), Big Data, Fast Data and Data Lake Concepts, in: Procedia Computer Science, 88, 2016, S. 300–305

Müller, D. (2020), Betriebswirtschaftslehre für Ingenieure, 3. Aufl., Berlin und Heidelberg 2020

Myers, M. D. und Newman, M. (2007), The qualitative interview in IS research – Examining the craft, in: Information and Organization, 17, 2007, S. 12–26

Niehues, M., Reinhart, G., Schmitt, R. H., Schuh, G. n., Brambring, F., Ellerich, M., Elser, H., Frank, D., Groggert, S., Gützlaff, A., Heinrichs, V., Hempel, T., Kostyszyn, K., Ngo, H., Niendorf, L., Permin, E., Prote, J.-P., Reuter, C. und Türtmann, R. (2017) Organisation, Qualität und IT-Systeme für Planung und Betrieb, in: Reinhart, G. (Hrsg., 2017), S. 137–169

Nyffenegger, F. (2006), Informationstechnische Unterstützung der frühen Phasen der Produkt-Innovation, Diss. an der ETH Zürich, Zürich 2006

O'Leary, D. E. (2014), Embedding AI and Crowdsourcing in the Big Data Lake, in: IEEE Intelligent Systems, 29, 2014, 5, S. 70–73

Oess, A. (1991), Total Quality Management – Die ganzheitliche Qualitätsstrategie, 2. Aufl., Wiesbaden 1991

Oestereich, B. (2006), Analyse und Design mit UML 2.1 – Objektorientierte Softwareentwicklung, München 2006

Olhager, J. und Persson, F. (Hrsg., 2007), Advances in Production Management Systems: International IFIP TC 5, WG 5.7 Conference on Advances in Production Management Systems (APMS 2007), September 17–19, Linköping, Sweden, Boston, MA 2007

Olson, D. L. (2017), Descriptive Data Mining, Singapur 2017

Olszak, C. und Kisiołek, A. (2019), Big Data for Customer Knowledge Management, 40th Anniversary International Conference on Information Systems Architecture and Technology – ISAT 2019, Breslau

Österle, H., Becker, J., Frank, U., Hess, T., Karagiannis, D., Krcmar, H., Loos, P., Mertens, P., Oberweis, A. und Sinz, E. J. (2010) Memorandum zur gestaltungsorientierten Wirtschaftsinformatik, in: Österle, H., Winter, R. und Brenner, W. (Hrsg., 2010), S. 1–6

Österle, H., Winter, R. und Brenner, W. (Hrsg., 2010), Gestaltungsorientierte Wirtschaftsinformatik – Ein Plädoyer für Rigor und Relevanz, St. Gallen 2010

Pal, A., Franciosa, P. und Ceglarek, D. (2014), Root Cause Analysis of Product Service Failures in Design – A Closed-loop Lifecycle Modelling Approach, 24th CIRP Design Conference Mass Customization and Personalization, Mailand

Patton, M. Q. (2015), Qualitative Research & Evaluation Methods – Integrating Theory and Practice, 4. Aufl., Thousand Oaks 2015

Petersohn, H. (2005), Data Mining – Verfahren, Prozesse, Anwendungsarchitektur, München 2005

Pfeifer, T. (1996), Wissensbasierte Systeme in der Qualitatssicherung – Methoden zur Nutzung verteilten Wissens, Berlin und Heidelberg 1996

Pfeifer, T. und Schmitt, R. (Hrsg., 2021), Masing Handbuch Qualitätsmanagement, 7. Aufl., München und Wien 2021

Pischinger, S. und Seiffert, U. (2016), Vieweg Handbuch Kraftfahrzeugtechnik, 8. Aufl., Wiesbaden 2016

Pischinger, S. und Seiffert, U. (2021), Vieweg Handbuch Kraftfahrzeugtechnik, 9. Aufl., Wiesbaden 2021

Pischon, A. (1999), Integrierte Managementsysteme für Qualität, Umweltschutz und Arbeitssicherheit, Heidelberg 1999

Plach, A., Hornfeck, R., Rieg, F. und Roth, J. (2012), FAMOS – ein ganzheitlicher Ansatz zum Fehlermanagement, Forschungsbericht der Technischen Hochschule Nürnberg Georg Simon Ohm, Nürnberg 2012

Prabhu, V., Taisch, M. und Kiritsis, D. (Hrsg., 2013), Advances in Production Management Systems. Sustainable Production and Service Supply Chains – IFIP WG 5.7 International Conference, APMS 2013, State College, PA, USA, September 9–12, 2013, Proceedings, Part II, State College, PA 2013

Prefi, T. (2021) Qualitätsmanagement in der Produktentwicklung, in: Pfeifer, T. und Schmitt, R. (Hrsg., 2021), S. 364–425

Przyborski, A. und Wohlrab-Sahr, M. (2014), Qualitative Sozialforschung – Ein Arbeitsbuch, 4. Aufl., München 2014

Qamar, U. und Raza, M. S. (2020), Data Science Concepts and Techniques with Applications, Singapur 2020

QlikTech (2021), Arbeiten mit QlikView, Düsseldorf 2021

QlikTech (2022), Qlik-Preisgestaltung, Auf den Seiten der QlikTech, https://www.qlik.com/de-de/pricing, Stand: 12.03.2022

Ralston, A., Reilly, E. D. und Hemmendinger, D. (2003), Encyclopedia of Computer Science, 4. Aufl., Baffins Lane 2003

Rančak, D. (2013), Qualitätsprüfung von Garantie- und Kulanzprozessen in der Automobilindustrie – Auditansatz zur Beherrschung der Komplexität von Serviceprozessen im After Sales, Diss. an der Fakultät für Wirtschaftswissenschaften des Karlsruher Instituts für Technologie (KIT), Karlsruhe 2013

Rath, V. (2008), Kundennahe Institutionen als Träger innovationsrelevanten Kundenwissens – Vertrieb und Handel als potenzielle Integratoren bei Produktinnovationen, Wiesbaden 2008

Reddy, C. S., Sangam, R. S. und Rao, B. S. (2018), A Survey on Business Intelligence Tools for Marketing, Financial, and Transportation Services, Proceedings of the Second International Conference on Smart Innovation, Systems and Technologies, Andhra Pradesh

Reichwald, R., Krcmar, H. und Reindl, S. (Hrsg., 2007), Mobile Dienste im Auto der Zukunft: Konzeption, Entwicklung, Pilotierung (Schriften zu Kooperations- und Mediensystemen), Köln 2007

Reinhart, G. (2017), Handbuch Industrie 4.0 – Geschäftsmodelle, Prozesse, Technik, München 2017

Rentzmann, R., Hippner, H., Hesse, F. und Wilde, K. D. (2011) IT-Unterstützung durch CRM-Systeme, in: Hippner, H., Hubrich, B. und Wilde, K. D. (Hrsg., 2011b), S. 129–156

Richter, M. und Hurrelmann, K. (2016), Soziologie der Krankheitsprävention, Wiesbaden 2016

Riedl, R. (2019), Management von Informatik-Projekten – Digitale Transformation erfolgreich gestalten, 2. Aufl., Berlin und Boston 2019

Riege, C., Saat, J. und Bucher, T. (2009) Systematisierung von Evaluationsmethoden in der gestaltungsorientierten Wirtschaftsinformatik, in: Becker, J., Krcmar, H. und Niehaves, B. (Hrsg., 2009), S. 69–86

Rivest, L., Bouras, A. und Louhichi, B. (Hrsg., 2012), Product Lifecycle Management. Towards Knowledge-Rich Enterprises: IFIP WG 5.1 International Conference, PLM 2012, Montreal, QC, Canada, July 9–11, 2012, Revised Selected Papers, Berlin und Heidelberg 2012

Rizk-Antonious, R. (2002), Qualitätswahrnehmung aus Kundensicht: Beim Kunden besser ankommen – Konzepte und Praxisbeispiele aus 5 Branchen, Wiesbaden 2002

Rosengarten, P. G. und Stürmer, C. B. (2005), Premium Power – Das Geheimnis des Erfolgs von Mercedes-Benz, BMW, Porsche und Audi, Weinheim 2005

Rupp, C. (2014), Requirements-Engineering und -Management – Aus der Praxis von klassisch bis agil, 6. Aufl., München 2014

Russell, G. J. und Petersen, A. (2000), Analysis of cross category dependence in market basket selection, in: Journal of Retailing, 76, 2000, 3, S. 367–392

SAE International (2021), About SAE International, Auf den Seiten der SAE International, https://www.sae.org/about/history, Stand: 16.12.21

SAE J 1739 (2009), Potential Failure Mode and Effects Analysis in Design (Design FMEA), Potential Failure Mode and Effects Analysis in Manufacturing and Assembly Processes (Process FMEA), Warrendale 2009

Schaaf, A. (1999), Marktorientiertes Entwicklungsmanagement für die Automobilindustrie – Ein kundennutzenorientierter Ansatz als Beitrag zur Steuerung des Entwicklungsprozesses, Wiesbaden 1999

Scheer, A.-W., Boczanski, M., Muth, M., Schmitz, W.-G. und Segelbacher, U. (2006), Prozessorientiertes Product Lifecycle Management, Berlin und Heidelberg 2006

Scheuch, E. K. (1973) Das Interview in der Sozialforschung, in: König, R. (Hrsg., 1973), S. 66–190

Schieder, C. (2016) Historische Fragmente einer Integrationsdisziplin – Beitrag zur Konstruktgeschichte der Business Intelligence, in: Gluchowski, P. und Chamoni, P. (Hrsg., 2016), S. 13–30

Schloske, A. und Thieme, P. (2017) Qualität als entscheidender Wettbewerbsfaktor, in: Spath, D., Westkämper, E., Bullinger, H.-J. und Warnecke, H.-J. (Hrsg., 2017), S. 173–175

Schmitt, R. und Pfeifer, T. (2015), Qualitätsmanagement: Strategien – Methoden – Techniken, 5. Aufl., München und Wien 2015
Schnell, R., Hill, P. B. und Esser, E. (2018), Methoden der empirischen Sozialforschung, Berlin und Boston 2018
Schömann, S. O. (2012), Produktentwicklung in der Automobilindustrie – Managementkonzepte vor dem Hintergrund gewandelter Herausforderungen, Wiesbaden 2012
Schön, D. (2018), Planung und Reporting im BI-gestützten Controlling – Grundlagen, Business Intelligence, Mobile BI und Big-Data-Analytics, 3. Aufl., Wiesbaden 2018
Schreyögg, G. und Geiger, D. (2016), Organisation – Grundlagen moderner Organisationsgestaltung. Mit Fallstudien, 6. Aufl., Wiesbaden 2016
Schröder, M., Falk, B. und Schmitt, R. (2016), Failure Classification and Analysis for Technical Products, in: Procedia CIRP, 51, 2016, S. 116–121
Schubert, B. (1991), Entwicklung von Konzepten für Produktinnovationen mittels Conjointanalyse, Stuttgart 1991
Schuh, G. (2006), Produktionsplanung und -steuerung – Grundlagen, Gestaltung und Konzepte, 3. Aufl., Berlin und Heidelberg 2006
Schulte, S. (2006), Integration von Kundenfeedback in die Produktentwicklung zur Optimierung der Kundenzufriedenheit, Diss. an der Fakultät für Maschinenbau der Ruhr-Universität Bochum, Bochum 2006
Schulze, A. und Mohr, T. (2008) Präventives Qualitätsmanagement, in: Hacklin, F. und Marxt, C. (Hrsg., 2008), S. 97–106
Schumann, S. (2018), Quantitative und qualitative empirische Forschung – Ein Diskussionsbeitrag, Wiesbaden 2018
Schwarz, E. J. (2004), Nachhaltiges Innovationsmanagement, Wiesbaden 2004
Schwarze, J. (2003), Kundenorientiertes Qualitätsmanagement in der Automobilindustrie, Wiesbaden 2003
Schweitzer, M. (1994), Industriebetriebslehre – Das Wirtschaften in Industrieunternehmungen, 2. Aufl., München 1994
ScienceDirect (2021), Explore scientific, technical, and medical research on ScienceDirect, Auf den Seiten der Elsevier B.V., https://www.sciencedirect.com, Stand: 11.04.2021
Seghezzi, H. D., Fahrni, F. und Friedli, T. (2013), Integriertes Qualitätsmanagement – Das St. Galler Konzept, 4. Aufl., München 2013
Seidel, M. (2005), Methodische Produktplanung – Grundlagen, Systematik und Anwendung im Produktentstehungsprozess, Karlsruhe 2005
Sendler, U. (2009), Das PLM-Kompendium – Referenzbuch des Produkt-Lebenszyklus-Managements, Berlin und Heidelberg 2009
Shirinzadeh, S. und Drechsler, R. (2020) In-Memory Computing – The Integration of Storage and Processing, in: Große, C. S. und Drechsler, R. (Hrsg., 2020), S. 79–110
Shukla, A. und Dhir, S. (2016), Tools for Data Visualization in Business Intelligence – Case Study Using the Tool Qlikview, Information Systems Design and Intelligent Applications – Proceedings of Third International Conference, Indien
Sidorova, A. und Torres, R. R. (2014), Business Intelligence and Analytics: A Capabilities Dynamization View, Twentieth Americas Conference on Information Systems, Savannah
Sinz, E. J. (2010) Konstruktionsforschung in der Wirtschaftsinformatik – Was sind die Erkenntnisziele gestaltungsorientierter Wirtschaftsinformatik-Forschung?, in: Österle, H., Winter, R. und Brenner, W. (Hrsg., 2010), S. 27–34

Sommerville, I. (2018), Software Engineering, 10. Aufl., Hallbergmoos 2018

Spath, D., Westkämper, E., Bullinger, H.-J. und Warnecke, H.-J. (2017), Neue Entwicklungen in der Unternehmensorganisation, Berlin und Heidelberg 2017

Springerlink (2021), Springerlink – Providing researchers with access to millions of scientific documents from journals, books, series, protocols, reference works and proceedings., Auf den Seiten der Springer Nature Switzerland AG, https://link.springer.com, Stand: 11.04.2021

Stahlknecht, P. und Hasenkamp, U. (2006), Arbeitsbuch Wirtschaftsinformatik, 4. Aufl., Berlin und Heidelberg 2006

Stauss, B. und Schöler, A. (2003), Beschwerdemanagement Excellence – State-of-the-Art und Herausforderungen der Beschwerdemanagement-Praxis in Deutschland, Wiesbaden 2003

Stauss, B. und Seidel, W. (2014), Beschwerdemanagement– Unzufriedene Kunden als profitable Zielgruppe, 5. Aufl., München 2014

Steininger, K., Riedl, R., Roithmayr, F. und Mertens, P. (2009), Moden und Trends in Wirtschaftsinformatik und Information Systems – Eine vergleichende Literaturanalysebusiness intelligence, in: WIRTSCHAFTSINFORMATIK, 52, 2009, 57, S. 478–495

Sua, C.-T., Chen, Y.-H. und Sha, D. Y. (2006), Linking innovative product development with customer knowledge – a data-mining approach, in: Technovation, 26, 2006, 7, S. 784–795

Südwestdeutscher Bibliotheksverbund (SWB) (2021), Willkommen im SWB-Online-Katalog (klassisch), Auf den Seiten der Bibliotheksservice-Zentrum Baden-Württemberg (BSZ), https://swb.boss.bsz-bw.de, Stand: 11.04.2021

Sun, X. (2014), Ein szenario- und prototypingbasiertes Konzept zur Informationsbedarfsanalyse für Business-Process-Intelligence-Systeme – Entwicklung und Evaluation Lohmar 2014

Thierbach, C. und Petschick, G. (2014) Beobachtung, in: Baur, N. und Blasius, J. (Hrsg., 2014), S. 855–867

Tietze, O. (2003), Strategische Positionierung in der Automobilbranche: Der Einsatz von virtueller Produktentwicklung und Wertschöpfungsnetzwerken, Wiesbaden 2003

Töpfer, A. (Hrsg., 2007), Six Sigma – Konzeption und Erfolgsbeispiele für praktizierte Null-Fehler-Qualität, 4. Aufl., Berlin und Heidelberg 2007

Töpfer, A. und Günther, S. (2007) Six Sigma im Entwicklungsprozess – Design for Six Sigma, in: Töpfer, A. (Hrsg., 2007), S. 100–171

Totok, A. (2000), Modellierung von OLAP- und Data-Warehouse-Systemen, Wiesbaden 2000

Troyansky, O., Gibson, T. und Leichtweis, C. (2015), QlikView Your Business – An Expert Guide to Business Discovery with QlikView and Qlik Sense, Indianapolis 2015

Vahs, D. und Brem, A. (2015), Innovationsmanagement – Von der Idee zur erfolgreichen Vermarktung, 5. Aufl., Stuttgart 2015

Vajna, S. (Hrsg., 2014), Integrated Design Engineering – Ein interdisziplinäres Modell für die ganzheitliche Produktentwicklung, Heidelberg 2014

Venter, C. (2006), Besonderheiten bei der Bewertung von Komponenteninnovationen in der Automobilindustrie – Berücksichtigung spezifischer Aspekte im Bereich Technik, Markt und Wirtschaftlichkeit, Aachen 2006

Verband der Automobilindustrie (VDA) (1998), Qualitätsmanagement in der Automobilindustrie, Band 4, Teil 3, Sicherung der Qualität vor Serieneinsatz – Projektplanung, Frankfurt am Main 1998

Verband der Automobilindustrie (VDA) (2003), Qualitätsmanagement in der Automobilindustrie, Band 4, Sicherung der Qualität während der Produktrealisierung Methoden und Verfahren – Entwicklungsabläufe, Oberursel 2003

Verband der Automobilindustrie (VDA) (2009), Sicherung der Qualität im Produktlebenszyklus – Standardisierter Reklamationsprozess, Oberursel 2009

Verband der Automobilindustrie (VDA) (2012), Vernetzung – Die digitale Revolution im Automobil, ein Magazin des Verbands der deutschen Automobilndustrie, 2012

Verband der Automobilindustrie (VDA) (2016), Prozessaudit, Band 6, Teil 3 Produktentstehungsprozess / Serienproduktion / Dienstleistungsentstehungsprozess / Erbringung der Dienstleistung, 3. Aufl., Berlin 2016

Verband der Automobilindustrie (VDA) (2018), Lessons Learned – Definition von „Lessons Learned" in der Automobilindustrie: Prozessbeschreibung, Anwendungstipps und Praxisbeispiele, Berlin 2018

Verganti, R. (1997), Leveraging on systemic learning to manage the early phases of product innovation projects, in: R&D Management, 27, 1997, 4, S. 377–392

Vertommen, J., D'hondt, J. und Duflou, J. (2007), Facilitating Product Development with the Help of Knowledge Management: the McKnow Platform, 17th CIRP Design Conference, Berlin

Verworn, B. (2005), Die frühen Phasen der Produktentwicklung – Eine empirische Analyse in der Mess-, Steuer- und Regelungstechnik, Wiesbaden 2005

Verworn, B. und Herstatt, C. (2007) Bedeutung und Charakteristika der frühen Phasen des Innovationsprozesses, in: Herstatt, C. und Verworn, B. (Hrsg., 2007), S.3–19

Volkswagen AG (2020), Mobilität für kommende Generationen – Geschäftsbericht 2019, Wolfsburg 2020

Volkswagen AG (2021), Modelle entdecken, Auf den Seiten der Volkswagen AG, https://www.volkswagen.de/de/modelle.html, Stand: 15.12.2021

vom Brocke, J., Simons, A., Niehaves, B., Riemer, K., Plattfaut, R. und Cleven, A. (2009), Reconstructing the Giant – On the Importance of Rigour in Documenting the Literature Search Process, 17th European Conference on Information Systems (ECIS), Verona

von Rosenstiehl, L. (2019) Organisationsanalyse, in: Flick, U., von Kardorff, E. und Steinke, I. (Hrsg., 2019), S. 224–238

Walden, D., Roedler, G., Forsberg, K., Hamelin, R. und Shortell, T. (2015), INCOSE Systems Engineering Handbook – A Guide for System Life Cycle Processes and Activities, 4. Aufl., Hoboken 2015

Wälder, K. und Wälder, O. (2013), Statistische Methoden der Qualitätssicherung – Praktische Anwendung mit MINITAB und JMP, München und Wien 2013

Wallentowitz, H., Freialdenhoven, A. und Olschewski, I. (2009), Strategien in der Automobilindustrie – Technologietrends und Marktentwicklungen, Wiesbaden 2009

Wang, Y. und Tseng, M. M. (2015), A Naïve Bayes approach to map customer requirements to product variants, in: Journal of Intelligent Manufacturing, 26, 2015, 2015, S. 501–509

Wappis, J. und Jung, B. (2016), Null-Fehler-Management – Umsetzung von Six Sigma, 5. Aufl., München und Wien 2016

Weber, H. K. (1999), Industriebetriebslehre, 3. Aufl., Berlin und Heidelberg 1999

Webster, J. und Watson, R. T. (2002), Analyzing the Past to Prepare for the Future – Writing a Literature Review, in: MIS Quarterly, 26, 2002, 2, S. xxiii–xxiii

Weißbrich, A., Fuchsbauer, B., Heinrichs, H.-J. und Plegniere, H.-G. (2008), Qualitätsmanagement in der gesamten Wertschöpfungskette, in: ATZ-Produktion, 1, 2008, 1, S. 6–12

Westkämper, E. (2013) Lebenszyklusbetrachtung technischer Systeme, in: Westkämper, E., Spath, D., Constantinescu, C. und Lentes, J. (Hrsg., 2013), S. 147–151

Westkämper, E., Spath, D., Constantinescu, C. und Lentes, J. (Hrsg., 2013), Digitale Produktion, Berlin und Heidelberg 2013

Widmann, U., Weissinger, J., Breitling, T., Hackenberg, U., Wundram, K. und Groß, S. (2021) Produktentstehungsprozess, in: Pischinger, S. und Seiffert, U. (Hrsg., 2021), S. 1271–1382

Wilde, T. (2008), Experimentelle Forschung in der Wirtschaftsinformatik – Analyse des Methodenpotenzials und Entwicklung geeigneter Experimentaldesigns, Hamburg 2008

Wildemann, H. (1996), Controlling im TQM – Methoden und Instrumente zur Verbesserung der Unternehmensqualitat, Heidelberg 1996

Wildemann, H. (2004) Kundenorientierte Produktentwicklung in der Automobilindustrie, in: Schwarz, E. J. (Hrsg., 2004), S. 381–408

Wimmer, F. und Roleff, R. (1998) Beschwerdepolitik als Instrument des Dienstleistungsmanagements, in: Bruhn, M. und Meffert, H. (Hrsg., 1998), S. 265–285

Winz, G. (2016), Qualitätsmanagement für Wirtschaftsingenieure – Qualitätsmethoden, Projektplanung, Kommunikation, München 2016

Winzer, P. (2016), Generic Systems Engineering – Ein methodischer Ansatz zur Komplexitätsbewältigung, 2. Aufl., Berlin und Heidelberg 2016

Witzel, A. (1982), Verfahren der qualitativen Sozialforschung – Überblick und Alternativen, Frankfurt am Main und New York 1982

Witzel, A. (1985) Das problemzentrierte Interview, in: Jüttemann, G. (Hrsg., 1985), S. 227–255

Wixom, B., Ariyachandra, T., Goul, M., Gray, P. und Kulkarni, U. (2011), The Current State of Business Intelligence in Academia, in: Communications of the Association for Information Systems, 29, 2011, 16, S. 300–312

Wolff, K., Futschik, H. D., Achleitner, A., Burgers, C. und Döllner, G. (2021) Gesamtfahrzeug, in: Pischinger, S. und Seiffert, U. (Hrsg., 2021), S. 126–168

Wottawa, H. und Thierau, H. (2003), Lehrbuch Evaluation, 3. Aufl., Bern 2003

Xia, S.-S. und Wang, L. (2010), Customer requirements mapping method based on association rules mining for mass customisation, in: International Journal of Computer Applications in Technology, 37, 2010, 3/4, S. 198–203

Yin, R. K. (2018), Case Study Research and Applications – Design and Methods, 6. Aufl., Los Angeles 2018

Young, R. R. (2002), Recommended Requirements Gathering Practices, in: The Journal of Defense Software Engineering, 15, 2002, 4, S. 9–12

Zeng, J. und Zhang, J. (2013), Visual Data Discovery to Support Patient Care, International Conference on Smart Health, Beijing

Zhan, Y., Tan, K. H., Li, Y. und Tse, Y. K. (2016), Unlocking the power of big data in new product development, in: Annals of Operations Research, 270, 2016, 2018, S. 577–595

Zhou, Z.-H. (2021), Machine Learning, Singapur 2021

Zimmer, M. (2015), Durchgängiger Simulationsprozess zur Effizienzsteigerung und Reifegraderhöhung von Konzeptbewertungen in der Frühen Phase der Produktentstehung, Wiesbaden 2015

The manufacturer's authorised representative in the EU is Springer Nature Customer Service Centre GmbH, Europaplatz 3, 69115 Heidelberg, Germany. If you have any concerns regarding our products, please contact ProductSafety@springernature.com

Printed and bound by CPI Group (UK) Ltd, Croydon, CR0 4YY
21/10/2026
02237162-0005